기본 원리에서 엑셀 실습까지

경영경제 통계학 노트

장혜정 · 김현우 지음

LECTURE NOTES
IN STATISTICS
FOR BUSINESS AND ECONOMICS

지은이 **장혜정**

경희대학교 경영대학 경영학과 교수로서 경영통계학, 통계 기반 데이터분석, 연구조사방법론 등을 강의하고 있으며, 현재 경영대학장을 맡고 있다. 서울대학교에서 학사학위를 받은 후 University of Iowa에서 석사, University of Illinois at Urbana-Champaign에서 박사학위를 취득하였다. 주요 관심 분야는 계량분석 방법론, 빅데이터분석, 데이터사이언스, 경영커뮤니케이션, 의료정보학 등이며, 국내외 우수 학술지에 다수의 학술 논문들을 게재한 연구성과로 경희펠로우에 선정되었다. 한국경영커뮤니케이션학회 학회장과 한국경영학회 수석부회장을 역임하였고, 현재 학술지 BCRP(Business Communication Research and Practice)와 HIR(Healthcare Informatics Research)의 편집위원장을 맡고 있다.

지은이 **김현우**

충북대학교 사회학과 조교수로 재직하고 있으며 사회통계학, 사회조사방법론, 계량분석 등을 강의하고 있다. Pennsylvania State University에서 사회학 박사학위를 취득하고, 동 대학 Edna Bennett Pierce Prevention Research Center에서 박사후 연구원 및 연구조교수를 역임하였다. 주요 연구 관심 분야는 조직사회학, 사회운동이론, 일과 직업의 사회학, 양적방법론, 증거기반정책, 데이터과학 등이다. *Economic and Industrial Democracy, Child Maltreatment, International Journal of Human Resource Management, IEEE-Transactions on Professional Communication* 등 국제학술지와 한국사회학 등 국내학술지에 다수의 논문을 게재하였다.

경영경제 통계학 노트 기본 원리에서 엑셀 실습까지

초판발행 2023년 6월 30일
2쇄 발행 2025년 3월 31일

지은이 장혜정, 김현우 / **펴낸이** 전태호
펴낸곳 한빛아카데미(주) / **주소** 서울시 서대문구 연희로2길 62 한빛아카데미(주) 2층
전화 02-336-7112 / **팩스** 02-336-7199
등록 2013년 1월 14일 제2017-000063호 / **ISBN** 979-11-5664-669-3 93320

총괄·책임편집 김은정 / **기획·편집** 정서린 / **진행** 김정희
디자인 최연희 / **전산편집** 박지실 / **제작** 박성우, 김정우
영업 김호철, 김태진, 김성삼, 이정훈, 임현기, 이성훈, 김주성, 심지연

이 책에 대한 의견이나 오탈자 및 잘못된 내용에 대한 수정 정보는 아래 이메일로 알려주십시오.
파본은 구매처에서 교환하실 수 있습니다. 책값은 뒤표지에 표시되어 있습니다.
홈페이지 www.hanbit.co.kr / **이메일** question@hanbit.co.kr

Hands-on
Excel
Training

기본 원리에서 엑셀 실습까지

경영경제 통계학 노트

장혜정 · 김현우 지음

LECTURE NOTES
IN STATISTICS
FOR BUSINESS AND ECONOMICS

한빛아카데미
Hanbit Academy, Inc.

머리말

정규 교육과정을 받는 학생이라면 통계학을 초등학교에서부터 배운다. 초등 고학년에서 배우기 시작한 경우의 수와 확률은 중등과 고등과정을 거쳐 대학교에서 배우는 통계학에 이르기까지 기본적으로 같은 개념의 연속이다. 다만, 초등과정에서 경우의 수로 계산한 초보적인 확률 문제가 중등과정에서 복잡해지면서 합의 법칙, 곱의 법칙과 같은 이론이 추가되고, 더 나아가서 고등과정에서는 확률분포와 통계적 추정으로 확장될 뿐이다.

대학교에서 배우는 기초 통계학 강좌의 전반부는 이미 고등학교에서 학습한 추정까지 내용의 확장이다. 물론 후반부는 거의 새로운 내용이라고 할 수 있지만, 전반부의 이론과 개념을 기반으로 실제 데이터에 응용하는 분석 방법론으로 확장하는 과정이다. 이러한 연속성에도 불구하고 수학이나 통계학이 아닌 전공을 이수하는 학생들 대다수는 통계학이 어렵다고 호소한다. 이러한 불평을 하면서도 한편으로는, 사회과학을 포함하여 거의 모든 전공의 학생이 통계학이 중요하고 필요하다는 견해에는 동의한다. 우리가 사는 세상이 불확실한 상황에서 판단의 연속이기에, 합리적인 의사결정을 내리는 데 통계학이 도움이 된다는 것을 알기 때문일 것이다.

제1저자가 20년 이상 국내외에서 통계학 강의를 하면서 느낀 점은 기초적인 통계학 강좌에 포함된 주제와 내용을 한 학기 15~16주 기간에 일반적인 학생들이 충분히 이해하기가 쉽지 않다는 것이다. 통계학의 기초 개념은 전체 주제가 순서대로 연결되어 있으므로 성공적인 학습전략은 수업 시간에 교수의 안내에 따라 차근차근 개념을 접하고, 연습문제를 통하여 복습하면서 개념을 스스로 이해하며, 더 나아가 질문을 통해 부족한 부분을 채우는 단계적인 과정을 따르는 것이다. 즉, 전체 연결된 개념의 구조 자체를 이해함이 중요하고, 이를 기반으로 지속적이고 높은 강도의 단계별 학습이 필요한 것이다. 그러나 통계학을 어려워하는 많은 학생이 통계학의 전반부 내용을 보면서 이미 고등학교에서 배웠다고 쉽게 생각하거나, 나중에 공부하겠다는 자세로 지내오다 학기 후반부가 되어서야 후회하곤 한다.

이 교재를 준비하게 된 목표는 통계학을 수강하는 학생들에게 학습훈련의 어려움은 최소화하면서 학습 목표를 달성하는 효과를 극대화하는 방향으로 통계학 지식을 전달하고자 함이다. 이러한 목표를 달성하기 위해서는 학생들의 성향과 강의실 환경을 충분히 이해해야 한다는 관점에서 수업에서 점점 사라지고 있는 두 가지에 주목하였다. 하나는 노트필기이며, 다른 하나는 교수와 학생 간의 의사소통이다.

요즘 대학생들은 노트필기를 거의 하지 않는다. 수업 시간에 학습한 내용을 노트에 정리하고 문제풀이를 하면서 학습하고 있는 개념을 구조화할 뿐만 아니라 이해가 안 되는 부분을 확인할 수 있기에 노트필기는 매우 중요하다. 그러나 대부분 학생이 노트를 작성하지 않으니 이 중요한 단계가 생략된다. 그래서 교수가 생각하는 구조적인 접근방법을 노트로 정리하여 제공하면 학생들이 통계학의 개념적 이해를 높여 통계학을 학습하는 데 도움이 되지 않을까 기대하게 되었다.

또한, 요즘 수업 시간에는 교수의 질문에 학생들의 반응이 거의 없으며, 학생들의 자발적인 질문도 매우 드물다. 다른 수강생들을 너무 의식하는 것 같기도 하고, 무엇을 질문해야 할지 자체를 모르는 것 같기도 하다. 그런데 요즘 온라인 수업을 하면서 학생들의 질문이 많아졌다. 원리를 이해하고자 하는 좋은 질문을 칭찬하는 보람도 있고, 때로는 질문이 또 다른 질문으로 7~8차까지 이어지기도 한다. 비대면 실시간 수업뿐만 아니라 동영상을 스스로 학습하는 환경에서 학생이 교수와 일대일 관계가 되면서 더 자유롭게 질문을 할 수 있게 된 듯하다. 학생들의 질의응답을 모아 수강생 전체에 공유하니 다른 학생들도 이해도가 높아졌다는 반응을 보고 노트에 포함하면 학습효과가 높아지겠다는 믿음이 생겼다.

이 교재가 추구하는 기본적인 접근 방향은 자료에 대한 직관적인 이해 위에 통계적 문제를 조심스럽고 논리적이며 정확하게 다룰 수 있는 역량을 키우는 것이다. 즉, 자료에 대한 충분한 이해를 기반으로 자료의 분포를 파악하고, 자료 안에 포함된 정보를 도출하는 과정에서도 자료 중심으로 적절한 통계적 방법론을 적용하여 분석한 후 객관적인 근거에 기초하여 결론을 도출하도록 하는 것이다.

이 책은 통계학의 기초 과정을 포괄적으로 구성하고 있으며, 한 학기 강의를 위한 가이드라인 역할을 하는 교재 또는 핸드북 역할을 목표로 하였다. 근본적으로 고난도의 수학적 증명은 생략했지만, 방법론을 이해하는 데 도움이 되는 기초적인 이론은 포함하고자 했다. 예를 들어, 통계검정의 근거가 되는 확률이론의 근거에 대한 개념을 전달하려고 시도하였으며, 같은 논리가 여러 방법론에 적용되는 가설검정을 수행할 때 따라야 할 절차를 단계적인 표준지침으로 일관성 있게 표현하였다. 주제별로 이론을 먼저 설명한 후 작업 예제를 통하여 이론을 이해할 수 있도록 배치하였는데, 이는 학생들이 이론적인 개념의 연속성을 유지하면서 예제를 통한 설명 자료에도 쉽게 접근할 수 있도록 한 의도였다. 그리고 예제는 다양한 실생활 분야의 문제를 포함하였다.

이 책이 나오기까지 도움을 주신 많은 분께 감사드린다. 우선 매년 운영한 통계학 수업에서 기쁨과 슬픔을 함께 공유한 제자들 덕분에 이 교재가 탄생했다. 또한 강의를 지원하느라 애쓴 조교들에게 감사하고, 특히 최근의 온라인 수업으로 더욱 부담되는 강의 준비, 온라인 과제와 시험을 지원해 준 경희대학교 심재선, 노지원 조교에게 특히 고마움을 전한다. 끝으로 이 책의 출판을 배려해주신 한빛아카데미 임직원께 감사드린다.

2023년 6월

저자 장혜정, 김현우

강의 보조 자료

한빛아카데미 홈페이지에서 '교수회원'으로 가입하신 분은 인증 후 교수용 강의 보조 자료를 제공받을 수 있습니다. 한빛아카데미 홈페이지에서 〈교수전용공간〉 메뉴를 클릭하세요.

http://www.hanbit.co.kr/academy

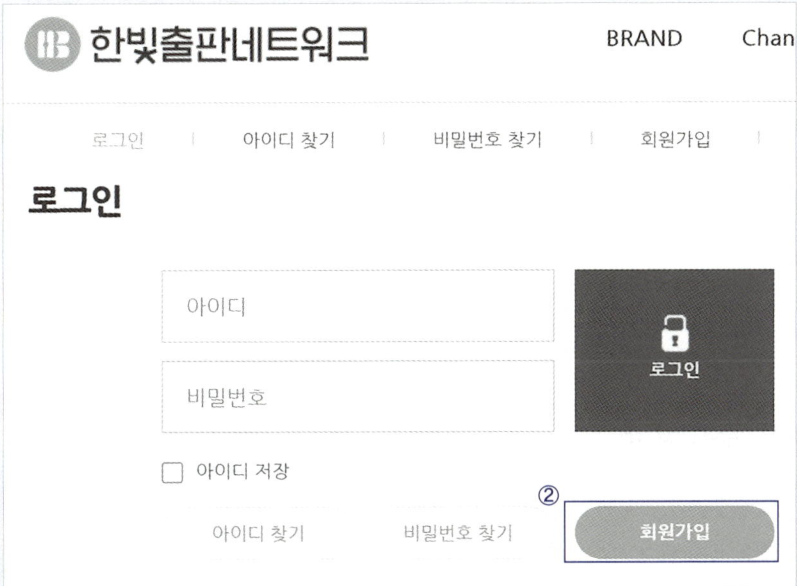

차 례

Chapter

01

통계학과 자료의 이해

학습목표

1. 왜 통계학을 배워야 하는지 이해한다.
2. 통계학의 정의와 기본 개념을 이해하고 용어를 학습한다.
3. 다양한 척도 유형을 이해하고 구분할 수 있다.
4. 자료유형의 구분이 왜 중요한지 이해한다.

01 왜 통계학을 알아야 하나?

1 통계적 문해력의 중요성

오늘날 우리가 사는 사회에서 **통계적 문해력(statistical literacy)**이 갖는 중요성이 폭발적으로 증대하였다. 데이터의 양은 급속도로 증가하여 오늘날 전 세계 데이터의 90%가 최근 2년 동안 생성되었다는 보고가 있다. 4차 산업혁명의 기반기술(**빅데이터, 인공지능, 사물인터넷** 등)에 대한 전문가 수요가 증대하고 있다. 통계학은 인공지능과 **기계학습(machine learning)** 등 고급데이터분석을 위한 기반지식을 제공한다.

2 경험과학에서의 통계학의 중요성

1. 경험과학(empirical science)

경험과학이란 '현상을 체계적으로 관찰하여 얻어낸 **자료(data)**를 토대로 분석하여 법칙이나 원리 등을 개발하는 학문'이다.

- 넓게 보면 '증거를 수집하고 정리한 뒤, 분석하는 체계적인 절차'를 개발하는 것도 경험과학의 일부로 볼 수 있다.
- 이렇게 '증거를 수집, 정리, 분석하는 체계적인 절차'를 흔히 **연구방법(research method)**이라고 하며, **방법론(methodology)**이란 방법(method)에 대한 학문(-logy)이다.

2. 경험과학적 연구의 진행 순서

[1단계] 문제인식: 대상에 대한 엄격한 정의, 왜 연구가 필요한가, 기존 연구와의 관계

⬇

[2단계] 가설설정: 연구질문에 대한 잠정적 진술의 꼴

⬇

[3단계] 연구설계: 누가/무엇을, 언제, 어떻게 연구?

⬇

[4단계] 자료수집: 설문조사? 실험?

⬇

[5단계] 자료분석: 이른바 통계적 분석(statistical analysis)

⬇

[6단계] 가설검정 및 일반화: 가설의 입증 또는 기각

⬇

[7단계] 결론 및 해석: 분석 결과를 토대로 결론을 내리고 기존 연구와 비교

3. 경험과학과 자료

- 주장에는 증거(evidence)가 필요하고, 증거는 결국 자료를 토대로 한다.
- 자료(data)의 어원은 라틴어 'dare'로 주다(to give)의 의미이다(라틴어 datum은 선물을 뜻함).
- 하나의 숫자는 데이터라고 하지 않는다. 정의상 이는 datum이지만, 일단 data가 주어졌다면 '많은 관측치(many observations)'를 의미한다.
- 따라서 많은 관측치를 짧게 요약할 필요가 있다. 이렇게 많은 관측치를 요약한 한두 개의 숫자를 **요약통계량(summary statistics)**이라고 하며, 요약통계량과 같이 데이터를 기술(記述)하는 통계학의 분야를 **기술통계학(descriptive statistics)**이라고 한다.
- 결론적으로 통계학은 '자료를 수집, 요약, 분석하는 이론과 방법'이고, 경험과학은 연구자의 주장을 뒷받침하고 다른 주장을 비판적으로 검토하기 위해 통계학을 응용하는 셈이다.

02 통계학에 대한 기본 개념

1 통계학과 통계의 정의

통계학과 통계는 영어 표현이 동일하지만 의미가 서로 다르다.

- **통계학(statistics)**: 필요한 자료(data)를 최적의 방법으로 수집하고, 수집한 자료를 과학적이고 논리적으로 요약, 표현 및 분석하는 학문
- **통계(statistics)**: 수치 자료(quantitative data)의 모음

통계학은 확률이론(probability theory)을 토대로 통계 자료를 분석하여, 불확실성을 계량화할 수 있으므로 가설검정(hypothesis test) 또는 합리적인 의사결정(decision-making)에 사용될 수 있다.

2 통계학의 분류

통계학은 기술통계학과 추론통계학의 두 유형으로 구분된다.

- **기술통계학(descriptive statistics)**: 수집된 자료의 특성을 정리 및 요약하여 기술하는(describe) 통계학
- **추론통계학(inferential statistics)**: 표본의 통계량을 기초로 모집단 전체의 특성을 추론하고(infer) 일반화하기(generalize) 위한 통계학

3 기본 용어의 정의

1. 모집단과 표본

모집단과 표본 개념을 명확히 구분해야 할 필요가 있다. 두 개념의 특성을 나타낸 모수와 통계량의 의미 및 기호 표기법도 차차 익숙해져야 한다.

- **모집단(population)**: 연구자의 관심 대상이 되는 전체 집단
- **표본(sample)**: 모집단을 대표하도록 선택된 부분집합
- **모수(parameter)**: 연구 중인 모집단의 특성을 나타내는 참값

- **통계량(statistic)**: 표본의 특성을 나타내는 값. 모수의 추정값

모수와 통계량의 기호 표기법은 다음과 같다.

특성	기호 표기법	
	모수(parameter)	통계량(statistics)
일반적인 특성	θ (theta)	$\hat{\theta}$
관측치 수	N	n
평균(mean)	μ (mu)	$\bar{x}$
분산(variance)	σ^2 (sigma squared)	s^2
표준편차(standard deviation)	σ (sigma)	s
비율(proportion)	π (pi)	p
상관계수(correlation coefficient)	ρ (rho)	r
회귀계수(regression coefficient)	β (beta)	b

2. 자료와 단위

- **자료(data)**: 분석 대상을 관찰하여 얻어낸 속성을 기록한 수열. 예를 들면 수량, 시간, 금액, 이름, 장소 등
- **관찰단위(unit of observations)**: 자료의 관찰과 수집이 이루어지는 단위
- **분석단위(unit of analysis)**: 분석이 수행되고 발견이 **일반화(generalization)**될 수 있는 단위

분석단위와 관찰단위는 반드시 일치하지 않을수도 있다. 가령 개인(individuals)이 관찰단위인 자료를 나중에 **집계화(aggregation)**하여, 국가(countries)처럼 보다 추상적인 수준의 분석단위에 따라 분석할 수도 있다.

3. 변수

- **변수(variable)**: 특정 값 중 하나를 취할 수 있도록 변동하는 수량. 반면 **상수(constant)**는 변동하지 않는 수량
- **독립변수(independent variable)**: 다른 변수에 의해 영향받지 않고, 연구자가 조작하여(manipulate) 원인(cause)으로 파악될 수 있는 변수
- **종속변수(dependent variable)**: 독립변수에 의해 영향을 받아 결과(effect)로 파악될 수 있는 변수
- **양적변수(quantitative variable)**: **수치(number)**로 나타낼 수 있는 변수로, 상대적으로 풍부한 정보

를 포함함. 다시 정수로만 셀 수 있는 **이산변수(discrete variable)**와 소숫점을 허용하는 **연속변수(continuous variable)**로 구분됨

- **질적변수(qualitative variable)**: **범주(category)**로서의 성격만 가지는 변수. 상대적으로 정보의 양은 적지만 양적으로 표현하기 곤란하기 어려운 질적 차이를 나타내기 쉬움

03 통계적 자료의 유형

1 자료(Data)의 이해

아래 예시처럼 통계학에서 전형적인 자료는 (ID를 제외하고 분석적으로 의미있는) **열(column)**은 **변수(variable)**가 되고 **행(row)**은 **관측치(observations; records)**되며, 다음과 같은 **행렬(matrix)**의 구조를 갖는다.

ID	female	socialclass	IQ	income
1	1	1	135	250
2	0	2	110	310
3	1	3	128	1,500
4	0	2	98	122
5	1	2	106	450
6	0	1	102	190

- 변수(variable)는 변(vary)할 수 있는(able) 숫자로, 이 자료에서 변수(variable)는 모두 4개다. 또한 6개의 관측치(observations; records)가 있다.
- 각 열(columns) 또는 변수(variables)마다 **자료유형(data type)**이 모두 다르다. 측정하는 **척도(scale)** 유형이 다르기 때문이다.

자료유형에 따라 적절한 통계분석의 접근방법이 달라지므로 올바른 통계분석을 위해서는 우선 자료를 보고 유형을 판단할 수 있어야 한다.

2 자료유형의 이해를 위한 기본 용어

- 측정(measurement): 특정한 현상을 관찰하고 일정한 규칙에 따라 수치를 부여하는 것을 말한다. 예컨대, 줄자나 체중계를 이용하여 사물에 대하여 길이나 무게라는 숫자를 부여하는 것이다.
- 척도(scale): 숫자를 부여하기 위해 사용하는 도구나 장치 및 방법을 말한다. 일상생활에서 키는 신장계, 몸무게는 체중계, 기온 또는 체온은 온도계, 혈압은 혈압계로 측정해서 측정결과가 수치로 나온다. 이러한 측정결과를 수치로 나열하여 자료를 생성한다. 측정의 예시는 다음과 같다.

측정변수	측정 도구	측정결과
키	신장계	175cm
몸무게	체중계	70.3Kg
기온, 체온	온도계	36.5℃
혈압	혈압계	120/80

사회과학 분야에서 개인, 조직, 단체의 특성, 태도 또는 가치관 등을 측정하는 경우에도(연구자 사이에서 폭넓은 동의를 얻을 수 있는) 합리적이고 타당한 규칙을 찾아 수치에 대응시켜야 한다.

- 그러나 물리적인 측정과는 달리 이질적인 태도나 가치관, 만족도 등에 관하여 누구나 동의할 수 있는 보편적인 측정 도구를 마련하기란 매우 어렵다.
- 종종 어떻게 측정할 것인가 자체가 독자적인 연구 주제가 된다.

3 수체계의 속성에 따른 유형 분류

가장 먼저 측정에 따른 숫자의 속성을 이해하고, 숫자 속성에 따라 자료유형을 2종 또는 4종 척도(scale)로 구분할 수 있어야 한다.

- 정체성(identity): 숫자마다 구분할 수 있는 특별한 의미가 있다.
- 크기(magnitude): 크기가 있으므로 때문에 내재된 순서에 따라 크고 작음을 판단할 수 있다.
- 등간격(equal interval): 어떠한 경우라도 숫자 사이의 차이 크기가 일정하다.
- 절대영(absolute zero): 관찰하려는 속성이 부존재함을 의미하는 절대영이 정의될 수 있다. 예를 들어 소득이 없으면 0, 저울 위에 아무것도 없다면 무게가 0, 움직이지 않았다면 거리는 0이다.

비율척도와 등간척도로 측정된 변수는 양적변수이며, 서열척도와 명목척도로 측정된 변수는 질적변수이다.

- **명목척도(nominal scale)**: 각각의 숫자(또는 문자)마다 범주(category)의 고유한 의미가 있어 분류가 목적이다. 예시로 성별(남/여), 혈액형(A/B/AB/O형) 등이 있다.
- **서열척도(ordinal scale)**: 분류뿐만 아니라 크기에 따라 크고 작음 등 순서까지 부여할 수 있다. 예시로 브랜드 선호순위(1/2/3위), 사회계층(상/중/하) 등이 있다.
- **등간척도(interval scale)**: 숫자 사이의 간격이 일정하여 크기/간격의 구체적인 정도까지 파악할 수 있다. 따라서 2와 3 사이의 1과 50과 51 사이의 1은 같은 간격이다. 대표적인 등간척도는 IQ(평균 100을 기준으로 표준화한 값)와 온도(섭씨온도의 0℃는 화씨온도의 32°F에 해당되며 '온도없음'을 뜻하지 않음)가 있다.
- **비율척도(ratio scale)**: 절대영이라는 기준점이 존재하여 절대적인 크기를 측정할 수 있다. 예시로 소득, 무게, 거리, 출석 일수 등이 있다.

변수유형	척도	수 체계의 속성			
		정체성	크기	등간격	절대영
질적변수	명목척도	○	×	×	×
	서열척도	○	○	×	×
양적변수	등간척도	○	○	○	×
	비율척도	○	○	○	○

예제 1-1

다음 변수들은 어떤 유형의 척도일지 구분해보자.

- 개인 특성: 성별(남/여), 연령, 사회계층(상/중/하), 월 소득, 직업군(사무직/생산직/전문직), 체중, 체온, 주민등록번호, IQ
- 스포츠: 선수의 등 번호, 마라톤 순위, 수영 기록, 멀리뛰기 거리
- 조사: 좋아하는 색상(빨강/파랑/노랑), 브랜드 선호순위(1/2/3), 흡연 여부(Yes/No), 어제 운동 시간(분)
- 학교: 학번, 학년(1/2/3/4), 학교 성적(A/B/C/D)
- 경영 현장: 기업 규모(대/중/소), 매출액, 주가지수, 직원 수, 연봉, 신입/경력직, 결근일수, 불량품 수, 방문고객 수
- 환경/사회: 기온, 우편번호, 지역 구분(서울/경기), 교통사고 건수

풀이

명목척도	성별(남/여), 직업군(사무직/생산직/전문직), 주민등록번호, 선수의 등 번호, 좋아하는 색상(빨강/파랑/노랑), 흡연여부(Yes/No), 학번, 신입/경력직, 우편번호, 지역구분(서울/경기)
서열척도	사회계층(상/중/하), 마라톤 순위, 브랜드 선호순위(1/2/3), 학년(1/2/3/4), 학교성적(A/B/C/D), 기업규모(대/중/소)
등간척도	체온, 기온, IQ, 주가지수※
비율척도	연령, 월소득, 체중, 수영 시간, 넓이뛰기 거리, 어제 운동시간, 매출액, 직원수, 연봉, 결근일수, 불량품수, 방문고객수, 교통사고 건수

※ 지수(指數): 물가나 임금 등 변화하는 상황을 알기 쉽도록 보이기 위해 어느 해의 수량을 기준 100으로 하고, 상대적인 다른 해의 수량을 비율로 나타낸 수치

주가지수: 특정시점을 기준으로 시가총액을 비교해서 지수를 산출하는 방식

(참고) 우리나라의 종합주가지수(KOSPI) 산출방법: 한국거래소의 유가증권 시장에 상장된 회사들의 시가총액을 기준시점에 비교해서 나타낸 시장지표. 1980년 1월 4일을 기준시점으로 비교시점의 시가총액을 지수화 (KOSPI = (비교시점의 시가총액/기준시점의 시가총액) × 100)

4 척도의 활용

1. 척도 선택의 주관성

가구소득, 시험점수 등은 양적변수로 그리고 질적변수로도 측정할 수 있다.

- 월평균 가구소득: 100만 미만=1, 100만 이상~300만 미만=2, 300만 이상~500만 미만=3, 500만 이상=4
- TOEIC 점수: 10~599=Low; 600~799=Medium, 800~990=High

다만 양적변수에서 질적변수로만 자료를 변환할 수 있고, 그 역은 성립하지 않는다.

- 예컨대 월평균 가구소득이 양적변수인 경우 '100만 미만'이면 1, '100만 이상~300만 미만'이면 2, '300만 이상~500만 미만'이면 3, '500만 이상'이면 4로 질적변수를 만들 수 있지만, 반대 방향으로는 불가능하다.

양적자료는 질적자료에 비해 풍부한 정보를 가지고 있고, 반면 질적자료는 수체계 상 보다 적은 속성만을 보유하여 양적자료보다 정보의 양이 적다.

- 가령 양적변수로 측정하는 경우 평균(mean)으로 자료를 요약할 수 있는 반면 질적변수로 변환하면 **빈도(frequency)**만 산출할 수 있다.

• 4가지 자료유형의 척도에는 각각이 가진 정보량에 차이가 있으며, 정보량의 크기는 비율>등간>서열>명목의 순이다.

예제 1-2

C 대학의 학칙에 따르면 점수 90점 이상=A; 80~89점=B; 70~79점=C; 60~69점=D; 60점 미만=F으로 Letter Grade가 부여된다.

- Letter Grade의 척도는 어떤 유형인가?
- Letter Grade는 수치형인가? 범주형인가?
- 그러면 원점수(100점 만점) 척도는 어떤 유형인가?
- 원점수는 수치형인가? 범주형인가?
- 원점수에서 Letter Grade로 변환(recoding)할 수 있는가?
- Letter Grade에서 원점수로 변환(recoding)할 수 있는가?

풀이

① 서열; ② 범주형; ③ 비율; ④ 수치형; ⑤ 할 수 있다; ⑥ 할 수 없다.

2. 리커트 척도

사회과학 분야에서 자료수집 방법으로 널리 사용되어 온 **설문조사(questionnaire survey)**에는 주어진 문항에 대하여 동의하는 정도에 따라 (미리 설정된) 응답범주 가운데 하나를 선택하도록 유도하는 질문을 흔히 볼 수 있다.

건강을 위해	매우 동의하지 않는다	동의하지 않는 편이다	보통이다	동의하는 편이다	매우 동의한다
금연을 해야 한다.					
절주를 해야 한다.					
운동을 해야 한다.					

이러한 측정 척도를 **리커트 척도(Likert scale)**라고 하는데, 리커트 척도는 제시된 문장에 대해 동의하는 수준을 응답하므로 응답범주 사이에는 명확한 서열성이 있어야 한다.

- 응답범주에는 **단계가 있다**. 주로 5단계 척도를 많이 사용하지만, 연구자에 따라서는 7단계나 9단계, 또는 중립적인 응답을 제외시킨 4단계, 6단계, 8단계를 사용하기도 한다.
- **원칙적으로 리커트 척도는 서열척도에 해당한다**. 리커트 척도의 응답범주는 '매우 동의하지 않음-동의하지 않음-보통-동의함-매우 동의함'과 같이 더 동의하는 방향으로 순서가 있다. 하지만 각 범주간 간격이 꼭 동일하다고 확신하기 어렵다는 점에서 엄밀히 말하면 서열척도라고 보아야 한다.
- 실무적으로 **등간척도로 간주하기도 한다**. 원칙적으로 서열척도는 산술연산이 불가능하지만, 현실적인 필요성에 따라 리커트 척도에 대해서는 등간척도로 사용할 때가 많다. 이같은 특징으로 인해 리커트 척도를 **근사적 등간척도(approximately interval scale)**라고 부르기도 한다.
- 추상적인 개념을 측정할 때는 (하나의 리커트 척도만을 사용하지 않고) 복수의 문항으로 질문하는 경우가 일반적이므로 여러 리커트 척도들의 평균(또는 합)을 계산하고 이를 등간척도로 고려하기도 한다.

04 자료유형별 분석기법

1 척도별 사용할 수 있는 수학적 연산

명목, 서열, 등간, 비율 척도로 측정된 데이터는 서로 다른 속성을 가지고 있고, 그 다른 속성들 때문에 수학적으로 연산 가능한 범위가 달라진다.

- **명목척도**: 범주별로 해당되는 개체를 세는 것(count)만 가능하며 우열이나 대소를 판단할 수 없다.
- **서열척도**: 개체를 셀 수 있을 뿐만 아니라 크고 작은 순서(순위)를 비교할 수 있다.
- **등간척도**: 셈과 순서 비교뿐만 아니라 간격이 같기 때문에 수평 이동할 수 있어서 덧셈과 뺄셈이 가능하다.
- **비율척도**: 절대기준인 0점이 존재하므로 곱셈과 나눗셈까지도 가능하다.

변수유형	척도	수학적 연산			
		셈(count)	순위	덧셈/뺄셈	곱셈/나눗셈
질적변수	명목척도	○	×	×	×
	서열척도	○	○	×	×
양적변수	등간척도	○	○	○	×
	비율척도	○	○	○	○

2 척도별 사용할 수 있는 요약통계량

척도에 따라 사용할 수 있는 수학적 연산자에는 제한이 있다. 그러므로 척도별로 사용할 수 있는 요약통계량 역시 그 범위가 다르다. 양적변수로는 평균을 구하는 등 다양하게 자료를 분석할 수 있지만, 질적변수로는 빈도 정도만 산출이 가능하다.

- 명목척도: 각각의 범주에 해당하는 개체를 세어 빈도(frequency)를 계산할 수 있으므로 최빈값(mode)을 구할 수 있다.
- 서열척도: 각각의 범주별로 순위를 매길 수 있으므로, 중앙값(median)을 구할 수 있다.
- 등간척도: 덧셈과 뺄셈이 가능하므로, **산술평균(arithmetic mean)** 산출이 가능하다(산술평균에서 모든 값을 더해서 상수인 n이라는 개체 수로 나누는 것은 각 개체에 $1/n$의 가중치를 주어 덧셈만 이용하는 것임).
- 비율척도: 곱셈과 나눗셈도 가능하므로 산술평균뿐만 아니라 **기하평균(geometric mean)**과 **조화평균(harmonic mean)**도 가능하다.

다음은 척도별 추가되는 수학적 연산자와 사용할 수 있는 통계량을 요약한 표이다.

변수유형	척도	추가되는 연산	요약 통계량
질적변수	명목척도	셈	빈도(frequency)와 백분율(percentage) 최빈값(mode)
	서열척도	순위 측정	중앙값(median) 범위(range)
양적변수	등간척도	덧셈/뺄셈	산술평균(arithmetic mean) 분산(variance)과 표준편차(standard deviation)
	비율척도	곱셈/나눗셈	기하평균(geometric mean) 조화평균(harmonic mean)

- 아랫줄에서 사용되는 수학 연산과 통계량은 윗줄의 수학 연산과 통계량을 이미 포함하고 있음에 주의해야 한다. 예를 들면, 서열척도가 주어졌다면 명목척도의 연산/통계량인 빈도/백분율 또는 최빈값을 당연히 사용할 수 있다.

한 개의 변수의 특성이 아닌 둘 이상의 변수 사이의 관계를 파악하고자 할 때에도 변수의 척도에 따라 서로 다른 방법이 요구된다.

- 두 변수가 등간형 또는 비율형인 양적변수인 경우에는 **상관계수**(correlation coefficient) 등을 사용할 수 있다.
- 두 변수가 명목형 또는 서열형인 질적변수인 경우에는 **분할표**(contingency table) 등을 사용할 수 있다.

3 척도별 사용할 수 있는 시각화 기법

변수 하나에 관한 **시각화**(visualization) 기법도 자료유형에 따라 달라진다.

- **막대그래프**(bar chart)와 **히스토그램**(histogram)은 종종 혼용되지만, 원칙적으로는 각각 질적변수와 양적변수의 **분포**(distribution)를 나타내기 위해 사용된다.
- [그림 1-1]의 막대그래프는 질적 변수인 변속기의 자동/수동 유형에 따른 분포를 시각화한 것이다. 히스토그램은 양적변수인 연비를 범주화하고 각 범주의 빈도를 시각화한 것이다.

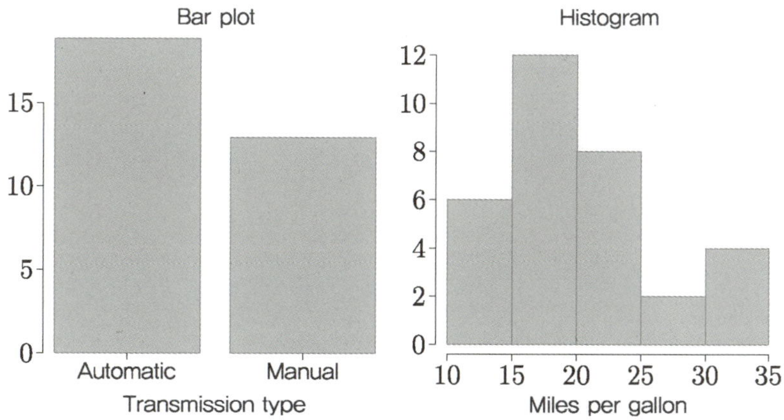

[그림 1-1] 변수의 분포를 표현하는 막대그래프와 히스토그램

두 변수 간의 관계를 시각화하는 기법도 변수들이 양적변수인지 또는 질적변수인지에 따라 달라진다.

- 두 변수가 모두 질적변수인 경우에는 **묶은막대그래프**(clustered bar plot) 또는 **누적막대그래프**(stacked bar plot)를, 모두 양적변수인 경우에는 **산점도**(scatter plot), 양적/질적 혼재한 경우에는 **상자-수염 그림**(box-whisker plot) 등을 적절히 활용할 수 있다.
- [그림 1-2]의 (좌)는 변속기의 자동/수동 유형과 배기통 수 유형과 같이 두 변수가 모두 질적변수인 경우에 사용하는 누적막대그래프이다. (우)는 자동차의 무게와 연비와 같이 모두 양적변수인 경우에 사용하는 산점도이다. 마지막으로 (중)은 질적변수인 변속기의 자동/수동 유형과 양적변수인 연비 간 연관성을 시각화할 때 사용할 수 있는 상자-수염 그림이다.

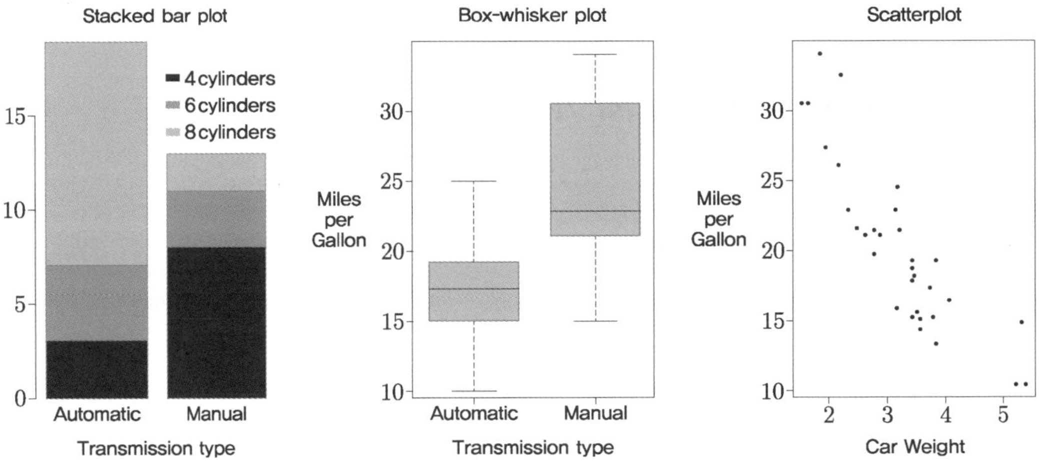

[그림 1-2] 두 변수간 관계를 표현하는 누적막대그래프, 상자그림과 산점도

Q1 '척도'와 '변수'의 의미적 차이에 대해서 명확히 구분하고 싶은데 잘 구분이 되지 않습니다. 이 둘을 거의 같은 의미로 생각했을 때 이해가 조금 되는 것 같은데 혹시 차이가 있다면 어떤 차이가 있는지 설명해주실 수 있는지요?

A1 변수는 데이터(측정값)가 담기는 그릇이라고 생각하면 이해하기 쉽습니다. 그릇 안에 다양한 측정값이 들어갈 수 있지요. 그리고 척도는 데이터를 측정하는 도구입니다. 이미 상용화된 체중계, 온도계, 또는 태도/의견을 조사할 때 사용하는 설문 문항(리커트 척도) 같은 도구를 말하는 것이지요.

따라서 변수는 양적(비율/등간), 질적(서열/명목) 각각의 척도 유형으로 측정된 자료를 포함하고 있는 것입니다. 요약하자면, 척도별 자료유형에 따라 변수 유형이 일대일 대응 관계를 하고 있다고 이해하면 될 것입니다.

Q2 양적과 질적으로 서열척도와 등간척도는 구분할 수 있을 것 같은데 같은 양적변수 내의 등간척도와 비율척도의 구분이 어렵습니다.

A2 우선 크게 양적/질적 변수를 구분하고, 양적변수 안에서 절대적인 기준점이 있는지, 질적변수 안에서는 순서가 있는지를 판단하면 비교적 구분이 수월할 것입니다.

Q3 IQ점수, 키, 체중, 연령 등은 0의 값을 가지지 못해서 등간척도라고 생각했는데 이렇게 이해하는 것이 맞나요?

A3 IQ 점수, 키, 체중, 연령 등이 양적변수임에는 모두 동의할 것입니다. 그럼 이제 등간/비율을 판단해야 하겠지요. 그럼 '절대 0'이 있는지를 판단해야 할 것입니다.

- 키와 체중은 길이와 무게로 측정되므로 (사람이 존재하는 한 0이란 측정값은 없겠지만) 개념적으로 절대 0(0cm, 0kg)이 있으니 비율척도입니다.
- 연령도 태어나는 순간을 0으로 하여 우리는 매순간 연령이 증가하고 있으니 '절대 0'이 있다고 할 수 있습니다. 50세는 25세의 2배라고 할 수 있으니 비율척도로 보아도 되겠지요. 간혹 우리가 통상적으로 사용하는 나이와 만 나이를 비교하며 서로 다른 0을 가지고 있어서 '절대 0'이 없다고 할 수도 있겠습니다. 이렇게 주장하는 경우 등간척도라고 할 수도 있습니다.
- 그러나 IQ 점수는 원점수가 (나중에 공부할) **표준정규분포(standard normal distribution)**를 따른다고 가정하고 평균 100, 표준편차 15로 표준화하여 변환한 점수입니다. 따라서 절대적인 크기가 아닌 상대적인 위치의 점수이지요. 이러한 표준화 점수는 등간척도로 고려되어야 할 것입니다.

Q4 토익점수, IQ와 같이 상대적인 것은 등간으로 고려해야 하는지요?

A4 상대적으로 기준점이 달라지는 경우에는 등간으로 보는 것이 적절하다고 판단됩니다. 예컨대, TOEIC, TOEFL 같은 공인 점수는 난이도를 보정하여 점수가 정해집니다. 따라서 TOEIC 시험이 어려우면(수험자 전체적으로 점수가 낮으면) 5~6개 틀려도 950점을 받을 수 있고, 쉬우면 2~3개 틀려도 900점이 될 수도 있다는 것입니다. 절대적인 원점수가 아닌 상대적인 위치에 의한 표준화된 점수라는 것이지요. 이러한 표준화 점수는 기준점(평균)이 상황에 따라 달라지므로 등간척도로 고려되어야 할 것입니다.

Q5 기준점(영점)이 달라지면 등간척도라고 한다면 단위가 여러 개인 것(예를 들면 온도처럼 섭씨/화씨로 나뉘는 것)은 등간이라고 해야 하나요? 체온(섭씨/화씨)뿐만 아니라 체중(kg, g) 또는 멀리뛰기 거리(km, m, cm) 같은 경우에도 등간이라고 해야 하는 걸까요?

A5 단위가 다르다고 무조건 등간척도는 아닙니다. 기준점이 달라지는 경우(0℃=32℉)가 등간척도이고, 기준점(절대적인 0)이 동일하면 비율척도입니다(0m=0cm).

구체적으로 온도의 경우 섭씨에서는 0°가 화씨에서는 32°입니다. 그래서 어는점부터 끓는점까지의 온도 0~100℃가 화씨에서는 32~212℉인 것이지요. 예를 들어, 오늘 아침의 날씨는 13℃입니다. 오후에 26℃가 되면 2배 따뜻해졌다고 말할 수 있을까요? 오늘의 기온을 화씨로 표현하면 아침은 55℉, 오후는 79℉입니다. 섭씨온도로 26℃는 수치적으로 13℃의 2배이지만, 화씨온도로 79℉(=26℃)는 55℉(=13℃)의 1.4배로 상이합니다.

반면, 2m는 1m의 2배이고, 200cm는 100cm의 2배로 비율이 동일합니다.

Q6 비율척도에 대한 설명에서 '절대적인 크기 측정'을 절대값과 같은 개념으로 이해해도 되는 것인가요? 등간척도와 비율척도를 구분할 때 '절대0의 존재 유무'라고 하여 등간척도는 음의 값을 가질 수 있고(예, 온도), 비율척도는 음의 값을 가지지 못한다(예, 무게, 거리)라고 이해했는데 그렇게 이해해도 무방한가요?

A6 '절대적인 크기 측정'이 절대값(음수를 양수로 변환)과 같은 개념은 아닙니다. 등간 및 비율 척도 모두 음수를 가질 수 있습니다. 차이는 '절대적인 기준(0)'이 있는지입니다.

다시 말해서 등간척도의 경우는 절대적인 기준점이 없어서 고유의(절대적인) 크기를 판단할 수 없다는 것입니다.

Q7 질적척도에서 명목과 서열을 나누는 기준이 모호한 것 같습니다. 서열은 명목과 다르게 '수체계의 속성' 중에 크기, 순서라는 항목을 포함하면 되는 것인데 순서를 매길 수 있다는 것이 애매하다고 생각합니다. 빨주노초 이런 색상이나 매우 불만족 → 매우 만족과 같은 순서는 정해져 있다고 하기가 어렵지 않나요? 약간 주관적인 것 같은데 이 기준을 어떻게 정해야 할지 모르겠습니다.

A7 빨주노초 색상과 관련해서 두 가지의 변수를 생성할 수 있습니다: (1) 티셔츠 색상 중에 어떤 색상을 선택하시겠습니까?와 (2) 4종의 티셔츠가 있는데 선호도에 따라 순위를 표시하십시오. 변수(1)의 데이터는 순서가 없고 색상 구분만 할 수 있기 때문에 명목척도라고 판단함이 적절할 것입니다(데이터에는 한 변수에 4색 중 하나의 색이 입력). 그러나 변수(2)의 경우에는 색상별로 부여된 순위를 1~4로 입력해야 합니다. 따라서 선호도 변수 안에 색상별로 4개의 하위변수 각각에 순위를 입력한다고 생각하면 이해가 쉬울 것 같습니다. 이렇게 순위를 기입하도록 하는 경우, 서열척도로 측정한 것이 되는 것이지요.

매우 불만족－불만족－보통－만족－매우 만족의 척도의 경우에는 만족하는 강도에 따른 방향이 일정하므로 순서가 있다고 보는 것이 적절하다고 판단됩니다. 물론 역으로 불만족의 강도 방향으로 척도를 변경해도 마찬가지고요. 따라서 원칙적으로 서열척도로 판단함이 적절하고, 현실적인 활용방법에 대한 추가적인 내용은 리커트 척도에 대한 설명을 참조하기 바랍니다.

Q8 '동일 개념 측정을 위한 다른 척도'에서 양적변수를 질적변수로 변경할 때 가구소득, TOEIC 점수, 시험점수를 비율척도라고 생각하면 이해하기가 쉬운데, 이상, 미만으로 범주화되어있는 것을 보면 명목척도로 봐야 되는 것인가요?

A8 양적변수인 가구소득, TOEIC 점수, 시험점수는 절대적인 기준점 유무에 따라 등간/비율이 구분됩니다. 가구소득은 명백한 비율, 토익점수는 상대평가로 결정되므로 등간, 시험점수는 원점수(0~100; 모두 틀리면 0, 모두 맞았으면 100)를 고려하는 경우 비율로 고려해야 하겠지요? 이들을 그룹화하면 질적변수로 변환되는데, 그룹변수가 순서가 있으면 서열, 없으면 명목으로 고려됩니다. 가구소득(4범주), TOEIC(고/중/저), 시험점수(A/B/C/D/F)로 범주화하는 경우 모두 순서가 있으므로 서열변수로 고려해야 할 것입니다.

결론적으로 동일한 변수라고 하더라도 어떻게 측정했는지, 어떠한 분석목표를 세웠는지에 따라 척도 유형의 판단이 달라질 수 있습니다. 단, 일반적으로 통계학에서는 보수적인 입장을 취합니다.

과제

01 [예제 1-1]에서 학습한 다음 변수들의 척도유형을 잘 이해했는지 스스로 확인해보자. 변수들을 4유형의 척도에 적절히 기입하시오.

- 개인 특성: 성별(남/여), 연령, 사회계층(상/중/하), 월 소득, 직업군(사무직/생산직/전문직), 체중, 체온, 주민등록번호, IQ
- 스포츠: 선수의 등 번호, 마라톤 순위, 수영 기록, 멀리뛰기 거리
- 조사: 좋아하는 색상(빨강/파랑/노랑), 브랜드 선호순위(1/2/3), 흡연 여부(Yes/No), 어제 운동 시간(분)
- 경영 현장: 기업 규모(대/중/소), 매출액, 주가지수, 직원 수, 연봉, 신입/경력직, 결근일수, 불량품 수, 방문고객 수
- 환경/사회: 기온, 우편번호, 지역 구분(서울/경기), 교통사고 건수

명목척도	
서열척도	
등간척도	
비율척도	

02 다음의 예제를 참고로 하여 제시된 척도에 해당하는 문항을 하나씩 만들고 간단히 그 이유를 서술하시오.

[예제] **전반적으로 판단할 때, 당신은 얼마나 행복하십니까?**

(1) 매우 행복함 (2) 다소 행복함 (3) 보통임 (4) 다소 불행함 (5) 매우 불행함

[풀이] 서열척도(리커트 척도에는 순서만 있을 뿐 문항 사이에 간격이 동등하다고 보기 어려우므로).

명목척도	
서열척도	
등간척도	
비율척도	

03 대선후보에 대한 선호도 설문조사에서 성인 응답자의 연령을 20대=1, 30대=2, 40대=3, 50대=4, 60대=5, 70대 이상=6으로 조사하였다. 수집된 연령 데이터에 대해 다음 질문에 응답하시오.

(1) 수집된 연령 자료의 척도는 어떤 유형인가?

(2) 수집된 연령은 수치형인가? 범주형인가?

(3) 수집된 연령 자료를 원래의 연령(20세, 21세 등)으로 변환할 수 있는가?

Chapter

02

자료의 시각화

학습목표

1. 데이터 시각화의 필요성과 기본 원칙을 이해한다.
2. 분석 목적과 자료유형에 따라 적용할 수 있는 시각화 방법을 이해한다.
3. 단일한 질적변수 또는 양적변수의 대한 적절한 시각화를 수행할 수 있다.

01 자료의 시각적 표현

1 시각화에 대한 기초적 이해

자료를 분석하기 위해서는 통계분석 방법을 선택하기에 앞서 데이터의 전체적인 형태를 직관적으로 파악해야 한다. 통계분석이 끝난 뒤에도 그 핵심 발견을 그림으로 전달하는 것은 훌륭한 전략이다. 자료의 **시각화**(visualization) 또는 **시각적 표현**(visual presentation)은 이러한 측면에서 유용한 방법이다. 그래프(graph)뿐만 아니라 표(table)도 시각화 기법으로 볼 수 있다.

"훌륭한 스케치가 긴 연설보다 낫다(A picture is worth a thousand words)"는 격언을 떠올리자. **데이터 시각화**(data visualization)는 그동안 그림보다 글을 강조하는 연구자들에 의해 다소 평가절하되어왔지만, 최근 수년 사이에 폭발적인 인기를 얻고 있다. 디지털 데이터가 폭발적으로 증가함에 따라 빅데이터, 데이터 시각화, 정보시각화, **인포그래픽**(infographics) 등에 관한 관심도 높아지고 있다.

최근 **데이터 저널리즘**(data journalism)의 발전을 보면 앞으로 이 분야에서 지속해서 전문가 수요가 있을 것으로 보인다. Google Analytics 등 개인 또는 조직/기관이 운영하는 웹페이지의 방문자 데이터를 수집 및 분석하는 여러 도구가 있다. 이제 그 분석 결과를 멋진 그래프로 정리하고 대시보드(dash board)를 만들거나 리포트를 제작하는 것이 **데이터 분석가**(data analyst)의 중요한 직무가 되었다.

데이터 시각화에 관심이 있으면, 엑셀, R, 파이썬 등 프로그램뿐만 아니라 더 전문적인 데이터 시각화 프로그램을 이용하여 효율적인 인포그래픽을 시도해보길 바란다. 시중의 전문서와 YouTube 튜토리얼을 참고하여 비교적 쉽게 뛰어난 시각화 기법을 학습할 수 있다. [그림 2-1]은 Tableau Public 소프트웨어(무료 버전)를 이용한 시각화 기법의 예시이다.

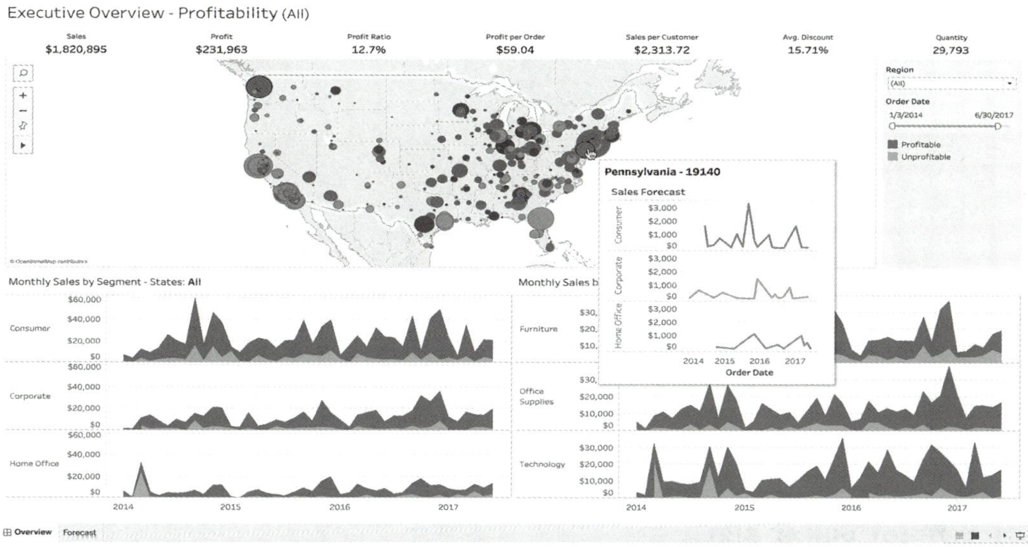

[그림 2-1] Tableau Public을 이용한 데이터 시각화

2 시각적 표현의 장점

시각적으로 표현된 자료는 (단순히 숫자를 나열할 때보다) 데이터의 패턴을 이해하는 데 큰 도움이 된다. 변수의 분포를 보여주어 자료의 특징이나 잠재적인 문제점을 드러낼 수도 있고, 변수들 사이에 혹시 어떤 연관성이 있지 않나 하는 의문을 빠르게 해소하는 데도 유용하다. 다음의 예문을 한번 읽어보자.

> 세계인스턴트누들협회(World Instant Noodles Association)가 2020년 발표한 자료에 의하면, 국가별 시장 규모는 1위 중국, 2위 인도네시아, 3위 베트남의 순이었고, 한국의 시장 규모는 8위(41억 3000개)인데 1위 중국의 1/10에도 못 미치는 규모였다.

인스턴트 누들의 국가별 시장 규모에 대한 설명은 의미가 쉽게 와닿지 않는다. 그러나 다음 [그림 2-2]와 같은 단순한 막대그래프만 덧붙여도 훨씬 더 직관적으로 이해하기 쉽다.

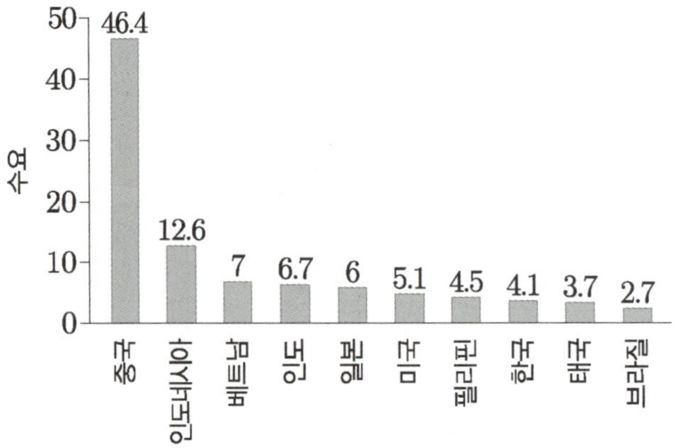

[그림 2-2] 인스턴트 누들의 국가별 시장 규모(2020)

3 시각화의 일반적 원칙

자료를 시각적으로 표현하기 위한 일반적인 원칙은 다음과 같다.

- 적절한 제목(title): 도표의 주제(요지)를 명확하게 제목에 기술해야 한다.
- 측정 단위(unit): 표/그래프에 사용된 측정 단위를 명시해야 한다.
- 적절한 척도(scale): 수직축과 수평축을 작위적으로 늘리거나 줄이는 것은 정보를 왜곡시킬 수 있다.
- 비교 지표(index): 정보의 이해도를 높이기 위해 비교하는 지표를 명확하게 구현해야 한다.
- 자료원(data source): 표/그래프에 사용된 자료의 출처를 표시해야 한다.
- 간명하게(simple): 너무 많은 정보가 집약되지 않고 간결해야 한다.
- 깔끔하게(neat): 적절한 크기, 색상, 선 스타일, 음영, 글씨체 등을 선택하여 심미적인 디자인 효과를 높인다.

더 꼼꼼한 시각화의 원칙과 시각디자인의 원리를 다룬 교재는 시중에 많이 나와 있으므로 필요에 따라 참고하자.

4 자료의 시각적 표현의 접근 방법

데이터 시각화는 검토하려는 변수의 수에 따라 두 종류로 나뉜다.

- **단일 변수의 시각화**(univariate data visualization)
- **둘 이상의 변수 관계의 시각화**(bivariate/multivariate data visualization)

또한, 자료유형이 양적변수인지 질적변수인지 구분하여 상황에 따라 적절한 시각화 기법을 사용해야 한다. 이 장에서는 먼저 단일 변수를 요약하는 상황을 학습하고, 둘 이상의 변수 사이 관계를 분석하는 방법은 제4장에서 다루기로 한다.

02 질적변수의 시각화

1 도수분포표

도수분포표(frequency distribution table) 또는 **빈도분포표**는 동일한 항목별 또는 각 **계급구간**(class interval) 단위로 빈도수와 상대도수(relative frequency) 또는 백분율을 정리하여 나타낸 표를 뜻한다.

- 도수분포표의 한 행(row)은 하나의 **계급구간**(class interval)에 속하는 빈도수와 백분율(또는 상대도수)을 나타냄에 유의하자.
- 도수분포표를 통해 자료 자체의 특성이나 구조를 쉽게 파악할 수 있다.
- 도수분포표는 (막대그래프나 파이 차트 등) 다른 시각화를 위한 기초자료로도 흔히 사용된다.

다음 예시의 도수분포표는 지역주민 600명의 취업상태에 관한 조사 결과를 요약하고 있다.

취업상태	코드	도수	상대도수
정규직	1	243	0.41
비정규직	2	98	0.16
휴직/실업	3	32	0.05
은퇴	4	76	0.13
학생	5	45	0.08
주부	6	83	0.14
기타	7	23	0.04
합계		600	1.00

2 막대그래프

질적변수가 주어졌을 때 가장 기본적인 시각화 방법은 **막대그래프(bar graph)**이다. 먼저 빈도분포표를 완성하고 이에 기반하여 빈도수를 막대의 면적에 비례하도록 그린다.

- 질적 자료를 정리할 때 자주 이용하며 이는 결국 상대빈도를 막대 모양으로 표현한 것이다.
- 일반적으로 x축은 계급구간을, y축에는 빈도 또는 상대도수(백분율)를 나타낸다.
- 질적변수의 경우에는 막대와 막대 사이에 일반적으로 간격이 있다.

예제 2-1

지역주민 600명의 취업상태를 조사한 결과를 이용하여 막대그래프를 그리시오.

풀이

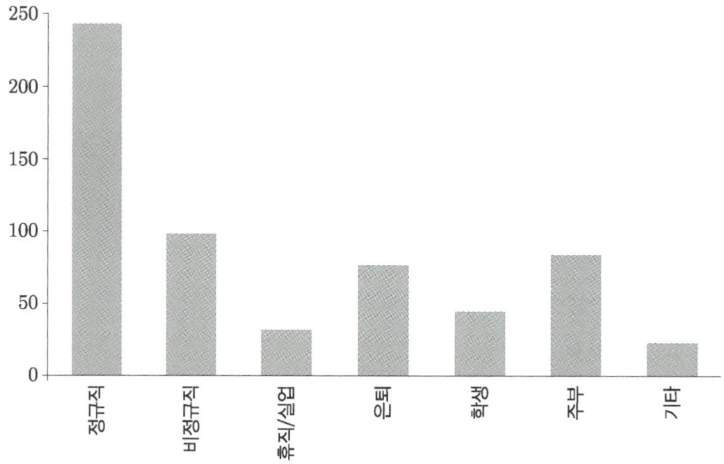

3 파이 차트

파이 차트(pie chart)는 원의 전체 면적을 100%로 하고, 조각(slice)을 백분율에 따라 나누어 표현하는 기법이다.

- 몇몇 전문가들은 파이 차트를 제한적으로 사용하도록 충고한다. 조금만 복잡해져도 정보전달이 안 되고, 정보전달이 쉽게 될 정도로 단순하게 만들면 그림을 그리는 의미가 없어지기 때문이다.

예제 2-2

[예제 2-1]의 취업상태 조사 결과를 바탕으로 파이 차트를 그리시오.

풀이

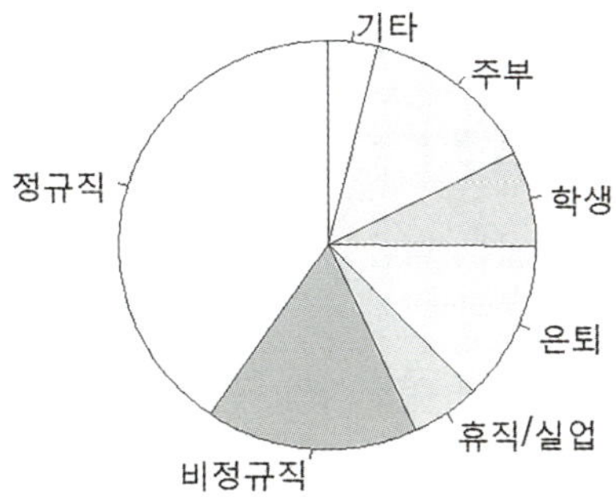

여기서 잠깐 응용통계학 분야 속 파이 차트

파이 차트는 응용통계학 분야에서 독특한 역사가 있다. Florence Nightingale은 19세기 중반에 활약했던 간호사로 오늘날에도 널리 알려진 인물이지만, 사실 그녀는 평범한 간호사 이상의 역할을 수행하였다. 사회과학 통계학의 선구자 가운데 한 사람인 Adolphe Quetelet로부터 영향을 받았던 나이팅게일은 역사상 최초의 실무형 보건통계학자 중 한 명이었다. 그녀는 직접 자료를 수집하여 통계를 구축한 뒤 나름의 분석을 수행하고 이를 시각화하여 장미 다이어그램(rose diagram)이라고 불렀다(이는 훗날 파이 차트의 한 종류로 더 널리 알려져 있다).

03 양적변수의 시각화

1 계급구간을 이용한 도수분포표

양적변수로 도수분포표를 만드는 절차는 다음과 같다.

[1단계] 계급구간의 수 결정: 관측자료의 수에 따라 다르지만, 보통 5 이상 15 미만으로 구간을 정한다. 계급구간의 수가 너무 많아지면 가독성이 나빠진다.

⬇

[2단계] 계급구간의 크기 결정: 각 계급구간 간에 충분한 의미가 있어야 한다. 자료의 범위(최대값－최소값), 구간의 수(구간의 크기)를 자연수로 끊어 하나의 구간에 충분한 사례가 들어가도록 설정한다.

$$\text{구간의 크기} = \frac{(\text{자료의 최대값} - \text{자료의 최소값})}{\text{구간의 수}}$$

⬇

[3단계] 분계점(threshold) 설정: 계급구간의 크기를 자연수, 정수 또는 편리한 값이 되도록 조정한다. 구간이 서로 중첩되지 않도록 분계점을 설정해야 한다.

⬇

[4단계] 각 계급구간에 속하는 관측자료의 빈도수를 계산한다.

예제 2-3

통계학을 수강하는 40명 학생의 중간고사 점수 분포이다. 이 자료를 이용하여 10점 단위 구간으로 도수분포표를 작성하시오.

71	71	73	74	76	77	77	78	79	79
36	53	57	62	63	65	68	69	69	70
86	88	88	88	89	90	92	92	93	98
79	80	80	81	81	91	82	83	83	85

풀이

점수(계급구간)	코드	도수	상대도수
(30, 40]	1	1	0.03
(40, 50]	2	0	0.00
(50, 60]	3	2	0.05
(60, 70]	4	7	0.18
(70, 80]	5	13	0.33
(80, 90]	6	12	0.30
(90, 100]	7	5	0.13
합계		40	1.00

점수에서 [ ] 기호는 이상/이하를 뜻하고 ( ) 기호는 초과/미만을 뜻함에 주의하자. 코드는 각 계급구간을 대표하는 명목변수이다.

2 히스토그램

히스토그램은 도수분포표를 그래프로 표현한 기법으로 계급구간에 따라 가로축을 나누고, 막대의 면적이 해당 구간의 빈도와 비례하도록 그린다.

- (질적변수의 분포를 나타낸 막대그래프와 유사하게) 양적변수의 분포를 히스토그램으로 표현하기 위해서는 우선 도수분포표를 준비해야 한다.
- 다음 그래프는 2에서 12까지 분포한 자료를 11개의 구간으로 나누어 표현하고 있다. 막대 면적은 백분율을 의미하므로 그 크기를 정확하게 그려야 한다.

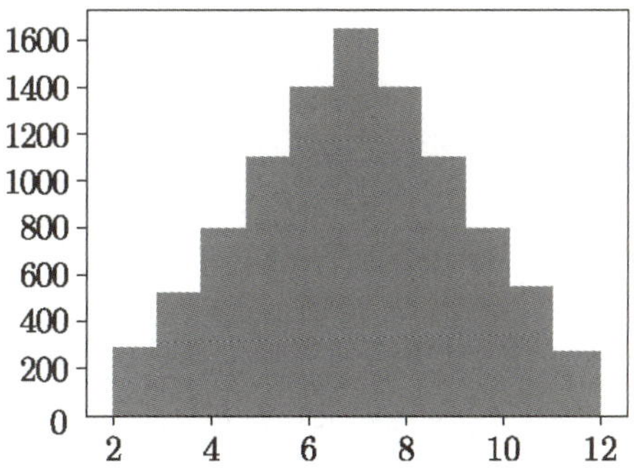

[그림 2-3] 히스토그램

• 원칙상 막대그래프는 질적변수에 대해, 히스토그램은 양적변수에 대해 적용해야 하는 시각화 기법이지만 (양적변수를 구간별로 나누고 도수분포표를 준비한다는 사실에서 알 수 있듯) 두 기법은 사실상 매우 유사하다.

히스토그램을 작성하는 절차는 다음과 같다.

[1단계] 계급구간 크기의 결정: 계급 또는 구간의 크기는 데이터 세트에 있는 관측치 수에 의해 정할 수 있다. 관측치의 수가 많을수록 구간의 크기는 클 수밖에 없다.

⬇

[2단계] 계급구간의 수 결정: **스터지스의 규칙**(Sturges's Rule)에 따르면 정규분포(나중에 학습한다)하는 데이터에서 히스토그램을 구성할 때, 선택할 구간의 수는 $k=1+\log_2 n$이다. 그러나 스터지스 규칙을 꼭 따라야 할 필요는 없으며, 예컨대 데이터가 정규분포하지 않는다면 계급구간이 추가로 필요할 수도 있다. 다음 그래프에서 x축은 표본 크기(n)이고 y축은 구간의 수(k)이다.

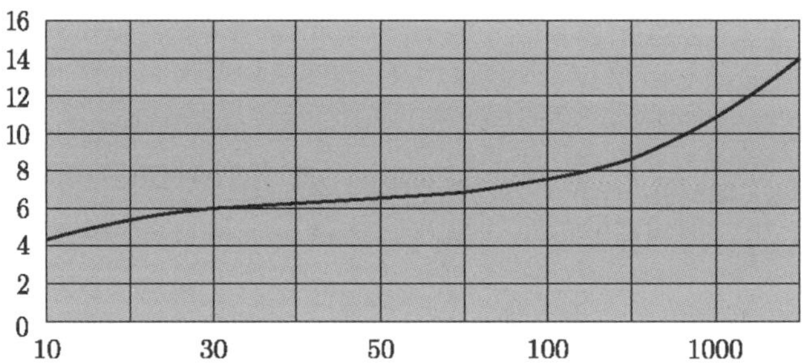

[그림 2-4] 스터지스의 규칙

예제 2-4

[예제 2-3]의 통계학을 수강하는 40명 학생의 중간고사 점수 분포를 이용하여 히스토그램을 그리시오.

풀이

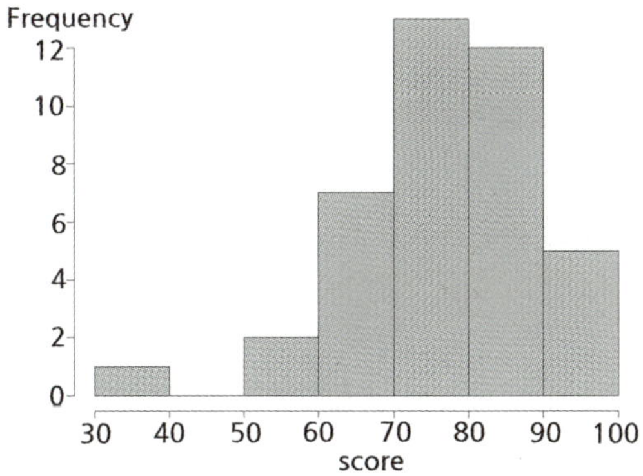

한편 도수분포는 [그림 2-5]처럼 **도수분포다각형(frequency polygon)**으로도 나타낼 수 있다.

- 이것은 본질적으로 히스토그램과 동일한 시각화 기법이다. 히스토그램은 계급구간의 크기가 막대의 수평 길이로 표현된다. 그 계급구간의 중간점들을 이어 도수분포다각형을 그릴 수 있다.
- 예컨대 구간 30-40의 도수와 구간 40-50의 도수가 있다면 그 중간점인 35와 45를 이어 그래프를 그려 도수를 나타낼 수 있다.

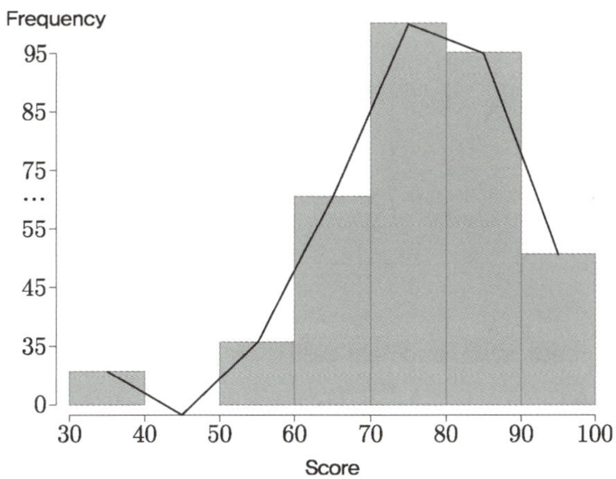

[그림 2-5] 도수분포다각형

심층탐구 히스토그램의 계급구간

히스토그램의 계급구간을 달리 설정하면 그림에 큰 차이가 나타날 수 있음에 주의해야 한다. 가령 [예제 2-4]의 경우에는 (생략된) 도수분포표의 계급구간이 10임을 알 수 있는데, 계급구간이 5인 경우와 10인 경우를 각각 그려보고 세 경우가 어떻게 다른지 꼼꼼히 확인해보자!

3 줄기-잎 그림

줄기-잎 그림(stem-and-leaf plot)은 전체적인 윤곽은 수평으로 눕힌 히스토그램과 비슷하다. 이때 10의 자리는 **줄기(stem)**를, 1의 자리는 **잎(leaf)**을 나타낸다.

- 줄기-잎 그림은 최소값과 최대값의 파악이 가능하다는 장점이 있다.
- 그러나 모든 데이터를 그림 안에 표현하려다 보니 자료의 관측치가 많은 경우에는 그리기 곤란하다는 단점이 있다.

예제 2-5

[예제 2-3]의 통계학을 수강하는 40명 학생의 중간고사 점수 분포를 이용하여 줄기-잎 그림을 그리시오.

풀이

줄기	잎
3	6
4	
5	37
6	235899
7	011346778999
8	00111233568889
9	02238

겹 줄기-잎 그림(back-to-back stem-and-leaf plot)은 줄기-잎 그래프를 확장한 것이다. 왼쪽과 오른쪽을 나누어 두 개의 줄기-잎 그림을 그린 다음, 두 개의 분포가 어느 한쪽에 몰려 있는지 또는 퍼져 있는지 등을 비교하여 살펴볼 수 있다.

- 아래 겹 줄기-잎 그림은 마크 맥과이어(Mark McGwire)와 베이브 루스(Babe Ruth)의 연도별 홈런 수를 비교하고 있다. 베이브 루스의 홈런 수가 마크 맥과이어의 홈런 수보다 높음을 시각적으로 쉽게 확인할 수 있다.

마크 맥과이어		베이브 루스
잎	줄기	잎
2	2	2
9932	3	45
92	4	1166679
82	5	449
5	6	0
0	7	

[그림 2-6] 마크 맥과이어와 베이브 루스의 홈런수 비교

4 상자-수염 그림

상자-수염 그림(box-whisker plot)은 중심경향 및 산포경향의 주요 요약통계량을 그림 하나로 전달하는 시각화 기법이다.

- [그림 2-7]에서 볼 수 있듯, 상자 내부의 선은 **중앙값(median)**을 나타내고 **평균(mean)**은 아님에 주의하자.
- 상자의 좌측 끝은 25% 지점인 **제1사분위수(1st quartile)**, 우측 끝은 75% 지점인 **제3사분위수(3rd quartile)**를 나타내므로 상자 안에는 전체 데이터의 50%가 위치하게 된다.
- 수염의 좌우 끝은 각각 **최소값(minimum)**과 **최대값(maximum)**이 어디인지를 나타낸다(구체적인 개념은 제3장에서 학습하므로 여기서는 구조만 개념적으로 파악하자).

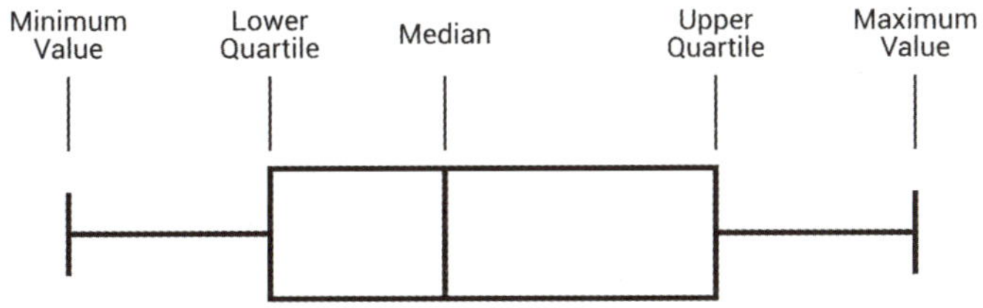

[그림 2-7] 단순한 형태의 상자-수염그림

- [그림 2-8]과 같은 평균(mean), 이상점(outliers) 등 추가 정보가 포함된 상자-수염 그림을 사용할 수도 있다.

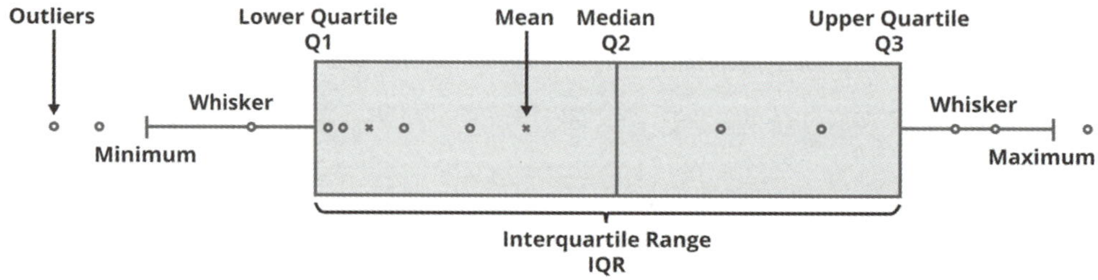

[그림 2-8] 확장된 형태의 상자-수염 그림

심층탐구 상자-수염 그림을 통한 이상점 식별

나중에 3장의 학습을 마친 다음이라면 상자-수염 그림을 통해 이상점을 식별할 수 있다. 구체적으로 말해, $Q_3 + 1.5 \times IQR$보다 크거나, $Q_1 - 1.5 \times IQR$보다 작은 경우 그 관측치는 이상점으로 판단할 수 있다. 특히 $1.5 \times IQR$과 $3 \times IQR$ 사이에 놓인 값들을 가벼운 이상점(mild outliers)으로, $3 \times IQR$보다 큰 값들을 극단적인 이상점(extreme outliers)으로 분류할 수 있다..

5 누적백분율곡선

누적백분율곡선(cumulative percentage plot) 또는 오자이브(ogive)는 구간별로 누적백분율을 나타낸 그림이다.

- y축은 누적백분율(또는 누적도수)을 나타내고 x축은 히스토그램과 마찬가지로 요약하고자 하는 도수 또는 계급구간을 나타낸다.
- 누적백분율곡선의 기울기는 어느 지점에서도 0보다 작아질 수 없다(❓).
- [그림 2-9]는 임의의 학급의 영어점수를 누적백분율곡선으로 나타낸 것이다.

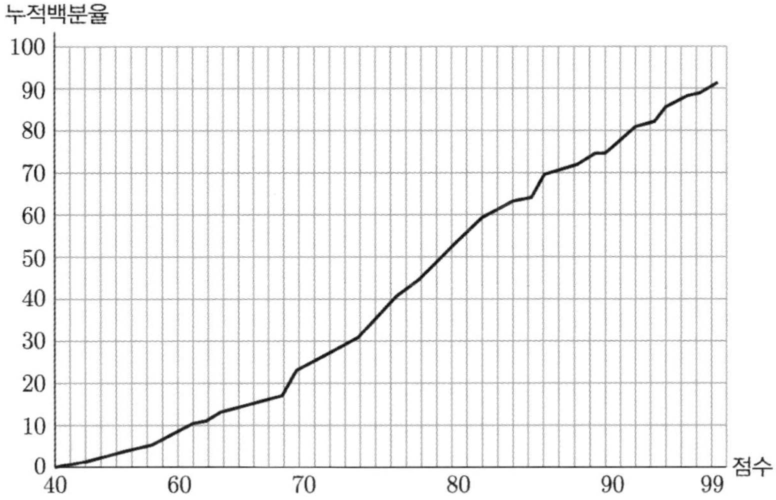

[그림 2-9] 누적백분율곡선

Q & A

Q1 도수분포표에 구간이 21~30, 31~40 등으로 나와 있어서 연속되지 않을 때는 히스토그램의 가로축을 어떻게 나타내야 하나요?

A1 히스토그램의 가로축을 표현하는 가장 일반적인 방법은 연속선인 x축으로 표현하고 히스토그램 기둥이 분리되는 곳에 적절한 눈금이 표시되는 것입니다. 물론 히스토그램을 작성하기 위한 도수분포표를 작성할 때 '20 초과-30 이하', '30 초과-40 이하'와 같이 30과 31 사이에 존재할 수 있는 소수 관측치도 그래프에 포함할 수 있도록 하는 것입니다.

그러나 이미 도수분포표가 제시되어 있고, 21~30, 31~40 등으로 구간이 설정되어 있다면 다음의 두 방향으로 고려할 수 있겠습니다.

(1) 관측치가 자연수로 자연수 사이에 존재하는 소수가 발생할 가능성이 전혀 없는 경우 (즉, 이산형인 경우), 연속적인 구간으로 고려해도 되겠습니다.

(2) 그러나 소수로 측정될 가능성이 있다면, 구간 자체를 질적변수처럼 고려하여 구간별 '하한-상한'을 '문자' 형식으로 기입할 수도 있고, 구간의 중앙값을 표시할 수도 있습니다.

Q2 상대빈도와 누적상대빈도를 어떻게 산출하는지 모르겠습니다.

A2 상대빈도(도수)는 전체에서 각 구간이 차지하는 백분율(구성비)입니다. 각 구간의 빈도를 전체로 나눈 값(소수 또는 %)이지요. 상대도수의 합은 1이 되어야 하고요. 누적상대도수는 상대도수를 그 구간까지 차례로 누적하여 산출하므로, 마지막 구간의 누적상대도수는 전체에 해당하는 1이 됩니다.

Q3 줄기-잎 그림을 이해 못 하겠습니다.

A3 줄기-잎 그림은 원자료(raw data)를 순서대로 나열하여 큰 자리의 수는 줄기(왼쪽)로, 작은 자리의 수는 잎(오른쪽)으로 배열하는 그래프입니다. 본문의 [예제 2-5]를 보면 모두 10의 자릿수는 줄기에 세워놓고, 1의 자릿수를 각 10단위 옆에 순서대로 배치하고 있습니다. 같은 값은 1의 자릿수에 그 수만큼 반복해서 나타냅니다. 줄기-잎 그림은 히스토그램을 90° 시계방향으로 회전한 모습으로 볼 수도 있습니다. 물론, 그래프 안에 숫자가 들어 있어 구체적인 데이터를 확인할 수 있는 장점이 특별합니다.

Q4 상자-수염 그림이 세로로 그려진 것과 가로로 그려진 것이 있는데, 둘의 차이를 모르겠습니다. 어떤 차이가 있나요?

A4 차이 없이 동일한 그래프입니다. 데이터의 특성과 작성자의 취향에 따라 원하는 형식을 적절히 선택하면 됩니다.

Q5 질적, 양적 변수에 따라 선호되는 그래프가 있던데 단지 선호되는 그래프이니 다른 그래프가 이용될 수도 있는 건가요?

A5 추천되는 그래프가 있지만, 허용되는 범위 안에서 연구자의 선호대로 시각화할 수 있습니다.

Q6 자료를 1980년과 2010년 두 개만 비교하고 있을 때는 연도를 등간척도라고 봐야 하나요, 아니면 명목척도라고 봐야 하나요?

A6 원칙적으로 연도는 양적자료이고, 단기/서기를 고려해보면 절대영이 없는 등간척도로 보아야 할 것입니다. 특히 시점별로 관측된 장기간의 변화추세를 관찰할 때는 양적변수로 활용될 것입니다. 그러나 질문에서와 같이 2개년도를 비교하는 경우에는 명목척도처럼 고려해서 분석하는 것이 더 적절할 것입니다. 또한, 1980, 1990, 2000, 2010, 2020년의 5개년도를 비교하는 경우에는 서열척도로 고려해서 분석하면 되고요. 등간척도는 더하기, 나누기를 할 수 있는 양적척도입니다. 양적/질적 척도를 구분할 때 산술연산을 할 수 있는지 생각해보아도 구분이 될 것 같습니다.

과제

01 다음 빈칸을 채워 넣으시오.

변수의 수	자료유형	시각적 표현 방법
단변량 (univariate)	질적자료	
	양적자료	

02 인터넷 웹사이트에서 흥미로운 그래프를 세 가지 선정하고 다음에 응답하시오. 이때 최소한 하나는 부적절하다고 여겨지는 그래프를 포함하시오.

(1) 그래프의 제목 및 출처를 기입하시오.

(2) 도표가 나타내고 있는 자료유형을 판별하시오.

(3) 자료유형별로 도표가 적절하게 작성되었는지 설명하시오.

(4) 그래프의 개선안을 제시하시오.

03 사회과학 통계학 수업에서 표본추출한 학생들의 퀴즈점수 분포는 다음과 같다.

57, 59, 38, 41, 25, 47, 67, 54, 45, 49, 55, 46, 36, 34, 22

(1) 다음 도수분포표를 완성하고 히스토그램을 그리시오.

구간	빈도	상대 빈도	누적 상대빈도
(20, 30]			
(30, 40]			
(40, 50]			
(50, 60]			
(60, 70]			1.00
계		1.00	-

(2) 줄기-잎 그림을 그리시오.

Chapter

03

자료의 수치 요약

학습목표

1. 자료의 척도에 따라 적절한 기술통계의 기법을 선택할 수 있다.
2. 중심경향, 자료의 위치, 변동성을 요약하는 방법들을 이해하고 계산할 수 있다.
3. 왜도 또는 첨도와 같은 다른 방법도 있음을 파악한다.
4. 경험법칙과 체비쇼프 부등식을 설명할 수 있다.

01 기술통계

자료의 특성을 수치로 요약한다고 한다면, 구체적으로 무엇을 표현해야 할까? 분포의 중심을 나타내는 대표값인 **중심경향의 측도**(measures of central tendency), 분포의 흩어진 정도를 나타내는 **산포의 측도**(measures of dispersion), 분포의 대칭 정도를 나타내는 **비대칭성의 측도**(measures of skewness) 등을 표현할 수 있다.

1 자료유형에 따른 차이

기술통계량을 나타낼 때는 자료유형에 따라 적절한 측도를 사용해야 한다.

- 질적변수에는 ① 빈도 또는 구성비, ② 최빈값이나 중앙값 등 몇몇 중심경향, ③ 범위 등 몇몇 산포경향을 제한적으로 사용할 수 있다.
- 양적변수에는 중심경향, 변동성, 치우침(비대칭도), 위치 측도 등을 자유롭게 사용할 수 있다.

2 모집단 또는 표본에 따른 차이

기술통계량을 나타낼 때는 **모집단**(population)인가 **표본**(sample)인가에 따라 모집단의 경우에는 그리스 문자를, 표본인 경우에는 영어 알파벳을 사용한다.

모집단(population)		표본(sample)	
모집단 크기	N	표본크기	n
모평균	μ (mu)	표본평균	$\bar{x}$ (x bar)
모분산	σ^2 (sigma square)	표본분산	s^2
모표준편차	σ (sigma)	표본표준편차	s

02 중심경향의 측도

중심경향의 측도는 분포에서 어디가 중심(central)인가를 나타낸다. 대표적인 측도로 평균(mean), 중앙값(median), 최빈값(mode) 등이 있다.

1 평균

평균은 가장 흔하게 데이터를 대표하는 값으로 사용된다. 평균 개념에는 산술평균(arithmetic mean), 기하평균(geometric mean), 조화평균(harmonic mean) 등이 포함된다.

- 산술평균은 여러 평균 개념 중의 하나일 뿐이지만, 일반적으로 평균이라고 하면 산술평균을 의미한다.
- 평균의 다른 이름은 기대값(expected value 또는 expectation)이다.

1. 산술평균

산술평균은 측정된 관측치를 모두 합한 값을 관측치의 수로 나눈 값이다. 여기에서 모집단과 표본의 산술평균은 각각 다음과 같다.

모평균: $\mu = \dfrac{x_1 + x_2 + x_3 + \cdots + x_N}{N} = \dfrac{\sum_{i=1}^{N} x_i}{N}$

표본평균: $\bar{x} = \dfrac{x_1 + x_2 + x_3 + \cdots x_n}{n} = \dfrac{\sum_{i=1}^{n} x_i}{n}$

(N= 모집단에 속한 관측치의 수, n = 표본에 속한 관측치의 수)

산술평균은 ① x_1, x_2, x_3, … x_n까지 모든 관측치를 버리지 않고 전부 사용하므로 효율적이라는 점, ② 수치 자료에서 쉽게 계산가능하다는 점, ③ 평균값은 언제나 하나이고 해석이 직관적이라는 점에서 장점을 가진다.

산술평균의 가장 대표적인 단점은 이상점(outlier)에 민감하게 영향을 받는다는 것이다. 자료에서 특이하게 작은 값 또는 큰 값을 이상점이라고 한다. 이상점이 있는 자료의 대표치로 산술평균을 사용하면 자칫 자료의 특성을 왜곡하기 쉽다.

- 가령 {1, 2, 3, 4, 5, 33}의 산술평균은 8인데, 33을 제외한 산술평균은 3이다. 33이 포함됨으로써 평균을 과도하게 높여 이 자료의 특성을 잘못 전달할 수 있다.
- 예컨대 어느 지역으로 한 명의 억만장자가 이사를 오면 그 지역의 평균 가계소득은 (단 한 사람의 전입만으로도) 크게 늘어난다. 이때 억만장자의 소득은 이상점이 된다.

그러므로 이상점이 존재할 때에는 산술평균 뿐 아니라, 아래 설명할 중앙값과 최빈값을 함께 보고하는 편이 바람직하다.

2. 가중평균

모든 관측치가 똑같이 중요하지 않을 수도 있다. 예를 들어 (필요에 따라) 어떤 소비자의 선호는 다른 소비자의 선호보다 더 중요한 것으로 고려할 수도 있다. 표본에서의 가중평균은 다음과 같이 정의된다. 이런 경우 가중평균(weighted mean)을 사용할 수 있다.

- 이는 각 관측치에 따른 **가중치(weight)**를 반영한 평균을 의미한다.

$$\bar{x} = w_1x_1 + w_2x_2 + \cdots + w_nx_n$$

(단 w_1, w_2, $\cdots$, w_n는 개별 사례에 대한 가중치)

- 산술평균은 다음의 제약 조건이 부여된 가중평균의 특수한 형태이다.(?)

$$w_1 = w_2 = \cdots = w_n = \frac{1}{n}$$

3. 기하평균

기하평균은 다음과 같이 정의된다. 산술평균과는 달리 기하평균에서는 더하기를 곱하기로, 나누기를 제곱근(square root)으로 대신한다.

- 금융재무 분야에서 평균 복리수익률 등을 계산하는 데 종종 사용된다.

$$x_e = \sqrt[n]{x_1 x_2 \cdots x_n}$$

예제 3-1

2년간 100만 원을 투자하려고 한다. 이때 1차년도에는 투자가치가 100% 증가하여 200만 원이었고, 2차년도에는 투자가치가 50% 감소(손실발생)하여 다시 100만 원이었다. 그렇다면 2년간의 평균(복리) 수익률은 얼마인가?

풀이

1. 연도 1, 2 각각의 수익률은 $R_1 = 100\%$, $R_2 = -50\%$이다. 우선 산술평균으로 풀어보자.

$$\text{산술평균: } \overline{R} = \frac{R_1 + R_2}{2} = \frac{100 + (-50)}{2} = 25\%$$

그러나 현재 원금 100만 원뿐이므로(즉, 투자기간 2년 후 변화가 없으므로) "평균" 복리수익률은 0%이어야 한다. 산술평균이 적절하지 않음을 알 수 있다.

2. "기하평균의 정리"를 적용해보자.
   - n 기간의 수익률($i=1, 2, \cdots, \text{n}$): $(1+R_g)^n = (1+R_1)(1+R_2)\cdots(1+R_n)$
   - n 기간의 "평균" 복리수익률: 기하평균의 값으로, R_g에 대하여 풀면,
     $R_g = \sqrt[n]{(1+R_1)(1+R_2)\cdots(1+R_n)} - 1$와 같다.

따라서 투자수익률의 기하평균을 구하면, $\sqrt[2]{(1+1)(1+[-.50])} - 1 = 1 - 1 = 0$이다. 즉, 투자수익률의 기하평균은 0%가 된다.
즉, 투자기간 말의 가치를 구하면, $100(1+R_g)^2 = 100(1+0)^2 = 100$이므로 원금이 산출되므로 기하평균이 적절한 측도임을 알 수 있다.

4. 조화평균

조화평균은 관측치를 역수로 변환한 후 산술평균을 구하고, 다시 역수를 취하여 구하는 방법이다. 구간별 속력을 이용하여 전체 구간에서의 평균속력을 구하는 문제 등에 사용할 수 있다.

예제 3-2

유통회사에서 60km의 거리의 목적지까지 상품을 배송하는데, 중간지점(30km)까지는 50km/hr의 속도로 이동하였고, 남은 30km는 차가 많이 막혀 10km/hr의 속도로 이동하였다. 전체 60km 구간을 이동한 평균 속도를 계산해보자.

풀이

1. 우선 속도가 다른 두 구간의 거리가 동일하므로 산술평균으로 계산해보자.

$$\bar{v}=\frac{50+10}{2}=30\,(km/hr)$$

- 산술평균으로 구한 평균속력(30km/hr)을 이용하여 총소요시간을 계산해보니 60/30=2(hr)가 산출되었다.
- 그런데 실제 이동하는 데 걸린 시간은 1구간 30/50=0.6(hr), 2구간 30/10=3(hr)이다. 따라서 총소요시간은 3.6시간이다.
- 총소요시간이 3.6시간이나 되는데 산술평균에 의하면 2시간으로 산출된다. 즉, 산술평균이 적절하지 않음을 알 수 있다.

2. 조화평균을 적용해보자. 구간별 평균속도의 역수를 취하면 구간별로 1/50, 1/10로 변환되며, 역수의 산술평균은 다음과 같다.

$$\overline{\left(\frac{1}{v}\right)}=\frac{\frac{1}{50}+\frac{1}{10}}{2}=\frac{3}{50}$$

- 이제 다시 역수를 취하면 평균속도는 $\frac{50}{3}$이다.
- 조화평균으로 산출된 평균속도를 이용한 총소요시간은 $\frac{60}{\frac{50}{3}}=60\times\frac{3}{50}=3.6\,(hr)$ 이 산출된다.

따라서 조화평균이 적절한 측도임을 알 수 있다.

2 중앙값

중앙값(또는 **중위값**)은 자료를 크기 순서로 나열할 때 중앙에 위치한 수치를 의미한다. 관측치의 수에 따라 중앙의 위치가 달라지므로, 계산 방식은 관측치의 수가 홀수인 경우와 짝수인 경우가 다르다.

- 관측치의 수 n이 홀수인 경우: $M_e = \frac{n+1}{2}$번째에 위치한 값
- 관측치의 수 n이 짝수인 경우: $M_e = \dfrac{\frac{n}{2}\text{번째 값} + (\frac{n}{2}+1)\text{번째 값}}{2}$

중앙값은 평균과 마찬가지로 항상 하나의 값을 가진다. 평균과는 달리 이상점의 영향을 받지도 않는다.

예제 3-3

학생들의 주당 인터넷 평균 사용시간을 파악하기 위해 다음과 같이 자료를 수집하였다. 중심경향 대표값으로서 중앙값을 산출하고자 한다.

0, 5, 10, 3, 14, 7, 0, 9, 25

풀이

$n=9$이므로 이 자료를 작은 값부터 큰 값으로 정렬(sort)하고 중심에 있는 값을 선택한다.

0 0 3 5 (7) 9 10 14 25

중앙값은 7이다.

관측치 한 개(37)가 추가되어 $n=10$이라면, 새로운 관측치를 포함하여 다시 정렬하고 중심에 있는 7과 9를 선택하여 산술평균값을 구한다.

0 0 3 5 (7 9) 10 14 25 37

이때 중앙값은 $(7+9)/2=8$이다.

3 최빈값

최빈값(mode)은 자료에서 가장 빈번하게 나타나는 값, 즉 최고의 빈도수를 가진 관측치를 의미한다.

- (평균과 중앙값과는 달리) 최빈값은 질적변수에서도 계산할 수 있다(❷).
- 계산도 복잡하지 않다.

- 그러나 모든 관측치에서 중복이 전혀 없다면 최빈값이 존재하지 않을 수도 있고, 중복된 관측치의 수가 똑같다면 2개 이상의 최빈값이 나타날 수도 있다.

연속변수인 경우 (하나의 관측치에 대한) 최빈값보다는 (구간으로 범주화된) **최빈계급구간(modal class interval)**이 더 유용할 수도 있다(❷).

- 연속변수가 담긴 자료를 먼저 일정한 계급구간에 따라 도수분포표 또는 히스토그램으로 정리하고, 빈도수가 가장 많은 계급구간을 최빈계급구간으로 할 수 있다.

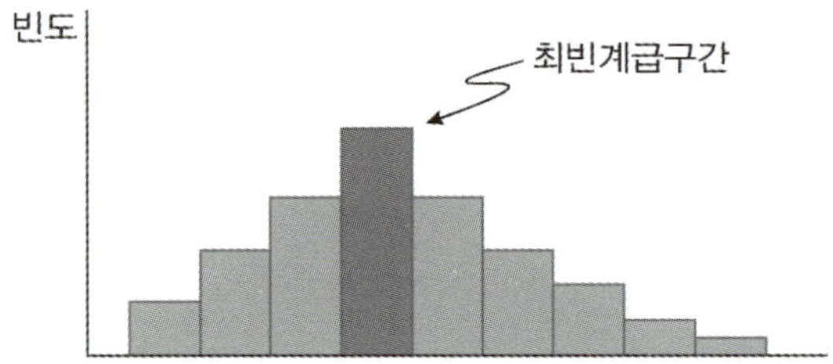

[그림 3-1] 최빈 계급구간

예제 3-4

학생들의 주당 인터넷 평균 사용시간 자료($n=10$)에서 최빈값은 무엇인가?

0, 7, 12, 5, 14, 8, 0, 9, 22, 33

풀이

최빈값은 0이지만, 이 값이 인터넷 평균 사용시간 자료를 잘 요약하는지는 의문이다.

4 평균, 중앙값, 최빈값의 관계

자료의 분포가 **대칭적(symmetric)**이면 평균과 중앙값은 일치하고, [그림 3-2]의 왼쪽 그림과 같이 **종 모양(bell-shaped)**이면 최빈값도 일치한다. 그러나 분포가 나비 모양으로 대칭인 경우에는 최빈값은 양극단의 두 개 값일 수도 있다. 반면에 자료의 분포가 **비대칭적(asymmetric)**이라면 평균, 중앙값, 최빈값은 서로 다를 수 있다.

- [그림 3-2]의 우측 그림과 같이 자료의 분포가 오른쪽으로 긴 꼬리 모양을 갖는 비대칭분포일 때 중심경향 측도의 순서는 왼쪽부터 최빈값, 중앙값, 산술평균의 순이다.
- 반대로 자료의 분포가 왼쪽으로 긴 꼬리를 갖는 비대칭분포일 때 중심경향 측도의 순서는 왼쪽부터 산술평균, 중앙값, 최빈값의 순이다.

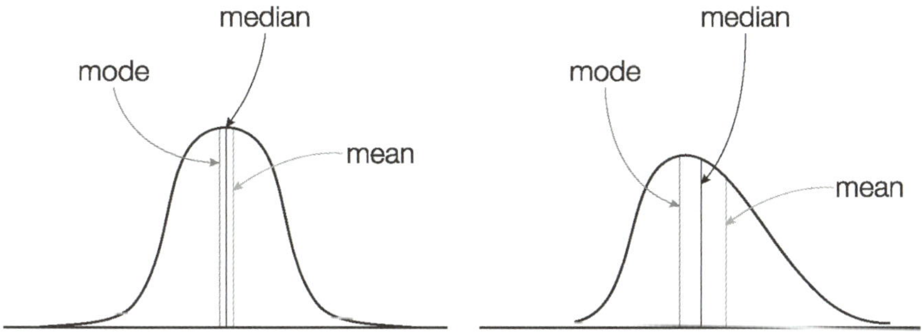

[그림 3-2] 평균, 중앙값, 최빈값의 일치와 불일치

그러면 어느 중심경향의 측도를 사용해야 할 것인가? 평균은 일반적으로 가장 널리 사용되는 측도이다. 그러나 중앙값과 최빈값은 평균에 비해 이상점에 대하여 덜 민감하므로 필요에 따라 함께 보고해야 한다.

예제 3-5

학생들의 주당 인터넷 평균 사용시간 자료($n=10$)를 이용하여 평균과 중앙값을 구하시오. 또한 연구자의 착오로 37 대신 137을 입력한 경우 평균과 중앙값을 구하시오. 산출된 결과값들을 비교하시오.

0, 5, 10, 3, 14, 7, 0, 9, 25, 37

풀이

- $n=10$의 원자료의 평균은 11, 중앙값은 8이다.
- 착오로 37 대신 137을 입력한 경우, 평균은 21, 중앙값은 8이다.

따라서 평균이 이상점(137)에 훨씬 더 민감함을 알 수 있다.

03 위치의 측도

자료의 분포를 요약하는 측도로 중심위치 이외에도 자료의 위치를 나타내는 **위치의 측도(measures of location)**가 있다. 가장 대표적인 것이 이른바 **분위수(quantiles)**이며, 특별히 의미있는 위치로 **십분위수(decile)**, **오분위수(quintile)**, **사분위수(quartile)** 등이 사용된다.

1 백분위수(percentiles)

p 번째 백분위수(p th percentile)는 '어떤 값'보다 작은 값들이 관측치들의 p%이고, 그보다 큰 값들은 $(100-p)$%가 되는 값이다.

- "영희의 점수가 80%이다"라고 하면 이는 영희의 점수보다 낮은 점수를 받은 사람들이 전체의 80%이고 높은 점수를 받은 사람들이 20%라는 의미이다.

백분위수도 (중앙값을 구할 때와 마찬가지로) 우선 자료를 오름차순으로 배열하고, p번째 백분위수를 찾아내야 한다.

- p번째 백분위수가 정확히 어디에 있는지 찾는 방식 중 하나는 다음과 같다.

$$L_P = (n+1)\left(\frac{p}{100}\right)$$

- (백분위수를 좀 더 간략화하여) 자료를 10%씩 10개로 구분하는 **십분위수(decile)**, 20%씩 5개로 구분하는 **오분위수(quintile)**, 25%씩 4개로 구분하는 **사분위수(quartile)** 역시 많이 활용된다.
- 특히 사분위수는 **사분위범위(interquartile range; IQR)**와 상자-수염 그림 등에도 활용되므로 반드시 기억해야 한다.

2 사분위수(quartiles)

25번째, 50번째, 75번째 백분위수는 특별한 의미를 갖기 때문에 이들을 각각 Q_1, Q_2, Q_3로 약칭한다. 이들을 기준으로 자료가 사등분되므로 **사분위수(quartiles)**라고도 불리운다.

1번째 사분위수(Q_1)=25번째 백분위수
2번째 사분위수(Q_2)=50번째 백분위수
3번째 사분위수(Q_3)=75번째 백분위수

- 이때 50번째 백분위수 혹은 2번째 사분위수는 결국 중앙값이다.

예제 3-6

학생들의 주당 인터넷 게임 사용시간 자료(n=10)를 이용하여 Q_1, Q_2, Q_3를 구하시오.

0, 5, 10, 3, 14, 7, 0, 9, 25, 37

풀이

자료의 관측치 개수는 10개이다.

(1) Q_1은 25번째 백분위수이므로 $L_{25}=(10+1)(25/100)=2.75$, 즉 2.75번째 값이므로 2번째 관측치(0)과 3째 관측치(3)간 거리의 3/4에 위치한다. 2번째 관측치와 3번째 관측치의 거리는 3이므로 75/100은 $(3-0)\times\frac{75}{100}=2.25$이다.

0 (0 3) 5 7 9 10 14 25 37

(2) Q_2는 50번째 백분위수 또는 중앙값이므로 $(7+9)/2=8$이다. 이는 $L_{50}=(10+1)(50/100)=5.5$로 산출할 수도 있다.

0 0 3 5 (7 9) 10 14 25 37

(3) Q_3는 75번째 백분위수이므로 $L_{75}=(10+1)(75/100)=8.25$, 즉 8.25번째인 14이다. 이는 14에서 $(25-14)\times\frac{25}{100}=2.75$를 더한 값이다. 즉, Q_3는 16.75이다.

0 0 3 5 7 9 10 (14 25) 37

04 산포의 측도

중심경향의 측도만으로는 자료의 분포를 표현하는데 충분하지 않으므로(❓), 관측치가 흩어진 (disperse) 정도를 표현하는 산포의 측도를 이용하여 분석한다.

산포측도는 **변동성 측도**(measures of variation)라고도 불리우며, 대표적인 측도로 **범위**(range), **사분위 범위**(interquartile range; IQR), **분산**(variance), **표준편차**(standard deviation; SD), **변동계수**(coefficient of variation; CV) 등이 있다.

예제 3-7

검정색과 회색 두 과목의 점수를 비교하여 어떤 과목의 산포도가 더 큰지 짐작해보자(A 과목: 검정색, B 과목: 회색).

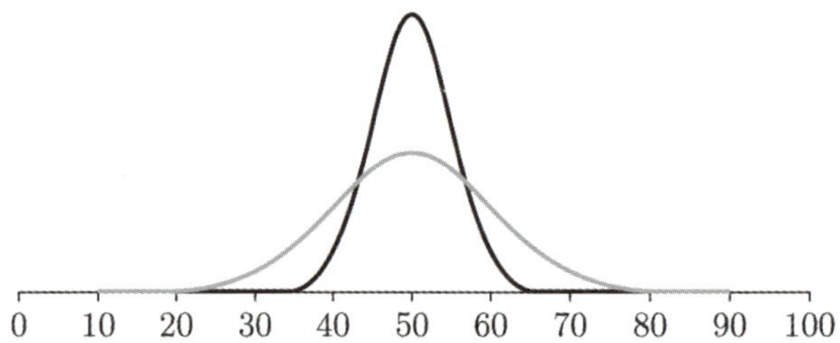

풀이

평균은 두 과목 모두 50으로 똑같다. 그러나 검정색으로 나타낸 A 과목의 점수가 회색으로 나타낸 B 과목의 점수보다 평균 주위에 더 많이 모여 있는 것을 미루어 보면 B 과목의 변동성이 더 크다고 할 수 있다.

1 범위

범위는 가장 간단한 산포의 측도로 자료의 **최대값**(maximum)과 **최소값**(minimum)의 차이를 뜻한다.

- 범위는 주가의 일일변동폭나 온도의 일교차 등에 사용된다.
- 범위는 계산이 간단하다는 점에서 장점을 갖는다.
- 하지만 ① 양 극단값만을 사용하기 때문에 주어진 정보의 사용이 비효율적이라는 점, ② 극단값을 사용하는 만큼 이상점에 취약하다는 점, ③ 두 개 이상의 자료를 비교할 때 설령 범위는 같더라도 분포가 서로 다를 수 있다는 점 등에서는 한계가 있다.

예제 3-8

다음 두 사료의 분포의 범위를 각각 구히고 평가하시오.

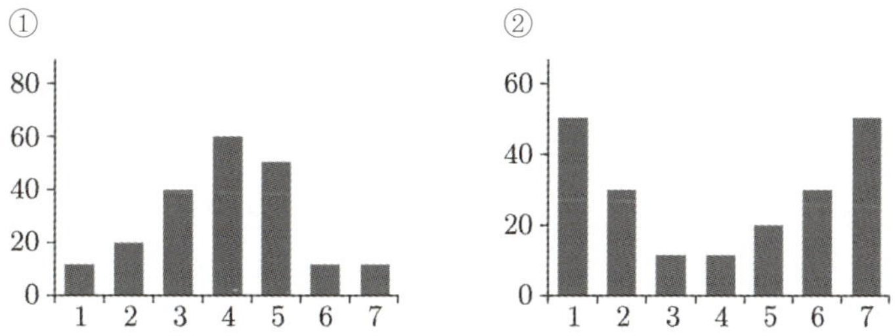

풀이

모두 최대값과 최소값이 7과 1이므로 범위는 6이다. 분포가 명백히 다른데도 불구하고 범위는 이를 적절히 반영하고 있지 못하다.

2 사분위간 범위

사분위범위(IQR)는 범위와는 달리 자료의 양극단의 25%씩을 제거하고, 가운데 50%인 1번째 사분위수와 3번째 사분위수의 차이($IQR = Q_3 - Q_1$)만을 고려하는 산포경향의 측도이다.

- IQR이 큰 값을 가진다는 것은 첫 번째 사분위수와 세번째 사분위수가 멀리 떨어져 있으므로 변동성이 크다는 것을 의미한다.
- 이상점에 덜 민감하기 때문에 비대칭분포에서의 산포 측도로 적합하다(❓). 단 1번째 사분위수보다 작거나 3번째 사분위수보다 큰 관측치를 버리므로 정보의 낭비가 크다는 단점이 있다.

- 사분위범위는 제2장에서 학습한 상자-수염 그림에서 이미 언급된 바 있다.

예제 3-9

학생들의 주당 인터넷 게임 사용시간 자료를 이용하여 범위와 사분위범위를 각각 구하시오. 만약 착오로 37 대신 137로 기입한 경우의 범위와 사분위범위도 각각 구하고 그 차이점에 관해 평가하시오.

0, 5, 10, 3, 14, 7, 0, 9, 25, 37

풀이

범위는 $37-0=37$이다. 그러나 착오로 137로 기입한 경우, 범위는 $137-0=137$로 범위가 100이나 커진다. 범위는 극단적인 이상점의 존재에 매우 민감함을 확인할 수 있다. [예제 3-6]에서 산출된 $Q_1=2.25$, $Q_3=16.75$를 이용하면 사분위범위는 $16.75-2.25=14.5$임을 알 수 있다. 한편 착오로 137로 기입한 경우에도 사분위범위는 $16.75-2.25=14.5$로 변하지 않는다. 따라서 사분위범위는 극단적인 이상점의 존재에 상대적으로 민감하지 않음을 알 수 있다.

사분위범위는 제2장에서 학습한 상자-수염그림을 통해서 자료의 산포를 확인하는 데 매우 유용하게 활용된다.

예제 3-10

최근 주문량이 증가하고 있는 배달 음식의 종류별 배송시간(단위: 분) 분포를 비교해보자.

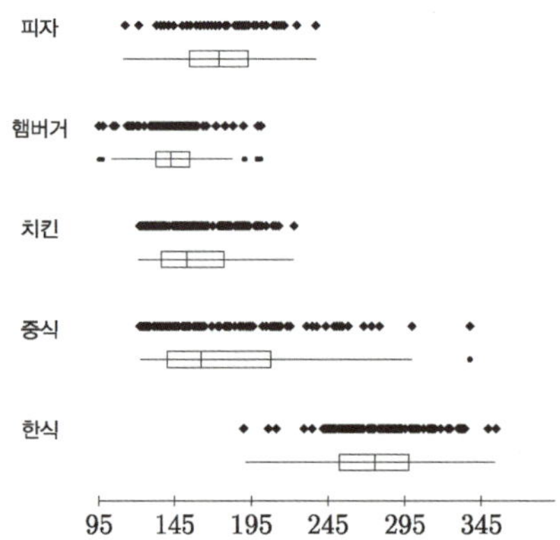

풀이

상자-수염 그림의 가운데 상자의 길이는 사분위범위를 나타내며 이는 자료의 변동성을 보여주는 측도이므로 햄버거의 배송시간이 가장 짧고 변동성도 가장 작음을 알 수 있다. 반면 중식의 배송시간은 가장 큰 변동성을 보인다. 한식의 경우에는 가장 긴 배송시간을 보이지만, 변동성은 치킨 또는 피자와 비슷한 수준이다.

---

3 분산과 표준편차

분산과 표준편차는 자료분포의 산포도를 파악하는 데 가장 중요한 측도로서 거의 모든 통계적 추론에서 중요한 역할을 수행한다.

1. 분산

분산은 평균으로부터 관측치가 변화하는 정도 또는 흩어진 상태를 측정하는 측도이다.

- 평균을 중심으로 넓게 흩어져 있으면 분산이 크다, 밀집되어 있으면 분산이 작다고 말할 수 있다.
- 개별 관측치와 평균과의 차(difference)를 **편차(deviation)**라고 부른다.

모집단의 편차: $(x_i - \mu)$

표본의 편차: $(x_i - \bar{x})$

- 그런데 편차들의 합은 항상 0이다(❷).

$$\sum_{i=1}^{N}(x_i - \mu) = 0$$

$$\sum_{i=1}^{n}(x_i - \bar{x}) = 0$$

- 따라서 편차의 **제곱합(sum of squares)**의 평균을 측도로 사용한다.

모집단의 분산 혹은 **모분산(population variance)**을 σ^2로, **표본분산(sample variance)**을 s^2로 표시한다. 표본분산은 모분산보다 항상 작게 추정되는데 이를 보정하기 위해 s^2를 계산할 때는 분모에 (n

대신) $n-1$을 사용해야 한다(❓). 그렇게 계산한 표본분산 s^2을 모분산 σ^2의 **불편추정량**(unbiased estimator)이라고 부른다.

$$\sigma^2 = \frac{1}{N}\sum_{i=1}^{N}(x_i - \mu)^2$$

$$s^2 = \frac{1}{n-1}\sum_{i=1}^{n}(x_i - \bar{x})^2$$

(μ = 모평균, N = 모집단 관측치의 개수, $\bar{x}$ = 표본평균; n = 표본 관측치의 개수)

심층탐구 **분산의 간편공식**

분산을 계산할 때 살짝 다른 공식을 활용할 수 있다. 다음 공식은 언뜻 보기에는 복잡해 보일 수 있지만, (평균과 각 관측치의 편차를 구하지 않고) 관측치의 합과 제곱합 만으로 계산한다는 점에서 오히려 쉽다.

$$\sigma^2 = \frac{1}{N}\left(\sum_{i=1}^{N}x_i^2 - \frac{(\sum_{i=1}^{N}x_i)^2}{N}\right)$$

$$s^2 = \frac{1}{n-1}\left(\sum_{i=1}^{n}x_i^2 - \frac{(\sum_{i=1}^{n}x_i)^2}{n}\right)$$

2. 표준편차

분산의 제곱근을 **표준편차**(standard deviation)라고 부른다. 그 이름이 시사하듯, 표준편차는 표준화된 **편차**(deviation)이다. 모집단의 표준편차를 σ로, 표본의 표준편차를 s로 나타낸다(분산과는 달리 제곱이 아님에 주목하자).

$$\sigma = \sqrt{\sigma^2} = \sqrt{\frac{1}{N}\sum_{i=1}^{N}(x_i - \mu)^2}$$

$$s = \sqrt{s^2} = \sqrt{\frac{1}{n-1}\sum_{i=1}^{n}(x_i - \bar{x})^2}$$

예제 3-11

다음 표본의 분산과 표준편차를 구하시오.

$$\{17,\ 15,\ 23,\ 7,\ 9,\ 13\}$$

풀이

먼저 표본평균을 구하면,

$$\bar{x} = \frac{17+15+23+7+9+13}{6} = \frac{84}{6} = 14 \text{ 이므로}$$

표본분산과 표본표준편차는

$$s^2 = \frac{1}{6-1}\left[(17-14)^2 + (15-14)^2 + \cdots + (13-14)^2\right] = 33.2\text{과}$$

$$s = \sqrt{s^2} = \sqrt{33.2} = 5.76 \text{ 이다.}$$

* 참고로 아래와 같은 간편 공식을 사용할 수도 있다.

$$s^2 = \frac{1}{n-1}\left[\sum_{i=1}^{n} x_i^2 - \frac{1}{n}\left(\sum_{i=1}^{n} x_i\right)^2\right]$$
$$= \frac{1}{6-1}\left[(17^2 + 15^2 + \cdots + 13^2) - \frac{(17+15+\cdots+13)^2}{6}\right] = 33.2$$

4 변동계수(coefficient of variation)

분산과 표준편차는 폭넓게 사용되지만 측정의 단위(unit)에 따라 그 구체적인 값도 달라지는 탓에 다른 분산값 또는 표준편차값과 직접 비교하기 곤란할 때가 있다. 가령 표준편차가 10이라면 변동성이 크다고 말할 수 있을까? 평균이 10이고 표준편차가 10이라면 상당히 크게 여겨질 수 있으나, 평균이 500이라면 별로 크지 않다. **변동계수(coefficient of variation; CV)**는 이 점에 착안하여 표준편차를 평균으로 나누어 계산한다.

- 표준편차가 변동폭을 직접 계산한다면, 변동계수는 변동비율을 계산한다는 점에서 이 측도는 산포경향에 대한 상대적(비례적) 측도이다.

$$모변동계수(\text{population CV}) = \frac{\sigma}{\mu}$$

$$표본변동계수(\text{sample CV}) = \frac{s}{\bar{x}}$$

예제 3-12

A와 B 두 개의 금융상품의 변동성을 평가하시오.

	예상수익률의 평균($\bar{x}$)	예상수익률의 위험도(s)
금융상품 A	10%	20%
금융상품 B	15%	40%

풀이

A의 변동계수는 2인 반면, B의 변동계수는 약 2.67이다. 즉 금융상품 B의 변동성(=위험)이 더 크다.

5 표준편차에 근거한 자료의 분포 법칙

1. 정규분포의 경험법칙

자료가 정규분포(normal distribution)를 따르면 다음의 경험법칙(empirical rule)이 성립한다.

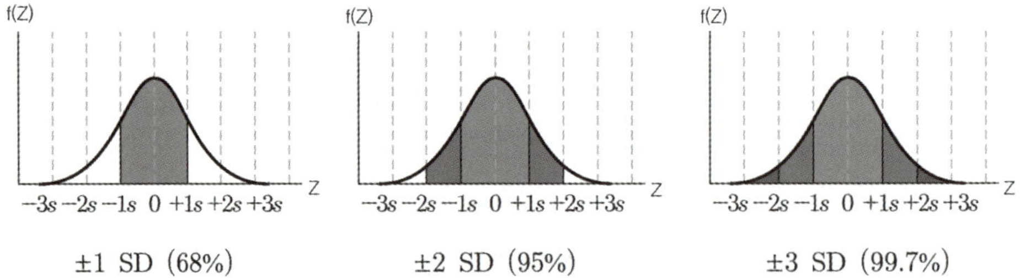

[그림 3-3] 정규분포의 경험법칙

- 모든 관측치의 약 68%는 평균으로부터 1 표준편차 안에 속한다(왼쪽).
- 모든 관측치의 약 95%는 평균으로부터 2 표준편차 이내에 속한다(중앙).
- 모든 관측치의 약 99.7%는 평균으로부터 3 표준편차 이내에 속한다(오른쪽).

2. 체비쇼프 부등식

자료가 정규분포하지 않으면 경험법칙이 성립하지 않는다. 그러나 소련의 수학자 파프누티 체비쇼프(Pafnuty Chebyshev)는 분포의 형태와 상관없이 얼마나 많은 관측치가 일정한 표준편차 안에 속하는지를 보여주는 부등식을 발견하였고, 이 부등식은 그의 이름을 따라 오늘날 **체비쇼프 부등식(Chebyshev's inequality)** 또는 **체비쇼프 정리(Chebyshev's theorem)**라고 불리고 있다.

$$P[\mu - k\sigma \le X \le \mu + k\sigma] \ge 1 - \frac{1}{k^2}$$

- 체비쇼프 부등식에 따르면 전체 관측치 가운데 적어도 $1-\frac{1}{k^2}$ 만큼은 평균으로부터 k 표준편차 $(k \ge 1)$ 안에 속한다.
- 자료가 정규분포한다는 보장이 없을 때 ± 2 표준편차 안에 얼마나 많은 관측치가 들어있을까? 체비쇼프 부등식에 따르면 $k=2$ 인 경우, 모든 관측치의 최소 75%가 2 표준편차 안에 포함된다.
- 그런데 정규분포를 전제로 한 경험법칙에 따르면 모든 관측치의 95%가 2 표준편차 안에 포함된다.
- 다시 말해, 체비쇼프 정리는 경험법칙의 **하한값(lower bound)**을 보여준다.

예제 3-13

어떤 커피자판기에서 나오는 커피의 양은 정규분포한다는 보장이 없고, 다만 평균 150cc, 표준편차 2cc의 분포를 보인다고 한다. 이 자판기에서 나온 커피의 75%는 어느 정도의 양을 가질지 범위를 구하시오.

풀이

이 커피자판기에서 나오는 커피를 100잔 뽑았을 때 그 중 75잔은 적어도 얼마만큼의 용량을 갖는지 계산하는 문제이므로 $k=2$이다$(1-\frac{1}{2^2}=0.75)$. 문제에 따르면 $\mu=150$이고 $\sigma=2$이므로 다음과 같은 체비쇼프 부등식이 성립한다.

$$P(150-2\times 2 \le X \le 150+2\times 2) \ge 0.75$$

그러므로 (정규분포하지 않는다고 하더라도) 적어도 75%의 커피는 146cc에서 154cc의 범위에 포함된다. 참고로 96% $(=1-\frac{1}{5^2})$의 커피는 140cc에서 160cc에 포함된다.

05 그 외의 측도

앞서 설명한 측도들보다 상대적으로 덜 중요하지만 **왜도(skewness)**와 **첨도(kurtosis)**는 역시 자료의 분포를 요약하기 위해 종종 사용된다.

1 왜도

왜도는 분포가 종 모양인 **정규분포**로부터 얼마나 벗어나 '비대칭적으로' 왜곡되었는지를 나타낸다. 특히 꼬리가 어느 쪽에 있는가에 따라 **양(+)의 왜도(positive skewness 또는 right-skewed)**와 **음(−)의 왜도(negative skewness 또는 left-skewed)**로 나뉜다.

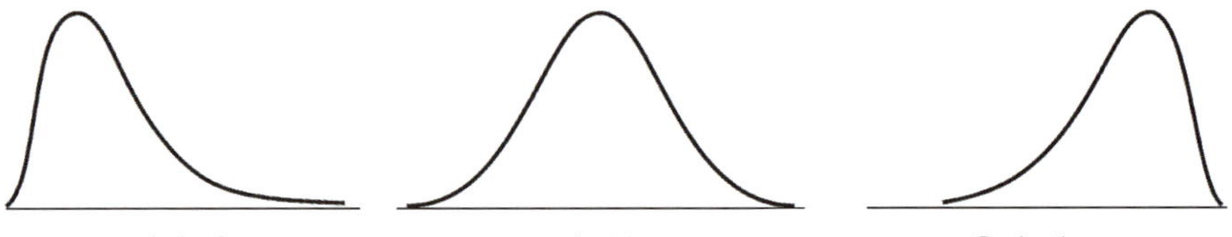

[그림 3-4] 정규분포와 왜도 비교

- 아래 **피셔-피어슨 왜도계수(Fisher-Pearson coefficient of skewness)는** 이렇게 정규분포에 비해 기울어진 정도를 계산하는 측도 중 하나이다.

$$g_1 = \frac{1}{\sigma^3}\frac{1}{N}\sum_{i=1}^{N}(x_i - \mu)^3$$

- 만일 g_1이 -2보다 작으면 음의 왜도, $+2$보다 크면 양의 왜도, ± 2 사이에 있으면 왜도가 작다고 평가한다.

예제 3-14

개인소득 분포의 왜도는 어떠한 형태일지 곰곰히 생각해보고 평가하시오.

풀이

소득 분포는 전형적으로 양(+)의 왜도를 갖는다. 소수의 고소득자라는 이상점이 나타나면서 평균은 크게 상승하지만 중앙값은 그렇게 높지 않기 때문이다(❓).

2 첨도

첨도의 '첨'은 (첨탑이나 첨단처럼) 뾰족하다는 의미를 담고 있다. 정규분포와 비교하여 얼마나 뾰족한지, 다시 말해, 꼬리가 두꺼운지(heavy-tail) 또는 얇은지(light tail)를 나타낸다.

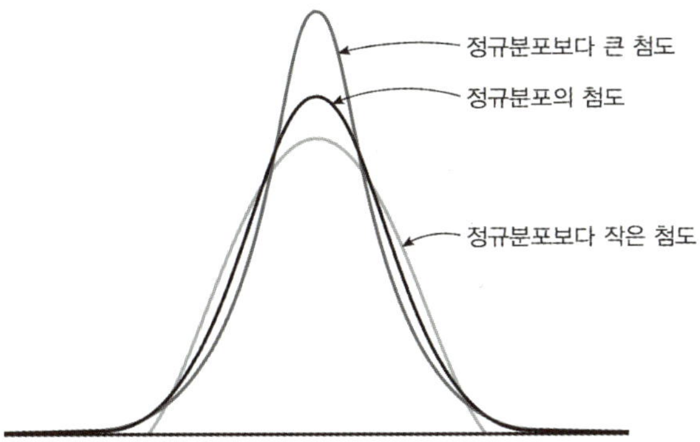

[그림 3-5] 정규분포를 기준으로 달라지는 첨도 유형

- 아래의 첨도 공식을 분산의 공식 그리고 왜도의 공식과 꼼꼼히 비교해보면 흥미로운 유사점과 차이점을 발견할 수 있다(❓).

$$k = \frac{1}{\sigma^4}\frac{1}{N}\sum_{i=1}^{N}(X_i - \mu)^4$$

- 첨도의 공식을 보면 편차의 4제곱이므로 첨도는 반드시 양수이다. 따라서 정규분포(mesokurtic)의 첨도인 3을 기준으로 3보다 크면 뾰족한 산 형태(leptokurtic), 3보다 작으면 완만한 산 형태(platykurtic)를 갖게 된다.

- 종종 위의 공식에서 3을 빼서 정규분포의 첨도를 0으로 만든 **초과첨도**(excess kurtosis)를 사용하기도 한다. 초과첨도에 의하면 0보다 크면 **양(+)의 첨도**(positive kurtosis 또는 heavy-tailed)이고, 0보다 작으면 **음(−)의 첨도**(negative kurtosis 또는 light-tailed)이다.

Q1 모분산과 표본분산 산출 방식에서 왜 분모에 차이가 나는지에 대한 설명에서 "표본분산은 모분산보다 작게 추정"이라는 부분이 잘 이해가 가지 않습니다. 특히 표본분산에서 n 대신 $n-1$로 나누어주는 것이 표본분산을 구할 때 표본평균을 사용하기 때문에 자유도가 하나 작아진다는 설명도 잘 이해가 가지 않습니다.

A1 당장은 이해하기 어려울 것입니다. 그리고 사실 이해 못 해도 큰 문제는 안 됩니다. 그러나 이해하고 싶은 도전자들은 다음을 생각해보길 바랍니다.

(1) 우선 모분산은 N개의 관측치로 산출되는 반면, 표본분산은 그의 일부분인 n개로부터 산출됩니다. 따라서 표본분산의 크기는 모분산보다 작으며, 구체적으로 (나중에 표집분포에서 배울) 표본평균의 분산만큼 작은 크기로 산출됩니다.

다시 말해, 다음의 식이 성립합니다.

$$\sigma_x^2 = s_x^2 + \sigma_{\bar{x}}^2$$

따라서 모평균 중심으로 분포하는 추정된 표본평균의 분산만큼 추가로 고려하기 위해서 표본분산을 산출함에 있어서 표본 크기 n 대신 $(n-1)$로 나누어 더 크게 만드는 것입니다. 표본평균의 분산 개념은 나중에 7장(표집분포와 추정)을 배우면 더 잘 이해할 수 있습니다.

(2) 그럼 이제 n 대신 $(n-1)$을 사용하는 것이 **자유도(degree of freedom)** 때문이라는 설명을 다시 해보겠습니다. 통계학에서 자유도는 "모수의 추정에 필요한 독립적인 정보의 수"를 말합니다. 표본분산을 계산하는 과정에서 표본평균을 이용하여 각 관측치의 편차를 구해야 하기 때문인데, 표본평균은 어떠한 표본을 선택했는냐에 따라 변화하는 추정값이기 때문입니다.

예를 들어, 5과목의 시험을 보는 중간고사에서 전체평균 90점을 목표로 고정하였다면(90점이 표본평균의 추정값), 4과목의 점수가 80, 95, 93, 87을 받은 상황에서 마지막 시험 점수는 반드시 95점을 받아야 합니다. 다시 말해 먼저 4과목의 점수는 자유롭게 받을 수 있지만, 마지막 점수는 전체평균을 달성하기 위해 자유로울 수 없다는 것입니다.

결론적으로 표본분산을 산출함에 있어서 표본평균을 먼저 구해서 이를 이용해야 하기 때문에 $n-1$이 되는 것입니다.

(3) 마지막으로 더 도전적인 학생들을 위해 표본분산의 기대값을 수식으로 증명하는 설명을 추가하겠습니다. 구체적으로 $E(s^2) = E[\frac{\sum(X_i - \bar{x})^2}{n-1}] = \sigma^2$을 증명하는 것입니다.

- 우선 $(n-1)$은 상수이므로 분자에 있는 다소 복잡한 편차의 제곱합을 먼저 풀이해 봅시다. 풀이과정에서 $E(\sum X_i) = \sum E(X_i)$, $E(cX) = cE(X)$, $\bar{x} = \frac{\sum X_i}{n}$, 즉 $\sum X_i = n\bar{x}$

이 활용됩니다. 이 과정을 이해하면 분산의 간편공식 또한 쉽게 이해될 것입니다.

$$\begin{aligned}\sum(X_i-\overline{x})^2 &= \sum(X_i^2-2X_i\overline{x}+\overline{x}^2)\\ &= \sum X_i^2-\sum 2X_i\overline{x}+\sum\overline{x}^2\\ &= \sum X_i^2-2\overline{x}\sum X_i+\sum\overline{x}^2\\ &= \sum X_i^2-2\overline{x}(n\overline{x})+n\overline{x}^2\\ &= \sum X_i^2-2n\overline{x}^2+n\overline{x}^2\\ &= \sum X_i^2-n\overline{x}^2\end{aligned}$$

- 이제 위의 편차의 제곱합 계산 결과를 이용하여 $E[\frac{\sum(X_i-\overline{x})^2}{n-1}]$를 풀어봅시다.

$$\begin{aligned}E[\sum(X_i-\overline{x})^2] &= E[\sum X_i^2-n\overline{x}^2]\\ &= E(\sum X_i^2)-E(n\overline{x}^2)\\ &= E(\sum X_i^2)-nE(\overline{x}^2)\end{aligned}$$

여기에서 $Var(X)=E(X^2)-[E(X)]^2$, 즉 $\sigma^2=E(X^2)-\mu^2$이므로 $E(X^2)=\sigma^2+\mu^2$이고, $Var(\overline{x})=E(\overline{x}^2)-[E(\overline{x})]^2$, 즉 $\frac{\sigma^2}{n}=E(\overline{x}^2)-\mu^2$이므로 $E(\overline{x}^2)=\frac{\sigma^2}{n}+\mu^2$임을 이용하여

$$\begin{aligned}E[\sum(X_i-\overline{x})^2] &= E(\sum X_i^2)-nE(\overline{x}^2)\\ &= \sum(\sigma^2+\mu^2)-n(\frac{\sigma^2}{n}+\mu^2)\\ &= n\sigma^2+n\mu^2-\sigma^2-n\mu^2\\ &= (n-1)\sigma^2\end{aligned}$$

따라서 $E(s^2)=E[\frac{\sum(X_i-\overline{x})^2}{n-1}]=\frac{1}{n-1}\times(n-1)\sigma^2=\sigma^2$임을 알 수 있습니다.

Q2 분산의 간편공식이 이해가 안 됩니다. 설명해주실 수 있으신지요?

A2 앞의 1번의 3단계에서 편차의 제곱합을 풀이한 과정을 참조하세요. 이후 구체적인 증명은 다음과 같습니다.

$$\begin{aligned}s^2 &= \frac{\sum(X_i-\overline{x})^2}{n-1}\\ &= \frac{1}{n-1}(\sum X_i^2-n\overline{x}^2)\\ &= \frac{1}{n-1}[\sum X_i^2-n(\frac{\sum X_i}{n})^2]\\ &= \frac{1}{n-1}[\sum X_i^2-\frac{(\sum X_i)^2}{n}]\end{aligned}$$

Q3 체비쇼프 정리에서 $k=2$일 때 자료의 75%는 평균으로부터 2표준편차 이내에 속한다는 것은 이해가 되었습니다. 그런데 경험법칙의 95%의 하한이라는 의미가 잘 이해 가지 않습니다. 경험법칙에서는 종모양일 때만 해석이 가능하고 그때 $\pm 2S$가 95%인데 체비쇼프 정리에서는 75%가 나왔으니 하한이라고 하신건가요?

A3 종모양의 분포에서는 $\pm 2S$에 관측치의 95%가 포함되지만, 어떤 형태의 분포라도 $\pm 2S$ 이내에 75% 이상은 포함될 것이므로 75%가 하한(lower limit)이라는 것입니다.

과제

01 기술통계: 수치를 이용한 자료요약에 나열된 방법들을 간략히 설명하시오.

(1) 중심경향: 평균, 중앙값, 최빈값

(2) 상대위치: 백분위수, 십분위수, 오분위수, 사분위수

(3) 변동성: 범위, 사분위범위, 분산, 표준편차, 변동계수

(4) 치우침/집중도: 왜도, 첨도

02 다음은 통계학 수업에서 표본 추출한 11명 학생들의 월 사용 평균 용돈의 분포이다(단위: 만원).

10, 20, 30, 30, 30, 30, 40, 40, 50, 60, 80

(1) 평균과 중앙값, 최빈값을 구하시오.

(2) 범위, 사분위범위, 분산, 표준편차, 변동계수를 구하시오.

(3) 상자-수염그림을 작성하시오.

03 다음은 통계학 수업에서 표본 추출한 학생들의 퀴즈점수 분포이다.

57, 59, 38, 41, 25, 47, 67, 54, 45, 49, 55, 46, 36, 34, 22

(1) 평균과 중앙값, 최빈값을 구하시오.

(2) 범위, 사분위범위, 분산, 표준편차, 변동계수를 구하시오.

(3) 상자-수염그림을 작성하시오.

04 3 표준편차 이내($\pm 3\ SD$)에 포함되는 데이터(관측치)의 규모(확률)를 경험법칙과 체비쇼프의 부등식을 활용하여 각각 및 비교하여 설명하시오.

Chapter

04

자료의 연관성 측도

학습목표

1. 자료유형에 따라 사용할 수 있는 연관성 측도가 다름을 이해하고, 적절한 연관성 측도를 선택할 수 있다.
2. 두 양적변수 간의 관계를 적절히 수치적, 시각적으로 표현할 수 있다.
3. 두 질적변수 간의 관계를 적절히 수치적, 시각적으로 표현할 수 있다.
4. 양적변수와 질적변수의 관계를 적절히 수치적, 시각적으로 표현할 수 있다.

01 연관성 측도

제3장에서 학습한 측도(measure)는 단지 하나의 변수를 그림 또는 수치로 요약하였지만, 실제 데이터를 분석하는 상황에서는 둘 이상의 변수 사이의 관계를 이해해야 하는 수많은 상황을 만나게 된다. 이때에는 둘 이상의 변수 사이의 관계를 파악하는 **연관성 측도(measures of association)**를 사용하며, 연관성 측도 또한 시각적 방법으로 표현하고 수치적 방법으로 요약할 수 있다.

단변량 측도와 마찬가지로 두 변수간 관계에서도 각 변수의 자료유형을 질적변수와 양적변수로 구분하고 두 변수의 유형에 따라 적절한 연관성 측도를 사용해야 한다.

- 두 개의 양적변수 사이의 관계를 표현하는 대표적인 시각화 기법으로 **산점도(scatter plot)**가 있고, 수치적으로 요약하는 방법은 **공분산(covariance)**과 **상관계수(correlation coefficient)**이다. 만일 하나의 양적변수가 시간인 경우 **시계열 선 그래프(time-series line graph)**를 사용할 수 있다. 또한, 3개 이상의 양적변수로 확장되는 경우, 2개씩 짝지어 비교하는 상관계수 행렬 또는 강조로 표현할 수 있다.
- 두 개의 질적변수 사이의 관계를 수치적으로 요약하는 대표적인 방법은 빈도를 범주에 따라 나타내는 **분할표(contingency table)**이며, **교차표(cross-tabulation)**라고도 부른다. 분할표를 시각적으로 표현하기 위해서는 **묶은막대그래프** 혹은 **누적막대그래프** 등을 적절히 사용한다.
- 양적변수와 질적변수 사이의 관계를 시각화하는 대표적인 방법은 **상자-수염 그림**이다. 수치적으로는 양적변수를 소수의 계급(구간)으로 범주화하여 질적변수로 변환한 후 분할표로 제시할 수 있다.

각 경우의 시각적, 수치적 표현 방법을 요약하면 다음 표와 같다.

두 변수 유형	시각적 표현	수치적 요약
두 양적변수	• 산점도 • 시계열 도표(시간변수 포함)	• 공분산, 상관계수
두 질적변수	• 이차원 막대그래프(누적막대그래프)	• 분할표
양적변수와 질적변수	• 이차원 상자-수염 그림	• 분할표(양적변수 범주화)

02 두 양적변수 사이의 관계

1 산점도

두 변수 X, Y에 대한 관측치 n개가 수집되었다면, 각 관측치는 (x_1, y_1), (x_2, y_2), $\cdots$, (x_n, y_n)처럼 **벡터(vector)**로 다시 쓸 수 있다. 이렇게 자료로 주어진 모든 벡터를 x축과 y축이 있는 **데카르트 좌표계(Cartesian coordinates)** 위의 여러 점들로 나타낸 그림을 산점도라고 부른다.

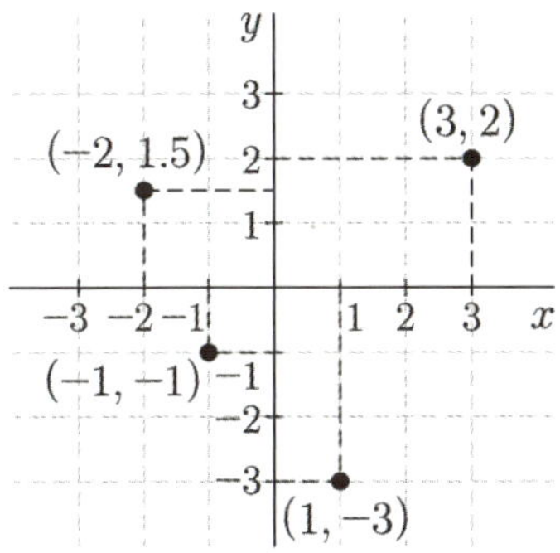

[그림 4-1] 데카르트 좌표계와 4개의 벡터

산점도 위에 **적합선(fitting line)**을 추가하여 두 변수 X와 Y 사이 대략적인 관계를 선으로 나타낼 수 있다. 일반적으로 적합선은 직선 $Y = b_0 + b_1 X$ 꼴로 공식화한다.

- 직선 추세선의 경우, b_1은 적합선의 **기울기(slope)**를 나타낸다. b_1이 양수(+)이면 적합선은 우상향하고, 음수(−)이면 적합선은 우하향한다.
- b_0는 적합선의 **절편(intercept)**, 즉 적합선과 y축이 만나는 위치를 의미한다. $b_0 = 0$인 경우 적합선은 **원점(origin)**을 통과한다.

적합선은 Y값의 변화를 X의 간단한 함수로 설명할 뿐 아니라, 임의의 X값에 대응하는 Y값을 예측할 수 있게도 한다. 또한, 일반적으로 적합선은 가장 간단한 함수인 직선으로 나타내지만, 관측치의 분포에 따라 부드럽게 꺾인 곡선으로 나타낼 수도 있다.

[그림 4-2]는 적합선을 포함한 산점도를 예시로 보여준다. X축은 지난 1년간 평균 대중교통 이용일수(주당)이고, Y축은 대중교통에 대한 만족도이다. 대중교통 이용이 많을수록 만족도도 높아지는 경향을 보인다.

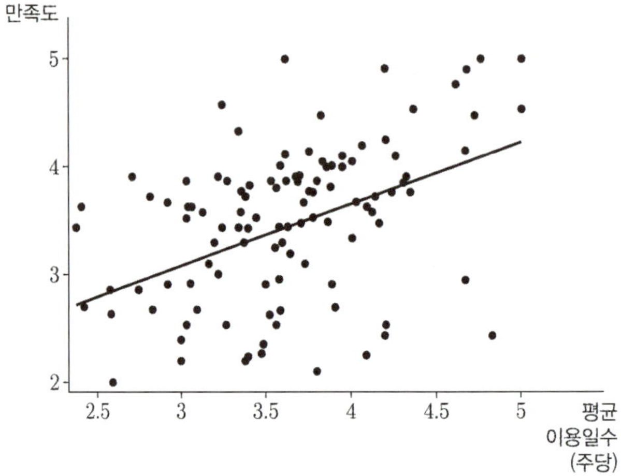

[그림 4-2] 산점도와 적합선(예)

양적변수가 3개 이상 있을 때는 **상관도표(correlogram)**를 이용하여 두 변수 사이의 상관관계를 **짝지어 비교(pairwise comparison)**할 수 있다. k개의 변수가 있다면 ${}_kC_2 = k(k-1)/2$개의 산점도가 산출되므로 이들을 행렬처럼 작성한 그래프가 상관도표이다.

2 시계열 선 그래프

시간에 따라 변화하는 값이 자료로 주어져 있을 때 x축은 시간, y축은 주어진 값으로 하여 시계열 도표(time-series graph)를 작성할 수 있다. 예컨대 일일 주식 종가, 연도별 출산율, 월별 집회 및 시위 건수 등은 시계열 도표로 시간의 흐름에 따른 추이를 살펴볼 수 있다.

- [그림 4-3]은 두 국가의 대학생들의 월별 파트타임 취업률을 비교하고 있다. 전반적으로 방학기간 동안에 파트타임 아르바이트를 많이 하는 경향으로 나타났는데, 각 국가의 방학기간이 달라서 시계열 선에 차이를 보인다.

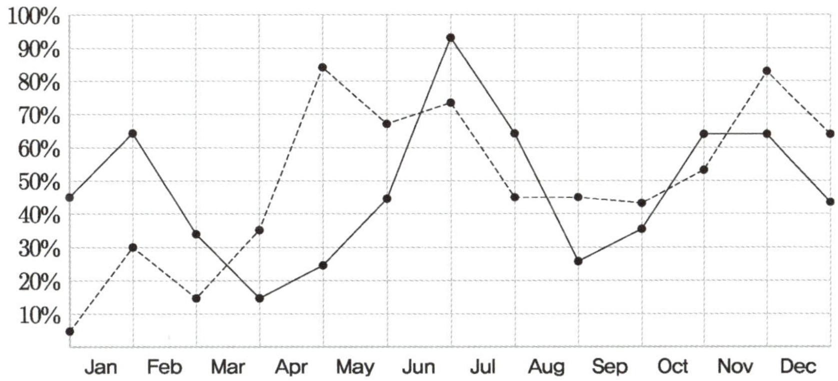

[그림 4-3] 시계열 도표(예)

3 공분산

공분산(covariance)은 분산(variance)의 식을 기억하면 쉽게 이해할 수 있다. 참고로 모분산의 식은 다음과 같다.

$$\sigma_X^2 = \frac{1}{N}\sum_{i=1}^{N}(X_i - \mu)^2$$
$$= \frac{1}{N}\sum_{i=1}^{N}(X_i - \mu)(X_i - \mu)$$

주어진 변수 X_i의 편차제곱 $(X_i - \mu)^2$의 평균이 곧 분산이다. 공분산 σ_{XY}는 $(X_i - \mu)$를 제곱하는 대신, 아래와 같이 $(X_i - \mu_X)$와 $(Y_i - \mu_Y)$의 곱으로 살짝 바꾼 것이다.

$$\sigma_{XY} = \frac{1}{N}\sum_{i=1}^{N}(X_i - \mu_X)(Y_i - \mu_Y)$$

그러므로 두 변수의 편차가 모두 양수(+)이거나 모두 음수(−)이면 공분산은 양수(+)가 된다. 어느 한쪽이 양수(+)이고 다른 쪽이 음수(−)이면 공분산은 음수(−)가 된다.

- 공분산이 양(+)이면 두 변수는 함께 증가하거나 함께 감소한다.
- 공분산이 음(−)이면 하나의 변수가 증가(감소)할 때 다른 확률변수는 감소(증가)한다. 즉 두 변수는 반대로 움직인다.

- 두 변수의 움직임에 별다른 선형관계(linear relationship)가 없으면 공분산의 값은 매우 작아 0에 근접한다.

이와 같이 공분산은 두 변수간 선형관계의 방향성(direction)과 강도(strength)를 측정한다. 표본에서의 공분산 s_{XY}은 다음과 같이 정의된다($n-1$로 나누는 부분에 주의하자).

$$s_{XY} = \frac{1}{n-1}\sum_{i=1}^{n}(X_i - \overline{X})(Y_i - \overline{Y})$$

또한, (표본평균을 계산하지 않고) 표본공분산을 계산할 수 있는 간편 공식도 있다.

$$s_{XY} = \frac{1}{n-1}\left(\sum_{i=1}^{n}X_iY_i - \frac{1}{n}\sum_{i=1}^{n}X_i\sum_{i=1}^{n}Y_i\right)$$

예제 4-1

다음의 표본에서 공분산을 구하고 해석하시오.

Set 1: $X=\{1,4,7\}$, $Y=\{10,15,23\}$
Set 2: $X=\{1,4,7\}$, $Y=\{23,15,10\}$
Set 3: $X=\{1,4,7\}$, $Y=\{15,23,10\}$

풀이

각 변수의 표본평균을 구하면, $\overline{X}=\frac{1+4+7}{3}=4.0$; $\overline{Y}=\frac{10+15+23}{3}=16.0$이다. 산출된 평균을 이용하여 각 변수별 편차, 편자의 제곱합을 구하여 다음과 같이 공분산을 구한다.

Set	X	Y	$(X-\overline{X})$	$(Y-\overline{Y})$	$(X-\overline{X})(Y-\overline{Y})$	s_{XY}
1	1	10	−3	−6	18	19.5
	4	15	0	−1	0	
	7	23	3	7	21	
2	1	23	−3	7	−21	−19.5
	4	15	0	−1	0	
	7	10	3	−6	−18	
3	1	15	−3	−1	3	−7.5
	4	23	0	7	0	
	7	10	3	−6	−18	

공분산 s_{XY}는 19.5, −19.5, −7.5로 산출되었다.

- Set 1에서 X가 증가함에 따라 Y도 증가한다: s_{XY}는 크고 양(+)이다.
- Set 2에서 X가 증가함에 따라 Y는 감소한다: s_{XY}는 크고 음(−)이다.
- Set 3에서 X가 증가함에 따라 Y는 특정한 방식으로 변화하지 않는다. 뚜렷한 선형관계가 없고 s_{XY}의 크기 또한 상대적으로 작다.

각 자료에서 X의 값들은 같고 Y의 값들은 같으나 순서가 다르다. X와 Y의 연관성을 나타내는 공분산의 값과 함께 산점도를 살펴보자.

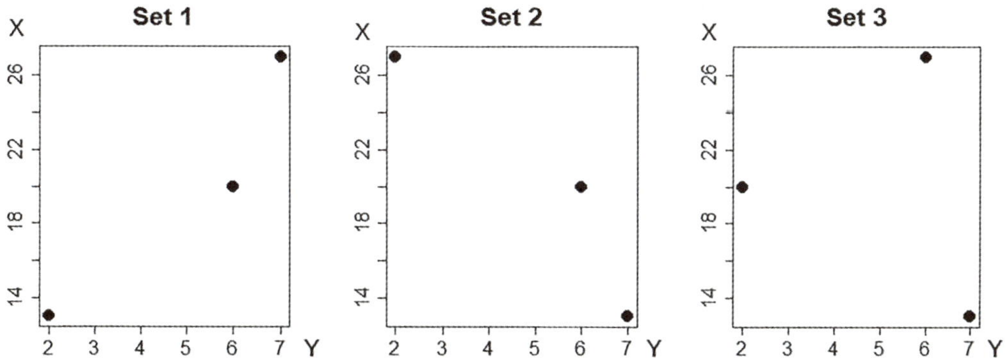

4 상관계수

1. 상관계수의 이해

공분산 σ_{XY}를 계산할 때는 X 내부(within X)의 분산과 Y 내부(within Y)의 분산이 다를 수 있다는 점을 고려하지 않으므로 단위 표준화가 이루어지지 않는다. 다시 말해, 똑같은 대상을 측정했더라도 cm단위로 잰 자료와 m단위로 잰 자료에서 공분산이 다르게 측정된다.

Karl Pearson은 공분산의 이러한 한계를 보완하기 위해 흥미로운 대안인 **피어슨의 적률상관계수(Pearson's product-moment correlation coefficient)** 또는 줄여서 **상관계수**를 다음과 같이 제시했다.

$$\text{모상관계수: } \rho_{XY} = \frac{\sigma_{XY}}{\sigma_X \sigma_Y}$$

$$\text{표본상관계수: } r_{XY} = \frac{s_{XY}}{s_X s_Y}$$

- 상관계수는 두 변수 X와 Y의 각각의 표준편차(분산이 아닌)를 분모로 각각 나누어 줌으로써 X 내부의 분산과 Y 내부의 분산에 따른 단위 표준화를 이루고 있다.
- (모분산과 표본분산 계산과 마찬가지로) 공분산에서도 원래 분모에 N과 $n-1$로 자유도 차이가 있다. 그러나 상관계수는 두 표준편차의 곱으로 나누기 때문에 자유도 부분이 결국 상쇄되어 모상관계수와 표본상관계수의 산출식이 같아진다(❓).

예제 4-2

[예제 4-1]의 자료를 이용하여 상관계수를 각각 구하시오.

$$\text{Set 1: } X=\{1,4,7\},\quad Y=\{10,15,23\}$$
$$\text{Set 2: } X=\{1,4,7\},\quad Y=\{23,15,10\}$$
$$\text{Set 3: } X=\{1,4,7\},\quad Y=\{15,23,10\}$$

풀이

각 데이터셋의 공분산 s_{XY}는 19.5, −19.5, −7.5로 산출되었다.

이제 표본평균 $\overline{X}=4.0$, $\overline{Y}=16.0$을 이용하여 X와 Y변수의 분산을 구하면,

$$s_X^2 = \frac{(1-4)^2+(4-4)^2+(7-4)^2}{3-1} = \frac{9+0+9}{2} = 9.0$$

$$s_Y^2 = \frac{(10-16)^2+(15-16)^2+(23-16)^2}{3-1} = \frac{36+1+49}{2} = 43.0$$

따라서 상관계수는 아래와 같이 산출된다.

$$\text{Set 1: } r = \frac{s_{XY}}{s_X s_Y} = \frac{19.5}{(3)(6.56)} = 0.99$$

$$\text{Set 2: } r = \frac{s_{XY}}{s_X s_Y} = \frac{-19.5}{(3)(6.56)} = -0.99$$

$$\text{Set 3: } r = \frac{s_{XY}}{s_X s_Y} = \frac{-7.5}{(3)(6.56)} = -0.38$$

2. 상관계수의 해석

상관계수에는 **단위가 없고(scale-free)** 두 변수의 상관관계가 얼마나 강한지에 따라 −1에서 1 사이에 놓인다($-1 \le r \le 1$). 상관계수도 공분산과 같이 양(+)과 음(−)의 방향성을 갖고, 절대값 $|r|$은 강도를 나타낸다.

- **방향**: (공분산과 마찬가지로) 상관계수가 양(+)이면 두 변수는 서로 같은 방향(정방향)으로 움직이고, 음(−)이면 서로 다른 방향(역방향)으로 움직인다. 즉 양이면 X가 증가하면 Y도 증가하고, 음수이면 X가 증가할 때 Y는 감소한다.
- **강도**: 상관계수의 절대값이 1에 가까울수록 강한 상관성을 가진다. $\rho = 1$은 **완전상관(perfect correlation)**을, $\rho = 0$은 **무상관(no correlation)**을 의미한다.

산점도를 그려보면 상관계수의 방향과 강도를 보다 쉽게 해석할 수 있다.

- [그림 4-4]의 우상향하는 산점도(왼쪽)는 양의 상관관계를, 우하향하는 산점도(오른쪽)는 음의 상관관계를 보여준다.

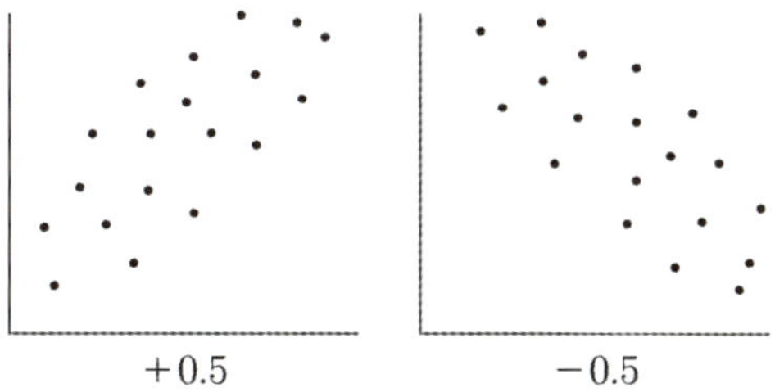

[그림 4-4] 양(+)과 음(−)의 상관관계(예)

- [그림 4-5]는 극단적인 상관관계를 나타내는데, 좌측 산점도는 $\rho = 1$인 완전상관으로서 뚜렷한 선형관계를 보이고 있고, 우측 산점도는 선형관계가 모호하므로 $\rho = 0$인 상관계수를 나타낸다.

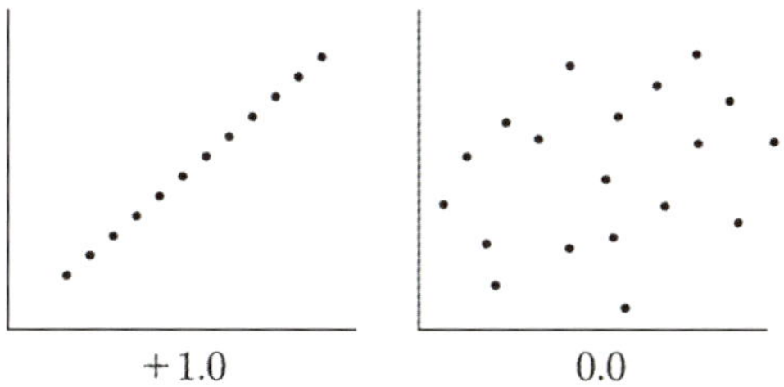

[그림 4-5] 극단적인 상관관계(예): 완전상관과 무상관

• 따라서 강한 양(+)의 선형관계가 있을 때 상관계수는 +1에 가까운 값을 나타내고, 강한 음(−)의 선형관계가 있을 때 상관계수는 −1에 가까운 값을 나타낸다. 또한 선형관계가 없다면 상관계수는 0에 가까운 값을 나타낸다.

단 상관계수가 0이라도 X와 Y 사이에 선형관계가 없을 뿐, **비선형적 관계**(nonlinear relationship)가 있을 수는 있다.

• 다시 말해, 두 변수 사이에 선형적이지 않은 관계, 즉 U자형, 역U자형, W자형 등 가 있는 경우에는 상관계수가 오해를 불러온다.

구체적으로 상관계수의 연관성의 강도에 대한 해석은 문헌에 따라 약간씩 차이가 있으나, 다음을 참조할 수 있다.

|상관계수|	상관성의 해석
0	무상관
0~0.1	매우 약한 상관성
0.1~0.4	약한 상관성
0.4~0.7	중간 상관성
0.7~0.9	강한 상관성
0.9~1.0	매우 강한 상관성
1	완전상관

예제 4-3

다음 6종 산점도는 모두 양의 상관관계를 갖는 분포도이다. 상관관계의 강도를 해석하시오.

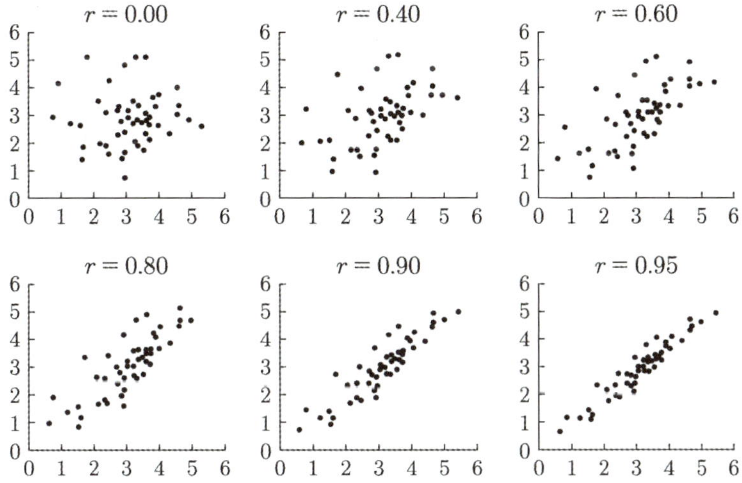

풀이

표본상관계수 $r=0$인 '무상관'에서부터 점차 선형관계의 강도가 높아지면서 마지막 $r=0.95$는 거의 1(완전상관)에 가까운 매우 강한 상관성을 보인다. 중간에 있는 $r=0.40$은 약한 상관성, $r=0.60$은 중간 상관성, $r=0.80$은 강한 상관성, 그리고 $r=0.90$은 매우 강한 상관성을 가지고 있다고 할 수 있다.

단, 상관계수의 해석에 있어서 다음 두 가지를 주의해야 한다.

- 첫째, 상관계수는 오로지 선형관계의 강도(strength of linear relationship)를 보여주므로 비선형관계가 있는 경우 적절하지 않다. 두 변수 사이에 선형관계가 있는지 확인하기 위해 반드시 산점도를 함께 그려보아야 한다.
- 둘째, 상관계수는 상관관계를 나타낼 뿐이므로 인과관계로 혼동하여 해석해서는 안 된다. 즉 두 변수 X와 Y가 상관관계를 가진다고 하더라도 X가 원인이고 Y가 결과라는 것을 의미하지는 않는다.
- 상관계수는 **극단치**를 가진 경우 민감하게 영향받을 수 있다.
- 이러한 문제를 예방하기 위해 반드시 **산점도**를 그려보아야 한다. 이를 통해 개략적으로 상관계수가 어떻게 나올지 짐작할 수도 있다.

03 두 질적변수 사이의 관계

1 분할표

두 개의 질적변수가 주어졌을 때는 수치요약 측도인 **분할표(contingency table)**를 통해 분석할 수 있다. 분할표를 **교차표(cross-tabulation)** 또는 **크로스탭(crosstab)**이라고 부르기도 한다. 변수가 하나인 경우(1차원) 도수분포표를 작성하지만, 변수가 두 개인 경우(2차원) 분할표를 만들게 된다.

- 예를 들어, 직업유형 별로 구독하는 신문에 차이가 있는가를 조사하기 위해 아래와 같은 분할표를 그릴 수 있다.

직업유형	구독 신문				합계
	O	P	Q	R	
생산직	23	14	34	33	104
사무직	25	39	17	11	92
전문직	29	47	18	16	110
합계	77	100	69	60	306

- 한편 원점수(raw scores) 그대로 분할표를 채워넣으면 해석이 다소 모호해진다. 그러므로 상대적인 비율(proportions)을 보고하는 쪽이 해석상 편리하다.
- 예컨대, 생산직 중에 O신문을 구독하는 응답자가 몇 명인지를 단순히 보고하는 대신, 몇 퍼센트나 그렇게 응답했는지를 보고하는 것이다.

상대비율을 구하기 위해 개별 셀(cell)을 특정 기준으로 나누어 **표준화(standardization)**해야 한다.

- 다음의 세 가지 기준에 따라 표준화를 수행할 수 있다: (1) 행 합계(row total), (2) 열 합계(column total), (3) 총 합계(grand total).
- 가령 행 합계는 각 행의 합계를 분모로 하여 셀을 표준화하는 방식이다. 위의 교차표를 행 합계로 표준화하면 다음과 같다.

직업유형	구독 신문				합계
	O	P	Q	R	
생산직	0.22	0.13	0.33	0.32	1
사무직	0.27	0.42	0.18	0.12	1
전문직	0.26	0.43	0.16	0.15	1

각각의 표준화 방법에 따라 계산되는 비율은 해석방법이 달라진다.

- 가령 위 교차표의 첫 번째 줄 첫 번째 셀은 "전체 생산직의 22%가 O신문을 구독한다"고 해석할 수 있다.
- 이와 마찬가지로 열 합계는 각 열의 합계를 분모로 하여 셀을 표준화하고, 총 합계는 총합계(306)을 분모로 셀을 표준화한다.

한편, 사회과학 분야에서는 관습적으로 독립변수를 행(row)에, 종속변수를 열(column)에 위치시키는 경향이 있고, 이 경우에는 행 합계(row total)로 표준화하는 편이 해석하기 편리하다(❷).

예제 4-4

조사업체는 경쟁관계에 있는 휴대폰 브랜드 S와 K에 대한 선호도 조사를 A와 B 지역에서 실시하였다. 총 200명의 조사결과를 분할표로 정리하면 다음과 같다.

(1) 모든 셀을 해석하시오.

(2) 행 합계를 기준으로 표준화하시오. 모든 셀을 다시 해석하시오.

(3) 열 합계를 기준으로 표준화하시오. 모든 셀을 다시 해석하시오.

(4) 전체 합계를 기준으로 표준화하시오. 모든 셀을 다시 해석하시오.

(5) (1)~(4) 중 가장 적절한 방법은 어느 것인가?

	S 브랜드	K 브랜드	계
지역 A	56	40	96
지역 B	50	54	104
합계	106	94	200

풀이

(1) 모든 셀 해석:

S 브랜드를 선호하는 A 지역주민은 56명. K 브랜드를 선호하는 A 지역주민은 40명,

S 브랜드를 선호하는 B 지역주민은 50명, K 브랜드를 선호하는 B 지역주민은 54명이다.

(2) 행 합계 기준 표준화:

	S 브랜드	K 브랜드	계
지역 A	0.58	0.42	1
지역 B	0.48	0.52	1

A 지역주민 중 S 브랜드를 선호하는 비율이 58%, K 브랜드를 선호하는 비율이 42%, B 지역주민 중 S 브랜드를 선호하는 비율이 48%, K 브랜드를 선호하는 비율이 52%이다.

(3) 열 합계 기준 표준화:

	S 브랜드	K 브랜드
지역 A	0.53	0.43
지역 B	0.47	0.57
합계	1	1

S 브랜드를 선호하는 고객 중 A 지역주민이 53%이고 B 지역주민이 47% 이다.
마찬가지로 K 브랜드를 선호하는 고객 중 A 지역주민이 43% 이고 B 지역주민이 57% 이다.

(4) 전체 합계 기준 표준화:

	S 브랜드	K 브랜드	계
지역 A	0.28	0.2	0.48
지역 B	0.25	0.27	0.52
합계	0.53	0.47	1

전체 조사대상자 200명 중에 S 브랜드를 선호하는 A 지역주민은 28%, K 브랜드를 선호하는 A 지역주민은 20%, S 브랜드를 선호하는 B 지역주민은 25%, K 브랜드를 선호하는 B 지역주민은 27%이다.

(5) 경쟁관계에 있는 휴대폰 브랜드 S와 K에 대한 선호도를 지역별로 비교하는 행 합계 기준 표준화가 가장 적절하다고 판단된다. A 지역주민은 58%가 S 브랜드를 선호하는 반면, B 지역주민은 52%가 K 브랜드를 선호한다.

2 이차원 막대그래프

두 개의 **범주형 변수**(categorical variable)는 단일변수의 막대그래프에 변수를 추가하여 확장한 형태인 이중막대그래프 또는 누적막대그래프를 이용하여 시각화 할 수 있다.

• [예제 4-4]의 분할표를 빈도에 따라 시각화하면 다음과 같다. 왼쪽의 그래프는 묶은막대그래프이고, 오른쪽 그래프는 누적막대그래프이다.

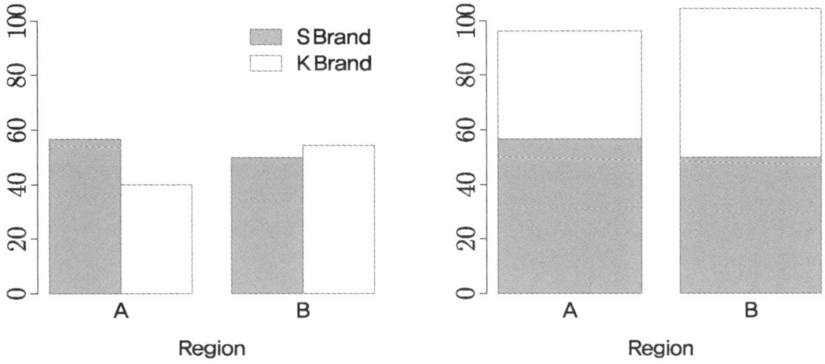

[그림 4-6] 이중막대그래프와 누적막대그래프

• 추가적으로 [그림 4-7]은 지역주민별로 각 브랜드의 선호도를 비교할 수 있는 행 합계 기준으로 표준화한 그래프이다. A 지역은 S 브랜드를, B 지역은 K 브랜드를 선호함을 쉽게 알 수 있다.

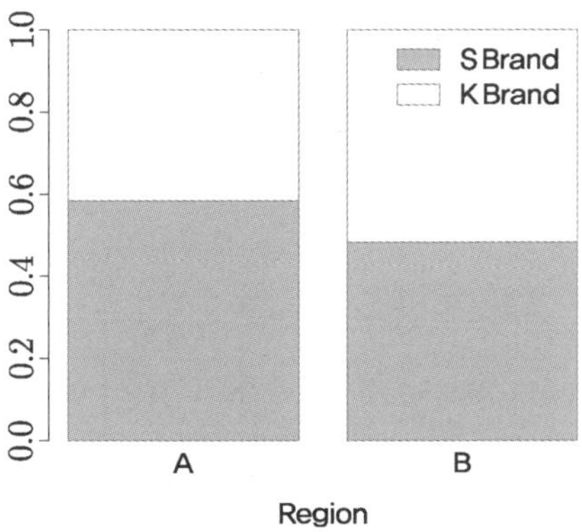

[그림 4-7] 행 합계 비율을 이용한 누적막대그래프

04 양적변수와 질적변수 사이의 관계

1 변수의 재부호화

질적변수와 양적변수 사이의 연관성을 파악할 때, 양적변수를 몇 개의 그룹으로 **재부호화(recoding)** 하여 두 개의 **질적변수** 간 관계처럼 분석할 수 있다.

- 이 경우 일정 정도 정보의 손실(loss of information)이 발생하지만, 해석이 직관적이라면 정당화될 수 있다.
- 예컨대, 질적변수인 종사하는 산업 분야와 양적변수인 연령이 자료로 주어져 있다면, 연령을 10년 단위로 묶어 질적변수로 변환한 뒤, 분할표를 작성할 수 있다.

예제 4-5

20명으로 구성된 수업에서 중간고사를 실시한 후 시험점수가 성별로 차이가 있는 확인하고자 아래와 같이 결과를 정리하였다(midterm.csv 파일을 참고하시오). 두 변수간의 관계를 수치적으로 요약하기 위하여 (1) 성별 점수의 평균과 표준편차를 비교하고, (2) 분할표를 작성해보자.

ID	1	2	3	4	5	6	7	8	9	10	11	12	13	14	15	16	17	18	19	20
점수	63	94	82	72	64	81	79	80	76	78	75	89	65	95	92	77	85	69	70	83
성별	M	M	M	M	M	M	M	M	M	M	M	F	F	F	F	F	F	F	F	F

풀이

(1) 남학생의 점수 평균은 76.73, 표준편차는 8.19, 여학생의 점수 평균은 80.56, 표준편차는 10.20로 산출되었다. 즉, 여학생의 점수가 평균도 높고, 표준편차도 큰 것으로 나타났다.

(2) 우선 90점 이상은 A, 그 외 80점 이상은 B, 그 외 70점 이상은 C, 그 외 60점 이상은 D, 그 외 점수는 E의 기준을 설정하고 각 셀에 해당하는 빈도를 산출한 후, 다음과 같이 분할표로 작성하였다.

	A	B	C	D
남학생	1	3	5	2
여학생	2	3	2	2

2 상자-수염그림

질적변수와 양적변수 사이의 관계를 시각적으로 표현하기 위해서는 제2장에서 학습한 상자-수염 그림을 이차원적으로 구성한 **묶은 상자-수염 그림(clustered box-whisker plot)**을 이용할 수 있다([그림 4-8]).

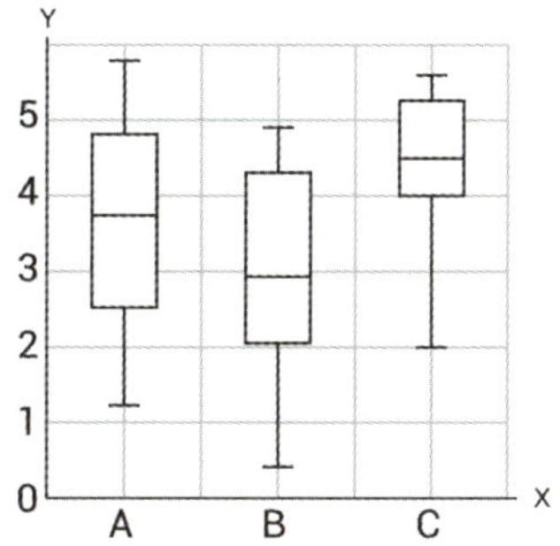

[그림 4-8] 상자-수염 그림을 통한 변수 비교

- 이는 수치적 방법 중 두 번째 방법인 그룹별 요약통계량을 비교하는 방법을 시각화하여 표현한 것이라고 할 수 있다.
  - 중심경향을 나타내는 중앙값의 위치도 그룹별로 비교가 가능하고, IQR의 길이를 이용해서 각 그룹별 데이터가 얼마나 넓게 퍼져 있는지도 알 수 있다.
- [예제 4-5]의 데이터를 묶은 상자-수염 그림으로 시각화하면 다음 [그림 4-9]와 같다.
  - 여학생의 중앙값이 남학생의 중앙값보다 높으며, IQR도 여학생이 남학생보다 훨씬 길어서 여학생의 높은 산포경향을 알 수 있다. 남학생의 이상점도 주목할 만하다.

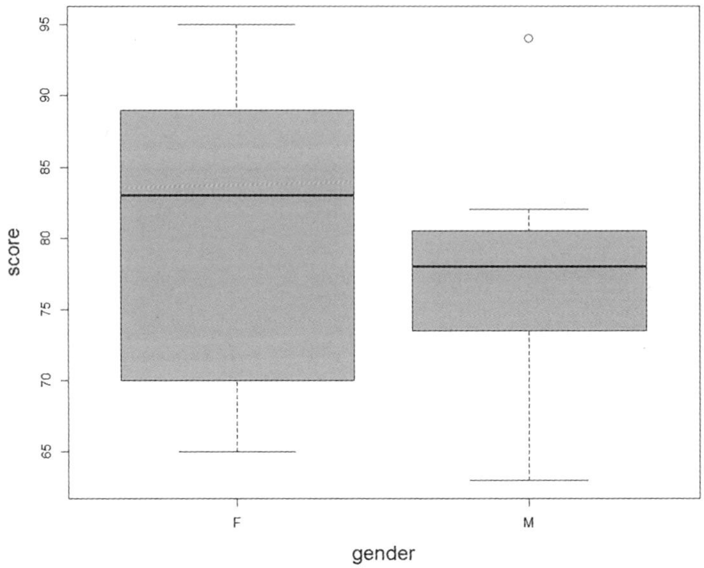

[그림 4-9] 성별 중간고자 점수 비교를 위한 상자-수염 그림

묶은 상자-수염 그림은 여러 범주에 걸친 양적변수를 비교할 때도 유용하다.

- 예컨대, [그림 4-10]의 예시는 많은 주식종목 별로 수익률(%)의 분포를 보여준다. 수익률이 높은 주식을 선호한다면 위쪽에 위치한 종목을, 수익률은 낮더라도 안정적인 주식을 선호한다면 IQR이 좁은 주식을 선택할 것이다.

[그림 4-10] 주식 종목별 수익률(%) 비교

Q1 변수가 1개인 것과 2개인 것을 구별하기가 어렵습니다. 만약 지역별 1인가구수 이면 지역이 독립변수이고 1인가구수가 종속변수이니 이것은 변수가 2개인 이변량으로 이해했습니다. 즉 지역은 질적변수이고 1인가구수는 양적변수로 생각하고 양적-질적으로 이해했는데 맞나요? 그리고 단변량 그래프는 100명을 대상으로 축구 · 야구 · 농구 중 좋아하는 운동 종목을 선택하라고 할 때 변수가 운동 종목 하나이니 이럴 때 이용하는 게 맞나요?

A1 맞습니다. 잘 이해했습니다.

Q2 100명 대상 축구 · 야구 · 농구 신호도 조사는 단변량이라고 하셨습니다. 그런 스마트폰 회사별 시장점유율이나 대통령 후보 지지율은 각각 회사와 대통령 후보가 독립변수이고 시장점유율과 지지율이 종속변수니 이변량인건가요? 이렇게 생각하면 운동 종목에 따른 선호도도 운동종목이 독립변수이고 선호하는 사람 수가 종속, 이렇게 이변량으로 볼 수도 있지 않을까요?

A2 측정방법도 함께 생각해야 합니다. 예컨대 대선후보 지지율은 조사 대상에게 후보들을 제시하며 누구를 지지하느냐고 질문한 결과이겠지요? 응답은 A, B, C, ... 중의 하나일 테고 이러면 단변량입니다.

Q3 측정방법을 생각해보면 ABC 회사의 시장점유율이라고 하면 조사할 때 어떤 회사제품을 쓰는지만 물으니까 단변량이고, 지역별 1인 가구 수이면 조사할 때 지역과 1인 가구 수까지 조사하니 이변량이겠군요!

A3 단변량, 이변량은 옳은 판단입니다. 그런데 후자의 경우 일반적으로 '지역별 1인 가구 수'를 파악하기 위해서는 가구를 측정 단위로 지역과 가구 구성원 수를 질문합니다. 응답한 가구 구성원 수(양적변수)를 1인 또는 2인 이상(1인 가구 여부; 질적변수)으로 변환하여 각 지역별 1인 가구수의 빈도를 구합니다.

Q4 [그림 4-9]는 여학생의 시험점수와 남학생의 시험점수를 비교하니 두 양적변수의 연관성을 살펴본다고 해야 할까요?

A4 다소 혼동스럽게 느껴질 수도 있겠네요. 하지만 여기선 그렇지 않습니다. 오히려 시험점수라는 양적변수와 성별이라는 질적변수의 비교라고 보아야 합니다. 가령 100개 국가의 인플레이션율과 실업률 간 연관성을 살펴본다고 하지요. 이때는 두 양적변수를 비교하게 됩니다. 이때 하나의 국가가 인플레이션율과 실업률을 짝지어(paired) 갖게 된다는 점에 주목해 주세요. 하지만 한 사람이 동시에 여학생의 시험점수와 남학생의 시험점수를 가질 수 없겠죠? 그러므로 점수와 점수를 직접 비교하는 것이 아니라, 점수의 성차(gender difference)를 살펴볼 뿐입니다.

01 수학성적과 과학성적의 상관성을 파악하기 위해 70명으로 구성된 수업에서 5명 학생을 표본 추출하여 수학과 과학의 점수 데이터를 정리하였다(mathsci.csv 파일을 참고하시오).

수학(X)	과학(Y)
6	9
4	6
6	7
5	5
4	3

(1) 수학성적(X)과 과학성적(Y)의 자료유형을 식별하고 가장 적절한 수치적 및 시각적 연관성 측도가 무엇인지 제시하시오.

(2) 공분산과 상관계수를 산출하시오.

(3) 두 변수간 연관성을 적절한 시각화 기법으로 나타내고 그 의미를 설명하시오.

02 인터넷 슈퍼마켓의 관리자는 COVID-19 이전과 이후에 식품유형별 판매 비율이 달라지는지 확인하고자 식품의 일일 판매량을 수집하여 다음 분할표로 정리하였다(marketfood.csv 파일을 참고하시오).

	신선식품	냉동식품	반조리식품	계
COVID-19 이전	97	27	58	182
COVID-19 이후	203	73	142	418

(1) 시점(COVID-19 전후) 변수와 식품유형 변수의 자료유형을 식별하고 가장 적절한 수치적 및 시각적 연관성 측도가 무엇인지 제시하시오.

(2) 모든 셀을 해석하시오.

(3) 행 합계를 기준으로 표준화하시오. 모든 셀을 다시 해석하시오.

(4) 열 합계를 기준으로 표준화하시오. 모든 셀을 다시 해석하시오.

(5) 전체 합계를 기준으로 표준화하시오. 모든 셀을 다시 해석하시오.

(6) (2)~(5) 중 가장 적절한 방법은 어느 것인가?

(7) 두 변수간의 연관성을 적절한 시각화 기법으로 나타내고 그 의미를 설명하시오.

03 A백화점에서 각 지점의 가격수준을 높음, 중간, 낮음 3등급으로 분류하고, 가격수준별로 5개 지점씩 임의로 추출하여 매출액(단위: 백만 원)을 조사하였다(hml.csv 파일을 참고하시오).

높음	중간	낮음
80	70	90
70	75	40
60	65	65
40	60	75
50	55	80

(1) 가격수준(높음, 중간, 낮음) 변수와 매출액 변수의 자료유형을 식별하고 가장 적절한 수치적 및 시각적 연관성 측도가 무엇인지 제시하시오.

(2) 가격수준별로 매출액의 분포가 어떠한 양상을 보이는지 시각화 방법으로 표현하시오.

(3) 두 변수간의 관계를 수치적으로 요약하기 위하여 가격수준별로 매출액의 평균과 표준편차를 산출하여 비교하시오.

(4) 매출액 7천만 원 이상을 '높음'으로 정의하고, 두 변수간의 관계를 수치적으로 요약하기 위한 분할표를 작성하고, 해석하시오.

		가격수준		
		높음	중간	낮음
매출액	높음			
	낮음			

04 dow.csv 파일을 사용하여 종가지수(dowclose)의 시계열 도표 그래프를 그리시오.

05 iris.csv 파일은 세 종류의 붓꽃에 관하여 꽃잎(petal)과 꽃받침(sepal)의 길이(length)와 넓이(width)를 나타낸 자료이다. 두 변수 petal_length와 petal_width의 자료유형을 판단하고 그 관계를 적절히 시각화하시오.

Chapter

05

확률이론

학습목표

1. 확률의 개념과 용어를 이해한다.
2. 상호배타성과 독립성, 덧셈법칙과 곱셈법칙을 이해한다.
3. 결합확률, 한계확률과 조건부확률을 이해하고 계산할 수 있다.
4. 베이즈 정리를 이해하고 사후확률을 계산할 수 있다.
5. 확률변수와 확률분포의 개념을 이해하고, 이산형과 연속형 확률변수를 구분하여 설명할 수 있다.

01 확률 개념의 이해

1 왜 확률이론을 배울까?

사회과학 통계학에서도 **확률(probability)**은 매우 중요한 개념이다. 우리는 모집단(population)에서 표본(sample)을 고른다. 그 뒤, (모집단이 아닌) 표본을 관찰하고 표본의 성질로부터 모집단의 성질을 **추론(inference)**해 낸다. 이 표본으로부터 유추된 성질이 (모집단과 상관없이) 그저 표본에서 우연히 발견될 가능성을 따져보기 위해 **확률이론(probability theory)**이 사용된다.

2 확률이론의 기본 용어

- **결과(outcome)**: **시행(trial)** 또는 **실험(experiment)**에서 수집된 관측치
- **표본공간(sample space; S)**: 시행 또는 실험으로 발생가능한 모든 결과(all possible outcomes)
- **사건(event; E)**: 표본공간 S의 어떤 부분집합(subset). 결과와는 달리 사건 E은 연구자의 관심에 따라 달라질 수 있다.

예를 들어 동전을 던졌을 때 앞면이 나올 가능성을 살펴보면,

- **결과**: 동전을 던졌을 때, 있을 수 있는 모든 결과는 앞면(head; H)과 뒷면(tail; T) 두 가지.
- **표본공간**: 시행으로 발생가능한 모든 결과는 $S=\{H, T\}$이다.
- **사건**: (문제가 묻고 있는 바대로) 앞면이 나오는 사건은 $E=\{H\}$이다.

이번엔 동전을 두 번 던져서 두 번 모두 앞면이 나올 가능성을 살펴보자. 이때, 동전을 두 번 던지는 행위가 시행 또는 실험이 된다.

- **결과**: 동전을 두 번 던졌을 때, 있을 수 있는 모든 결과는 HH, HT, TH, TT의 4가지이다.
- **표본공간**: 동전을 두 번 던져서 발생 가능한 모든 결과들의 집합은 $S=\{HH, HT, TH, TT\}$이다.
- **사건**: (문제가 묻고 있는 바대로) 동전을 두 번 던져서 두 번 모두 앞면이 나오는 사건은 $E=\{HH\}$이다.

3 확률의 정의

확률이란 '어떤 사건(event)이 발생할 가능성'을 나타낸 값으로 0과 1 사이의 값을 갖는다. 확률을 보다 엄격하게 정의하는 몇 가지 접근 방식이 있다.

1. 고전적 확률(classical probability)

피에르-시몽 라플라스(Pierre-Simon Laplace)의 정의에 따라 상대도수(relative frequency)의 극한으로, 결과의 발생 가능성이 동일하고 **상호배타적(mutually exclusive)**인 경우를 전제로 한다. 경험적 관찰에 근거하지 않고 논리적인 판단에 의해 정의되므로 선험적 또는 **사전적 확률(a priori probability)**이라고도 한다.

- (조금 어렵지만) 가능한 결과들이 K개로 유한하고, 각 결과의 확률이 동일한 상황을 다음과 같이 정식화할 수 있다.

$$S = \{E_1, E_2, \cdots, E_K\}$$
$$P(\{E_i\}) = \frac{1}{K}$$

- 이때, x개의 결과를 갖는 사건 A의 확률은 $P(A) = \frac{x}{K}$이다.
- 앞의 동전 던지기 예에서 동전을 던졌을 때 앞면이 나올 확률은 $S=\{H, T\}$이고 $E=\{H\}$이므로 $P=1/2$임을 알 수 있다. 또한 동전을 두 번 던져서 두 번 모두 앞면이 나올 확률은 $S=\{HH, HT, TH, TT\}$이고 $E=\{HH\}$이므로 $P=1/4$임을 알 수 있다.

2. 경험적 확률(empirical probability)

과거의 통계자료나 실험이라는 경험을 통해 산출된 확률이다. 개별적인 결과의 발생 가능성이 다른 경우에도 적용할 수 있다. 경험의 횟수가 아주 작다면 경험적 확률과 고전적 확률은 불일치할 수도 있다(❷). 가령 주사위를 겨우 몇 차례 던졌다면 6이 나올 확률은 1/6보다 클 수도 있다.

3. 주관적 확률(subjective probability)

사전적 정보(a priori information)나 경험에 근거하여 결정된 확률이다. 고전적 확률을 계산할 수 없거나 실험의 반복시행이 불가능하여 경험적 확률이 정의되지 않을 때 사용한다.

4 확률의 공리

확률은 사건(event)에 대응하여 정의되며, 안드레이 콜모고로프(Andrei Kolmogorov)의 공리(axioms)에 따라 다음이 전제된다.

- 전체포괄적(exhaustive): (구분한 후에 얻어진) 자항(子項)의 총합이 구분 전의 모항(母項)과 같다.
- 상호배타적(mutually exclusive): (구분한 후에 얻어진) 자항들은 서로 중복되지 않는다. 그러므로 상호배타적인 임의의 사건 E_1, E_2, …에 대하여 다음이 성립한다.

$$P(E_1 \cup E_2 \cup \cdots) = P(E_1) + P(E_2) + \cdots$$

- 전체포괄적이고 상호배제적인 '모든 사건들'의 확률의 합은 1이다. 즉 임의의 표본공간 S에 대하여 반드시 $P(S)=1$이다.

02 확률법칙

1 사건의 종류

사건(들)의 관계를 벤 다이어그램(Venn diagram)으로 나타내어 합사건, 교사건, 여사건, 배반사건을 살펴볼 수 있다.

- A와 B의 합사건(union)은 A∪B로 표시한다. ∪는 cup이라고 읽는다.
- A와 B의 교사건(intersection)은 A∩B로 표시한다. ∩는 cap이라고 읽는다.

- A의 여사건(complement)은 A^c로 표시한다.

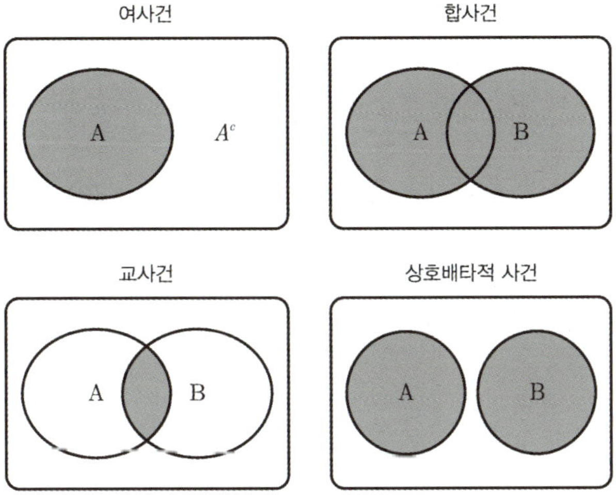

[그림 5-1] 벤 다이어그램으로 표현한 사건 관계

2 덧셈법칙

덧셈법칙은 두 사건 A와 B 중 최소한 한 사건이 발생할 확률을 말한다.

$$P(A \cup B) = P(A) + P(B) - P(A \cap B)$$

사건 A와 B가 상호배타적인 사건이면 다음이 성립한다.

$$P(A \cup B) = P(A) + P(B)$$

E_1, E_2, …, E_k가 상호배타적인 k개의 사건들로 일반화하면 다음과 같다.

$$P(E_1 \cup E_2 \cup \cdots \cup E_k) = P(E_1) + P(E_2) + \cdots + P(E_k)$$

3 곱셈법칙

곱셈법칙은 두 사건 A와 B가 동시에 발생할 확률을 말한다.

$$P(A \cap B) = P(B) \cdot P(A|B) = P(A) \cdot P(B|A)$$

다음의 두 조건은 사건 A와 B가 **독립(independent)**이라는 의미이다(❓).

$$P(A|B) = P(A) \text{ 또는 } P(B|A) = P(B)$$
$$P(A \cap B) = P(A)P(B)$$

03 결합확률, 한계확률과 조건부확률

1 결합확률

결합확률(joint probability)이란 '두 사건이 함께 일어날 확률'을 의미한다.

$$P(A \cap B) = P(B|A) \cdot P(A) = P(A|B) \cdot P(B)$$

2 한계확률

한계확률(marginal probability)은 다른 사건을 고려하지 않고 단순사건(simple event)이 발생될 확률을 말한다. 예를 들어 사건 A와 B가 있을 때, 사건 A의 한계확률은 (사건 B와 상관없이) 그저 $P(A)$이다. 다른 관점에서 한계확률은 연관된 결합확률(joint probability)의 합(sum)이다.

$$P(A) = P(A \cap B) + P(A \cap B^c) \\ = P(A|B) \cdot P(B) + P(A|B^c) \cdot P(B^c)$$

3 조건부확률

조건부확률(conditional probability)은 다른 사건이 발생하였다는 조건 아래에서 특정 사건이 발생할 확률을 말한다. 예를 들어 사건 B가 발생하였다는 조건 아래에서 사건 A가 일어날 확률은 $P(A|B)$이다. 조건에 따라 표본공간은 새롭게 정의된다는 점에 주의하자.

결합확률과는 달리, 조건부확률에서는 교환법칙이 성립하지 않는다.

- 즉 $P(A \cap B) = P(B \cap A)$이지만, $P(A|B) \neq P(B|A)$이다.
- $P(A|B)$와 $P(B|A)$의 관계는 다음과 같다(분자가 똑같음에 주목할 것).

$$P(A|B) = \frac{P(A \cap B)}{P(B)}$$

$$P(B|A) = \frac{P(A \cap B)}{P(A)}$$

예제 5-1

$P(A)$가 0.2, $P(B)$가 0.6이고, $P(B|A)$는 0.5이다. $P(A|B)$를 구하시오.

풀이

가장 기초적인 조건부 확률 연습이다. $P(A|B) = \frac{P(A \cap B)}{P(B)} = \frac{P(B|A) \cdot P(A)}{P(B)}$

그러므로 $P(A|B) = \frac{0.5 \cdot 0.2}{0.6} \cong 0.1667$.

4 교차표에서 결합확률, 한계확률, 조건부확률의 적용

결합확률, 한계확률, 조건부확률은 교차표의 해석과 중요한 관련을 갖고 있다. 예를 들어 아래와 같은 교차표를 만들었다고 하자. 각 셀은 빈도(frequency)로 채워져 있다(rel.csv 파일을 참고하시오).

	종교인	비종교인	합계
여성	97	124	221
남성	68	232	300
합계	165	356	521

만약 행 합계(row total)를 기준으로 표준화하면 다음 (1)과 같이 표준화할 수 있다.

- 이 표에서는 P(종교인|여성)=0.44, P(비종교인|여성)=0.56, P(종교인|남성)=0.23, P(비종교인|남성)=0.77임을 알 수 있다(❓). 이것이 바로 조건부확률이다.

만약 열 합계(column total)를 기준으로 다음 교차표 (2)와 같이 표준화할 수 있다.

- P(여성|종교인), P(남성|종교인), P(여성|비종교인), P(남성|비종교인)을 구할 수 있다(❓). 이것들도 물론 조건부확률이다. 다만 앞과는 조건과 관심 사건이 바뀌었다.

마지막으로 총 합계(grand total)를 기준으로 표준화하면 다음 (3)과 같이 표준화할 수 있다.

- P(종교인∩여성)=0.19, P(비종교인∩여성)=0.24, P(종교인∩남성)=0.13, P(비종교인∩남성)=0.45임을 알 수 있다(❓). 이것은 앞서 배운 결합확률임에 주의하자.

	종교인	비종교인
여성	0.44	0.56
남성	0.23	0.77
합계	0.32	0.68

(1) 행 합계 표준화

	종교인	비종교인	합계
여성	0.59	0.35	0.42
남성	0.41	0.65	0.58

(2) 열 합계 표준화

	종교인	비종교인	합계
여성	0.19	0.24	0.42
남성	0.13	0.45	0.58
합계	0.32	0.68	1

(3) 총 합계 표준화

마지막으로 한계확률 역시 교차표에서 사용된다. 가령 표본에서 종교인일 확률을 구하기 위해서 결합확률와 조건부확률을 함께 적용해보면 다음이 성립한다.

$$P(종교인) = P(종교인 \cap 여성) + P(종교인 \cap 남성)$$
$$= P(종교인 | 여성) \cdot P(여성) + P(종교인 | 남성) \cdot P(남성)$$

이것은 한계확률임을 다시 확인해보자.

예제 5-2

휴대폰 대리점에서 지난달 구매고객 200명의 휴대폰 브랜드와 성별을 다음과 같이 분할표로 정리하였다(mobilephone.csv 파일을 참고하시오). 아래 표를 이용하여 임의로 고객 한 명을 선택했을 때 (1) 고객이 남성일 확률, (2) 고객이 S사 제품을 구매했을 확률, 그리고 (3) 선택한 고객이 남성인 경우 I사 제품을 구매했을 확률을 구하시오.

	남성	여성	합계
I사	52	64	116
S사	48	36	84
합계	100	100	200

풀이

(1) $P(남성) = 100/200 = 0.5$

(2) $P(S사) = 84/200 = 0.42$

(3) $P(I사 | 남성) = 52/100 = 0.52$이는

조건부 확률의 공식에 따라

$P(A|B) = \dfrac{P(A \cap B)}{P(B)} = \dfrac{P(I사 \cap 남성)}{P(남성)} = \dfrac{52/200}{100/200} = \dfrac{52}{100} = 0.52$로도 구할 수 있다.

2×2 교차표가 아니라 3×3 교차표라도 수식이 조금 더 길어질 뿐, 본질은 똑같다.

- 마찬가지의 표준화 방식에 따라 상이한 조건부확률과 결합확률을 구할 수 있다. 한계확률도 마찬가지다.
- 다만 2×2 교차표가 아니므로 B와 B^c가 아니라 B_1, B_2, B_3와 같이 표현하면 편리하다.

$$P(A) = P(A \cap B_1) + P(A \cap B_2) + P(A \cap B_3)$$
$$= P(A | B_1) * P(B_1) + P(A | B_2) * P(B_2) + P(A | B_3) * P(B_3)$$

04 베이즈 정리

베이즈 정리(Bayes' theorem)는 이전의 경험과 현재의 증거를 토대로 어떤 사건의 확률을 추론하고자 하는 발상이다.

1 사전확률, 우도, 사후확률

어떤 사건 B가 나타났을 때 그 원인으로 사건 A가 있었을 확률은 다음과 같이 계산할 수 있다.

$$
\begin{aligned}
P(A|B) &= \frac{P(A\cap B)}{P(B)} \quad (\text{if } P(B)\neq 0) \\
&= \frac{P(B|A)\cdot P(A)}{P(B)} \\
&= \frac{P(B|A)\cdot P(A)}{P(B|A)\cdot P(A)+P(B|A^c)\cdot P(A^c)}
\end{aligned}
$$

좌편의 $P(A|B)$가 우변에서는 모두 $P(B|A)$로 뒤바뀌었음에 주목하자.

- 그러므로 **사전확률(prior probability)**인 $P(A)$와 $P(A^C)$ 그리고 **우도(likelihood)**인 $P(B|A)$를 알면 **사후확률(posterior probability)** $P(A|B)$를 계산할 수 있다.

2 전체확률의 법칙

결과 B를 발생시키는 원인들 $A_1, A_2, \cdots, A_k$가 있을 때, 사전확률은 $P(A_1), P(A_2), \cdots, P(A_k)$이다. 만일 (일종의 조건부확률인) 우도 $P(B|A_1), P(B|A_2), \cdots, P(B|A_k)$가 알려져 있다면, 사후확률(결과 B가 발생하였다는 조건 하에서 원인 A_i가 발생하였을 확률)을 계산할 수 있다.

여러 가지 원인 중 하나인 A_i가 주어졌을 때, 그 사후확률의 일반 공식은 다음과 같다.

$$P(B|A_i) = \frac{P(A_i \cap B)}{P(A_i)}$$

식을 정리하면,

$$P(A_i \cap B) = P(B|A_i) \cdot P(A_i)$$

그러므로 결과 B의 사전확률은 다음과 같이 풀어 쓸 수 있다.

$$\begin{aligned} P(B) &= P(A_1 \cap B) \qquad + \cdots + P(A_k \cap B) \\ &= P(B|A_1)P(A_1) + \cdots + P(B|A_k)P(A_k) \end{aligned}$$

공식에 따라서 사후확률을 사전확률과 우도로 나타낼 수 있다.

$$\begin{aligned} P(A_i|B) &= \frac{P(A_i \cap B)}{P(B)} \\ &= \frac{P(B|A_i)P(A_i)}{P(B|A_1)P(A_1) + \cdots + P(B|A_k)P(A_k)} \end{aligned}$$

예제 5-3

사지선다 문제를 맞혔을 때 알고 풀었을 확률을 구하시오. 단 답을 아는 사전확률과 모르는 사전확률은 같다고 전제한다.

풀이

문제에서 '답을 아는(know the answer)' 사전확률과 '답을 모르는(does not know the answer)' 사전확률을 같다고 하였는데, 이는 상호배타적인 사건이므로,

$$P(A_1) = P(A_2) = \frac{1}{2}$$

이다. 베이즈 확률은 문제가 묻는 것이 정확히 무엇인지 식별해야 한다. 여기서는 답을 맞혔다는 조건 아래 알고 풀었을 확률을 묻고 있다. '답을 아는(know the answer)' 사건과 '답을 모르는(does not know the answer)' 사건을 각각 A_1와 A_2이고, '답을 맞힌(answered correctly)' 사건을 B라고 하자. 이 경우 문제가 묻는 것은 $P(A_1|B)$이다. 그러므로

$$P(A_1|B) = \frac{P(B|A_1)P(A_1)}{P(B|A_1)P(A_1) + P(B|A_2)P(A_2)}$$

이다. 여기서 두 개의 우도는 각각 다음과 같다.

$$P(B|A_1) = 1$$

$$P(B|A_2) = \frac{1}{4}$$

최종적으로 계산하면 다음을 구할 수 있다.

$$P(A_1|B) = \frac{1}{1 + \frac{1}{4}} = \frac{4}{5}$$

베이즈 관점에 따르면 학습자는 문제를 맞혔다고 해서 반드시 답을 알고 있었다고 결론 내릴 수 없다.

---

05 확률변수와 확률분포

1 확률변수의 개념

확률변수(random variable)는 하나의 시행 혹은 실험에서 나온 결과와 그에 따른 확률을 표현한다. 주로 대문자 X, Y, Z 등으로 표기한다.

- X라는 빈 주머니 안에 개별 사건을 집어넣을 수 있다고 상상해보자.
- 동전 던지기에서 앞면이 나오는 사건 H을 집어넣으면 $X = H$이고 그에 대응하는 확률은 $P(X = H) = 1/2$이다.
- 뒷면이 나오는 사건 T을 집어넣으면 $X = T$이고 $P(X = T) = 1/2$이다.
- 바로 이 주머니 X가 확률변수이다.

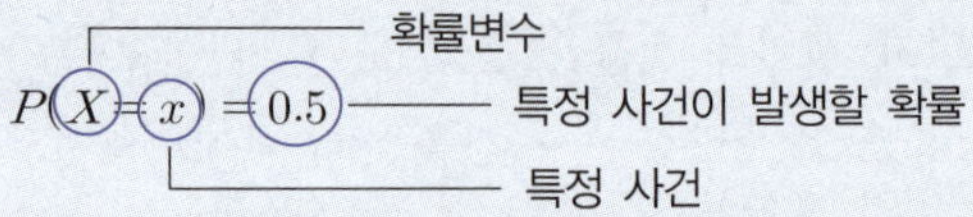

확률분포(probability distribution)는 확률변수가 취할 수 있는 모든 사건들과 그에 대응한 확률을 나열하여 보여준다.

2 확률변수의 유형

앞서 측정의 척도는 먼저 질적변수와 양적변수로 나뉘고 양적변수는 다시 이산변수와 연속변수로 나뉜다는 것을 배웠다. 이와 마찬가지로 확률변수도 이산확률변수와 연속확률변수로 구분할 수 있다.

- **이산확률변수(discrete random variable)**: 딱딱 나누어 셀 수 있는 값을 갖는 확률변수(예, 주사위를 던져 나온 숫자, 주사위를 10회 던져 짝수가 나온 횟수, 어느 카페의 하루 방문고객 수 등)
- **연속확률변수(continuous random variable)**: 딱딱 나누어 셀 수 없는 실숫값을 갖는 확률변수(예, A 시의 중소기업 평균매출액, B 시의 주가상승률, 어느 카페의 평균 고객 체류시간 등)

이산확률변수는 셀 수 있는 값을 가지므로 표와 그림으로 쉽게 나타낼 수 있다. 특히 확률에 비례하는 면적의 직사각형이 있는 히스토그램의 형태로 요약될 수 있다. 이산확률변수의 한 예인 동전 던지기 결과를 확률변수로 나타냈을 때 **이산확률분포(discrete probability distribution)**의 표와 그림은 다음과 같이 정리할 수 있다.

x_i	$P(X=x_i)$
1	1/2
0	1/2

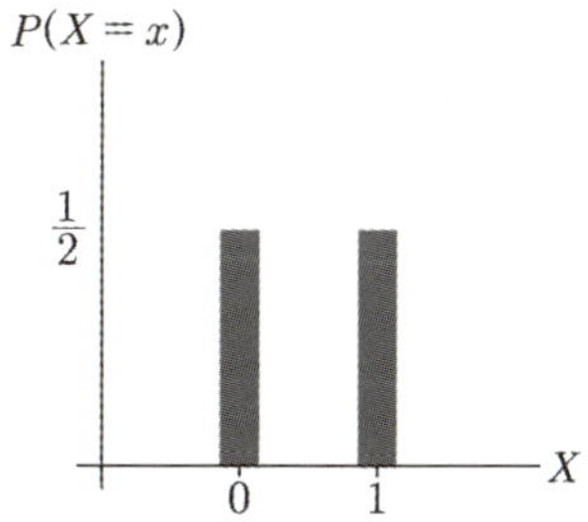

[그림 5-2] 이산확률분포의 표현

예제 5-4

주사위 던지기의 이산확률분포를 나타내는 표와 그림을 만드시오.

풀이

주사위를 던진 결과를 확률변수(random variable)로 다음과 같이 정리할 수 있다.

주사위 던지기에서 1이 나오는 사건($X=1$)의 $P(X=1)$는 1/6이다.

…

주사위 던지기에서 6이 나오는 사건($X=6$)의 $P(X=6)$는 1/6이다.

확률변수 X를 표로 정리해보면, 다음과 같다.

x_i	$P(X=x_i)$
1	1/6
2	1/6
3	1/6
4	1/6
5	1/6
6	1/6

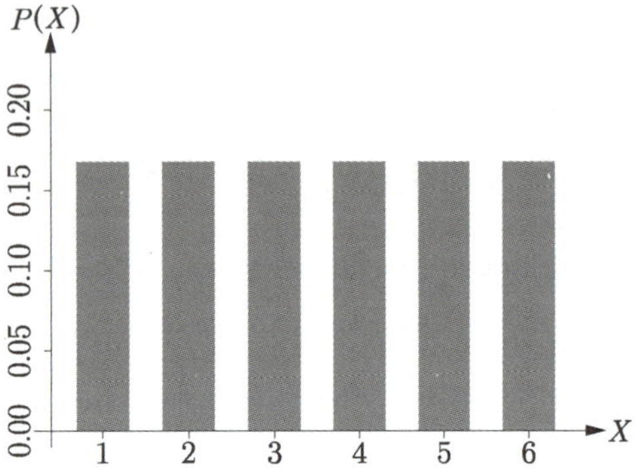

반면 연속확률변수는 무한히 많은 값을 가질 수 있어 어떤 특정한 값을 가질 확률은 0에 수렴한다(❓). 그러므로 사건별 확률을 표로 나타낼 때는 몇 개의 구간(intervals)으로 나누어 표현해야 한다.

• 가령 어떤 카페에서 고객의 체류시간은 연속확률변수이므로 다음 표와 같이 나타낼 수 있다.

x_i	$P(X=x_i)$
[0–50)	0.17
[50–100)	0.35
[100–150)	0.33
[150–200)	0.13
[200–250)	0.02
[250–300)	0.00

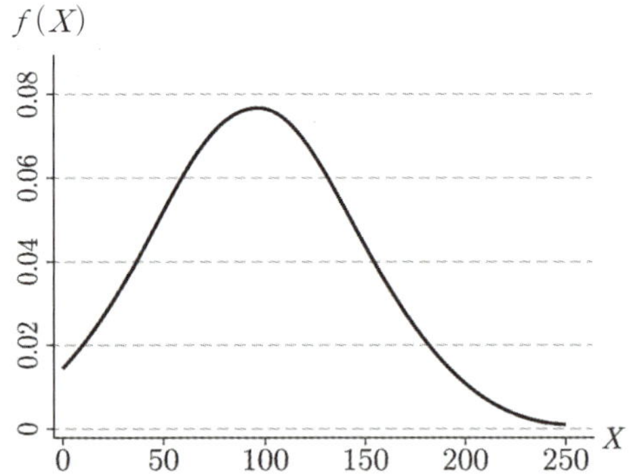

[그림 5-3] 연속확률분포의 표현

• 100분에서 150분 사이로 체류할 확률이 33%이므로 $P(100 < X < 150) = 0.33$로 나타낸다.
• 어떤 사람이 정확히 100분 체류할 확률은 $P(X=100) = 0$이다. (99분 59.999초도 100분 0.001초도 아닌) 정확히 100분일 확률은 무한히 작기 때문이다.
• 한편 위 그림에서 y축이 $P(X=x)$가 아니라 $f(X)$로 표시되어 있는 까닭은 (좌측 표의 계급구

간을 토대로 이산확률분포처럼 막대 그래프로 그리지 않고) 부드러운 곡선으로 그렸기 때문이다(아래에서 다시 설명한다).

3 확률밀도함수와 확률질량함수

확률밀도함수(probability density function; p.d.f) $f(x)$는 **연속확률분포**(continuous probability distribution)에서 특정 x에 대응하는 곡선의 높이를 나타낸다. 확률밀도함수 $f(x)$가 곧 확률 $P(X=x)$은 아니다. 앞서 설명하였듯 연속확률분포에서 $P(X=x)=0$ 이기 때문이다.

확률밀도함수가 연속확률분포에 관한 것이라면, **확률질량함수**(probability mass function; p.m.f)는 이산확률분포에 관한 것이다. 확률밀도함수를 $f(x)$로 표현하였다면, 확률질량함수는 $P(X=x)$로 표현하였음에 주의하자.

심층탐구 확률밀도함수의 특성

(조금 어렵지만) 임의의 확률밀도함수는 반드시 다음의 두 가지 특성을 충족한다.

$$f(X=x) \geq 0, \forall x \in S$$
$$\int_{-\infty}^{\infty} f(X=x)dx = 1$$

이때 X는 확률변수이고 S는 표본공간이다. $\forall x \in S$는 자료(S)로 주어진 모든 x를 의미하며 $\forall$은 'for all'이라고 읽는다. $\int$는 적분 기호이다.
확률질량함수는 확률밀도함수와 첫 번째 조건은 같지만 두 번째 조건은 살짝 다르다(❷).

$$\sum_{\forall x \in S} P(X=x) = 1$$

4 누적분포함수

누적분포함수(cumulative distribution function; c.d.f)는 확률분포 개념의 중요한 확장이다. 지금까지 $P(X=x)$에 관해 다루었다면, 누적분포함수는 $P(X \leq x)$를 보여준다.

- 확률밀도함수 $f(X)$ 또는 확률질량함수 $P(X=x)$가 확률분포에서 곡선 혹은 막대의 높이를 나타냈다면, **누적분포함수** $F(x)$는 확률분포에서 특정 구간에 걸친 면적(area)을 나타낸다.

이산확률변수는 개별 이산사건의 확률값을 모두 더해 특정 구간에 걸친 면적을 계산할 수 있는 반면, 연속확률변수는 특정 구간에 대해 **적분(integration)**을 수행하여 면적을 계산할 수 있다.

$$P(a \le X \le b) = \sum_{x=a}^{b} P(X=x) \qquad \text{(이산확률변수)}$$

$$P(a \le X \le b) = \int_{a}^{b} f(x)dx \qquad \text{(연속확률변수)}$$

- 이산확률변수의 경우 특정 정수(가령 2 또는 5)가 포함되는지 아닌지에 따라 값에 차이가 나타난다.

$$P(2 \le X \le 5) = \sum_{x=2}^{5} P(X=x)$$

$$P(2 < X \le 5) = \sum_{x=3}^{5} P(X=x)$$

- 연속확률변수의 경우 특정 값이 포함되는가 아닌가에 따른 차이가 없다(❓).

$$P(2 \le X \le 5) = P(2 < X < 5) = \int_{2}^{5} f(x)dx$$

5 이산확률변수의 모평균과 모분산

일단 확률분포가 주어지면 확률변수의 평균과 분산을 계산할 수 있다.

- 확률분포에서 평균, 즉 기댓값 $E(X)$은 이산확률변수가 가질 수 있는 특정한 값 x의 가중평균이다.
- 다시 말해, 각 사건별 결과와 그에 대응하는 확률을 곱한 다음, 이를 모두 더하여 기대값을 구할 수 있다.

$$E(X) = \mu = \sum_{\forall x} x P(X = x)$$

- 가령 주사위를 던진 결과를 확률변수로 취급한다면, 그것은 이산확률변수이고 다음과 같이 결과의 평균이 3.5임을 알 수 있다.

x_i	$P(X=x_i)$	$x_i \cdot P(X=x_i)$
1	1/6	1/6
2	1/6	2/6
3	1/6	3/6
4	1/6	4/6
5	1/6	5/6
6	1/6	6/6
합계		3.5

확률분포에서 편차 제곱의 가중평균을 계산하여 분산을 구할 수 있다.

$$Var(X) = \sigma^2 = \sum_{\forall x} (x - \mu)^2 P(X = x)$$

- 아래와 같이 주사위를 한 번 던져 나온 값의 평균은 3.5이고 분산은 2.917임을 알 수 있다.

x_i	$P(X=x_i)$	$x_i \cdot P(X=x_i)$	$(x_i - \mu)^2 \cdot P(X=x_i)$
1	1/6	1/6	$(1-3.5)^2 \cdot 1/6$
2	1/6	2/6	$(2-3.5)^2 \cdot 1/6$
3	1/6	3/6	$(3-3.5)^2 \cdot 1/6$
4	1/6	4/6	$(4-3.5)^2 \cdot 1/6$
5	1/6	5/6	$(5-3.5)^2 \cdot 1/6$
6	1/6	6/6	$(6-3.5)^2 \cdot 1/6$
합계		3.5	2.917

예제 5-5

어떤 게임에서 이겨서 10만 원을 상금으로 받을 수 있는 확률은 30분의 1이다. 반대로 지면 1만 원을 잃는다. 확률분포를 계산하고 이 게임을 통해 거둘 수익의 기대값과 분산을 구하시오.

풀이

기대값 $E(X)=\sum x_i \cdot P(X=x_i)$, 분산 $Var(X)=\sum (x_i-\mu)^2 \cdot P(X=x_i)$이므로, 다음 계산과정에 따라 기대값은 -0.633(만원), 분산은 3.90(만원^2)이다.

x_i	$P(X=x_i)$	$x_i \cdot P(X=x_i)$	$(x_i-\mu)^2 \cdot P(X=x_i)$
10	1/30	10/30	$(10+0.633)^2 \cdot 1/30$
−1	29/30	−29/30	$(-1+0.633)^2 \cdot 29/30$
	합계	−19/30 = −0.633	3.90

6 확률변수의 주요 성질

- 기대값의 성질

$$E(aX)=aE(X)$$
$$E(X+b)=E(X)+b$$
$$E(aX+b)=E(aX)+b=aE(X)+b$$

(단 X는 확률변수, a와 b는 임의의 상수)

- 분산의 성질

$$Var(aX)=a^2 Var(x)$$
$$Var(X+b)=Var(X)$$
$$Var(aX+b)=Var(aX)=a^2 Var(X)$$
$$Var(X+Y)=Var(X)+Var(Y)+2Cov(X,Y)$$

Q1 확률변수의 성질은 뭔가 암기해야 하는 내용처럼 보입니다. 외워서 시험을 봐야 할까요?

A1 아니요. 전혀 아닙니다. 그런데 이건 사실 매우 쉽게 증명 가능한 내용이기도 합니다. 사실 사회과학 응용통계학에서 증명은 꼭 필요한 것은 아니지만, 만약 더 높은 수준의 통계학을 공부하고자 한다면 도전해 볼 만 하거든요. 몇 가지 조금 애매한 내용을 살펴볼까요? 가령 평균의 마지막 공식은 다음과 같이 증명할 수 있습니다.

$$
\begin{aligned}
E(aX+b) &= \sum(ax+b)p(x) \\
&= \sum ax \cdot p(x) + \sum b \cdot p(x) \\
&= a\left(\sum x \cdot p(x)\right) + b\left(\sum p(x)\right) \\
&= a \cdot E(X) + b
\end{aligned}
$$

분산의 첫 번째 공식은 다음과 같이 증명할 수 있습니다.

$$
\begin{aligned}
Var(aX) &= E(aX-a\mu)^2 \\
&= E(a^2X^2 - a^2 2X\mu + a^2\mu^2) \\
&= a^2E(X^2 - 2X\mu + \mu^2) \\
&= a^2E(X-\mu)^2 \\
&= a^2\,Var(X)
\end{aligned}
$$

분산의 세 번째 공식은 다음과 같이 증명할 수 있습니다.

$$
\begin{aligned}
Var(aX+b) &= E((aX+b)^2) - E(aX+b)^2 \\
&= E(a^2X^2 + 2abX + b^2) - (aE(X)+b)(aE(X)+b) \\
&= a^2E(X^2) + 2abE(X) + b^2 - a^2E(X)^2 - 2abE(X) - b^2 \\
&= a^2(E(X^2) - E(X)^2) \\
&= a^2\,Var(X)
\end{aligned}
$$

분산의 마지막 공식은 다음과 같이 증명할 수 있습니다.

$$\begin{aligned} Var(X+Y) &= E[(X+Y)-E(X+Y)]^2 \\ &= E[(X-E[X])+(Y-E[Y])]^2 \\ &= E[(X-E[X])^2]+E[(Y-E[Y])^2]+2E[(X-E(X))(Y-E(Y))] \\ &= Var(X)+Var(Y)+2Cov(X,Y) \end{aligned}$$

01 고래팀과 새우팀이 야구 시합을 하기로 했다. 전적에 따르면 고래팀이 이길 확률은 0.6, 새우팀이 이길 확률 0.4이다. 야구전문가 어부는 새우팀이 이긴다고 전망했고, 기록에 따르면 어부의 전망이 맞을 확률이 0.8이다. 어부의 전망대로 새우팀이 이길 확률을 구하시오.

02 MBA를 지원하는 어느 지원자가 어떤 프로그램에 입학하기 위해서는 650점 이상의 GMAT 점수를 취득해야 한다. 현재 650점을 취득할 확률은 10%이다. 이 지원자는 $500의 비용이 드는 학원 수강을 고려중이며, 만일 650점 이상의 GMAT 점수를 취득할 확률이 두 배 증가한다면 그는 기꺼이 학원을 수강할 것이다. MBA 학생들을 대상으로 실시한 서베이 결과, 650점 이상 GMAT 점수를 취득한 학생의 52%가, 650점 미만 GMAT점수를 취득한 학생의 23%가 학원에서 수강하였다. 그는 어떻게 해야 하는가?

03 비타 씨의 약장에 아스피린이 2병, 페니실린이 1병 있다. 아스피린 또는 페니실린을 먹고 약물 중독을 일으킬 확률은 각각 10%와 80% 라고 한다. 비타 씨가 어느 날 약물중독으로 의식불명 상태로 응급 후송되었을 때, 그가 먹은 약이 페니실린일 확률은 얼마인가?

04 청주의 한 공장에 A, B, C 세 대의 기계가 있다. A, B, C는 각각 전체 생산량의 35%, 20%, 45%를 생산하고 있으며, 각각의 불량률은 1%, 1.3%, 2%이다. 이 공장에서 생산된 제품 가운데 1개를 뽑아 검사했을 때 불량이었다면, 이것이 A 기계에서 생산되었을 확률은 얼마인가?

05 중환 씨는 정기 암 건강검진에서 양성 결과를 받게 되었다. 의사는 검사 정확도가 90%라고 알려주었다. 중환 씨가 정말로 암에 걸렸을 확률을 구하시오. 참고로 성인의 암 유병률은 약 1%이다.

06 몬티 홀 문제(The Monty Hall Problem). 미국의 TV 게임쇼 Let's Make a Deal에서 유래한 문제로 명칭의 유래는 이 게임쇼의 진행자 몬티 홀(Monty Hall)의 이름에서 왔다. 문으로 가려진 3개의 방이 있고 3개의 문 중에 하나를 선택하여 그 뒤에 있는 선물을 가질 수 있다. 한 방에는 스포츠카가, 나머지 두 방에는 염소가 대기하고 있다. 진행자는 스포츠카가 어디 있는지 알고 있다. 우연히 게임 참가자가 1번 문을 선택했을 때 진행자는 일단 3번 문을 활짝 열어 염소를 보여주었다. 그리고 진행자는 참가자에게 묻는다: "선택을 바꾸시겠습니까?" 당신에게 '최적의 전략'은 무엇인가? 선택을 바꿀지 유지할지 각각의 '전략'에 대해 사전확률, 우도, 사후확률을 구하시오.

Chapter

06

이론적 확률분포

학습목표

1. 이산형과 연속형 각각의 대표적인 확률분포를 구분하여 적합한 상황을 설명할 수 있다.
2. 각 확률분포 가운데 대표적인 이론적 분포를 이해한다.
3. 각 확률분포의 확률질량함수 또는 확률밀도함수를 설명할 수 있다.
4. 각 확률분포의 (구간) 확률을 계산하는 방법을 안다.
5. 정규분포의 확률값에 대응되는 관측치를 구할 수 있다.

01 다양한 이론적 확률분포

확률변수와 마찬가지로 확률분포에도 **이산확률분포**(discrete probability distribution)와 **연속확률분포**(continuous probability distribution)가 있다.

다음과 같은 몇 가지 유명한 **이론적 확률분포**(theoretical probability distribution)가 알려져 있고 여러 분야에 걸쳐 폭넓게 사용되고 있다.

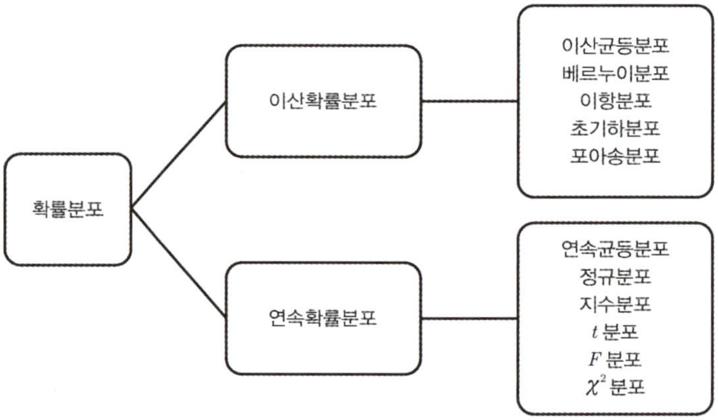

[그림 6-1] 확률분포의 종류

02 이산확률분포

앞 장에서 이미 공부하였듯, 이산확률분포는 이산확률변수의 개별 사건과 대응 확률을 짝지어 나타낸다. 이산확률변수 X는 딱딱 나누어 셀 수 있는 값이며, 확률에 비례하는 면적의 직사각형 히스토그램을 그릴 수 있다. 이론적 이산확률분포 가운데 대표적으로 널리 활용되고 있는 **이산균등분포**(discrete uniform distribution), **베르누이 분포**(Bernoulli distribution), **이항분포**(binomial distribution), **초기하분포**(hypergeometric distribution), **포아송 분포**(Poisson distribution)에 대해 알아보자.

1 이산균등분포

이산균등분포의 확률질량함수(probability mass function; p.m.f)는 다음과 같다.

$$P(X=x)=\frac{1}{n},\ \ \forall x$$

즉, 확률변수가 X가 특정값 x를 가질 확률은 $\frac{1}{n}$로, 모든 x에 대해($\forall x$) 동일하다.

- 대표적으로 주사위 던지기의 결과는 이산균등분포를 따른다.

예제 6-1

주사위 던지기의 이산확률분포는 다음과 같다.

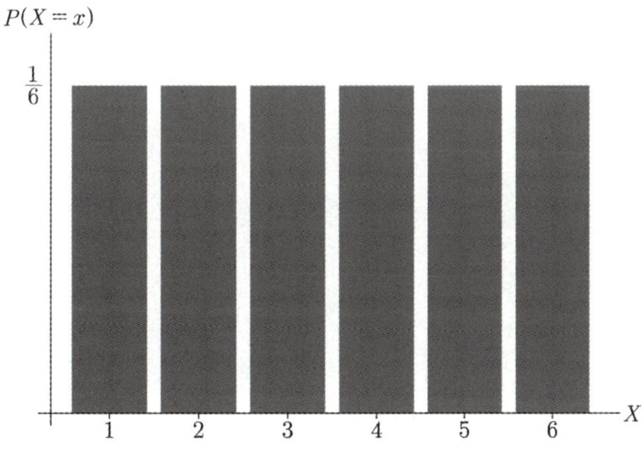

다음 문제의 답을 구하시오.

(1) $P(X=6)$

(2) $P(3\leq X\leq 5)$

(3) $P(3\leq X<5)$

(4) $F(4)=P(X\leq 4)$

풀이

(1) $P(X=6)=\frac{1}{6}$

(2) $P(3 \le X \le 5)=P(X=3)+P(X=4)+P(X=5)=\frac{3}{6}=\frac{1}{2}$

(3) $P(3 \le X < 5)=P(X=3)+P(X=4)=\frac{2}{6}=\frac{1}{3}$

(4) $F(4)=P(X \le 4)=P(X=1)+P(X=2)+P(X=3)+P(X=4)=\frac{4}{6}=\frac{2}{3}$

---

2 베르누이 분포

스위스의 수학자 야콥 베르누이(Jakob Bernoulli)의 이름을 따서 만들어진 **베르누이 분포**는 **베르누이 시행(Bernoulli trial)**이라고도 불린다. 이것은 p의 확률로 성공(1) 또는 $1-p$의 확률로 실패(0) 중 하나의 결과를 갖는 확률변수의 분포이다.

- 베르누이 시행은 성공/실패, 합격/불합격, 동의함/동의하지 않음, 만족/불만족과 같이 둘 중에 오로지 하나의 결과만을 갖는다.
- 성공과 실패를 각각 1, 0이라고 하고 성공할 확률이 p이면, 베르누이 분포의 확률질량함수(p.m.f)는 다음과 같다.

$$P(X=x)=p^x \cdot (1-p)^{1-x}$$

- 여기서 성공($x=1$)이면 $P(X=1)=p$이고, 실패($x=0$)면 $P(X=0)=1-p$가 됨에 주목하자.

베르누이 분포의 기대값(평균)과 분산은 다음과 같다.

$$E(X)=1 \cdot P(X=1)+0 \cdot P(X=0)=p$$
$$Var(X)=E(X^2)-E(X)^2=p-p^2=p(1-p)$$

- 베르누이 분포는 사실 그 자체로는 몹시 단순하며 시행이 한 번($n=1$)인 이항분포의 특수한 경우에 불과하다. 다만 이항분포를 공부하기 위해서 먼저 이해할 필요가 있다.

3 이항분포

이항분포(binomial distribution)는 (앞서 학습한) '베르누이 시행'이 '독립적으로', 'n번 반복된' 결과를 나타내는 이산확률분포이다. 다음 세 조건을 명확히 이해해야 한다.

- 같은 베르누이 시행을 반복한다. 그러므로 각 시행 결과는 1 아니면 0이다.
- 모든 시행들은 각각 독립적(independent)이다. 즉 앞의 시행이 뒤의 시행에 아무런 영향도 미치지 않으므로 성공확률 p (그리고 실패확률 $1-p$)는 매 시행마다 동일하다.
- 이항분포를 따르는 확률변수 X는 n번 시행 결과 성공한 횟수를 의미한다.

동전 던지기와 같은 베르누이 시행을 n번 반복한다면 이는 이항분포를 따른다. 어떤 '확률변수 X가 이항분포를 따른다'는 것을 수학적으로 다음과 같이 표현한다.

$$X \sim B(n,p)$$

여기서 n은 반복 횟수, p는 앞면(H)이 나올 확률, $1-p$는 뒷면(T)이 나올 확률이다.

- 가장 간단한 예로 동전을 두 번 던지는 실험을 해보면 시행 결과를 다음과 같이 정리할 수 있다(물론 $p=1/2$ 이다).

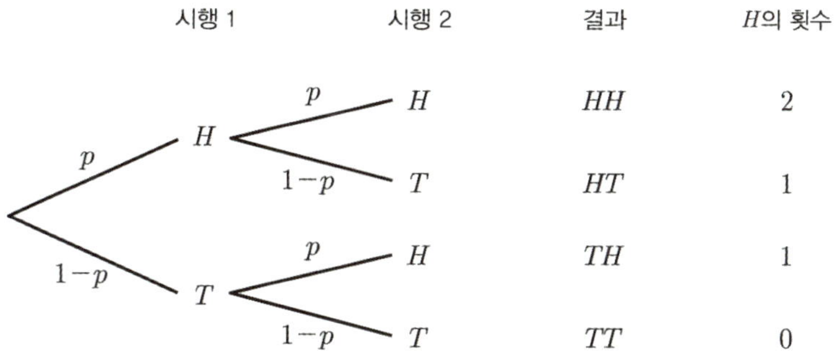

[그림 6-2] 동전 두 번 던지기의 결과

- 성공(H) 횟수를 확률변수로 하여 확률분포를 정리하면 다음과 같다.

성공 횟수(H의 횟수)	경로	확률
0	$T \to T$	$(1-p)^2$
1	$T \to H$ 또는 $H \to T$	$(1-p)p+p(1-p)=2p(1-p)$
2	$H \to H$	p^2

위와 같은 확률 계산을 n과 p로 일반화하여 다음과 같이 이항분포의 확률질량함수를 나타낼 수 있다.

$$P(X=x) = {}_nC_x \cdot p^x \cdot (1-p)^{n-x} = \frac{n!}{(n-x)!x!} \cdot p^x \cdot (1-p)^{n-x}$$

$$(n=\text{시행횟수};\ x=\text{성공횟수};\ p=\text{성공확률};\ {}_nC_x = \frac{n!}{(n-x)!x!})$$

- 참고로 ${}_nC_x$는 n번 시행하여 x번 성공하는 경우의 수를 의미한다. 중고교 수학교육과정의 순열과 조합 단원을 참고하자.

만약 어떤 확률변수 X가 베르누이 분포를 따른다면 $X \sim B(1, p)$로 나타낼 수 있다(❓).

- 그 까닭을 이해하기 위해 베르누이 분포와 이항분포의 확률질량함수를 꼼꼼하게 비교해보자.

예제 6-2

K대학교 학생들의 흡연율은 20%라고 한다. K대학교 학생 가운데 임의로 10명을 뽑았을 때, 이 중 3명의 학생이 흡연자일 확률은?

풀이

$$P(X=3) = \frac{10!}{3!(10-3)!}(0.2)^3(0.8)^{10-3} = 0.2013$$

확률분포가 주어지면 평균과 분산을 유도하여 계산할 수 있다. 이항분포의 평균과 분산은 다음과 같다(증명 생략).

$$E(X) = np$$
$$Var(X) = np(1-p)$$

예제 6-3

5%의 불량률을 가진 PC 생산 공장에서 임의로 3대를 추출할 때 불량이 나오는 횟수를 X라고 하였을 때의 그 기대값과 표준편차를 구하시오.

풀이

문제에서 관심을 가진 사건은 불량과 양호인데 그 과정이 몇 차례 반복되므로 이항분포에 관한 것임을 짐작할 수 있다.
이 공장에서 임의로 선택한 3대 중 불량이 나오는 횟수 X의 확률분포는 다음과 같다.

x	$P(X=x)$
0	$\frac{3!}{3!0!}(0.05)^0(0.95)^3=0.8574$
1	$\frac{3!}{2!1!}(0.05)^1(0.95)^2=0.1354$
2	$\frac{3!}{1!2!}(0.05)^2(0.95)^1=0.0071$
3	$\frac{3!}{0!3!}(0.05)^3(0.95)^0=0.0001$

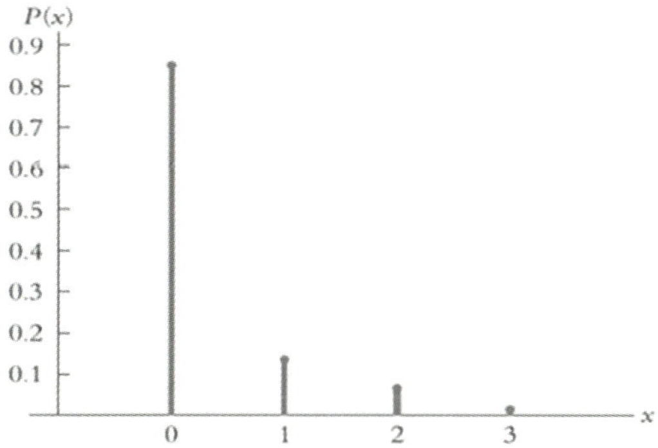

직접 계산한 기대값과 표준편차는 다음과 같다.

$$\mu=\sum xP(x)=(0)(0.8574)+(1)(0.1354)+(2)(0.0071)+(3)(0.0001)=0.1499$$

$$\sigma=\sqrt{\sum(x-\mu)^2P(x)}=\sqrt{0.1425}=0.3775$$

물론 이렇게 실제 확률분포표를 만들지 않고 곧바로 공식을 사용할 수도 있다. 그 기대값과 표준편차는 다음과 같다.

$$\mu=np=3\cdot 0.05=0.15$$

$$\sigma=\sqrt{np(1-p)}=\sqrt{3\cdot 0.05\cdot 0.95}=\sqrt{0.1425}=0.3775$$

물론 하나하나 이항분포의 확률질량함수 공식을 풀어 답을 구할 수 있지만 (교과서 부록으로 수록되는) 확률분포표를 사용할 수 있다.

n	x	0.10	0.15	0.20	0.25	0.30
10	0	*.***	0.1969	0.1074	0.0563	*.***
	1	*.***	0.3474	0.2684	0.1877	*.***
	2	*.***	0.2759	0.3020	0.2816	*.***
	3	*.***	0.1298	0.2013	0.2503	*.***
	4	*.***	0.0401	0.0881	0.1460	*.***

예제 6-4

교묘하게 조작되어 앞면이 나올 확률이 0.4인 동전을 다섯 번 던져 두 번 앞면이 나올 확률은 얼마인가?

풀이

문제를 읽으면서 (성공/실패로 구성되는) 베르누이 사건을 반복하므로 이항분포를 사용해야 함을 확인하자. 주어진 정보로부터 다음을 유추한다.

$$X \sim B(5, 0.4)$$

이때 성공이 두 번인 경우이므로 $P(X=2)=0.3456$임을 알 수 있다.

n	x	0.1	0.2	0.3	0.4	0.5
4	0	0.6561	0.4096	0.2401	0.1296	0.0625
	1	0.2916	0.4096	0.4116	0.3456	0.2500
	2	0.0486	0.1536	0.2646	0.3456	0.3750
	3	0.0036	0.0256	0.0756	0.1536	0.2500
	4	0.0001	0.0016	0.0081	0.0256	0.0625
5	0	0.5905	0.3277	0.1681	0.0778	0.0313
	1	0.3281	0.4096	0.3602	0.2592	0.1563
	2	0.0729	0.2048	0.3087	0.3456	0.3125
	3	0.0081	0.0512	0.1323	0.2304	0.3125
	4	0.0005	0.0064	0.0284	0.0768	0.1563
	5	0.0000	0.0003	0.0024	0.0102	0.0313

일단 시행횟수 n과 성공확률 p가 주어졌을 때, 상이한 성공횟수 x에 따라 이항분포확률 $P(X=x)$을 각각 계산할 수 있다.

- 가령 시행횟수가 $n=5$, $n=10$, $n=15$ 인 경우, 성공확률 $p=0.2$, $p=0.5$, $p=0.8$ 각각인 경우에 대해 확률분포를 그래프로 표현하면 [그림 6-3]과 같다.

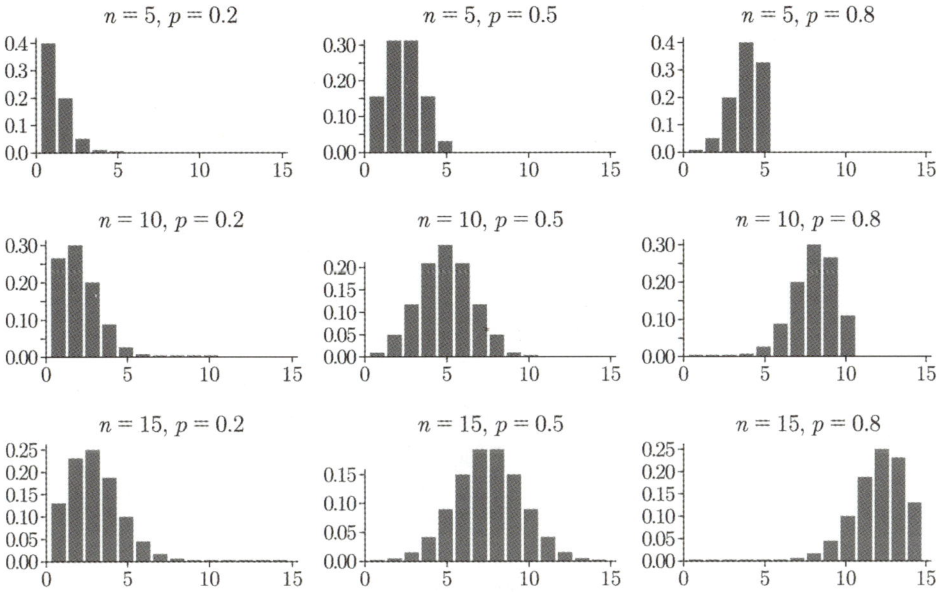

[그림 6-3] n**과** p**에 따른 이항확률분포**

[그림 6-3]을 통해 다음의 사실을 확인할 수 있다.

- 시행횟수(n)가 커질수록 점점 종 모양(bell-shaped)에 가까워지며 점차 포아송 분포 그리고 나중에는 **정규분포(normal distribution)**에 근사한다(approximate).
- $p=0.5$일 때는 분포가 대칭적이고, 그보다 작을 때는 **양(+)의 왜도**를, 그보다 클 때는 **음(-)의 왜도**를 갖는다.

예제 6-5

30명 정원의 소형 항공기를 운행하는 어느 노선의 예약부도율(no-show rate)은 10%이다. 즉, 10명이 예약하면 평균적으로 1명은 비행기를 타지 않는다. 오늘 출발하기로 예약한 고객 중 무작위로 4명을 뽑았을 때, 3명만 탑승할 확률을 구하시오.

풀이

$P(X=3) = {}_4C_3 \cdot 0.9^3 \cdot (1-0.9)^{4-3} = 0.2916$

예제 6-6

사지선다형 시험에서 무작위로 답을 선택하고자 한다. 20개의 문제가 있을 때 최소한 2개 이상 정답을 선택할 확률을 구하시오.

풀이

먼저 문제를 보고 확률분포 X가 이항분포를 따른다는 점을 연상하자.

$$X \sim B(20, 0.25)$$

문제는 $P(X \geq 2)$를 묻고 있다. 여사건을 활용하여 이 문제를 쉽게 접근할 수 있다. 즉 전체 확률 1에서 모두 틀릴 확률 $P(X=0)$과 하나 맞출 확률 $P(X=1)$을 빼면 답을 구할 수 있다. 이때,

$$P(X=0) = \frac{20!}{20!0!}(0.25)^0(0.75)^{20} = 0.0032$$

$$P(X=1) = \frac{20!}{19!1!}(0.25)(0.75)^{19} = 0.0211$$

이므로 20개 중 2개 이상 정답을 선택할 확률은 약 0.976 이다.

$$1 - 0.0032 - 0.0211 = 0.97547$$

4 초기하분포

표집과정이 비복원추출(non-placement sampling)이라면 매 시행마다 성공확률은 달라질 수밖에 없다(❓) 초기하분포는 이러한 상황에 적합한 확률분포이다.

- 보다 엄밀히 말해, 초기하분포는 전체집합 N이 집합 N_1과 그 여집합인 N_2로 구성되어 있을 때, N_1에서 x_1개, N_2에서 x_2개 추출될 확률분포를 나타낸다.

- 초기하분포의 확률질량함수는 다음과 같다.

$$P(X=x_1)=\frac{{}_{N_1}C_{x_1}\cdot{}_{N_2}C_{x_2}}{{}_{(N_1+N_2)}C_{(x_1+x_2)}}$$

예제 6-7

빨간공 6개, 파란공 4개가 담긴 주머니로부터 한 번에 3개의 공을 꺼냈다. 이 중 파란공이 2개일 확률을 구하시오.

풀이

문제는 비복원추출에 관해 묻고 있으므로 초기하분포를 사용한다. 두 번째 시행에서의 성공확률이 첫 번째 시행에서의 성공여부에 따라 다르다.

$$P(X=2)=\frac{{}_4C_2\times{}_{(10-4)}C_{(3-2)}}{{}_{10}C_3}=0.30$$

5 포아송 분포

일정한 시공간 내에서 발생하는 사건의 발생 횟수를 확률변수로 하였을 때 그 확률분포는 포아송 분포(Poisson distribution)로 나타낼 수 있다.

- 예를 들면, 오전 9시에서 오후 2시까지 매표소에 도착한 고객의 수, 어떤 책의 한 페이지에 나타난 오타의 수, 어떤 지역의 하루 교통사고 건수, 특정 몇몇 연대에서 수년 사이 말에 채여 죽은 군인의 수, 일정기간 내에 은행 창구를 방문하는 고객의 수 등이다.

포아송 분포의 확률질량함수는 다음과 같다(증명 생략).

$$P(X=x)=\frac{\lambda^x e^{-\lambda}}{x!}$$

여기에서 X=사건 발생횟수를 나타내는 확률변수,

x=(확률을 알고싶은) 발생한 사건의 수,

e(exponential) = 자연상수(natural constant), 약 2.71828⋯

λ(lambda) = 확률변수 X의 기대값 $E(X)$.

포아송 분포에는 평균과 분산이 동일하다는 매우 중요한 특징이 있다.

$$E(X) = Var(X) = \lambda$$

- 이 가정은 매우 취약하여 현실 사례에서는 쉽게 위배된다.
- 보통 $E(X) < Var(X)$가 되는데 이를 과대산포(overdispersion)라고 부른다. 과대산포는 주로 사건들이 서로 독립적이지 않고 상호의존적인 까닭에 군집(cluster)을 이루는 경우 종종 발생한다.

예제 6-8

어느 콜센터에서는 평균적으로 1명의 상담원이 5분당 4회의 전화를 받는다. 먼저 (1) 1분 동안 전화를 받는 횟수 X의 확률분포의 표와 그림을 만든 뒤, (2) 1분 동안 세 통 이상의 전화를 받을 확률을 구하시오.

풀이

(1) 5분에 4회이므로 분당 평균 0.8회이다. 즉, $X=1$일 때 $E(X)=0.8$이므로, 포아송 분포의 확률질량함수를 이용하여 아래와 같이 확률질량함수를 작성할 수 있다.

x	$P(x)$
0	0.4493
1	0.3595
2	0.1438
3	0.0383
4	0.0077
5	0.0012
6	0.0002

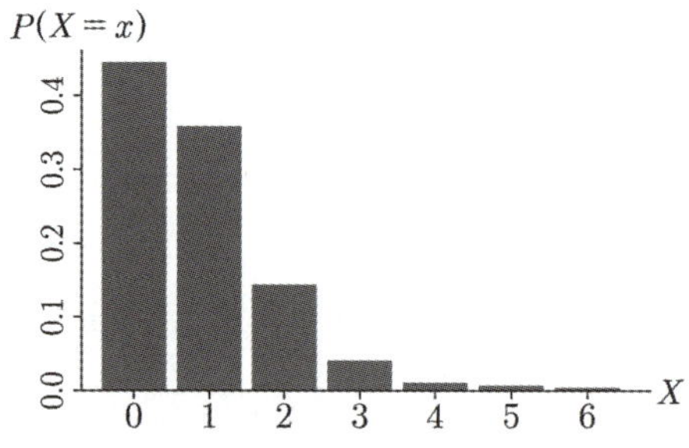

물론 포아송 확률분포표를 다음과 같이 참고할 수도 있다.

x	0.1	0.2	0.3	0.4	0.5	0.6	0.7	0.8	0.9	1.0
0	0.9048	0.8187	0.7408	0.6703	0.6065	0.5488	0.4966	0.4493	0.4066	0.3679
1	0.0905	0.1637	0.2222	0.2681	0.3033	0.3293	0.3476	0.3595	0.3659	0.3679
2	0.0045	0.0164	0.0333	0.0536	0.0758	0.0988	0.1217	0.1438	0.1647	0.1839
3	0.0002	0.0011	0.0033	0.0072	0.0126	0.0198	0.0284	0.0383	0.0494	0.0613

4	0.0000	0.0001	0.0003	0.0007	0.0016	0.0030	0.0050	0.0077	0.0111	0.0153
5	0.0000	0.0000	0.0000	0.0001	0.0002	0.0004	0.0007	0.0012	0.0020	0.0031
6	0.0000	0.0000	0.0000	0.0000	0.0000	0.0000	0.0001	0.0002	0.0003	0.0005
7	0.0000	0.0000	0.0000	0.0000	0.0000	0.0000	0.0000	0.0000	0.0000	0.0001

(2) 이제 1분 동안 전화를 두 번 이하 받을 확률은 약 0.9526 (=0.4493+0.3595+0.1438)이다. 1에서 이 값을 빼면 1분 동안 전화를 세 번 이상 받을 확률이므로 답은 약 0.0474 또는 4.74 퍼센트이다.

심층탐구 이항분포의 포아송 근사

앞 절에서 설명한 이항분포의 시행횟수 n이 충분히 크고 성공확률 p가 작으면 포아송 분포에 근사한다. 이를 **이항분포의 포아송 근사(Poisson approximation to the binomial distribution)**라고 부른다.

- 정의상 $\lambda = np$ 이므로 이러한 근사가 가능하다(❷).
- 성공확률 p가 작으면 실패확률 $1-p$는 1에 근접하므로 이항분포의 분산 $np(1-p)$은 이항분포의 평균인 np와 거의 같다.
- 다음 그래프에서 확인할 수 있듯, n이 크고 성공확률 p가 작으면 이항분포와 포아송 분포는 매우 근사해진다. 그러나 n이 작고 p가 크면 두 분포의 차이는 커진다.

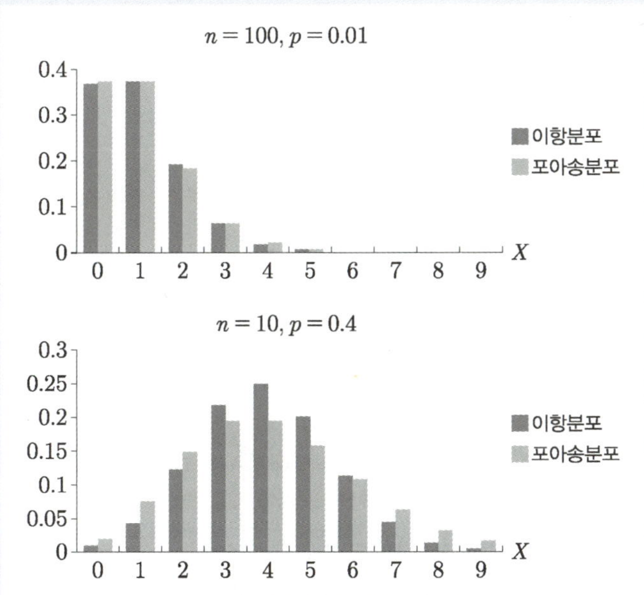

[그림 6-4] 이항분포의 포아송 근사

6 그 밖의 이산확률분포

좀 더 수준 높은 이론적 이산확률분포로는 다항분포(multinomial distribution), 음이항분포(negative binomial distribution) 등이 널리 알려져 있다. 고급통계학에서는 매우 폭넓게 사용되지만 기초통계학에서는 생략한다.

03 연속확률분포

높이, 무게, 속도처럼 하나하나 셀 수 없는(uncountable) 변수들의 분포인 연속확률분포는 확률변수 X를 일정한 구간(interval)으로 나눈 뒤, 각 구간에 대응하는 확률을 나타낸 분포를 말한다.

- 연속확률분포는 다음과 같이 연속적인 직선이나 곡선의 그래프로 나타낼 수 있다.

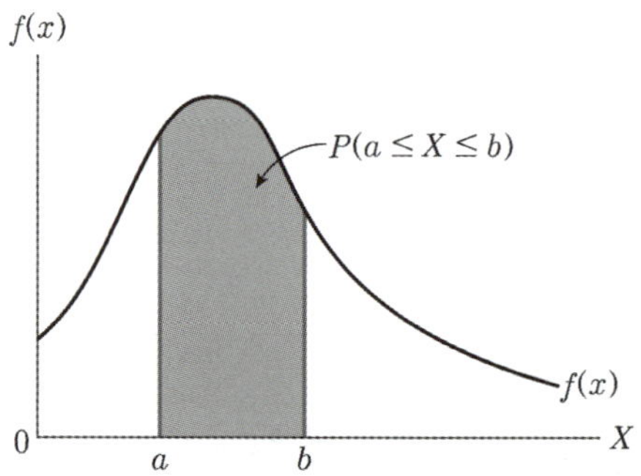

[그림 6-5] 연속확률분포에서 확률의 구간 표현

- 이 그래프에서 y축은 확률밀도함수(p.d.f)인 $f(x)$인데, 이는 엄밀히 말해 확률 $P(x)$은 아님에 주의하자(앞의 설명을 참고하자).
- 곡선 아래 전체 면적은 반드시 1이다(?).
- 위 그림에서 a부터 b까지의 곡선 밑 면적은 확률변수 X가 a보다 크고 b보다 작을 확률 $P(a \leq x \leq b)$을 의미한다.

1 연속균등분포

연속균등분포(continuous uniform distribution)는 연속확률변수 X가 오로지 하나의 똑같은 확률을 갖는 경우를 나타낸다. 확률밀도함수(p.d.f)는 다음과 같이 정의된다.

$$f(x) = \frac{1}{b-a} \ (\text{단, } a \le x \le b)$$

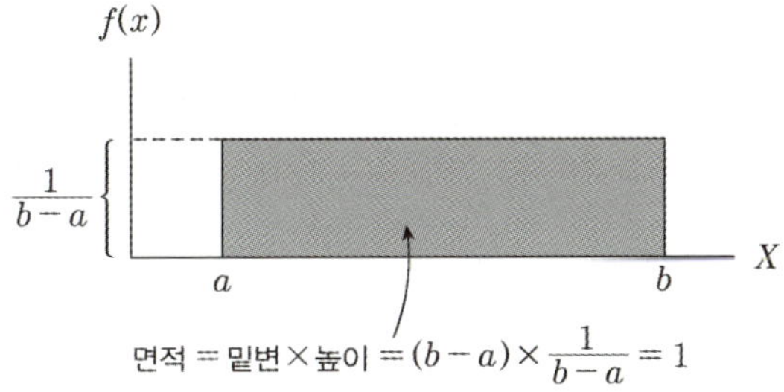

[그림 6-6] 연속균등분포

예제 6-9

어느 주유소에서 하루 판매되는 휘발유의 양은 최소값 2,000리터, 최대값 5,000리터의 연속균등분포를 따른다고 한다.

(1) 하루 휘발유 판매량이 2,500리터와 3,000리터 사이의 확률을 구하시오.

(2) 하루에 적어도 4,000리터를 판매할 확률을 구하시오.

풀이

(1) 2,500리터와 3,000리터 사이에 속할 확률, $P(2{,}500 \le X \le 3{,}000) = \frac{500}{3000} = \frac{1}{6}$

(2) 적어도 4,000리터를 판매할 확률, $P(X \ge 4{,}000) = \frac{1000}{3000} = \frac{1}{3}$

(1)

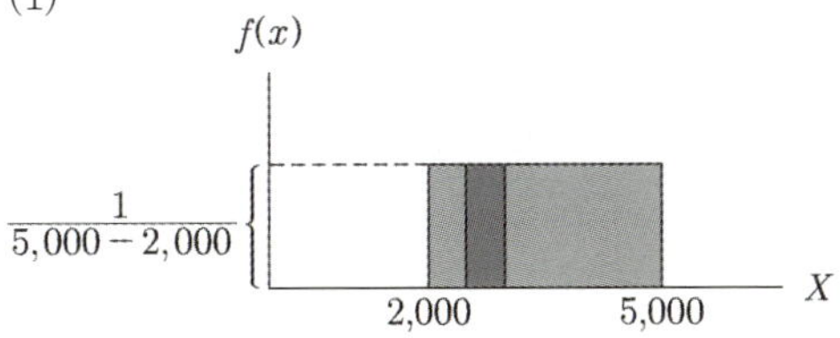

(2)

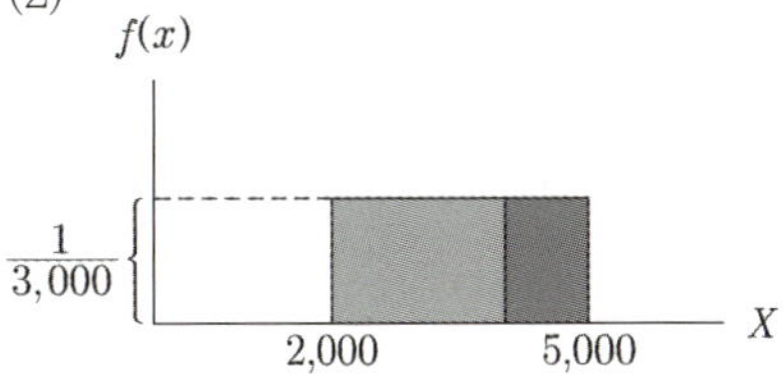

2 정규분포

정규분포는 아마도 가장 널리 알려진 이론적 확률분포로, 사회과학, 경영학, 공학, 의학 등 여러 분야에서 폭넓게 사용된다.

- 정규분포가 그토록 널리 쓰이는 까닭은 수많은 연속확률변수가 그 자체로 정규분포와 근사하기 때문이기도 하지만, 무엇보다 중심극한정리에 따라 충분한 표본 크기가 확보되었을 때 평균의 표집분포(sampling distribution of the mean)가 정규분포하므로 (모집단의 분포에 구애받지 않고) 통계적 추론을 수행할 수 있기 때문이다.

흔히 정규분포는 오로지 단일한 형태만을 갖는다고 오해하지만, 그렇지 않고 평균 μ과 분산 σ^2에 따라 다양한 모양을 가질 수 있다. 다만 공통적으로 다음과 같은 특징을 갖는다.

- 종 모양(bell-shaped)이다.
- 평균을 중심으로 좌우 대칭(symmetric)이다.
- 봉우리는 하나(single-peaked)이다.
- 확률밀도함수의 값은 확률분포의 평균값에서 최고점에 다다른다.
- 평균과 최빈값, 중앙값은 같다.
- 극단값이 나타날 확률은 0보다 크다. 즉 좌우 곡선 끝이 결코 x축에 닿지 않는다.

다음 [그림 6-7]은 키의 확률분포를 정규분포의 한 예제로 보여주고 있다.

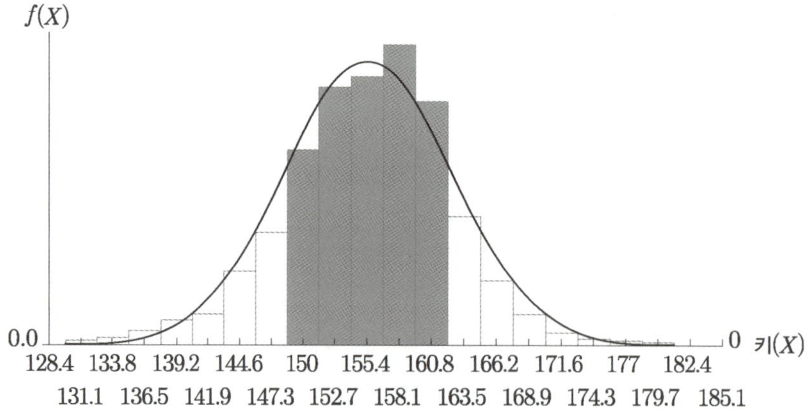

[그림 6-7] 키(cm)의 확률분포와 정규분포

정규분포의 확률밀도함수는 다음과 같이 정의된다.

$$f(x)=\frac{1}{\sigma\sqrt{2\pi}}e^{-\frac{1}{2}\left(\frac{x-\mu}{\sigma}\right)^2}$$

$$(-\infty < x < \infty,\ \mu=\text{모평균},\ \sigma=\text{모표준편차})$$

어떤 확률변수 X가 정규분포를 따른다는 것을 다음과 같이 수학적으로 표현한다.

$$X \sim N(\mu,\sigma^2)$$

정규분포는 평균 μ과 분산 σ^2에 의해 그 모양이 결정된다.

- 이때 μ와 σ^2를 **모수**(parameter)라고 부른다.
- 아래 왼쪽 그래프의 두 정규분포는 μ는 동일하지만, σ_2가 σ_1보다 큰 경우를 나타낸다.
- 가운데 그래프의 두 정규분포 σ는 동일하지만, μ_2가 μ_1보다 큰 경우를 나타낸다.
- 오른쪽 그래프의 두 정규분포는 μ와 σ가 모두 다른 경우로, μ_2와 σ_2가 μ_1와 σ_1보다 큰 경우를 나타낸다.

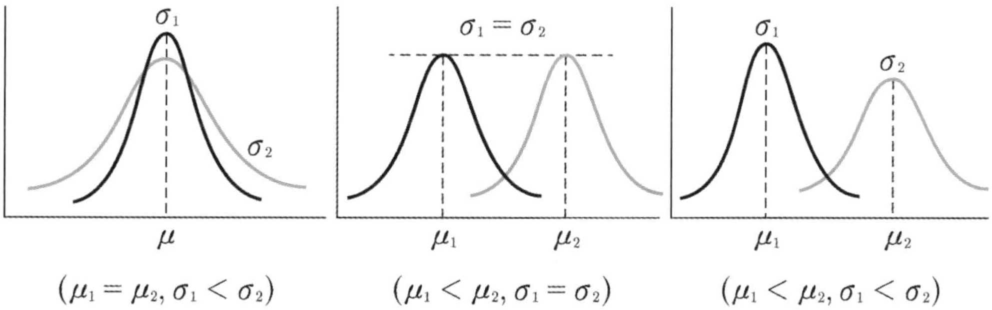

[그림 6-8] μ와 σ^2에 따라 상이한 정규분포의 형태

정규분포는 연속확률분포이므로 a부터 b까지의 구간에 놓일 확률을 구하려면 다음과 같이 확률밀도함수를 적분한다.

$$P(a < x < b) = \int_a^b f(X)dx$$

여기서 잠깐 **정규분포에 공헌한 위인**

정규분포를 수학적으로 정교하게 가다듬고 천문학 분야에 응용한 공헌은 18세기 Carl Gauss와 Pierre-Simon Laplace에게 돌릴 수 있다.

[그림 6-9] Carl Gauss와 Pierre-Simon Laplace

이들의 핵심적인 아이디어는 (천문학적 현상 그 자체가 곧바로 정규분포라기보다) 같은 천문학적 현상임에도 불구하고, 사람이 거듭 측정한 값들의 분포를 그려보면 이것이 평균을 중심으로 정규분포한다는 것에 있다. (자연 현상에 대한) 사람의 측정에는 정규분포하는 오차(error)가 발생하기 때문에, 달리 말하면 정규분포하지 않은 측정 결과는 측정상의 결함(또는 인위적 조작)이 있음을 시사한다. 이후 (엄밀한 수학적 이해는 다소 부족했으나) Adolphe Quetelet는 자연과학 분야를 벗어나 인문 · 사회과학 분야에 처음으로 정규분포 개념을 적용하고자 시도하였다.

[그림 6-10] 독일의 옛 10마르크 화폐

[그림 6-11] Adolphe Quetelet

심층탐구 이산확률분포의 정규근사

앞 절에서 이항분포와 포아송 분포 사이에는 $\lambda = np$에 따라 어느 정도 연관성이 있음을 설명하였고, λ가 충분히 커지면 이항분포와 포아송 분포의 확률분포는 점차 정규분포에 근사하게 된다. 이를 정규근사(normal approximation)라고 부른다.

이항확률변수 X가 이항분포 $B(n, p)$를 따를 때 표본크기 n이 충분히 크고 확률 p가 0.5에 근접하면(일반적으로 $np > 5$와 $n(1-p) > 5$가 성립하면), X는 근사적으로 정규분포를 따른다.

$$X \sim N(np,\ np(1-p))$$

$$Z = \frac{X - np}{\sqrt{np(1-p)}} \sim N(0, 1)$$

포아송분포 또한 λ의 값이 충분히 크면(일반적으로 $\lambda > 15$), 정규분포에 근사한다. [그림 6-12]는 포아송분포의 λ가 5, 10, 15, 20으로 증가함에 따라 점차 정규분포의 형태에 근접함을 알 수 있다.

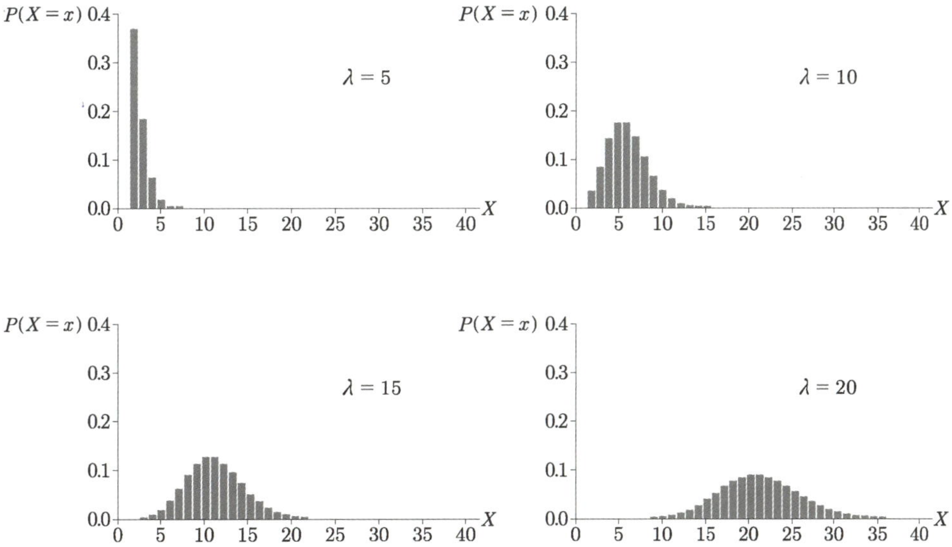

[그림 6-12] 포아송 분포의 정규근사

3 표준정규분포

1. 표준정규분포의 개념적 이해

정규분포를 따르는 임의의 확률변수 X를 표준화하여 **표준정규분포(standard normal distribution)**를 따르는 임의의 확률변수 Z로 변환할 수 있다. 이 표준화 공식을 사용하여 변환된 Z의 평균은 0이고 표준편차는 1이 된다(❓).

$$Z=\frac{X-\mu}{\sigma}$$

- Z값은 '주어진 확률변수의 값이 평균으로부터 표준편차의 몇 배만큼 아래나 위에 위치하는가'로 해석할 수 있다.
- 확률변수의 값이 평균보다 크면 Z는 양(+)의 값, 평균보다 작으면 음(−)의 값을 갖는다.

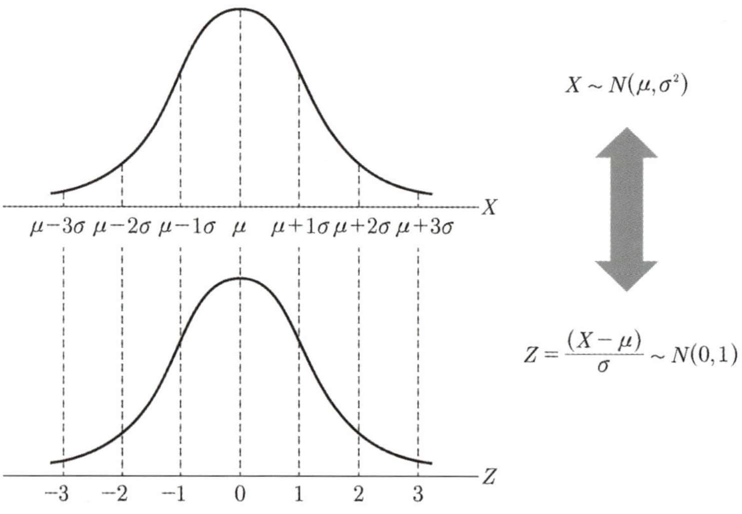

[그림 6-13] 정규분포와 표준정규분포의 관계

표준화를 통해 μ와 σ가 서로 다른 두 개 이상의 정규분포를 비교할 수 있다.

- 예를 들어, 제각기 다른 정규분포라도 일단 표준화하면, 아래의 왼쪽 그래프에서 [20, 27] 구간일 확률과 (2) 오른쪽 그래프에서 [10, 13] 구간일 확률, 그리고 표준정규분포 그래프에서 [0, 1] 구간일 확률은 모두 일치한다.
- 이렇게 임의의 분포를 갖는 자료에 대해 평균이 0, 표준편차가 1로 표준화하는 절차를 **정규화**

(normalization)라고 부르기도 한다.

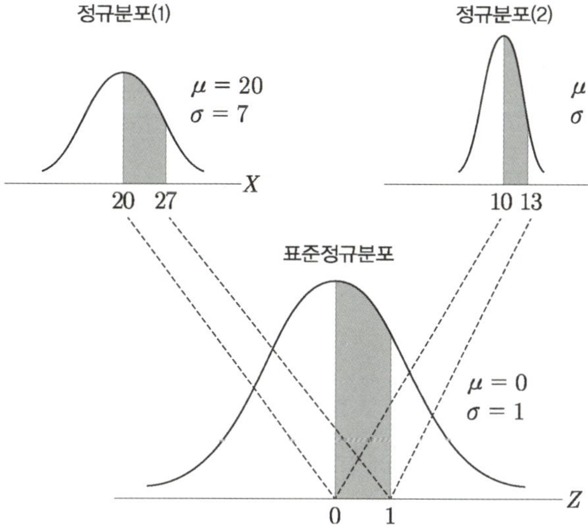

[그림 6-14] 표준정규분포를 통한 상이한 정규분포의 비교

2. 표준정규분포의 확률 계산

표준정규분포의 확률밀도함수(p.d.f)는 앞 절에서 설명된 정규분포의 확률밀도함수에 $\mu=0$와 $\sigma=1$를 대입하여 다음과 같이 구할 수 있다(❓).

$$f(z)=\frac{1}{\sqrt{2\pi}}e^{-\frac{1}{2}z^2}$$
$$(-\infty < z < \infty)$$

표준정규분포의 곡선 아래 면적에는 68-95-99.7 규칙(The 68-95-99.7 Rule)이 성립한다.

- 곡선 아래 전체 면적이 100%일 때 ① 표준정규분포의 곡선 아래 면적의 68%는 $-1<Z<1$ 사이에 놓이고,
- ② 곡선 아래 면적의 95%는 $-2<Z<2$ 사이에 놓이고,
- ③ 곡선 아래 면적의 99.7%는 $-3<Z<3$ 사이에 놓인다.

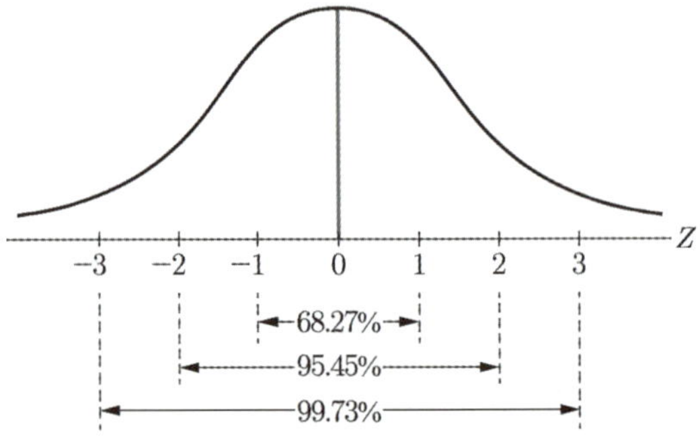

[그림 6-15] 68-95-99.7 규칙

예제 6-10

다음의 확률을 그림으로 나타내고 구체적인 값을 구하시오.

(1) $P(-1.23 \leq Z \leq 0)$

(2) $P(1.23 \leq Z \leq 2.23)$

(3) $P(Z \leq 1.23)$

(4) $P(-1.96 \leq Z \leq 1.96)$

풀이

(1) $P(-1.23 \leq Z \leq 0) = P(0 \leq Z \leq 1.23) = 0.3907$

(2) $P(1.23 \leq Z \leq 2.23) = P(0 \leq Z \leq 2.23) - P(0 \leq Z \leq 1.23) = 0.4871 - 0.3907 = 0.0964$

(3) $P(Z \leq 1.23) = 0.5 + 0.3907 = 0.8907$

(4) $P(-1.96 \leq Z \leq 1.96) = 2 \cdot 0.4750 = 0.95$

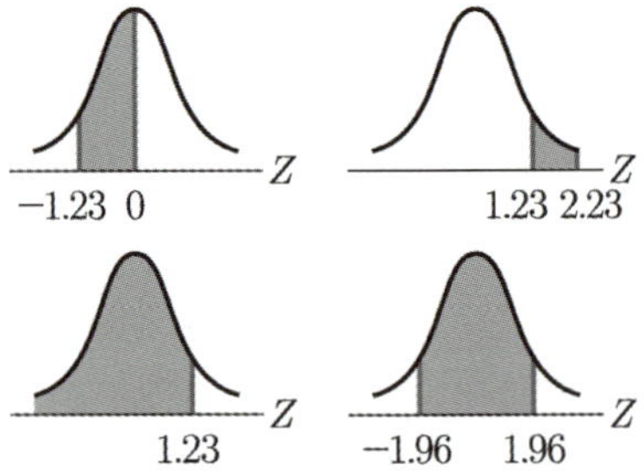

예제 6-11

어느 조사에 따르면 대학생들의 용돈의 월평균은 40만 원이고 표준편차는 5만 원이며 정규분포를 따른다.

(1) 용돈이 32.5만 원에서 47.5만 원 사이일 확률을 구하시오.

(2) 용돈이 48만 원 이상일 확률을 구하시오.

풀이

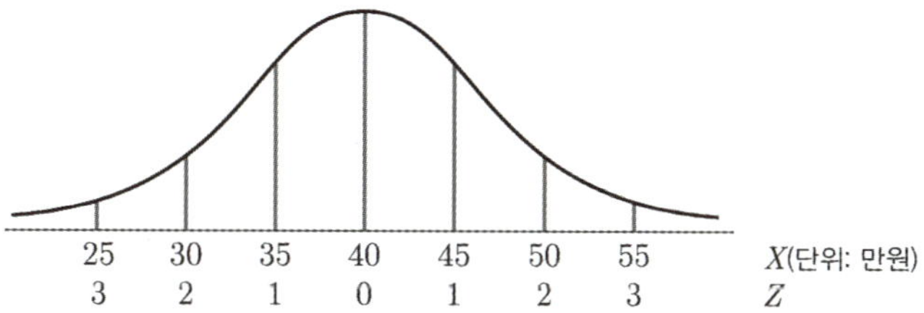

(1) 용돈이 32.5만 원에서 47.5만 원 사이일 확률을 색칠해보자.

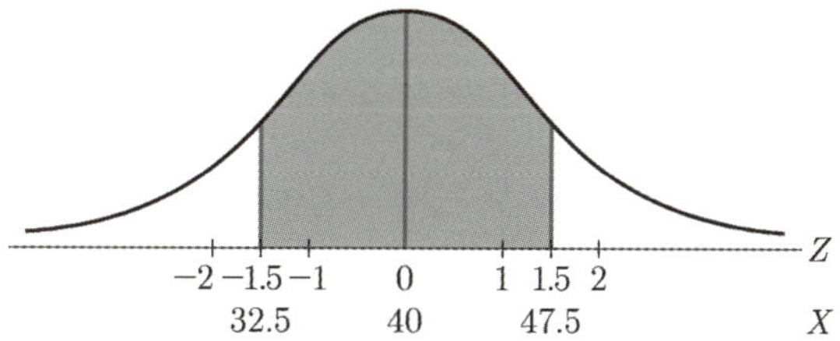

참고로 정규분포에서 $P(32.5 < X < 47.5)$는 표준정규분포에서 $P(-1.5 < Z < 1.5)$와 같으므로 (?) 다음과 같이 표준정규확률분포표를 사용하여 $0.8664(=0.4332\times 2)$를 산출할 수 있다.

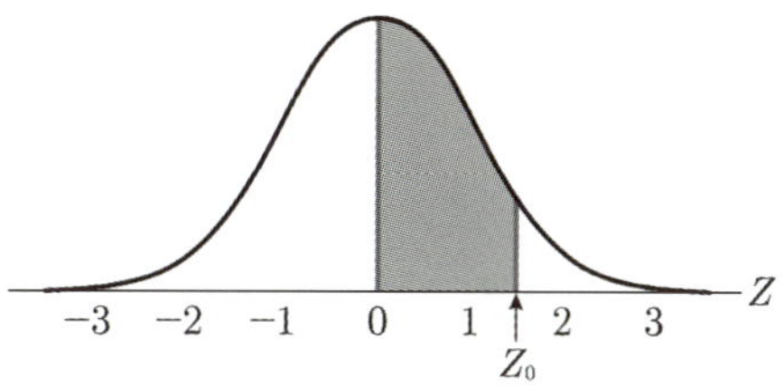

Z	0	0.01	0.02
1.2	0.3849	0.3869	0.3888
1.3	0.4032	0.4049	0.4066
1.4	0.4192	0.4207	0.4222
1.5	0.4332	0.4345	0.4357
1.6	0.4452	0.4463	0.4474
1.7	0.4554	0.4564	0.4573

(2) 용돈이 48만 원 이상일 확률은 다음과 같이 색칠할 수 있다.

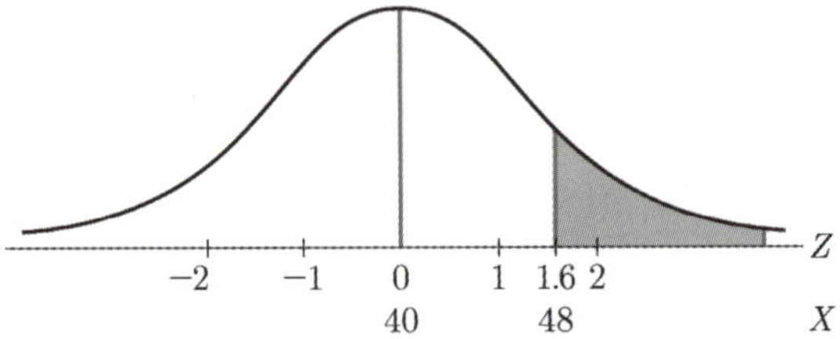

표준정규분포 위에서 $P(Z>1.6)$는 $1-P(Z\leq 1.6)$이고, $P(Z\leq 1.6)$는 0.9432(=0.5+0.4452)이므로, 용돈이 48만 원 이상일 확률은 약 0.0548(=1−0.9452)이다.

---

3. 역함수를 이용한 값 찾기

표준정규분포를 따르는 확률변수 Z에서 Z_α보다 작은 구간에서 곡선 아래 면적이 α%라고 하였을 때, Z_α가 얼마인지 알고 싶을 때도 표준정규분포의 논리를 활용할 수 있다.

- 아래 왼쪽 그래프에서 칠해진 구간의 면적을 $P(Z<Z_\alpha)=\alpha$로 나타낼 수 있다.
- 아래 오른쪽 그래프에서 칠해진 구간의 면적을 $P(Z>Z_{1-\alpha})=1-P(Z<Z_{1-\alpha})=\alpha$로 나타낼 수 있다(❓).

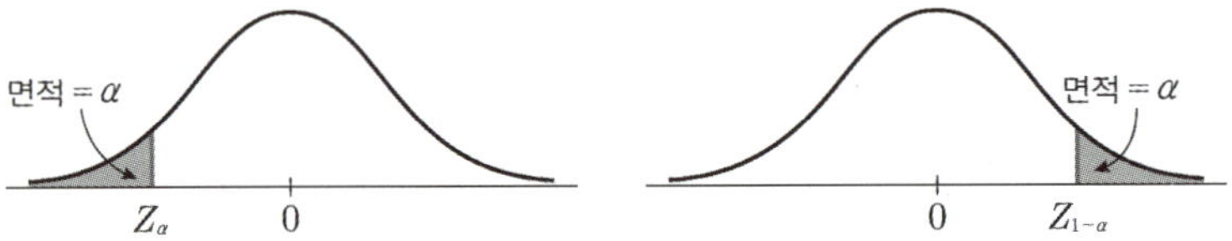

[그림 6-16] Z_α와 $Z_{1-\alpha}$의 면적

마지막으로 아래 그래프에서 '양쪽'에 칠해진 구간의 면적을 반씩 나누어(정규분포는 좌우대칭이므로) $\alpha/2$%라고 하였을 때, $P(Z_{\alpha/2}<Z<Z_{1-(\alpha/2)})=1-2\cdot P(Z<Z_{\alpha/2})=1-\alpha$로 나타낼 수 있다(❓).

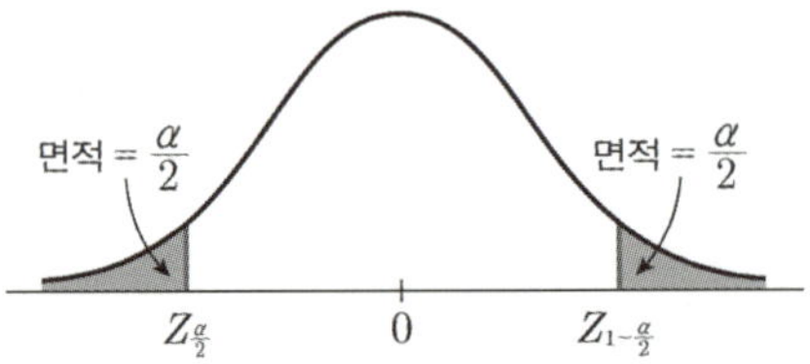

[그림 6-17] $Z_{\alpha/2}$와 $Z_{1-\alpha/2}$의 면적

예제 6-12

정규분포의 (1) 오른쪽 곡선 아래 면적이 5%인 경우, (2) 왼쪽 곡선 아래 면적이 10%인 경우, (3) 양쪽 끝 곡선 아래 면적을 합쳐 10%인 경우에 대응하는 Z 값들을 각각 구하시오.

풀이

(1) $P(Z>Z_0)=0.05$인 구체적인 Z_0 값이 얼마인가를 묻고 있다. 이때, 칠해지지 않은 구간은 $1-P(Z>Z_0)=P(Z<Z_0)=0.95$이므로, 표준정규확률분포표를 활용하여 $Z_0=1.645$ 임을 알 수 있다.

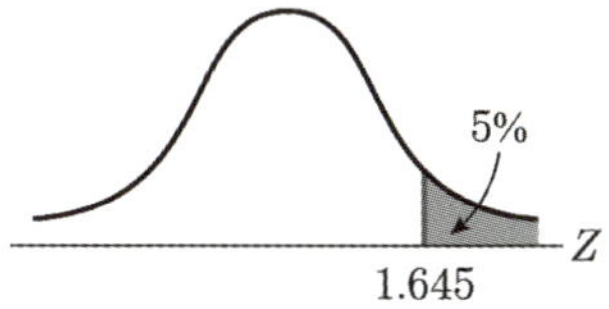

(2) $P(Z<Z_0)=0.10$인 구체적인 Z_0 값은 표준정규확률분포표를 활용하여 $Z_0=-1.28$ 임을 알 수 있다.

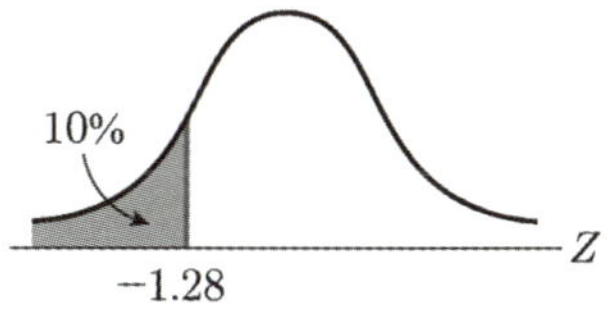

(3) 여기서는 양쪽이 합쳐 10%이므로 좌우대칭으로 각각 5%씩 나누어 가져야 함에 주의해야 한다.

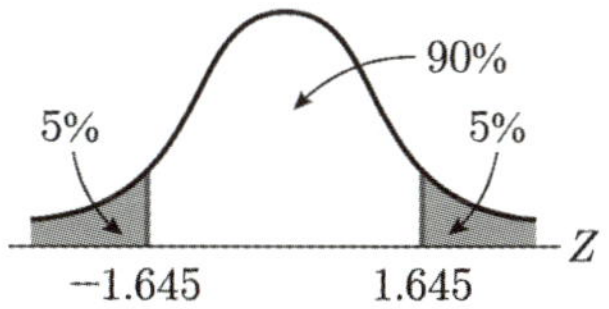

정규분포를 표준정규분포로 변환하였듯, 다시 표준정규분포를 정규분포로 변환할 수 있다.

- 확률변수 Z를 확률변수 X로 바꾸려면, 앞서 설명한 공식을 다시 X에 대해 정리하여 사용한다.

$$X=Z\sigma+\mu$$

예제 6-13

어느 신용카드 주식회사에서 VIP 고객의 기준을 찾고 싶어 한다. 이 회사에서 전체 회원의 자료를 분석한 결과 계좌당 매출액은 평균 150만 원, 표준편차는 50만 원인 정규분포를 따르고 있었다. VIP 고객은 매출액 상위 15%라고 할 때, 그 기준이 될 연간매출액은 얼마인지 구하시오.

풀이

문제가 묻는 상황은 다음과 같다.

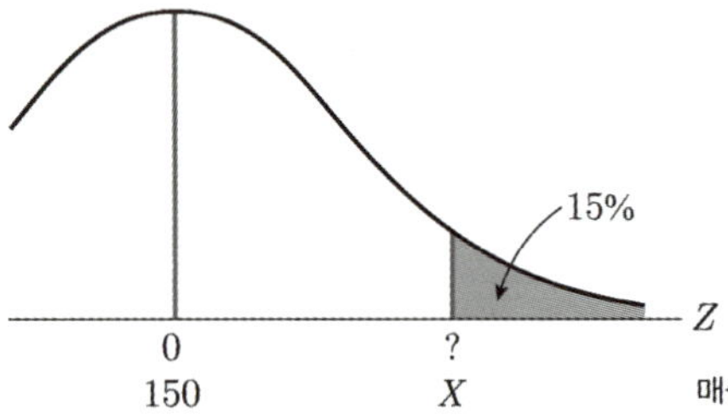

경계가 되는 $Z_{0.85}$를 구하면 약 1.04를 얻을 수 있다. 아래와 같이 표준정규분포표를 (역으로) 사용할 수도 있다.

Z	0	0.01	0.02	0.03	0.04	0.05
0.0	0.0000	0.0040	0.0080	0.0120	0.0160	0.0199
0.1	0.0398	0.0438	0.0478	0.0517	0.0557	0.0596
0.2	0.0793	0.0832	0.0871	0.0910	0.0948	0.0987
0.3	0.1179	0.1217	0.1255	0.1293	0.1331	0.1368
0.4	0.1554	0.1591	0.1628	0.1664	0.1700	0.1736
0.5	0.1915	0.1950	0.1985	0.2019	0.2054	0.2088
0.6	0.2257	0.2291	0.2324	0.2357	0.2389	0.2422
0.7	0.2580	0.2611	0.2642	0.2673	0.2704	0.2734
0.8	0.2881	0.2910	0.2939	0.2967	0.2995	0.3023
0.9	0.3159	0.3186	0.3212	0.3238	0.3264	0.3289
1.0	0.3413	0.3438	0.3461	0.3485	0.3508	0.3531
1.1	0.3643	0.3665	0.3686	0.3708	0.3729	0.3749
1.2	0.3849	0.3869	0.3888	0.3907	0.3925	0.3944

이때 1.04는 단지 Z값이므로 의미를 알 수 없고 다시 원점수로 환산해야 한다. 환산하면 $X = 1.04 \cdot 50 + 150 = 202$이므로 202만 원이 기준 연간매출액이 된다.

4 그 밖의 연속확률분포

통계적 추론에서는 그밖에도 중요한 연속확률분포가 여럿 있다. 특히 스튜던트 t 분포(Student's t distribution), 카이제곱 분포(chi-square distribution), F 분포(F distribution), 지수분포(exponential distribution) 등이 실제 통계분석에서 자주 사용된다.

Q & A

Q1 확률밀도함수는 연속확률분포를 나타내는 함수이고, 확률질량함수는 이산확률변수의 확률값을 나타내는 함수라고 학습했습니다. 연속확률변수는 이산확률변수와 다르게 가질 수 있는 값이 무한하므로 특정한 값이 나올 확률이 0이라고 알고 있습니다. 그런데 확률밀도함수도 확률질량함수처럼 정의되어 있으므로 확률변수 X에 어떤 값을 넣으면 값이 나오던데 왜 그런가요?

A1 사실 확률밀도함수를 근본적으로 이해하기 위해서는 다음과 같이 표시되는 적분을 이해해야 합니다.

$$\int_a^b f(x)dx$$

이것은 '확률변수 $X=x$에 a부터 b까지의 값을 차례로 넣으면서 $f(x)$와 dx를 곱한 값을 모두 합친다'는 의미입니다. 실제로 적분기호 $\int$ (integral이라고 읽음)은 '덧셈(summation)'의 s를 길게 늘어뜨린 모양입니다.

이제 합치는 대상인 $f(x)dx$을 살펴봅니다. 확률밀도함수 $f(x)$를 적분하면 확률이 됩니다. dx는 길이와 같은 단위로 x의 순간적인 변화량입니다. 여기에서 Δx를 특정 구간 사이에서 x의 변화량이라고 한다면, 그 '특정 구간'을 무한히 작게 쪼갠 극한(limits)으로 이해한 것이 dx입니다. 확률분포 곡선 $f(x)$를 세로 방향(x)으로 무한히 작게 분할하면 (네모가 아니라) 하나의 선처럼 그려질 것이고, 이 선의 밑변의 길이, 즉 dx는 0에 무한히 가까운 값이 되겠지요. 결론적으로 $f(x)dx$는 면적(area)을 계산하는 것과 완전히 같은 논리입니다($f(x)$는 높이, dx는 밑변). 그래서 'x에 a부터 b까지의 값을 차례로 넣으면서 $f(x)$에 dx를 곱한 값을 모두 합친다'는 'x를 a부터 b까지 변화시키면서 $f(x)dx$를 합친다'는 개념으로 함수의 면적(그래프의 아랫부분 넓이)을 산출하여 확률을 계산하는 것입니다.

왜 하필 이름이 확률밀도함수(probability density function)일까요? dx는 길이와 같은 단위이므로 $f(x)$의 단위는 단위(길이)당 확률이어야 합니다. 이는 $f(x)$가 x 단위(길이)당 얼마나 많은 확률이 집중되어 있는지를 측정한 값을 의미합니다. 일반적인 밀도(density)의 정의가 '단위 부피당 질량(mass per unit volume)'인 것처럼 $f(x)$가 단위당 확률이므로 확률밀도함수라고 부릅니다.

그러면 확률질량함수(probability mass function)는 어떻게 다를까요? 이산확률분포에서는 확률변수 X의 특정 값 x의 확률은 확률밀도(=단위 부피당 질량)가 아니라 확률 그 자체(=질량)입니다. 그러므로 연속형과 이산형 변수의 확률분포를 확률밀도함수와 확률질량함수로 각각 부르는 것이 수학적으로 적절한 표현입니다.

Q2 이항분포나 포아송분포는 특정 조건이 성립하면 정규분포에 근사한다는 내용이죠? 그러면 정규분포를 직접 쓰지 왜 정규근사를 왜 배워야 하나요?

A2 여기에는 두 가지 이유가 있습니다. 하나는 실용적인 이유이고, 다른 하나는 이론적인 이유입니다. 먼저 실용적인 이유를 이야기해보죠. 오래 전 통계학이 모두 수계산으로 이루어지던 무렵에는 정규분포함수를 사용하기 어려웠습니다. 수식을 다시 살펴보세요. 복잡하죠? 그래서 정확성을 어느 정도 상실하더라도 이를 대신하여 이항분포나 포아송분포의 정규근사를 사용할 때가 있었습니다. 물론 오늘날에는 컴퓨터가 있으니 더 이상 그럴 필요가 없죠. 하지만 이론적인 이유는 남아있습니다. 정규근사 개념을 통해 확률분포를 더 깊게 이해할 수 있다는 것이 그것입니다. 이론적 확률분포들이 전혀 상관없는 것이 아니라 특정 조건에 부합하면 서로서로 비슷해진다는 것은 그 자체로 흥미로운 발견입니다. 참고로 이항분포의 정규근사는 특히 갈튼 보드(Galton Board)라는 소도구를 활용하여 직접 눈으로 확인해 볼 수도 있습니다. 인터넷에서 Galton Board를 검색해 보세요.

과제

01 어느 회사에서 생산된 휴대폰은 평균적으로 10%가 불량이다. 무작위로 선택된 10대의 휴대폰 중 1대 혹은 2대가 불량일 확률을 구하고자 한다. 이항분포와 포아송 분포를 가정하여 각각 계산하고 어느 분포가 더 적절한지 설명하시오.

02 어느 금융상품의 수익률은 평균이 10%이고 표준편차가 5%인 정규분포를 따른다. 이 상품을 구했을 때 손실이 발생할 확률을 구하시오. 만약 표준편차가 10%였다면 손실이 발생할 확률은 변화하는지 구하시오.

03 어느 통계학 수업에서 학점은 평균 70점이고 표준편차 10점인 정규분포를 따른다. 만약 65~75점 사이 점수를 받은 60명의 학생이 B학점을 받게 된다면, 전체 학생은 모두 몇 명인가?

04 어느 지역에 거주하고 있는 여성 300명의 키를 조사한 결과, 평균 160cm, 표준편차 5cm의 정규분포를 따른다는 것을 확인하였다. 다음 질문에 답하시오.

(1) 162cm보다 크고 172cm보다 작은 여성은 몇 명인가?

(2) 몇 cm이하의 여성들이 하위 30%에 해당하는가?

05 100명을 태울 수 있는 어느 비행기의 취항 노선의 예약부도율은 10%이다. 좌석이 매진되었을 때, 예약한 고객 가운데 노쇼(no show)가 5명 이하일 확률은 얼마인가? 이항분포와 정규분포를 각각 사용하여 구하시오.

Chapter

07

표집분포와 추정

학습목표

1. 표집분포의 개념과 중심극한정리의 핵심 원리를 이해한다.
2. 평균과 비율에 대한 표집분포의 기대값과 분산을 구할 수 있다.
3. 추정의 개념을 이해하고 점추정과 구간추정을 할 수 있다.
4. 구간추정의 의미를 해석할 수 있고, 구간길이에 영향을 미치는 요인을 이해한다.
5. 모수와 상황에 따라 적용하는 분포가 달라짐을 이해하고 각각의 신뢰구간을 산출할 수 있다.

01 표집분포

1 추정의 통계적 과정

모집단(population)에서 알고 싶은 모수(parameter), 예를 들면 평균 μ, 비율 π, 분산 σ^2이 있더라도 (비용 문제상) 모집단 자체로부터 직접 이것을 파악하기 곤란하다. 그러므로 대표성 있는 표본(representative sample)을 추출하여 이로부터 통계량(statistics)을 계산한 뒤, 이로부터 미지의 모수(unknown parameter)를 추정한다.

- 이때 필연적으로 (모집단이 아니라) 표본을 사용하였으므로 그 추정값에는 오차(error)가 있다.
- 표본으로부터 계산한 통계량의 (가상적) 분포, 즉 표집분포(sampling distribution)에 근거하여 통계량의 오차 크기를 예상할 수 있다.
- 모집단의 속성을 잘 반영하는 표본을 대표성 있는 표본이라고 부른다.

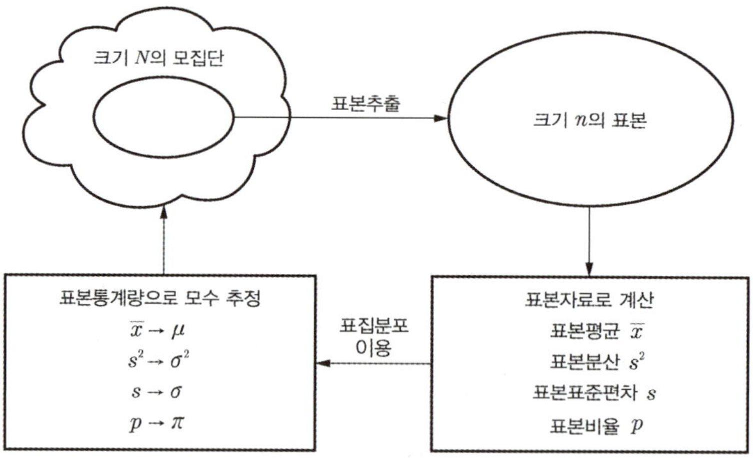

[그림 7-1] 추정의 통계적 과정

2 표집분포의 개념

표집분포란 주어진 모집단에서 추출할 수 있는 동일한 크기의 '가능한 모든 표본들'로부터 통계량을 추출하여 얻은 분포이다. 여기서 '가능한 모든 표본들'의 의미를 잘 파악해야 한다.

- 모집단의 모수를 추정하는 표본의 통계량의 표집오차(sampling error)를 판단하기 위해서는 표집분포에 근거해야만 한다.
- 크기가 n인 (서로 다른) 표본이 k개 있으면 k개 만큼의 통계량(가령 평균, 비율 또는 분산)을 각각의 표본으로부터 구할 수 있다.
- 주로 표본으로부터 계산한 평균, 비율 혹은 분산을 통계량으로 이용한다.

표집분포의 표준편차를 표준오차(standard error)라고 하며, (나중에 살펴보겠지만) 이는 모수의 추정치로써 통계량의 신뢰도를 나타낸다. 표집분포는 표본을 무한히 많이 뽑아야 한다는 점에서 본질적으로 가상(혹은 이론적으로만 상상할 수 있는) 분포이다.

3 표집분포의 주요 용어 정리

- **모집단분포**(population distribution): 연구 대상이 되는 전체 집합의 속성을 나타내는 분포를 말한다.
- **표본분포**(sample distribution): 모집단의 속성을 파악하기 위해 (모집단을 대표할 수 있게 추출된 부분집합인) 표본의 분포를 말한다.
- **표집분포**(sampling distribution): 크기가 n인 표본을 '수없이 반복하여 추출'하고 그로부터 각각 얻어낸 통계량(가령 μ 또는 p)의 확률분포(probability distribution)를 말한다. 모집단분포와 표본분포는 실제적으로 얻을 수 있는 분포이지만, 표집분포는 이론적인 가상의 분포이다.

- **모수**(parameter): 모집단의 특성을 나타내는 값으로 모평균, 모비율, 모분산 등이 대표적이다. 그 값을 모를 뿐 달라지지 않으므로 상수(constant)로 취급한다.
- **통계량**(statistic): 표본의 특성을 나타내는 값으로 표본평균, 표본비율, 표본분산, 표본표준편차 등이 대표적이다. 표본을 추출할 때마다 달라질 수 있으므로 확률변수(random variable)로 취급한다.

- **오차**(error): 모수와 통계량과의 차이를 말한다. 예컨대, 평균이 μ인 모집단으로부터 한 개의 표본을 추출하여 그 평균 $\bar{x}$을 계산하였을 때, 그 차이($\mu - \bar{x}$)를 말한다. 통계량으로 모수를 추정하려고 하므로 오차가 크면 좋지 않다.
- **표집오차**(sampling error): 통계량은 모수와 완전히 일치할 수 없는데 이는 통계량이 결국 (모집단이 아니라) 표본에서 계산되기 때문이다. 표집오차는 (모집단에서 얻은) 모수의 참 값(true

value)과 (표본에서 얻은) 통계량의 차이를 의미한다. 표집오차의 정도는 표본추출 방법과 표본 크기 등에 따라 영향을 받는다.

- **통계적 추론**(statistical inference): 표본에서 표본평균, 표본비율, 표본분산 등 통계량을 계산하고, 이것을 통해 모평균, 모비율, 모분산 등의 모수를 **추정**(estimation)하는 통계적 논리와 절차로서, 통계적 추론은 표집분포에 근거한다.

02 평균의 표집분포

1 표집분포의 평균과 표준편차

어떤 모집단에서 같은 크기 n의 표본을 '무한히 반복하여' 뽑고 각각의 표본으로부터 평균($\overline{X}$)들의 분포를 그린다고 하자. 이 분포를 **평균의 표집분포**(sampling distribution of the sample mean)라고 부른다. 이때 표집분포의 평균은 모평균과 같다는 것이 증명되어 있다.

$$E(\overline{X}) = \mu_{\overline{X}} = \mu$$

표집분포의 표준편차를 특별히 표준오차라고 부른다.

- 표준오차는 모집단의 표준편차를 표본크기의 제곱근으로 나누어 계산할 수 있다(증명 생략).

$$\sigma_{\overline{X}} = \frac{\sigma}{\sqrt{n}}$$

- 하지만 현실적으로 모집단의 표준편차 σ를 알 수 없으므로(❓) 표본의 표준편차를 대신 사용하면 다음과 같다.

$$\sigma_{\overline{X}} = \frac{S}{\sqrt{n}}$$

- 개념을 곰곰이 생각해보면, 표준오차는 각 표본평균 $\overline{X}$ 들이 표본평균의 평균 $E(\overline{X})$ 주위에 흩어진 정도를 나타낸다.
- 만약 표본평균 $\overline{X}$들이 평균에 집중되어 있다면, 모평균 μ의 추정을 좀 더 신뢰할 수 있을 것이다(❓).
- 반대로 표본평균 $\overline{X}$들이 넓게 흩어져 있다면 추정된 모평균값은 아직 신뢰하기 어려울 것이다.

표집분포의 표준편차(즉 표준오차)는 표본의 표준편차(standard deviation of a sample)와 개념상 구분해야 한다.

- 표준오차는 표본의 크기 n이 증가할수록 작아진다(❓).
- **대수의 법칙(The Law of Large Number)**은 표본크기 n이 증가할수록 표본평균 $\overline{X}$으로 모평균 μ를 추정하는 신뢰도가 높아짐을 증명하는 내용을 담고 있다.

2 중심극한정리

중심극한정리(Central Limit Theorem)는 모집단이 설령 정규분포를 따르지 않더라도 표본의 크기가 커지면 커질수록 표본통계량의 확률분포, 즉 표집분포가 정규분포에 조금씩 더 가까워짐을 증명한 내용이다.

- 평균이 μ이고 표준편차가 σ인 모집단으로부터 크기가 n인 표본을 추출할 때, 표본크기가 충분히 크면(대략 $n > 30$) 평균의 표집분포는 평균이 $\mu_{\overline{X}} = \mu$이고 표준오차가 $\sigma_{\overline{X}} = \sigma / \sqrt{n}$인 정규분포에 근사한다(approximate).
- 다음의 그래프는 n이 각각 3, 10, 30일 때 표집분포의 확률분포를 보여주고 있다. (가장 상단의 행이 보여주듯) '모집단분포가 어떤 형태이건 상관없이' 표집분포의 확률분포는 표본 크기가 30에 가까워질수록 점점 정규분포에 근사함을 확인할 수 있다.

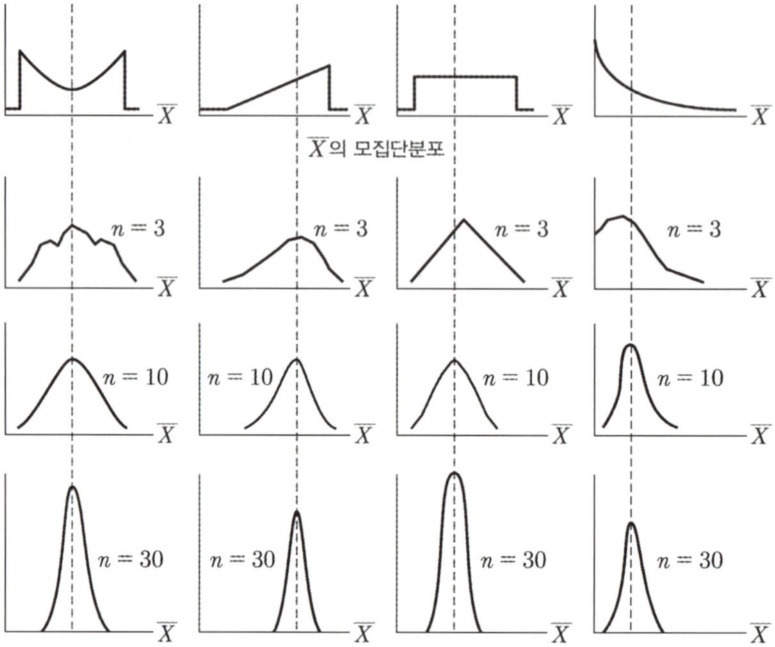

[그림 7-2] 표본크기에 따른 표본평균의 확률분포

심층탐구 중심극한정리의 확인

다음의 예로 중심극한정리를 이해해보자. 어떤 모집단 {1, 4, 13}이 주어져 있고, 그로부터 $n=3$인 표본을 뽑는다면 있을 수 있는 모든 표본 조합과 표본평균 $\overline{X}$, 그리고 그러한 표본평균이 나올 확률 $P(\overline{X})$는 다음과 같다.

표본			$\overline{X}$	$P(\overline{X})$	표본			$\overline{X}$	$P(\overline{X})$	표본			$\overline{X}$	$P(\overline{X})$
1	1	1	1	1/27	4	1	1	2	1/27	13	1	1	5	1/27
1	1	4	2	1/27	4	1	4	3	1/27	13	1	4	6	1/27
1	1	13	5	1/27	4	1	13	6	1/27	13	1	13	9	1/27
1	4	1	2	1/27	4	4	1	3	1/27	13	4	1	6	1/27
1	4	4	3	1/27	4	4	4	4	1/27	13	4	4	7	1/27
1	4	13	6	1/27	4	4	13	7	1/27	13	4	13	10	1/27
1	13	1	5	1/27	4	13	1	6	1/27	13	13	1	9	1/27
1	13	4	6	1/27	4	13	4	7	1/27	13	13	4	10	1/27
1	13	13	9	1/27	4	13	13	10	1/27	13	13	13	13	1/27

표본평균 $\overline{X}$을 확률변수로 하는 확률분포, 즉 표집분포를 구하면 다음과 같이 나타낼 수 있다.

$\overline{X}$	$P(\overline{X})$
1	1/27
2	3/27
3	3/27
4	1/27
5	3/27
6	6/27
7	3/27
9	3/27
10	3/27
13	1/27

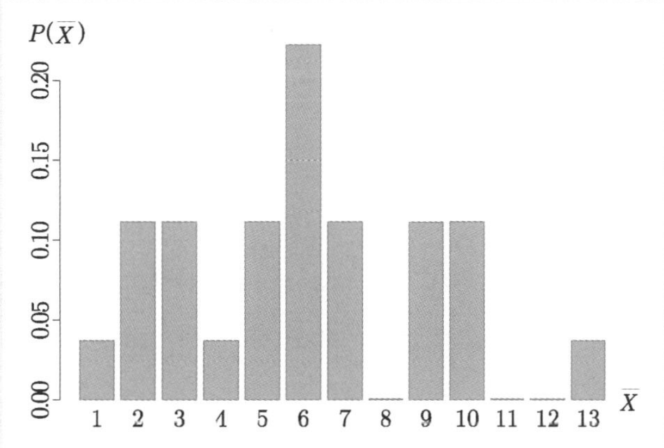

[그림 7-3] 모집단 {1, 4, 13}로부터 추출된 n=3인 표본평균의 확률분포

이제 이 표집분포의 평균과 표준편차를 구하면,

$$\mu_{\overline{X}} = \sum \overline{X} \cdot P(\overline{X}) = 1 \cdot \frac{1}{27} + 2 \cdot \frac{3}{27} + 3 \cdot \frac{3}{27} + \cdots + 13 \cdot \frac{1}{27} = 6$$

$$\sigma^2_{\overline{X}} = \sum (\overline{X} - \mu_{\overline{X}})^2 \cdot P(\overline{X}) = (1-6)^2 \cdot \frac{1}{27} + (2-6)^2 \cdot \frac{3}{27} + \cdots + (13-6)^2 \cdot \frac{1}{27} = 8.667$$

$$\sigma_{\overline{X}} = \sqrt{\sigma^2_{\overline{X}}} = 2.94$$

앞서 설명하였듯, 중심극한정리에 따르면 표본이 충분히 클 때 $\mu_{\overline{X}} = \mu$이고 표준오차가 $\sigma_{\overline{X}} = \sigma/\sqrt{n}$이다.

- 이 예제에서 모집단은 {1, 4, 13}이므로 $\mu = 6$, $\sigma = 5.1$이다.
- 비록 $n = 3$에 불과하지만, 중심극한정리가 시사하듯 ① 표집분포의 평균은 모평균과 같고, ② 표준오차는 모표준편차를 표본크기의 제곱근으로 나눈 값과 정말로 같다.

$$\mu = \mu_{\overline{X}} = 6$$

$$\sigma_{\overline{X}} = \frac{\sigma}{\sqrt{n}} = \frac{5.1}{\sqrt{3}} = 2.94$$

03 비율의 표집분포

1 개념

모비율이 π인 모집단으로부터 (같은 표본크기의) 가능한 모든 표본을 추출하고, 표본에서 차지하는 성공 횟수(또는 사건 발생 횟수)의 비율을 계산한다고 하자. 이 표본비율 p들의 확률분포를 **비율의 표집분포(the sampling distribution of the sample proportion)**라고 부른다.

$$p = \frac{X}{n}$$

(n = 표본크기; X = 성공 횟수 또는 발생 횟수)

2 표집분포의 평균과 표준편차

표본비율 p 역시 확률변수로서 표본평균 $\overline{X}$와 마찬가지로 표집분포로 생각할 수 있다. 그 평균비율 $E(p)$과 표준오차(=표집분포의 표준편차) σ_p는 다음과 같다(증명 생략).

$$E(p) = \mu_p = \pi$$

$$\sigma_p = \sqrt{\frac{\pi(1-\pi)}{n}}$$

(π = 모비율, p = 표본비율)

3 평균의 표집분포와 비율의 표집분포

비율의 표집분포와 평균의 표집분포는 사실 매우 유사한 개념인데, 비율은 정의상 0과 1만의 값을 갖는 자료의 평균과 같기 때문이다(❷).

- 표본비율 p의 표집분포는 표본크기 n이 충분히 클 때 정규분포 $N(\pi,\sigma)$에 근사한다(이항분포의 정규근사).

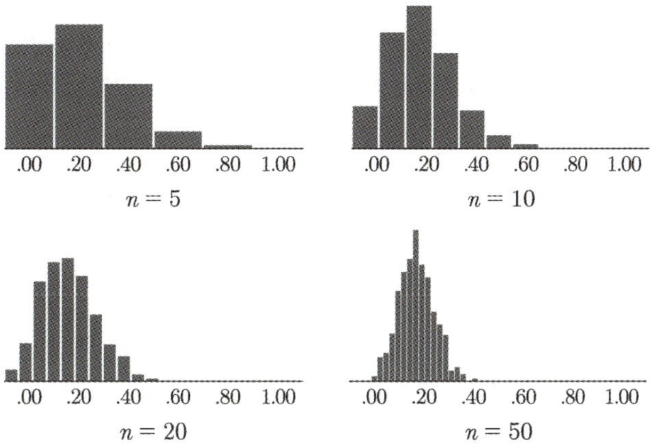

[그림 7-4] 표본크기에 따른 표본비율(p)의 분포

보다 구체적으로 평균의 표집분포와 비율의 표집분포는 특정 조건 아래에서 서로 수렴한다.

- ① 평균의 표집분포는 $n > 30$일 때, ② 비율의 표집분포는 $np > 5$이고 $n(1-p) > 5$일 때, 둘 다 정규분포에 매우 근접한다.
- 비율의 표집분포 경우에는 발생 확률 p가 너무 작거나 반대로 너무 크면, 표본크기 n가 매우 커져야 정규분포에 근접한다.

4 표집분포의 표준화

어떤 확률분포가 주어졌을 때 표준정규분포 Z로 표준화하였듯, 평균의 표집분포와 비율의 표집분포 역시 표준화할 수 있다.

- 먼저 평균의 표집분포(단 $n > 30$)의 경우,

$$z_{\overline{X}} = \frac{\overline{X} - \mu}{\sigma_{\overline{X}}} = \frac{\overline{X} - \mu}{\sqrt{\frac{\sigma^2}{n}}}$$

- 다음으로 비율의 표집분포(단 $np > 5$ 이고 $n(1-p) > 5$)의 경우,

$$z_p = \frac{p - \pi}{\sigma_p} = \frac{p - \pi}{\sqrt{\frac{\pi(1-\pi)}{n}}}$$

예제 7-1

5%의 불량률을 보이는 컴퓨터 생산 공장에서 3대의 컴퓨터를 무작위로 추출하여 표본에 대해 품질 검사를 하였다. 표본에서 불량이 나오는 비율에 대해 표집분포를 만들고, 그 기대값과 표준오차를 구하시오.

풀이

비율의 표집분포는 다음과 같다.

X	표본비율 p	확률 $P(p)$
0	0	.8574*
1	1/3	.1354
2	2/3	.0071
3	3/3	.0001

* $.8574 = {}_3C_0 \cdot 05^0 \cdot 95^3$

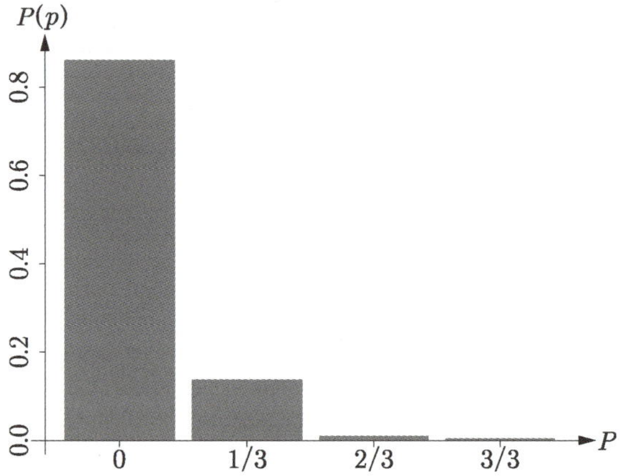

이때 표본비율 p는 이항분포를 사용하여 계산하고 있음에 주의하자. 일단 확률분포가 주어지면 기대값과 분산을 계산할 수 있다.

$$E(p) = \mu_p = \sum(\text{표본비율} \times \text{확률}) = 0.05$$

$$\sigma_p^2 = \sum(\text{표본비율} - \mu_p)^2 \times \text{확률} = 0.0158$$

X	p	$P(p)$	$p \times P(p)$	$(p-\mu_p)^2 \times P(p)$
0	0.00	0.8574	0.0000	0.0021
1	0.33	0.1354	0.0451	0.0109
2	0.67	0.0071	0.0048	0.0027
3	1.00	0.0001	0.0001	0.0001
계			0.05	0.0158

주어진 문제에 따르면 $\pi = 0.05$ 이므로 $E(p) = \mu_p = \pi$ 임을 재확인할 수 있으며, 표본비율 p의 분산 또한 동일한 결과를 확인할 수 있다.

$$\sigma_p^2 = \frac{\pi(1-\pi)}{n} = \frac{0.05 \times 0.95}{3} = 0.0158$$

04 추정의 기초

1 통계적 추론

통계적 추론(statistical inference)은 표본으로부터 모집단에 관한 정보를 얻고 결론을 도출하는 과정을 의미하고 추론통계학(inferential statistics)의 핵심 원리를 이룬다. 이 과정에서 우리는 (표본에 관한) 통계량을 통해 (모집단에 관한) 모수들을 추정한다. 이때, 표본은 모집단을 대표성 있게(representative) 추출되었다고 가정한다. 통계적 추론에는 두 가지 방식, 즉 **추정(estimation)**과 **가설검정(hypothesis test)**이 있다. 이 장에서는 먼저 추정에 관해 다루고 다음 장에서 가설검정에 대해 다룬다.

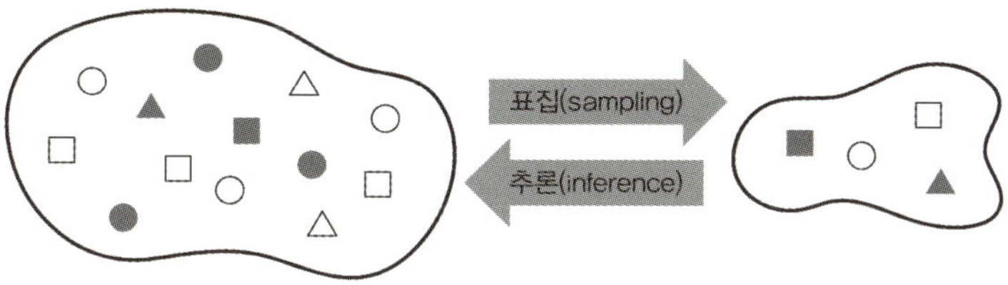

[그림 7-5] 통계적 추론의 개념

2 추정의 개념 및 유형

추정(estimation)은 표본의 통계량에 기초하여 모수를 찾는 목적을 가진다. 이때, 확률변수인 통계량은 모수의 **추정량(estimator)**이 되고, 표본으로부터 계산된 통계량의 구체적인 값은 모수의 **추정값(estimate)**가 된다.

- 예컨대 표본평균 $\bar{x}$는 모평균 μ의 추정량이고 만일 $\bar{x}=1.5$였다면 1.5는 μ의 추정값이다.

3 점추정량과 구간추정량

점추정량(point estimator)은 (알려지지 않은) 모수의 값을 '하나의 값'으로 추정하는 반면, 구간추정량(interval estimator)은 모수의 값을 '구간'으로 추정한다.

- 점추정량: 표본으로부터 필요한 계산을 하여 얻은 하나의 수치로만 추정하므로 그 의미가 명확하다는 장점이 있다. 그러나 표준오차에 대한 정보가 고려되지 않고, 그 결과 표본크기가 증가함에 따라 정보의 양이 증가한다는 사실이 반영되지 않는다.
- 구간추정량: 모수의 참 값이 있을 것으로 여겨지는 일정한 범위를 나타내므로 추정량에 대한 불확실성(uncertainty), 즉 추정량이 얼마나 믿을 만한가를 보여준다. 그러나 점추정량과 같이 명확하게 추정량이 얼마인지 나타내지는 못한다.

4 신뢰구간과 신뢰수준

구간추정에서는 신뢰구간(confidence interval; CI)이라는 개념을 사용하며, 이는 곧 '특정 확률로' 모수의 참 값을 포함할 것이 기대되는 구간을 의미한다. 여기서 '특정 확률'은 (원론적으로 어떤 값이든 허용될 수 있지만) 관습적으로 99%, 95%, 90% 신뢰구간이 가장 많이 사용된다. 다음과 같이 모집단에서 표본을 임의로 20개 반복적으로 추출했다고 하자. (우연히 겹치지 않는 이상) 20개 표본들의 구성(=추출된 관측치들)은 조금씩 다르므로 신뢰구간 역시 다를 수밖에 없다.

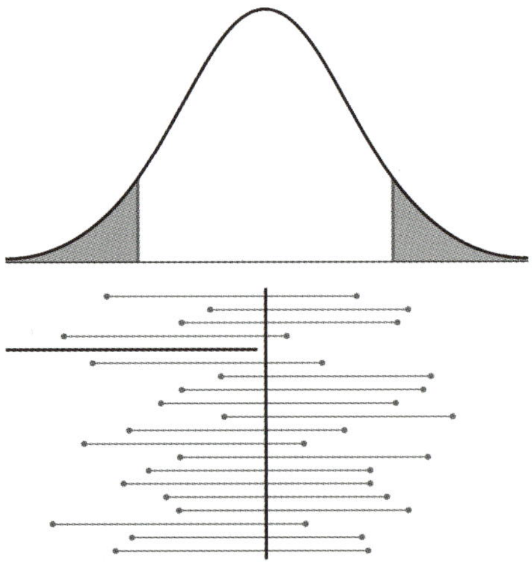

[그림 7-6] 신뢰구간의 의미: 평균의 표집분포(위)와 20개의 신뢰구간(아래)

그런데 20개의 신뢰구간 가운데 하나(짙은 선)는 모평균 $E(X)=\mu$을 포함하고 있지 않다. 즉, 추정된 신뢰구간 가운데 5% (20개 중의 1개꼴)로 모평균을 포함하지 않으므로 이러한 추정을 두고 '95% 신뢰구간이 모수를 포함한다'고 표현한다.

- 이때 표현상 '모수의 참 값이 95% 확률로 그 신뢰구간에 있다'고 해서는 안 되는데, 모수는 상수이고, 통계량이 확률변수이기 때문이다.

동일 모집단으로부터 임의표본 추출된 100개 표본으로부터 산출된 신뢰구간이라면 다음과 같이 그릴 수 있다(그림이 길어지므로 옆으로 눕혔다).

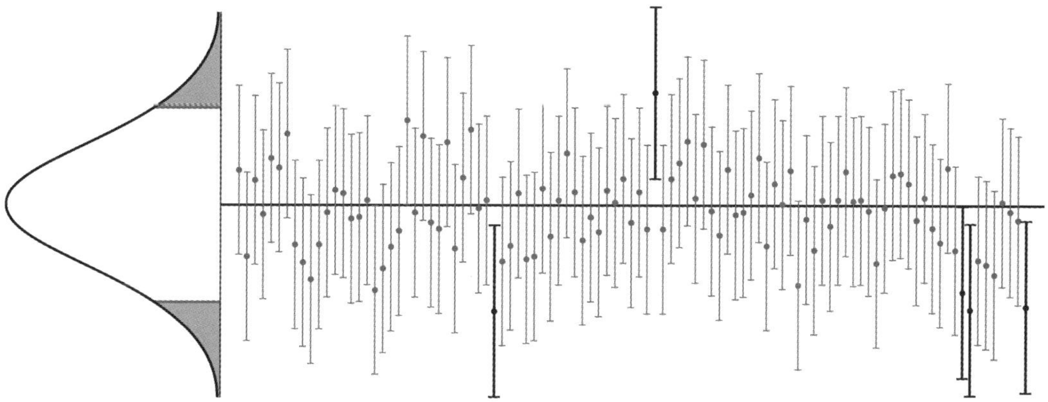

[그림 7-7] 신뢰구간의 의미: 평균의 표집분포(좌)와 100개의 신뢰구간(우)

여기서 100개의 신뢰구간 가운데 5개(짙은 선)는 모평균을 포함하지 않는다. 즉 5% (100개 중의 5개꼴)로 모평균을 포함하고 있지 않다는 것이다. 이 5%의 값을 **유의수준**(significance level) α라고 부른다. 그러므로 95% **신뢰수준**(confidence level)을 사용한다면 그 신뢰구간이 **미지의 모수**의 참 값을 포함할 확률은 95%이다.

- **신뢰수준**(confidence level): 동일한 모집단에서 반복해서 표본을 추출하여 각각 구간을 추정하였다면 그 중에서 모수를 포함하는 표본의 비율. 추정값에 대해 얼마나 확신하고(confident) 있는가를 나타낸다. $100(1-\alpha)\%$로 표현.
- **유의수준**: 설정된 신뢰구간이 모수의 참값을 포함하지 않을 확률로 1에서 신뢰수준을 뺀 값으로 표현된다($\alpha=1-$신뢰수준). 유의수준 α의 값이 작을수록 신뢰수준은 증가하고 신뢰구간의 폭도 증가한다. 신뢰수준은 $1-\alpha$이고 유의수준은 α이다.
- **오차범위**(margin of error): 점추정값으로부터 신뢰한계가 얼마나 떨어져 있는가 의미한다. 표집

오차(sampling error)로서 표본평균과 모수의 참 값(=모평균 참 값) 사이의 차이이다. 오차범위는 Z_α 또는 t_α에 표준오차를 곱하여 구한다.

$$z_\alpha \frac{\sigma}{\sqrt{n}} \text{ 또는 } t_\alpha \frac{\sigma}{\sqrt{n}}$$

- **신뢰한계(confidence limits)**: 신뢰구간의 가장 작은 값을 **하한(lower limit)**, 가장 큰 값을 **상한(upper limit)**이라고 부른다. 신뢰한계는 이 두 값을 뜻한다. 추정된 신뢰구간은 점추정값을 중심으로 특정 확률로 모수가 포함될 것이라고 기대되는 하한부터 상한까지 사이의 구간이다(신뢰구간=점추정값±오차범위).

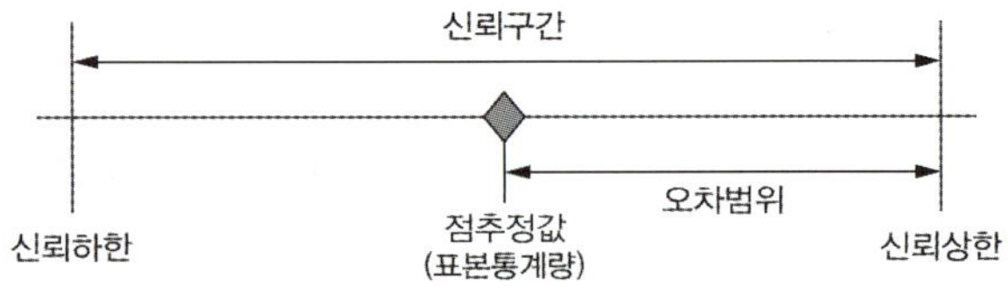

[그림 7-8] 신뢰구간의 구조

신뢰구간이 좁다는 것은 그만큼 점추정값이 신뢰할 수 있다는 의미가 된다.

- 신뢰구간이 넓으면 진정한 모수가 그만큼 넓은 신뢰구간 가운데 정확히 어디 있는지 모른다는 의미이기 때문이다.

신뢰구간의 공식을 보면 알 수 있듯, 신뢰구간의 길이는 유의수준 α, 모표준편차 σ, 그리고 표본크기 n에 영향을 받는다.

- 유의수준 α가 커질수록 신뢰구간은 더 짧아진다. 같은 조건 아래에서 95% 신뢰구간은 90% 신뢰구간보다 길다(?).
- 모표준편차 σ가 커질수록 신뢰구간은 더 길어진다(?).
- 표본크기 n이 증가할수록 신뢰구간은 더 짧아진다(?).

05 평균의 신뢰구간 추정

1 확률분포의 선택

신뢰구간은 (표본의) 통계량을 이용하여 (모집단의) 모수를 구간으로 추정하는 방법이므로 모집단이 어떤 분포를 따르는지가 중요하다. 한편, 신뢰구간은 신뢰수준에 따라 정해질 뿐만 아니라, 모집단의 분산 σ^2과 표본크기 n에 따라서도 달라짐을 기억하고 적절한 표본통계량의 확률분포를 선택함이 중요하다.

- 모집단이 정규분포하고, 모표준편차를 알면 모평균의 표집분포는 Z분포를 따른다.

$$Z=\frac{\overline{X}-\mu}{\sigma/\sqrt{n}}\sim N(0,1)$$

- 모집단이 정규분포하더라도, 모표준편차를 모르면 모평균의 표집분포는 t분포를 따른다.

$$t=\frac{\overline{X}-\mu}{\sigma/\sqrt{n}}\sim t_{n-1}$$

- 모집단이 정규분포하지 않더라도 표본이 충분히 크면($n>30$) Z분포를 사용할 수 있다.
- 모집단이 정규분포하지 않고 표본마저 작으면 **비모수 통계학**(non-parametric statistics)을 사용한다(이 책에서는 다루지 않는다).

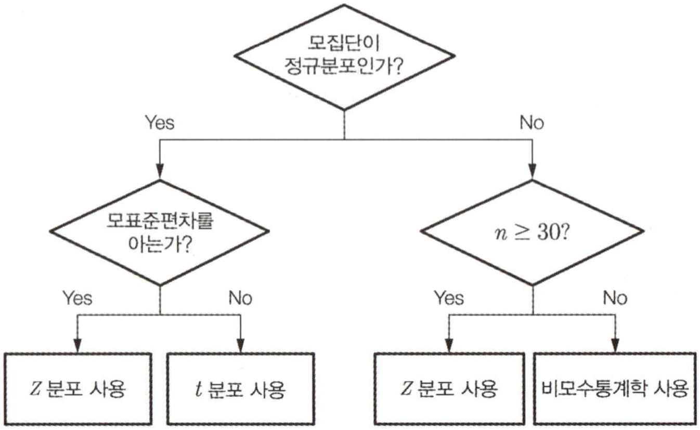

[그림 7-9] 평균의 신뢰구간 추정을 위한 확률분포 선택

2 Z분포를 사용한 신뢰구간의 추정

정규분포일 경우 (제3장에서 배운) 경험법칙에 따르면, $X \pm 2\sigma_X$ 사이에 전체 자료의 약 95%를 포함한다. 같은 원리로 평균의 표집분포에서 $\overline{X} \pm 2\sigma_{\overline{X}}$ 사이에 모평균 μ를 포함하고 있을 확률은 약 95%이다.

- 이때 $\overline{X}$를 Z로 표준화해도 마찬가지로 −2와 2 사이에 모평균 μ를 포함하고 있을 확률이 약 95%라고 말할 수 있다.

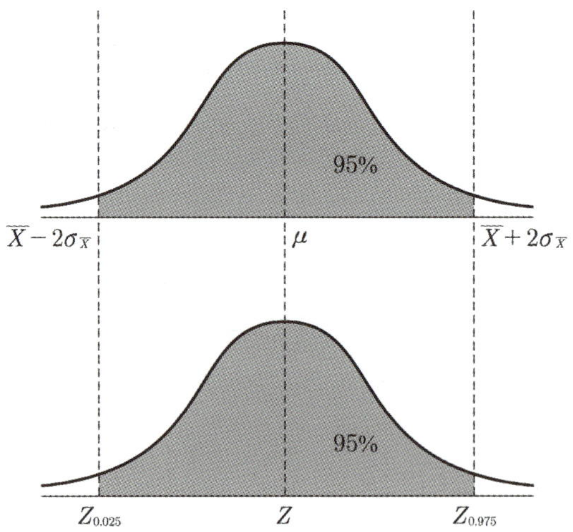

[그림 7-10] 표본평균의 표준화에 의한 Z분포 확률 계산

이를 다음과 같은 확률밀도함수로 표현할 수 있다.

$$P(Z_{0.025} \leq \frac{\overline{X}-\mu}{\sigma/\sqrt{n}} \leq Z_{0.975}) = 1-0.05 = 0.95$$

여기서 $Z_{0.025}$와 $Z_{0.975}$로 표현된 이유는 양측검정이므로 5% (=0.05)의 오차율을 반씩 나누어 가져야 하기 때문이다. 구체적으로 $Z_{0.025}$와 $Z_{0.975}$는 각각 얼마인가?

- 표준정규분포표를 참고하면 답은 −1.96과 1.96이다.
- 이때 $\overline{X} \pm 2\sigma_{\overline{X}}$ 이므로 이는 제3장에서 배운 정규분포의 경험법칙과 일치한다.

이상의 논리를 유의수준 α로 공식화할 수 있다. 즉 확률변수 Z가 $100(1-\alpha)$%의 신뢰구간 사이에 놓일 확률은 다음과 같다.

$$P\left(Z_{\alpha/2} \leq \frac{\overline{X}-\mu}{\sigma/\sqrt{n}} \leq Z_{1-\alpha/2}\right) = 1-\alpha$$

한편 식을 정리하면 다음과 같이 다시 쓸 수 있다.

- 이때 우리가 알고자 하는 것은 표본평균이 아니라 모평균이므로, $\overline{X}$가 아니라 μ로 정리해야 한다(?).

$$P\left(\overline{X}+z_{\alpha/2}\frac{\sigma}{\sqrt{n}} \leq \mu \leq \overline{X}+z_{1-\alpha/2}\frac{\sigma}{\sqrt{n}}\right) = 1-\alpha$$

위 식은 두 확률변수인 신뢰하한 $\overline{X}+z_{\alpha/2}\frac{\sigma}{\sqrt{n}}$과 신뢰상한 $\overline{X}+z_{1-\alpha/2}\frac{\sigma}{\sqrt{n}}$이 모평균 μ를 포함할 확률이 $1-\alpha$임을 의미한다.

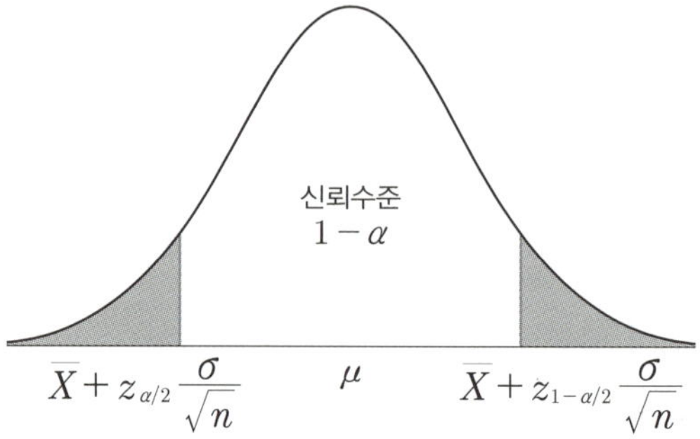

* 95% 신뢰구간의 경우, $Z_{\alpha/2}=Z_{0.025}=-1.96$

[그림 7-11] Z 분포를 사용한 100(1 − α)% 신뢰구간

- 신뢰하한과 신뢰상한 사이에 모평균 μ가 있을 확률이 $1-\alpha$ 라고 해석하면 안 되는데 이는 모평균이 확률변수가 아니라 고정된 값을 가지는 상수이기 때문이다.
- 모평균 μ는 (우리가 모를 뿐) 이미 결정되어 있고 연구자는 단지 그 신뢰구간을 추정하고자 할 뿐이다.

예제 7-2

다음은 제3장에서 배운 정규분포의 경험법칙이다.

- 모든 관측치의 약 68%는 평균으로부터 1 표준편차 안에 속한다.
- 모든 관측치의 약 95%는 평균으로부터 2 표준편차 이내에 속한다.
- 모든 관측치의 약 99.7%는 평균으로부터 3 표준편차 이내에 속한다.

(1) 평균의 표집분포에서 $\bar{x}\pm 1\sigma_{\bar{x}}$의 신뢰구간들 안에 68%가 모평균 μ를 포함함을 확인하시오.

(2) 평균의 표집분포에서 $\bar{x}\pm 2\sigma_{\bar{x}}$의 신뢰구간들 안에 95%가 모평균 μ를 포함함을 확인하시오.

(3) 평균의 표집분포에서 $\bar{x}\pm 3\sigma_{\bar{x}}$의 신뢰구간들 안에 99.7%가 모평균 μ를 포함함을 확인하시오.

풀이

(1) 아래 확률밀도함수에서 $Z_{0.16}$과 $Z_{0.84}$는 각각 대략 -1과 1임을 확인할 수 있다.

$$P(Z_{0.16}\le \frac{\bar{X}-\mu}{\sigma/\sqrt{n}}\le Z_{0.84})=1-0.32=0.68$$

(2) 아래 확률밀도함수에서 $Z_{0.25}$과 $Z_{0.975}$는 각각 대략 −2과 2임을 확인할 수 있다.

$$P\left(Z_{0.025} \le \frac{\overline{X}-\mu}{\sigma/\sqrt{n}} \le Z_{0.975}\right) = 1-0.05 = 0.95$$

(3) 아래 확률밀도함수에서 $Z_{0.0015}$과 $Z_{0.9985}$는 각각 대략 −3과 3임을 확인할 수 있다.

$$P\left(Z_{0.0015} \le \frac{\overline{X}-\mu}{\sigma/\sqrt{n}} \le Z_{0.9985}\right) = 1-0.003 = 0.997$$

3 t 분포를 사용한 신뢰구간의 추정

t **분포**는 20세기 초 윌리엄 고셋(William S. Gosset)이 스튜던트(Student)라는 가명으로 발표한 이론적 확률분포로 **스튜던트 t 분포(Student's t distribution)**라고도 불린다.

t 분포는 표준정규분포와 매우 유사한 형태지만, 평균과 표준편차가 아닌 **자유도(degree of freedom; df)**에 따라 형태가 결정된다는 특성이 있어, 모표준편차 σ가 알려지지 않았을때 정규분포 대신 사용할 수 있다.

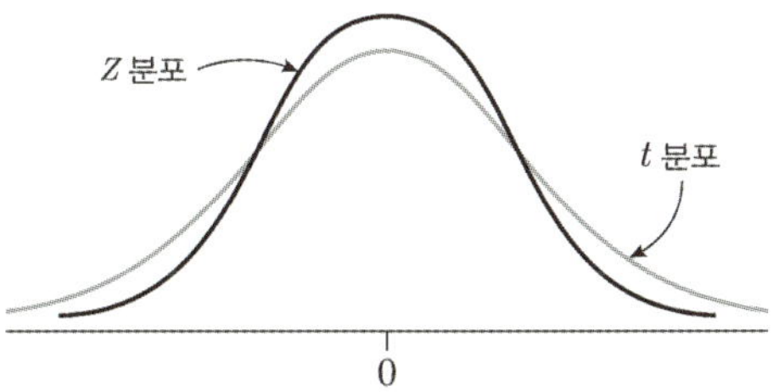

[그림 7-12] Z 분포와 t 분포의 비교

- 표준정규분포와는 달리 t 분포는 평균과 분산이 필요 없고, 단지 자유도 $n-1$만을 **파라미터(parameter)**로 요구한다.

자유도가 증가함에 따라 t 분포는 표준정규분포에 근사한다.

- 개념상 자유도는 모표준편차 σ를 추정하는 통계량의 계산에 얼마나 많은 표본이 사용되었는지를 반영한다.
- 모분산의 추정량인 표본분산을 구할 때 n이 아니라 $n-1$로 나누는 것과 같은 이치다.

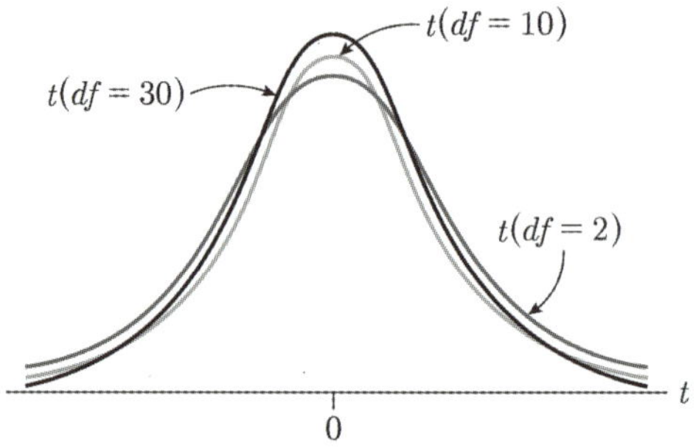

[그림 7-13] 자유도 ν에 따른 t 분포

t 분포를 사용해도 신뢰구간 추정의 기본적인 논리와 절차는 동일하다.

- 모표준편차 σ를 모르므로 표본표준편차 s를 대리하여 사용한다.
- 이 경우 모평균 μ가 $100(1-\alpha)\%$의 신뢰구간 사이에 놓일 확률은 다음과 같다.

$$P\left(\overline{X}+t_{\alpha/2}\frac{s}{\sqrt{n}} \le \mu \le \overline{X}+t_{1-\alpha/2}\frac{s}{\sqrt{n}}\right)=1-\alpha$$

그런데 동일한 신뢰수준에서 t분포를 사용한 신뢰구간 $\left(\overline{X}+t_{\alpha/2}\frac{s}{\sqrt{n}}, \overline{X}+t_{1-\alpha/2}\frac{s}{\sqrt{n}}\right)$은 Z분포를 사용한 신뢰구간 $\left(\overline{X}+z_{\alpha/2}\frac{s}{\sqrt{n}}, \overline{X}+z_{1-\alpha/2}\frac{s}{\sqrt{n}}\right)$ 보다 조금 더 넓다(?).

- 애초에 표본크기(=사례 수)도 작고 모표준편차도 모르기 때문에 Z분포 대신 t분포를 사용하게 됨을 떠올려보면 자연스러운 귀결이다.
- 매우 작은 표본에서 t분포의 신뢰구간과 표준정규분포의 신뢰구간은 제법 다르다. 하지만 자유도 $(n-1)$가 증가하면 두 신뢰구간은 점차 근사한다.

심층탐구 t분포와 표준정규분포의 신뢰구간의 비교

90% 신뢰수준일 때, 기준이 되는 $z_{\alpha/2}$는 −1.64이다. 자유도가 10일 경우, $t_{\alpha/2}=-1.81$로 어느 정도 차이가 있지만, 자유도가 300 정도 되면 $t_{\alpha/2}=-1.65$가 되어 거의 무시할 수 있는 수준의 차이로 줄어든다. 다음 표에서 이를 구체적으로 확인할 수 있다.

신뢰수준	$z_{\alpha/2}$	$t_{\alpha/2}$ $(df=10)$	$t_{\alpha/2}$ $(df=30)$	$t_{\alpha/2}$ $(df=300)$
90%	**−1.64**	−1.81	−1.70	−1.65
95%	**−1.96**	−2.23	−2.04	−1.97
99%	**−2.58**	−3.17	−2.75	−2.59

예제 7-3

다음 자료는 MBA 프로그램에 지원한 사람들의 임의표본 20명으로부터 GMAT 점수를 수집하여 나타낸 것이다(gmat.csv 파일을 참고하시오). 모평균 점수(μ)의 90% 신뢰구간을 구하시오.

530	450	600	570	360
550	640	490	460	550
480	440	530	470	560
500	430	640	420	530

풀이

문제에서 모표준편차 σ가 주어지지 않았으므로 t분포를 사용한다. 이때 자유도는 $20-1=19$이다. 90% 신뢰구간을 구하기 위해서는 $t_{0.05}$와 $t_{0.95}$를 찾아야 한다(❓). 다음 확률분포표를 이용하면, 자유도가 19일 때, $t_{0.05}$와 $t_{0.95}$는 약 ± 1.729이다.

	신뢰수준		
	0.80	0.90	0.95
	오른쪽 꼬리 확률		
df	0.10	0.05	0.025
16	1.337	1.746	2.120
17	1.333	1.740	2.110
18	1.330	1.734	2.101
19	1.328	1.729	2.093
20	1.325	1.725	2.086

그러면 표본평균은 $\overline{X}=510$이고 표본표준편차는 $s=73.77$이므로, 90% 신뢰구간은 다음과 같다.

$$\overline{X}+t_{\alpha/2}\frac{s}{\sqrt{n}}<\mu<\overline{X}+t_{1-\alpha/2}\frac{s}{\sqrt{n}}=510-1.729\frac{73.77}{\sqrt{20}}<\mu<510+1.729\frac{73.77}{\sqrt{20}}$$

$$=481.48<\mu<538.52$$

그러므로 주어진 표본으로부터 추정하건대, GMAT 점수의 (481.48, 538.52)의 신뢰구간이 모평균을 포함한다고 90% 확신할 수 있다.

06 비율의 신뢰구간 추정

앞서 비율의 표집분포(3절)에서 살펴보았듯, 범주형 자료에서 비율의 신뢰구간을 추정할 수도 있다. 이때 모비율 π은 특정 범주가 전체 자료에서 얼마나 많은 비중을 차지하는가를 나타내는 모수가 되고, 표본비율 p는 (모비율에 관한 통계적 추론을 위해서 사용하는) 통계량이 된다.

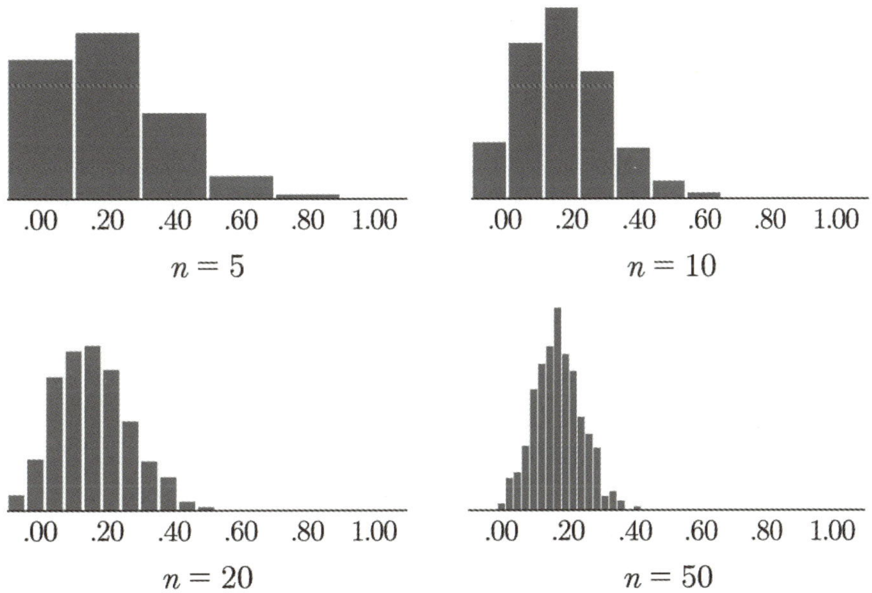

[그림 7-14] 표본크기에 따른 표본비율 p의 분포

특정한 조건이 성립하면, 비율의 표집분포는 다음과 같은 평균과 표준편차(즉 표준오차)를 갖는 것으로 알려져 있다(증명 생략).

$$E(p) = \pi$$

$$\sigma_p = \sqrt{\frac{\pi(1-\pi)}{n}}$$

- (보통 모비율은 알려져 있지 않으므로) 모비율 π 대신 표본비율 p를 사용해야 한다. 그러므로 σ_p 대신 S_p로 표준오차를 계산한다.

$$S_p = \sqrt{\frac{p(1-p)}{n}}$$

이 경우 비율의 Z값은 (앞서 설명한) 평균의 표집분포와 같은 구조를 가진다.

$$Z = \frac{p-\pi}{\sqrt{\frac{p(1-p)}{n}}}$$

모비율 π에 대한 $100(1-\alpha)\%$ 신뢰구간은 다음과 같다.

$$P\left(p + Z_{\alpha/2}\sqrt{\frac{p(1-p)}{n}} \le \pi \le p + Z_{1-\alpha/2}\sqrt{\frac{p(1-p)}{n}}\right) = 1-\alpha$$

예제 7-4

어느 영업점 판매 내역 중 75건을 임의로 표본추출하여 조사했더니 24건이 현금구매였다. 현금구매 비율의 95% 신뢰구간을 구하시오.

풀이

먼저 추정된 모비율은 다음과 같다.

$$p = \frac{x}{n} = \frac{24}{75} = 0.32$$

95% 신뢰구간은 다음과 같다.

$$p \pm z\sqrt{\frac{p(1-p)}{n}} = 0.32 \pm 1.96\sqrt{\frac{0.32(1-0.32)}{75}}$$

그러므로 현금구매 비율의 95% 신뢰구간은

$$0.21 < \pi < 0.43$$

결론적으로 (0.21, 0.43) 구간이 현금구매 모비율은 포함한다고 95% 확신할 수 있다.

07 분산의 신뢰구간 추정

표본분산 s^2를 직접 설명하는 이론적 확률분포는 없다. 하지만 모집단이 평균 μ, 분산 σ^2인 정규분포한다는 가정 아래, 크기가 n인 표본을 무작위로 반복추출하고 각 표본에 대해 분산 s^2을 계산하였을 때, 표본분산 s^2과 모분산 σ^2과의 비율이 **카이제곱(chi-square; χ^2) 분포**를 따르는 것으로 알려져 있다.

$$\chi^2 = \frac{(n-1)s^2}{\sigma^2} \sim \chi^2_{n-1}$$

- (표본분산과 모분산의 비율이므로) 확률변수 χ^2는 언제나 양수이고 그 최소값은 0이다.
- 다음 그래프에서 확인할 수 있듯이 χ^2 분포는 자유도 $(n-1)$에 따라 형태가 결정되며, 정규분포나 t 분포와는 달리 완전한 좌우대칭이 아니라 오른쪽으로 긴 꼬리를 가진다.
- 그러나 자유도가 증가함에 따라 점차 정규분포에 근사한다.

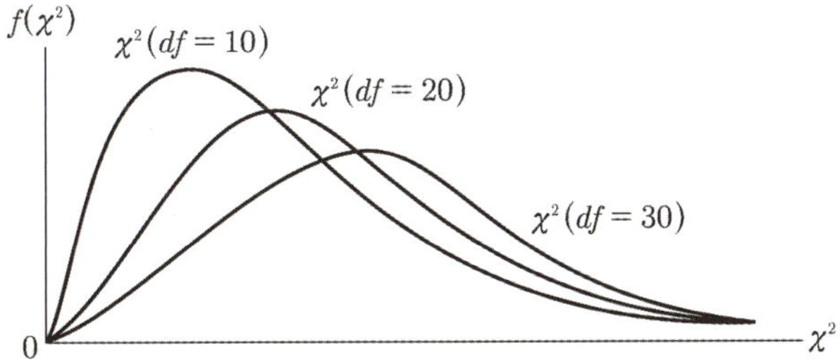

[그림 7-15] 자유도(df)에 따른 카이제곱 분포

- 모분산에 대한 추정을 위해서는 반드시 **정규성 가정(assumption of normality)**, 즉 '모집단이 정규분포를 따른다'가 충족되는지 확인이 필요하다.

심층탐구 χ^2 분포의 이해

χ^2 분포는 소표본일 때 비대칭적이고 오른쪽으로 꼬리가 긴데, 이는 다음이 성립하기 때문이다(증명 생략).

$$\begin{aligned}\chi_k^2 &= Z_1^2 + Z_2^2 + \cdots + Z_k^2 \\ &= \sum\left(\frac{x-\mu}{\sigma}\right)^2 \\ &= \sum\left(\frac{(n-1)\dfrac{(x-\mu)^2}{(n-1)}}{\sigma^2}\right) \\ &= \frac{(n-1)s^2}{\sigma^2}\end{aligned}$$

(단 k는 자유도)

- (위 식에서 Z^2 부분이 보여주듯) 제곱을 거듭 하다보면 우연히 큰 값이 나타나기 쉽고 소표본이라면 그 값이 튀어보인다.
- 둘째 줄의 식은 사실 χ^2 분포가 표준정규분포의 제곱합과 같음을 시사한다(이 식이 성립하려면 앞서 언급한 정규성 가정이 요구된다).
- 마지막 식은 χ^2 분포가 표본분산과 모분산의 비(ratio)를 자유도로 곱한 것과 같음을 보여준다.

χ^2값에 대한 $100(1-\alpha)\%$ 신뢰구간은 다음과 같다.

$$P(\chi^2_{\alpha/2} \le \chi^2 \le \chi^2_{1-\alpha/2}) = 1-\alpha$$

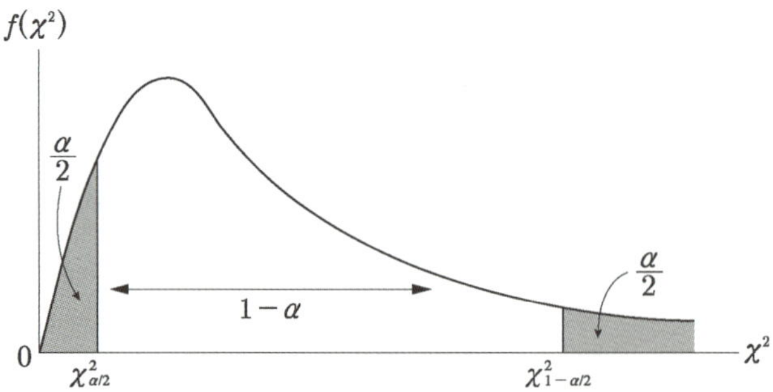

[그림 7-16] χ^2 분포의 $100(1-\alpha)\%$ 신뢰구간

- (x축을 유심히 보면 알 수 있듯이) 이 신뢰구간은 모분산 값 그 자체가 아니라 (표본분산과 모분산의 비를 자유도로 곱해 준) χ^2 값에 대한 것임에 주의해야 한다.
- 그러므로 χ^2에 대한 신뢰구간을 변환하여 다음과 같이 모분산 σ^2에 대한 신뢰구간을 구할 수 있다.

$$P\left(\chi^2_{\alpha/2} \le \frac{(n-1)s^2}{\sigma^2} \le \chi^2_{1-\alpha/2}\right) = 1-\alpha$$
$$P\left(\frac{(n-1)s^2}{\chi^2_{1-\alpha/2}} \le \sigma^2 \le \frac{(n-1)s^2}{\chi^2_{\alpha/2}}\right) = 1-\alpha$$

- 이때, χ^2 분포는 좌우대칭이 아니므로 정규분포나 t분포와는 달리 $\chi^2_{\alpha/2}$와 $\chi^2_{1-\alpha/2}$ 값이 모두 양수이고 수치가 다름에 주의해야 한다(그래프의 음영 면적 차이에서도 미루어 짐작할 수 있다).

예제 7-5

F 제약회사에서 새롭게 개발한 치료제를 테스트하고 있다. 효능의 안전성을 위하여 임상시험 대상 환자 10명의 효능을 측정한 결과, 분산은 3.4였다. 모분산 σ^2에 대한 95% 신뢰구간을 구하시오.

풀이

문제는 분산에 대한 신뢰구간 추정을 요구하고 있으므로 검정통계량이 χ^2임을 깨달아야 한다. 자유도 $n-1=9$인 χ^2 분포의 신뢰하한 $\chi^2_{9,\,0.025}=2.70$와 신뢰상한 $\chi^2_{9,\,0.975}=19.02$을 구한다.

모분산에 대한 $100(1-\alpha)\%$ 신뢰구간 추정 공식 $\frac{(n-1)s^2}{\chi^2_{1-\alpha/2,n-1}} < \sigma^2 < \frac{(n-1)s^2}{\chi^2_{\alpha/2,n-1}}$에 대입하면,

효능의 분산의 95% 신뢰구간은 다음과 같다.

$$\frac{9(3.4)}{19.02} \le \sigma^2 \le \frac{9(3.4)}{2.70}$$
$$1.61 < \sigma^2 < 11.33$$

결론적으로 (1.61, 11.33) 구간이 효능의 모분산을 포함한다고 95% 신뢰수준에서 확신할 수 있다.

과제

01 모수(parameter)와 통계량(statistics)을 표현하는 부호와 발음을 적으시오.

	모수		통계량	
	부호	발음	부호	발음
크기				
평균				
비율				
분산				
표준편차				

02 항공편에서 빈자리들은 항공사가 수입원을 놓치는 원인이 된다. 어느 항공사가 지난 한 해 동안 항공편 당 공석의 평균치를 추정하고자 한다. 무작위로 225기 항공편들의 기록을 추출하여 각 표본 항공편의 공석 수를 기록하였더니, 표본평균과 편차는 각각 $\bar{x} = 11.6$과 $s = 4.1$이었다(단위는 자리). 지난해 항공편 당 평균 공석 수의 90% 신뢰구간을 추정하시오.

03 환경오염 감시단체의 비판에 직면한 어느 자동차 제조사는 새로운 엔진이 대기오염 기준을 충족시키는지를 알아보기 위해 엔진시험을 하고자 한다. 이러한 형태의 모든 엔진은 평균 배출탄소량이 반드시 20 PPM 미만이어야 한다. 10대의 엔진들이 시험용으로 생산되었으며 이 표본 엔진들로부터 배출탄소량의 평균 및 표준편차는 각각 $\bar{x} = 17.1$과 $s = 3$이었다(단위는 PPM). 이 새로운 엔진의 평균 배출탄소량의 99% 신뢰구간을 추정하시오.

04 어떤 지역에서 고구마에 대한 평균가격을 추정하려고 한다. 지역 슈퍼마켓 20곳을 무작위로 표본추출하고 각 슈퍼마켓에서 고구마를 구매하여 구매가격의 평균과 표준편차를 산출하였다. 표본의 평균이 26,840원, 표준편차가 2,630원으로 나타났다. 이 지역 고구마의 평균가격에 대한 95% 신뢰구간을 구하시오.

05 새로 개발된 인적자원개발(HRD) 프로그램에 대한 선호도 조사를 위해 36명의 학생을 표본추출하여 조사한 결과, 20명이 찬성하였다. 선호도 모비율 π에 대한 95% 신뢰구간을 구하시오.

06 유력한 대선 후보 K에 대한 대학생들의 지지율을 파악하기 위해 무작위로 100명의 대학생을 조사한 결과 36명이 지지함을 확인하였다. 대학생들의 K 후보 지지율에 대한 95% 신뢰구간을 구하시오.

07 화장품 회사에서 100cc 용기에 액체를 채우는 기계의 일관성을 확인하고자 25개 샘플을 무작위로 표본추출하여 액체의 양을 측정한 결과, 분산으로 1.2가 산출되었다. 모분산 σ^2에 대한 95% 신뢰구간을 구하시오.

08 어떤 여론조사기관에서 대통령이 직무수행을 얼마나 잘 수행하는가를 조사하고자 한다. 만일 조사된 추정량에 관하여 95% 신뢰수준에서 최대로 수용가능한 오차범위가 3% 라고 한다면 표본크기를 몇으로 하여야 할지 계산하시오.

Chapter

08

단일집단 가설검정

학습목표

1. 표본의 통계량을 이용하여 모집단의 모수에 대한 가설을 검정하는 5단계 절차를 이해한다.
2. 단일모집단의 모평균, 모비율, 모분산의 가설을 검정하기 위한 검정통계량의 적절한 분포를 선택할 수 있다.
3. 임계값과 기각역을 설정하고 귀무가설 기각 여부를 판단하여 의미를 해석하고 결론을 도출할 수 있다.
4. 가설검정과 신뢰구간의 관계를 이해한다.

01 가설검정의 기본 이해

앞 장에서 설명하였듯이 통계적 추론에는 추정(estimation)과 가설검정(hypothesis test)의 두 가지 방법이 있다. 앞 장에서는 단일 모집단에 관한 추정을 학습하였고 이 장에서는 단일 모집단의 가설검정을 학습한다.

단일 모집단이 주어졌을 때 세 종류의 모수에 대해 가설검정을 수행할 수 있다.

- 모평균에 대한 가설검정
- 모비율에 대한 가설검정
- 모분산에 대한 가설검정

가설검정은 표본통계량을 이용하여 모집단의 특성(=모수)에 대한 가설(hypothesis)의 옳고 그름을 확률적으로 판단하는 과정이다. 가설검정의 전반적인 절차는 다음과 같다.

[1단계] 검정하고자 하는 가설을 설정한다.

⬇

[2단계] 얼마만큼의 오차를 감수할 것인지에 따라 유의수준 α를 설정한다.

⬇

[3단계] 표본에서 통계량을 선택하여 가설검정에 적합한 검정통계량(test statistics)을 산출한다.

⬇

[4단계] 통계적 유의성(statistical significance) 여부를 판정하여 귀무가설을 기각할 것인지 결정한다.

⬇

[5단계] 결과의 의미를 해석하여 결론을 도출한다.

1 가설 설정

통계적 가설(statistical hypothesis)은 모수 θ의 값에 관한 잠정적(tentative)인 진술이다. 이때 θ는

모평균이나 모비율, 모분산 등이 될 수 있다.

- 가령 “3학년 남학생 신장의 평균은 150cm일 것이다”라는 가설을 세운다면 모집단은 3학년 남학생이고 모수는 평균 신장인 셈이다.

가설을 설정할 때 반드시 **귀무가설**(null hypothesis) H_0과 **대립가설**(alternative hypothesis) H_a을 짝지어야 한다.

- 귀무가설과 대립가설은 **상호배타적**(mutually exclusive)이고 **포괄적**(exhaustive)으로 정의되어야 한다. 그러므로 둘 중 하나는 참이어야 한다. 둘 다 참이거나 둘 다 거짓일 수 없다.
- 귀무가설은 영가설이라고도 불리며 거부 또는 무효화를 목적으로 공식화되고, (그에 상호배타적인) 대립가설은 채택을 목적으로 설정된다.

- **귀무가설(=영가설)**: 발견 내용이 그저 우연(chance)에 지나지 않을 것이라고 보는 주장. 따라서 귀무가설을 기각하지 못한 통계분석은 결국 색다른 의미를 찾지 못한 셈이다.
- **대립가설(=연구가설)**: 발견 내용이 우연이 아니라 (연구자의 생각대로) 모수가 특정한 값이라는 주장. 귀무가설과는 상반된 내용이어야 한다.

가설검정의 방향에 따라 **좌측검정**(left-sided test), **양측검정**(two-sided test), **우측검정**(right-sided test)으로 구분된다. 좌측검정과 우측검정을 한데 묶어 **단측검정**(one-sided test)이라고 부른다.

- 다른 조건이 동일하다는 전제에서, 양측검정에서 기각되면 단측검정에서는 당연히 기각되므로 (특별한 상황이 아니라면) 보수적 추정 원리에 따라 양측검정을 좀 더 자주 사용한다.

- **단측검정**: 방향성(크다/작다)을 고려하여 가설구조를 설정하는 접근
- **양측검정**: 긍정/부정(그렇다/아니다)을 고려하여 가설구조를 설정하는 접근

가설은 다음과 같이 기호로 일반화하여 표현할 수 있다. 이때 θ는 모수이고 θ_0는 그 모수에 관하여 귀무가설로 세운 특정한 값이다.

- 다음 식에서는 일반화하여 표현하였지만, 나중에 구체적인 가설검정의 기법들을 학습하면서 θ는 모평균 μ, 모비율 π, 모분산 σ^2 등으로 구체화하여 표현된다.

$H_0 : \theta \geq \theta_0$ $H_a : \theta < \theta_0$ (좌측검정)	$H_0 : \theta = \theta_0$ $H_a : \theta \neq \theta_0$ (양측검정)	$H_0 : \theta \leq \theta_0$ $H_a : \theta > \theta_0$ (우측검정)

예제 8-1

영태는 어느 마을 주민의 임의표본을 수집하여 살펴본 결과, 그 모집단의 평균 연령이 70세보다 작다고 미루어 짐작하고 있다. 그의 가설을 제시하시오.

풀이

이 문제에서 모수 θ는 특히 모평균이므로 μ라고 나타낼 수 있고, 귀무가설로 설정된 모수의 어떤 값 μ_0는 특히 70이다. 그러므로 다음과 같은 좌측검정 가설구조를 설정할 수 있다.

$$H_0 : \mu \geq 70$$

$$H_a : \mu < 70$$

2 유의수준 설정

가설검정은 모수에 대한 가설의 기각 여부를 표본 통계량을 이용하여 판단하는 과정이므로 오류가 발생될 수 있으며, 가설검정 과정에서 두 종류의 오류가 발생한다.

의사결정 \ 실제	참인 H_0	거짓인 H_0
H_0 기각 못함	옳은 결정	제2종 오류(β)
H_0 기각	제1종 오류(α)	옳은 결정

- **제1종 오류(Type 1 Error)**: H_0가 참임에도 불구하고 H_0를 기각하는 오류. α로 그 확률을 표현한다. 유의수준 α에 100을 곱해 퍼센트(%)로 나타내기도 한다.

$$\alpha = P(reject\ H_0 | H_0\ is\ true)$$

- **제2종 오류(Type 2 Error)**: H_0가 거짓임에도 불구하고 H_0를 기각하지 못하는 오류. β로 그 확률을 표현한다. 특별히 $1-\beta$를 **통계적 검정력(statistical power)**이라고 부르며, H_0가 거짓일 때 H_0

를 기각할 확률을 의미한다.

$$\beta = P(fail\ to\ reject\ H_0 | H_0\ is\ false)$$

궁극적으로 두 오류 사이에서는 **교환관계(trade-off relations)**가 있다(즉 α와 β는 서로 반비례한다). 유의수준이란 허용할 수 있는 제1종 오류의 크기이며 연구자는 얼마만큼의 제1종 오류를 감수할 것인가에 따라, 가설검정의 초기 단계에서 유의수준을 선택해야 한다.

- 관례상 10% ($\alpha = 0.1$), 5% ($\alpha = 0.05$), 1% ($\alpha = 0.01$), 0.1% ($\alpha = 0.001$) 중 하나를 택한다.
- 10% ($\alpha = 0.1$)는 너무 느슨한 기준으로 여겨지는 반면, 가장 보수적인 0.1% ($\alpha = 0.001$)는 오늘날 많이 수용되고 있는 엄격한 기준으로 받아들여지고 있다.

3 검정통계량 산출

검정통계량은 추론하려는 모수의 종류(모평균, 모비율, 모분산 등), 모집단의 분포(정규분포, t분포, χ^2 분포 등), 가설검정에 필요한 가정의 성립 여부(표본 수는 충분히 큰가 등)에 따라 각각 다르게 계산된다.

- 대표적인 검정통계량은 Z값, t값, F값, χ^2값 등이 있으며 아래에서 자세히 설명하기로 한다.

4 유의성 검정

만일 모평균이 3일 것이라고 귀무가설($H_0 : \mu = 3$)을 세웠는데 표본평균(=검정통계량) 50을 발견했다면 (기묘한 표본을 뽑았기 때문에) 우연히 그럴수도 있겠지만 그 확률은 아무래도 낮고 필연적으로 모평균이 3이라는 귀무가설은 기각해야 할 것이다.

- 이런 경우 **"통계적으로 유의하다(statistically significant)"**고 표현하며, 이는 곧 표본에서의 발견이 우연이 아니라 필연적인 것임을 의미한다.

귀무가설을 기각할 수 있는가를 결정하는 과정을 **유의성 검정(significance test)**이라고 부르며 크게 둘 중 한 가지 접근방법을 선택할 수 있다.

- **기각역(rejection region)**을 기준으로 하는 방법
- **유의확률(p-value)**을 기준으로 하는 방법

1. 기각역 기준의 유의성 검정

기각역을 기준으로 유의성을 검정하는 경우, 검정통계량이 기각역 안에 속하면 귀무가설을 기각하고, 기각역을 벗어나면 귀무가설을 기각하지 못한다. 이때 (기각역이 아닌) 채택역(acceptance region)이 끝나고 기각역이 시작되는 지점을 임계값(critical value)이라고 부른다.

- $H_0 : \theta \geq \theta_0$이면 좌측검정(검정통계량이 임계값 왼쪽에 있으면 H_0을 기각)을 수행한다.
- $H_0 : \theta = \theta_0$이면 양측검정(검정통계량이 양쪽 임계값 사이에 있으면 H_0을 기각)을 수행한다.
- $H_0 : \theta \leq \theta_0$이면 우측검정(검정통계량이 임계값 오른쪽에 있으면 H_0을 기각)을 수행한다.

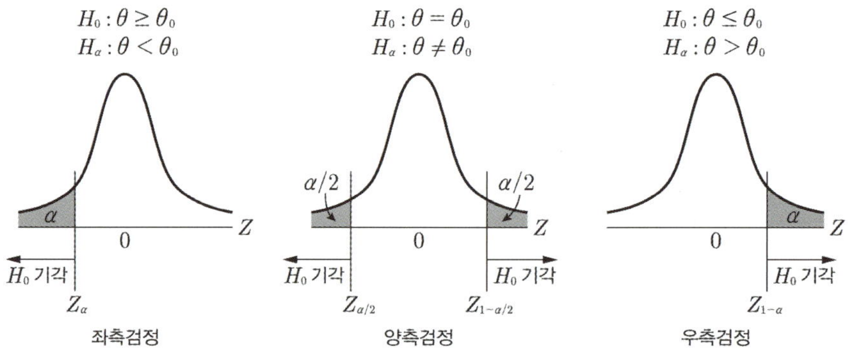

[그림 8-1] 임계값과 기각역의 비교

근본적으로 가설검정은 발상과 접근방법만 다를 뿐, 앞 장에서 설명한 신뢰구간 추정(estimation)과 같은 원리를 갖는다. 같은 유의수준에서 양측가설 검정과 신뢰구간은 완전히 동일하다.

- 예를 들어 $\alpha = 0.05$의 유의수준에서의 양측가설 검정은 95% 신뢰구간 추정과 동일하다.
- 그러므로 신뢰구간에 θ가 포함되어 있지 않으면 귀무가설은 기각된다.

2. 유의확률(p-value) 기준의 유의성 검정

실무에서나 연구에서는 주로 통계분석 패키지를 사용하므로 유의확률을 이용하는 방법이 기각역을 사용하는 방법보다 압도적으로 선호된다.

- 유의확률이란 '귀무가설이 옳은데 이를 기각할 확률'을 의미한다.
- 유의확률이 충분히 작다면 옳은 귀무가설을 버릴 위험이 낮다는 의미가 되므로 (그 정도 위험은 수용하고) 귀무가설을 기각할 수 있다.

이때 유의확률이 충분히 작다고 말할 수 있으려면 얼마만큼 작아야 할까? 관례상 10%, 5%, 1%, 0.01% **유의수준**(significance level) 넷 중 하나를 많이 쓴다(1에서 유의수준을 빼면 신뢰수준 $1-\alpha$이 되므로). 각각에 대응한 것이 90%, 95%, 99%, 99.9% **신뢰수준**(confidence level)이다.

- **유의확률**: 통계적 가설검정 절차를 통해 참인 귀무가설을 거짓으로 판단할 확률
- **유의수준**: 검정통계량이 (귀무가설에서 설정한) 모수와 상당히 달라 귀무가설을 기각할 수 있다고 여겨지는 확률. 달리 말하자면 참인 귀무가설을 거짓으로 판단할 확률. α로 표현.
- **신뢰수준**: 검정통계량이 (귀무가설에서 설정한) 모수와 비슷해 귀무가설을 기각할 수 없다고 여겨지는 확률. $1-\alpha$ 또는 $100(1-\alpha)\%$로 표현.

유의확률은 (귀무가설이 옳다는 가정하에 그려진 평균의 표집분포 상에서) 표본에서 계산된 검정통계량 또는 그보다 더 극단적인 값을 구할 확률을 의미한다.

- 만약 표본평균이 3이고 모집단이 정규분포하거나 표본이 충분히 커서 Z 분포를 사용할 수 있는 단측검정의 경우, 유의확률(p-value)은 다음과 같은 음영으로 표현할 수 있다(왼쪽 그래프).

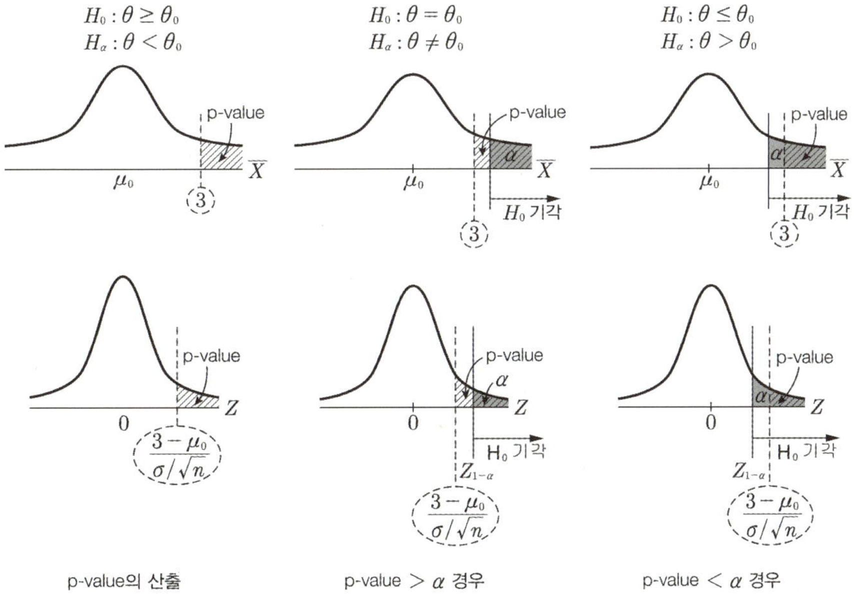

[그림 8-2] 유의수준 α과 유의확률(p-value)의 비교

- 이때 음영의 면적, 즉 유의확률이 0.03이라면 '귀무가설이 옳은데 기각할 확률'은 3%에 지나지 않으므로 95% 신뢰수준에서 **통계적으로 유의하게**(statistically significant) 귀무가설을 기각할 수

있다.

유의확률이 일정하더라도 유의수준(α)이 변하면 가설의 기각 여부가 달라질 수 있다.

- 95% 신뢰수준에서 귀무가설을 기각할 수 있더라도 더 높은 신뢰수준을 설정한다면 기각하지 못할 수도 있으며, 반대로 95% 신뢰수준에서 귀무가설을 기각하지 못하더라도 더 느슨한 신뢰수준을 설정한다면 기각할 수도 있다.
- 만약 더 엄격하게 99% 신뢰수준을 요구한다면 검정통계량이 $\dfrac{3-\mu_0}{\sigma/\sqrt{n}}$보다 더 커야 α의 범위 안에 들어 귀무가설을 기각할 수 있다(가운데 그래프).
- 반대로 더 느슨하게 90% 신뢰수준을 요구하면 검정통계량이 $\dfrac{3-\mu_0}{\sigma/\sqrt{n}}$보다 작아도 귀무가설을 기각할 수 있다(오른쪽 그래프).

양측검정의 경우에는 좀 더 주의해야 한다. (양측검정의 정의상) 검정통계량보다 큰 값이 나올 확률 또는 작은 값이 나올 확률 중 하나만 고려하는 것이 아니라, 두 가능성 모두 고려해야 하기 때문이다(❓). 구체적인 절차는 다음 장에서 살펴보기로 하자.

- 단측검정의 경우, 유의확률이 유의수준 α보다 작으면 귀무가설을 기각한다.
- 양측검정의 경우, 유의확률$\times$2가 유의수준 α보다 작으면 귀무가설을 기각한다.

만일 유의확률이 유의수준보다 큰 경우 "귀무가설을 **기각할 수 없다(fail to reject)**" 또는 "통계적으로 유의하지 않다"라고 표현하며, 단지 대립가설이 참이라고 할만한 충분한 근거가 없다고 결론 내린다. 반대로 귀무가설을 기각하면 잠정적으로 대립가설이 옳다고 결론을 내린다.

02 단일 모평균에 관한 가설검정

1 가설 설정

단일 모평균에 관한 가설이란 모평균 μ 값에 관한 진술이다. 단일 모평균에 관한 가설은 다음과 같은 기호로 표현할 수 있다. 이때 μ는 모수인 모평균이고 μ_0는 연구자가 귀무가설로 세운 모평균의 특정 값이다.

$$H_0 : \mu \geq \mu_0 \qquad H_0 : \mu = \mu_0 \qquad H_0 : \mu \leq \mu_0$$
$$H_a : \mu < \mu_0 \qquad H_a : \mu \neq \mu_0 \qquad H_a : \mu > \mu_0$$

(좌측검정) (양측검정) (우측검정)

2 유의수준 설정

유의수준으로 10% ($\alpha = 0.1$), 5% ($\alpha = 0.05$), 1% ($\alpha = 0.01$), 0.1% ($\alpha = 0.001$) 중 하나를 선택한다.

- 만일 5% 유의수준을 선택한다면 신뢰수준($1-\alpha$)은 95%가 된다.
- 이 조건에서 귀무가설을 기각하였다면 이는 "귀무가설이 옳은데 기각할 확률"로 최대 5%까지 감수하는 상황이다.

3 검정통계량 산출

단일 모평균에 관한 가설검정을 위한 검정통계량은 모집단이 정규분포를 따른다는 정보가 주어져 있는지, 모분산을 아는지, 표본 크기가 충분한지에 따라 달리 적용해야 한다.

- 표본의 크기가 충분히 크면($n > 30$), 모집단 분포와 무관하게 Z값을 검정통계량으로 사용할 수 있다.

$$Z = \frac{\overline{X} - \mu}{\sigma / \sqrt{n}}$$

- 표본 크기가 작다면 (모집단이 정규분포를 따른다는 사전정보가 주어져 있을 때) t값을 검정통계량으로 사용할 수 있다.

$$t = \frac{\overline{X} - \mu}{\sigma / \sqrt{n}}$$

- 모분산이 알려져 있으면 모분산 σ^2을 바로 사용하지만, 그렇지 않으면 표본분산 S^2을 대신 사용

한다. 단 모평균에 대한 가설을 검정하고자 하는 상황에서 모분산 σ^2이 알려진 경우는 거의 없다.

- 표본 크기가 작은데, 모집단이 정규분포를 따른다는 사전정보도 없으면 **비모수(nonparametric) 검정통계량**을 사용할 수 있다(이 교재에서는 다루지 않는다).

모평균 가설검정을 위한 검정통계량의 선택 단계를 요약하면 다음 그림과 같다.

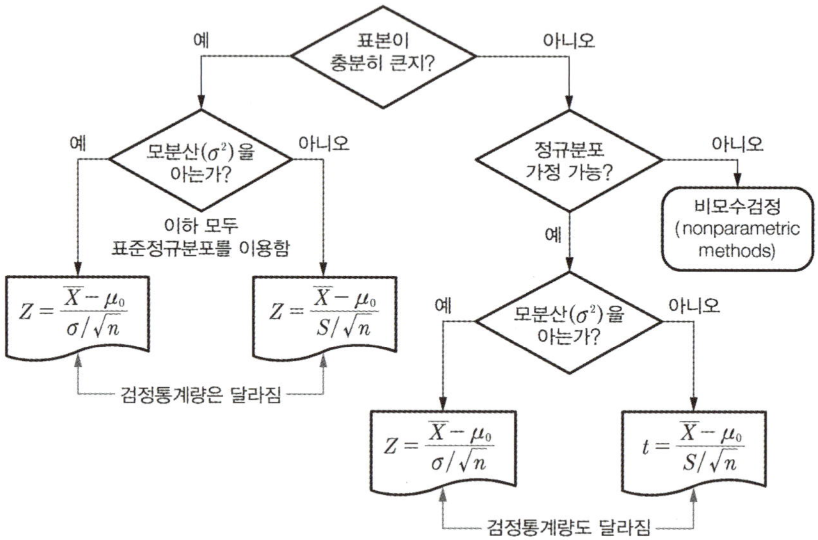

[그림 8-3] 단일 모평균 가설검정을 위한 검정통계량의 선택

4 유의성 검정

유의성 검정의 첫 번째 방법은 기각역을 사용하는 것으로, 가설구조에 따라 다음 중 하나로 수행된다.

- $H_0 : \mu \geq \mu_0$이면 좌측검정(검정통계량이 임계값 왼쪽에 있으면 H_0을 기각)을 수행한다.
- $H_0 : \mu = \mu_0$이면 양측검정(검정통계량이 양쪽 임계값 바깥에 있으면 H_0을 기각)을 수행한다.
- $H_0 : \mu \leq \mu_0$이면 우측검정(검정통계량이 임계값 오른쪽에 있으면 H_0을 기각)을 수행한다.

다음 [그림 8-4]에서 단측검정은 대립가설 방향의 음영으로, 그리고 양측검정은 양 극단적 방향의 음영으로 표시되어 있다.

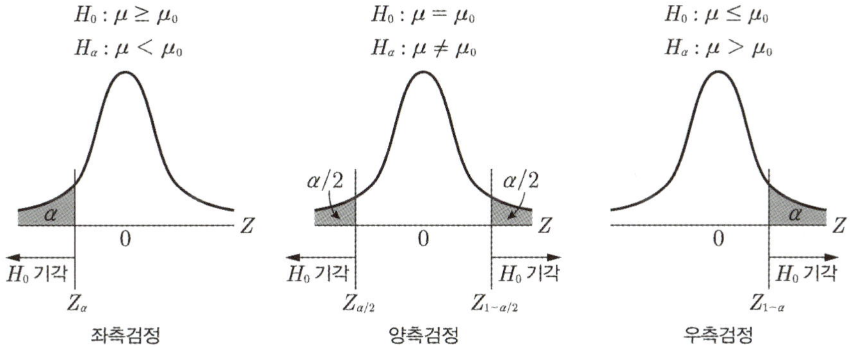

[그림 8-4] 단일 모평균 가설검정을 위한 기각역

유의성 검정의 두 번째 방법은 유의확률을 사용하는 것으로 통계분석 패키지를 사용하는 오늘날에는 이쪽이 보다 자주 사용된다. 가설구조에 따라 다음 중 하나로 수행된다.

- $H_0 : \mu \geq \mu_0$ 또는 $H_0 : \mu \leq \mu_0$인 경우, 유의확률이 유의수준보다 작으면 H_0을 기각
- $H_0 : \mu = \mu_0$인 경우, 유의확률×2가 유의수준보다 작으면 H_0을 기각

예제 8-2

A 경영대학원에서는 MBA 프로그램 지원자들의 GMAT 점수가 작년 평균인 500점과 다른지 확인하기 위해 무작위로 20명의 표본을 추출하여 점수를 분석하였다. 20명 표본의 평균은 513, 그리고 표준편차는 73.77로 산출되었는데, 유의수준 10%($\alpha = 0.1$)에서 다음을 알고 싶다.

(1) 올해 MBA 지원자들의 GMAT 점수 평균(μ)의 90% 신뢰구간은?

(2) 지난해 MBA 지원자들의 GMAT 평균인 500점과 유의하게 다른가?

풀이

(1) 올해 MBA 지원자들의 GMAT 점수 평균(μ)의 90% 신뢰구간

- 모분산(σ^2)를 모르고 표본크기가 20으로 작은 경우이므로 t분포를 사용한다(자유도: $\nu = 20 - 1 = 19$).
- 임계값: $t_{19,\ 0.05}$와 $t_{19\ 0.95} = \pm 1.729$
- 신뢰구간: $\bar{x} + t_{\alpha/2}\dfrac{s}{\sqrt{n}} < \mu < \bar{x} + t_{1-\alpha/2}\dfrac{s}{\sqrt{n}}$에 대입하면 $484.48 < \mu < 541.52$

(2) 지난해 MBA 지원자들의 GMAT 평균인 500점과 다른지 가설검정

① 가설: H_0: $\mu=500$ H_a: $\mu\neq500$

② 유의수준: $\alpha=0.1$

③ 검정통계량: $t_0=\dfrac{\overline{X}-\mu_0}{S/\sqrt{n}}=\dfrac{513-500}{73.77/\sqrt{20}}=0.79$

④ 유의성 검정:

- 기각역 방법: 기각역이 $|t_{19}|\geq 1.729$이므로 0.79가 기각역에 포함되지 않아 기각 못한다.
- 유의확률 방법: 유의확률 $P(|t_{19}|\geq 0.79)$를 계산하면 0.44이다. 유의확률이 유의수준 0.1보다 크므로 귀무가설을 기각하지 못한다.

⑤ 결론: 올해 MBA 지원자들의 GMAT 점수 평균은 지난해 점수인 500과 다르다고 할 만한 충분한 근거가 없다.

[대안] 모평균의 신뢰구간 (481.5, 538.5)이 산출되어 있으므로 귀무가설에서 설정한 500과 비교하여 가설을 검정할 수 있다. 500이 신뢰구간에 포함되므로 통계적으로 유의하게 귀무가설을 기각할 수 없다.

---

03 단일 모비율에 관한 가설검정

1 가설 설정

단일 모비율에 관한 가설이란 모비율 π값에 관한 진술이다. 단일 모비율에 관한 가설은 다음과 같은 기호로 표현할 수 있다. 이때 π는 모수이고 π_0는 연구자가 귀무가설로 세운 모비율의 어떤 값이다.

$H_0 : \pi \geq \pi_0$ $H_a : \pi < \pi_0$ (좌측검정)	$H_0 : \pi = \pi_0$ $H_a : \pi \neq \pi_0$ (양측검정)	$H_0 : \pi \leq \pi_0$ $H_a : \pi > \pi_0$ (우측검정)

2 유의수준 설정

유의수준으로 10% ($\alpha = 0.1$), 5% ($\alpha = 0.05$), 1% ($\alpha = 0.01$), 0.1% ($\alpha = 0.001$) 중 하나를 선택한다.

3 검정통계량 산출

$np > 5$와 $n(1-p) > 5$의 조건이 성립한다면, 비율의 표집분포는 정규분포하므로 Z 값을 검정통계량으로 사용할 수 있다(❓). 이때 p는 표본에서 계산된 비율이다.

$$Z = \frac{p - \pi_0}{\sqrt{\frac{\pi_0(1-\pi_0)}{n}}} \sim N(0,1)$$

4 유의성 검정

첫 번째 방법은 기각역을 사용하며 다음과 같이 유의성 검정을 수행한다.

- $H_0 : \pi \geq \pi_0$이면 좌측검정을 수행하며 검정통계량이 임계값 왼쪽에 있으면 H_0을 기각
- $H_0 : \pi = \pi_0$이면 양측검정을 수행하며 검정통계량이 양쪽 임계값 바깥에 있으면 H_0을 기각
- $H_0 : \pi \leq \pi_0$이면 우측검정을 수행하며 검정통계량이 임계값 오른쪽에 있으면 H_0을 기각

두 번째 방법은 유의확률을 사용하며 다음과 같이 유의성 검정을 수행한다.

- $H_0 : \pi \geq \pi_0$ 또는 $H_0 : \pi \leq \pi_0$인 경우, 유의확률이 유의수준보다 작으면 H_0을 기각
- $H_0 : \pi = \pi_0$인 경우, 유의확률×2가 유의수준보다 작으면 H_0을 기각

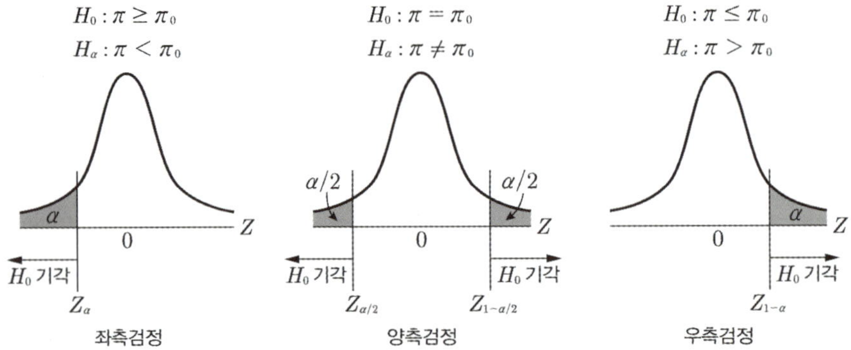

[그림 8-5] 단일 모비율 가설검정을 위한 기각역

예제 8-3

어떤 나라에서 대학생들의 하숙 비율은 27%로 알려져 있다. B 대학교 학생들의 비율이 전국 대학생들의 비율과 같은지 검정하기 위해 100명을 무작위 표본추출한 결과, 하숙생은 35명이었다. B 대학교 학생들의 하숙 비율이 전국의 비율과 다르다고 할 수 있는가?

풀이

① 가설: H_0: $\pi = 0.27$, H_α: $\pi \neq 0.27$

② 유의수준: $\alpha = 0.05$

③ 검정통계량: $Z_0 = \dfrac{p - \pi_0}{\sqrt{\dfrac{\pi_0(1-\pi_0)}{n}}} = \dfrac{0.35 - 0.27}{\sqrt{\dfrac{0.27 \times 0.73}{100}}} = \dfrac{0.08}{\sqrt{0.001971}} = 1.80$

④ 유의성 검정:

- 기각역 방법: 임계값이 $Z_{0.025} = 1.96$이므로 기각역은 $|Z| \geq Z_{0.025} = 1.96$. 검정통계량 1.80이 기각역에 포함되지 않으므로 귀무가설을 기각할 수 없다.
- 유의확률 방법: $P(Z \geq 1.8) = 0.0359$이다. 양측검정이므로 유의확률은 $2 \times P(Z \geq 1.8) = 2 \times 0.0359 = 0.0718$이다. 산출된 유의확률이 유의수준 0.05보다 크므로 귀무가설을 기각할 수 없다.

⑤ 결론: 유의수준 0.05에서 K대학생들의 하숙 비율이 전국 대학생들의 비율인 0.27이 아니라고 할 충분한 근거가 없다. 따라서 K대학생들의 하숙 비율은 전국평균인 0.27과 같다고 판단된다.

[대안] 95% 신뢰구간을 산출하여 동일한 가설을 검정할 수 있다.

$$p \pm z\sqrt{\frac{p(1-p)}{n}} = 0.35 \pm 1.96\sqrt{\frac{0.35 \times 0.65}{100}} = 0.35 \pm 0.10 = (0.25,\ 0.45)$$

95% 신뢰구간 (0.25, 0.45)이 귀무가설에서 설정한 비율 0.27을 포함하므로 통계적으로 유의하게 H_0를 기각할 수 없다.

04 단일 모분산에 관한 가설검정

1 가설 설정

단일 모분산에 관한 가설이란 모분산 σ^2 값에 관한 진술이다. 단일 모분산에 관한 가설은 다음과 같은 기호로 표현할 수 있다. 이때 σ^2는 모수이고 σ_0^2는 귀무가설로 설정된 모수의 특정한 값이다.

$H_0 : \sigma^2 \geq \sigma_0^2$ $H_a : \sigma^2 < \sigma_0^2$ (좌측검정)	$H_0 : \sigma^2 = \sigma_0^2$ $H_a : \sigma^2 \neq \sigma_0^2$ (양측검정)	$H_0 : \sigma^2 \leq \sigma_0^2$ $H_a : \sigma^2 > \sigma_0^2$ (우측검정)

2 유의수준 설정

유의수준으로 10% ($\alpha = 0.1$), 5% ($\alpha = 0.05$), 1% ($\alpha = 0.01$), 0.1% ($\alpha = 0.001$) 중 하나를 선택한다.

3 검정통계량 산출

아쉽게도 단일 모분산 그 자체에 관한 이론적 확률분포는 알려져 있지 않다. 그러나 대신 표본분산 s^2과 모분산 σ^2의 비(ratio)의 표집분포는 χ^2 분포하므로 χ^2값을 검정통계량으로 사용할 수 있다.

이 검정통계량을 사용하려면 모집단에 대한 정규성 가정(assumption of normality)이 필요하다.

$$\frac{(n-1)s^2}{\sigma^2} \sim \chi^2_{n-1}$$

4 유의성 검정

첫 번째 방법은 기각역을 사용하며 다음과 같이 유의성 검정을 수행한다.

- $H_0 : \sigma^2 \geq \sigma_0^2$이면 좌측검정(검정통계량이 임계값 왼쪽에 있으면 H_0을 기각)을 수행한다.
- $H_0 : \sigma^2 = \sigma_0^2$이면 양측검정(검정통계량이 양쪽 임계값 바깥에 있으면 H_0을 기각)을 수행한다.
- $H_0 : \sigma^2 \leq \sigma_0^2$이면 우측검정(검정통계량이 임계값 오른쪽에 있으면 H_0을 기각)을 수행한다.

두 번째 방법은 유의확률을 사용하며 다음과 같이 유의성 검정을 수행한다.

- $H_0 : \sigma^2 \geq \sigma_0^2$ 또는 $H_0 : \sigma^2 \leq \sigma_0^2$인 경우, 유의확률이 유의수준보다 작으면 H_0을 기각
- $H_0 : \sigma^2 = \sigma_0^2$인 경우, 유의확률×2가 유의수준보다 작으면 H_0을 기각

$H_0 : \sigma^2 \geq \sigma_0^2$	$H_0 : \sigma^2 = \sigma_0^2$	$H_0 : \sigma^2 \leq \sigma_0^2$
$H_a : \sigma^2 < \sigma_0^2$	$H_a : \sigma^2 \neq \sigma_0^2$	$H_a : \sigma^2 > \sigma_0^2$

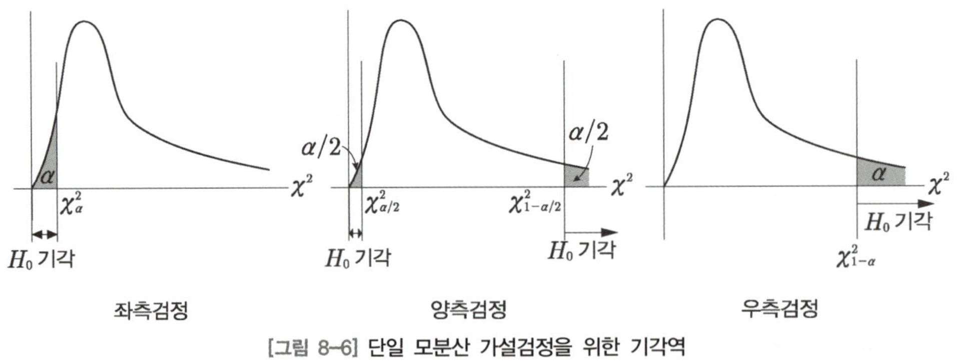

[그림 8-6] 단일 모분산 가설검정을 위한 기각역

여기서 주의할 부분은 본래 χ^2 분포는 좌우대칭이 아니므로 양측검정에서 원칙상 유의확률×2로

계산해서는 안 된다는 점이다.

- 다만 표본 크기가 충분히 크면($n > 100$) χ^2 분포도 좌우대칭에 상당히 근접하므로 계산의 편의상 유의확률×2를 대신 사용할 수 있다.

예제 8-4

C 담배에 포함된 니코틴양의 분산은 1.2mg^{2}로 발표되었다. 그런데 C 담배의 니코틴의 양이 생산시기에 따라 일정한 것 같지 않다는 소비자의 제보가 있어서 소비자단체에서 무작위 표본 30개를 수집하여 분석한 결과, 표본분산이 1.7mg^{2}로 산출되었다. 이 담배의 니코틴 함유량 분산이 1.2와 다르다고 할 수 있는가?

풀이

① 가설: $H_0 : \sigma^2 = 1.2,\ H_a : \sigma^2 \neq 1.2$

② 유의수준: $\alpha = 0.05$

③ 검정통계량: $\chi_0^2 = \dfrac{(n-1)s^2}{\sigma_0^2} = \dfrac{29 \times 1.7}{1.2} = 41.08$

④ 유의성 검정:

- 기각역 방법: 카이제곱 분포는 대칭이 아니므로 좌우측 임계값을 각각 산출한다.

  임계값은 $\chi^2_{n-1,\ \frac{\alpha}{2}} = \chi^2_{29,\ 0.025} = 16.05$, $\chi^2_{n-1,\ 1-\frac{\alpha}{2}} = \chi^2_{29,\ 0.975} = 45.72$이고,

  기각역은 $\chi^2 < 16.05$ 또는 $\chi^2 > 45.72$이므로 검정통계량이 기각역에 포함되지 않아 H_0를 기각할 수 없다.

- 유의확률 방법: $P(\chi^2 < 41.08)$을 구하면 0.9322가 산출된다.

  유의확률은 $2 \times P(\chi^2 > 41.08) = 2 \times 0.0677 = 0.1354$이므로 유의수준 0.05보다 커서 H_0를 기각할 수 없다.

⑤ 유의수준 0.05에서 C 담배가 생산시기에 따라 니코틴 함유량이 1.2mg^{2}과 다르다고 할 충분한 근거가 없다. (니코틴의 분산은 알려져 있는 1.2mg^{2}과 같다.)

[대안] 95% 신뢰구간을 산출하여 동일한 가설을 검정할 수 있다.

신뢰하한은 $\dfrac{(n-1)s^2}{\chi^2_{n-1,\ 1-\frac{\alpha}{2}}} = \dfrac{29 \times 1.7}{45.72} = 1.08$이고,

신뢰상한은 $\dfrac{(n-1)s^2}{\chi^2_{n-1,\ \frac{\alpha}{2}}} = \dfrac{29 \times 1.7}{16.05} = 3.07$이므로 $1.08 < \sigma^2 < 3.07$이다.

95% 신뢰구간 (1.08, 3.07)이 귀무가설에서 설정한 분산인 1.2를 포함하므로 통계적으로 유의하게 H_0를 기각할 수 없다.

과제

01 가설검정을 위해서는 확률을 자유롭게 계산할 수 있어야 한다. 다음을 연습해 보자(괄호 안의 숫자는 자유도).

(1) $P(Z > Z_0) = 0.05,\ Z_0 = ?$

(2) $P(Z < 1) = ?$

(3) $P(t(10) < t_0) = 0.05,\ t_0 = ?$

(4) $P(|t(9)| > 3.25) = ?$

(5) $P(\chi^2(15) < \chi_0^2) = 0.1,\ \chi_0^2 = ?$

(6) $P(\chi^2(9) < 2.7) = ?$

02 기존 진통제의 효과가 나타나는 시간은 $\mu = 30$이고 $\sigma = 5$인 분포를 한다. 최근 개발된 새로운 진통제의 효과 발현 시간을 50명의 환자에게 측정한 결과 다음과 같은 결과를 얻었다. 새로이 개발된 진통제의 진통 효과가 더 빠르게 나타날 것으로 기대하는 경우, 이 시간이 기존 진통제보다 더 빠른지를 유의수준 0.05에서 검정하시오. 진통제 효과 시간의 분포는 일반적으로 $\sigma = 5$인 것으로 알려져 있다.

$$n = 50,\ \bar{x} = 28.5,\ \alpha = 0.05$$

(1) 가설설정:

(2) 유의수준 설정:

(3) 검정통계량 산출:

(4) 유의성 검정:

(5) 해석 및 결론:

03 한 기기 회사에서 생산한 기기의 강도는 83.2kg/mm²이어야 한다고 알려져 있다. 새로운 공법으로 생산된 기기 9개를 뽑아 측정한 강도가 85.43이고, 그 분산이 6.445일 때 새로운 공법에 의한 강도가 기존 기기 강도와 차이가 있는지 유의수준 0.05에서 양측검정을 하시오.

(1) 가설설정:

(2) 유의수준 설정:

(3) 검정통계량 산출:

(4) 유의성 검정:

(5) 해석 및 결론:

04 초등학생들이 스스로 의복을 구입하는 비율이 20%로 알려져 있다. 그러나 이들의 의복 구입 형태가 변화하여 최근에는 스스로 구입하는 비율이 과거보다 높다고 예상된다. 아동복을 생산하는 회사에서 이러한 경향을 확인하고자 100명의 학생을 대상으로 표본조사를 한 결과, 30명이 스스로 옷을 구입한다고 응답하였다. 유의수준 0.01에서 검정하시오.

(1) 가설설정:

(2) 유의수준 설정:

(3) 검정통계량 산출:

(4) 유의성 검정:

(5) 해석 및 결론:

05 대학에서 판매되는 커피 자판기의 용량은 150ml이어야 한다. 커피 컵 8개를 표본으로 조사한 결과는 다음과 같았다.

{160, 153, 150, 160, 141, 155, 147, 150}

기준치에 맞는지를 $\alpha = 0.05$에서 검정하시오. (모집단 정규분포 가정)

(1) 가설설정:

(2) 유의수준 설정:

(3) 검정통계량 산출:

(4) 유의성 검정:

(5) 해석 및 결론:

Chapter

09

두 집단 가설검정

학습목표

1. 단일집단 가설검정을 확장하여 두 모집단의 모수를 비교하는 가설검정의 개념을 이해한다.
2. 독립적인 두 집단의 모평균 비교를 위한 적절한 분포를 선택하여 가설을 검정할 수 있다.
3. 두 집단이 쌍(pair)으로 이루어진 경우, 두 집단의 모평균을 비교하는 가설을 검정할 수 있다.
4. 독립적인 두 집단의 모비율을 비교하는 가설을 검정할 수 있다.
5. 독립적인 두 집단의 모분산을 비교하는 가설을 검정할 수 있다.

01 두 집단에 관한 가설검정의 기본 이해

1 두 집단 가설검정의 개념

두 집단 가설검정이란 두 표본이 주어졌을 때 이것이 하나의 모집단에서 추출된 것인지 아니면 서로 다른 두 개의 모집단에서 추출된 것인지 가설을 세우고 이를 통계적으로 검정하는 기법이다. 이 분석기법을 t **검정(t test)**이라고 부른다.

두 표본의 검정통계량이 조금 다르다고 무조건 다른 모집단에서 추출되었다고 결론내릴 수는 없다. 동일한 모집단에서 두 표본을 추출했음에도 불구하고 우연히(due to chance) 서로 다른 통계량 $\hat{\theta}_1$과 $\hat{\theta}_2$가 산출되었을 가능성이 언제나 남아있기 때문이다.

만일 이러한 우연성에도 불구하고 두 통계량 사이에 큰 차이 또는 비율이 발견된다면 '두 모수가 같다($\theta_1 = \theta_2$)'는 귀무가설(즉 '모집단이 동일하다')은 기각될 수 있을 것이다([그림 9-1]의 가운데와 오른쪽).

- 다시 말해, 두 통계량 사이의 **차이(difference) ($\theta_1 - \theta_2$)** 또는 **비율(ratio) (θ_1/θ_2)**이 우연히 나타날 수 있는 차이인지([그림 9-1]의 왼쪽), 아니면 우연이라기엔 너무 큰 차이인지([그림 9-1]의 중간과 오른쪽)를 살펴보는 것이다.

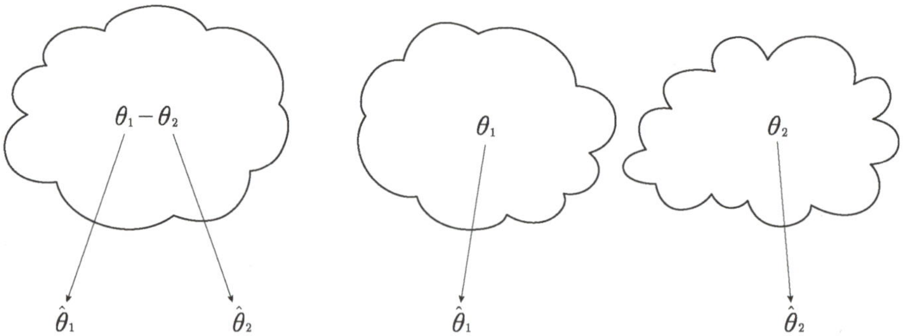

[그림 9-1] 모집단이 같은 경우와 다른 경우

2 가설검정의 유형

두 모집단에 대한 가설검정은 (단일집단에서와 마찬가지로) 두 모평균, 두 모비율, 두 모분산에 대한 가설검정의 세 가지 유형으로 나뉜다. 인문, 사회, 자연과학, 공학 분야에서 두 모집단의 비교 문제는 셀 수 없이 많다.

- 집중강화 트레이닝을 받기 전 2군 선수들의 이전 평균기록(μ_1)과 이후 평균기록(μ_2)의 차이
- 처방 약을 복용한 환자의 혈압(μ_1)과 위약을 복용한 환자의 혈압(μ_2)의 차이
- 남성의 연평균소득(μ_1)과 여성의 연평균소득(μ_2)의 차이
- 가출경험이 있는 중학생이 가진 비행경험 친구의 수(μ_1)와 가출경험이 없는 중학생이 가진 비행경험 친구의 수(μ_2)의 차이
- 전업 공연예술인 가운데 예술지원정책에 만족한 비율(π_1)과 비전업인 중 만족한 비율(π_2)의 차이
- 특정 대선후보에 대한 지지율 여론조사에서 남성의 지지율(π_1)과 여성의 지지율(π_2)의 차이
- 양조장에서 예전 기기로 생산된 맥주 용량의 분산(σ_1^2)과 새로운 기기로 생산된 맥주 용량의 분산(σ_2^2)의 차이

3 두 모집단을 비교하는 데이터 구조

두 모집단 가설검정은 일반적으로 독립적인 두 모집단을 생각하지만, 데이터가 어떻게 조직되어 있는가에 따라 **독립표본(independent samples)**과 **쌍체표본(paired samples)**으로 구분된다. 독립표본과 쌍체표본의 차이를 다음과 같은 데이터 구조로 쉽게 이해할 수 있다.

- [그림 9-2] 왼쪽과 같이 독립표본은 하나의 관측치 X를 제시하고 이것이 처리(treatment)를 받은 결과인지 여부(1=처리 집단; 0=통제 또는 비교 집단)를 나열한다.
- [그림 9-2] 오른쪽과 같이 쌍체표본은 두 관측치 X_1과 X_2이 처리 전후(e.g., 치료 전후의 혈압 또는 교육프로그램 도입 전후의 성적 등)로 짝지어 나열되어 있다.

ID	X	$Treatment$
1	81	0
2	95	1
3	67	0
4	74	1
5	23	0
6	55	1
⋮	⋮	⋮
⋮	⋮	⋮
199	54	0
200	88	1

독립표본

ID	X_1	X_2
1	81	95
2	67	74
3	23	55
⋮	⋮	⋮
⋮	⋮	⋮
100	54	88

쌍체표본

[그림 9-2] 독립표본과 쌍체표본의 데이터 구조 비교

- 독립표본과는 달리 쌍체표본은 전후(before-after) 비교처럼 같은 사람 또는 물건으로 짝지워져야 한다.

02 두 모평균 가설검정

1 가설 검정 절차

1. 가설 설정

두 모평균 중 어느 쪽 값이 큰지 가설을 세워 다음과 같이 표현할 수 있다. 이때 μ_1은 첫 번째 모평균이고 μ_2은 두 번째 모평균이다.

$H_0 : \mu_1 \geq \mu_2$ $H_a : \mu_1 < \mu_2$ (좌측검정)	$H_0 : \mu_1 = \mu_2$ $H_a : \mu_1 = \mu_2$ (양측검정)	$H_0 : \mu_1 \leq \mu_2$ $H_a : \mu_1 > \mu_2$ (우측검정)

- 결국 두 모집단의 평균 차 $\mu_1 - \mu_2$가 통계적으로 유의하게 0과 같은가/큰가/작은가를 분석하고 있다.
- 이때 두 모집단의 평균 차가 0이 아닌 다른 숫자 k로 일반화할 수도 있지만 좀처럼 쓰이지 않는다.

2. 유의수준 설정

유의수준으로 10% ($\alpha = 0.1$), 5% ($\alpha = 0.05$), 1% ($\alpha = 0.01$), 0.1% ($\alpha = 0.001$) 중 하나를 선택한다.

3. 검정통계량 산출

두 모평균 가설검정을 수행할 때 ① 모분산이 알려져 있는지, ② 등분산 가정(assumption of homogeneity of variance) 성립 여부, ③ 자료 형태(독립표본/쌍체표본)에 따라 검정통계량이 달라진다. 먼저 자료 형태가 독립표본인 경우를 살펴보고, 쌍체표본인 경우는 다음 절에서 공부하자.

[검정통계량 1] 모분산 σ_1^2 과 σ_2^2 가 알려져 있으면 표준정규분포(Z 분포)를 사용한다(그러나 모분산을 알고 있는 경우는 거의 없다).

$$Z = \frac{(\overline{X}_1 - \overline{X}_2) - (\mu_1 - \mu_2)}{\sqrt{\dfrac{\sigma_1^2}{n_1} + \dfrac{\sigma_2^2}{n_2}}} \sim N(0,1)$$

- 모분산이 알려지지 않으면 s_1^2 과 s_2^2 로 대리하여 사용하되 t 분포에 의존한다(통상적인 방식). 단, 두 표본의 크기가 매우 크다면($n_1 > 30$, $n_2 > 30$) t 분포는 정규분포에 근사하므로 정규분포를 사용해도 무관하다.

$$t = \frac{(\overline{X}_1 - \overline{X}_2) - (\mu_1 - \mu_2)}{\sqrt{\dfrac{s_1^2}{n_1} + \dfrac{s_2^2}{n_2}}}$$

- 그런데 모분산이 알려지지 않은 경우, 두 모집단의 분산이 같은지 여부에 따라 검정통계량 또는 자유도가 달라진다.

[검정통계량 2] 두 모집단의 분산이 같다면(등분산 가정 성립), 표본분산을 통합하여 통합분산추정량(pooled estimate of variance)을 활용한다.

$$t = \frac{(\overline{X}_1 - \overline{X}_2) - (\mu_1 - \mu_2)}{\sqrt{\frac{s_p^2}{n_1} + \frac{s_p^2}{n_2}}} \sim t_{n_1 + n_2 - 2},$$

$$\text{여기에서 } s_p^2 = \frac{(n_1 - 1)s_1^2 + (n_2 - 1)s_2^2}{n_1 + n_2 - 2}$$

- 이때 통합분산추정량 s_p^2 이란, 각 표본의 자유도($n_1 - 1$과 $n_2 - 1$)를 사용한 두 표본분산 s_1^2 와 s_2^2의 가중평균이다. 다시 말해, 자유도가 큰 쪽의 표본분산에 무게를 더한다.
- 두 모분산이 같다면 통합분산추정량을 사용한 통계량을 더 신뢰할 수 있다(reliable).

[검정통계량 3] 등분산 가정이 성립하지 않는 경우, 통상적인 방식의 t 검정통계량을 활용하되, 분산이 같지 않으므로 분산을 자유도에 따라 보정한 자유도를 t 분포에 사용한다(보정자유도는 자연수가 아닌 경우가 더 많다).

$$t = \frac{(\overline{X}_1 - \overline{X}_2) - (\mu_1 - \mu_2)}{\sqrt{\frac{s_1^2}{n_1} + \frac{s_2^2}{n_2}}} \sim t_\nu,$$

$$\textbf{보정자유도 } \nu = \frac{\left(\frac{s_1^2}{n_1} + \frac{s_2^2}{n_2}\right)^2}{\frac{\left(\frac{s_1^2}{n_1}\right)^2}{n_1 - 1} + \frac{\left(\frac{s_2^2}{n_2}\right)^2}{n_2 - 1}}$$

두 독립 모평균을 비교하는 가설을 검정하면서 각 가정에 따라 적용되는 검정통계량을 요약하면 다음 표와 같다.

검정통계량 (1)	검정통계량 (2)	검정통계량 (3)
분산이 알려져 있음 / 등분산 가정 무관 $Z=\dfrac{(\overline{X}_1-\overline{X}_2)-(\mu_1-\mu_2)}{\sqrt{\dfrac{\sigma_1^2}{n_1}+\dfrac{\sigma_2^2}{n_2}}}$	분산이 알려지지 않음 / 등분산 가정 성립 $t=\dfrac{(\overline{X}_1-\overline{X}_2)-(\mu_1-\mu_2)}{\sqrt{\dfrac{s_p^2}{n_1}+\dfrac{s_p^2}{n_2}}}$ $s_p^2=\dfrac{(n_1-1)s_1^2+(n_2-1)s_2^2}{n_1+n_2-2}$	분산이 알려지지 않음 / 등분산 가정 위배 $t=\dfrac{(\overline{X}_1-\overline{X}_2)-(\mu_1-\mu_2)}{\sqrt{\dfrac{s_1^2}{n_1}+\dfrac{s_2^2}{n_2}}}$ $\nu=\dfrac{\left(\dfrac{s_1^2}{n_1}+\dfrac{s_2^2}{n_2}\right)^2}{\dfrac{\left(\dfrac{s_1^2}{n_1}\right)^2}{n_1-1}+\dfrac{\left(\dfrac{s_2^2}{n_2}\right)^2}{n_2-1}}$

- 두 모집단 가설검정 절차는 복잡하게 보일 수 있지만, 세 검정통계량 Z값의 본질은 모두 같다. 특히 단일모집단에 관한 가설검정에서 사용했던 아래 검정통계량 Z와 어떻게 같고 어떻게 다른지 꼼꼼히 비교해보자.

$$Z=\frac{\overline{X}-\mu}{\sigma/\sqrt{n}}$$

- 실제 연구를 수행하면 통계분석 패키지를 사용하므로 그리 복잡하지 않다. 개념을 이해하고 통계분석 패키지가 산출한 결과를 바르게 해석하기 위해서 약간 연습하면 충분하다. 가장 중요한 것은 어떤 상황에서 두 집단 가설검정을 수행하는가를 아는 것이다.
- 등분산 가정이 성립하는지 여부를 판단하기 위해서는 4절의 모분산 비교 가설검정을 나중에 공부해야 한다(통계분석 패키지에서는 이것도 쉽게 검정할 수 있다).

4. 유의성 검정

첫 번째 방법은 기각역을 사용하며 다음과 같이 유의성 검정을 수행한다.

- $H_0:\mu_1 \geq \mu_2$ (또는 $H_0:\mu_1-\mu_2 \geq 0$)이면 좌측검정(검정통계량이 임계값 왼쪽에 있으면 H_0을 기각)을 수행한다.
- $H_0:\mu_1 \neq \mu_2$ (또는 $H_0:\mu_1-\mu_2 = 0$)이면 양측검정(검정통계량이 양쪽 임계값 바깥에 있으면 H_0을 기각)을 수행한다.
- $H_0:\mu_1 \leq \mu_2$ (또는 $H_0:\mu_1-\mu_2 \leq 0$)이면 우측검정(검정통계량이 임계값 오른쪽에 있으면 H_0을

기각)을 수행한다.

두 번째 방법으로 유의확률을 사용할 수 있다. 유의확률은 영가설에 따라 그려진 분포에서 주어진 검정통계량 또는 그보다 극단적인 값을 얻게 될 확률로 아주 작다면 영가설을 기각할 수 있다는 의미이다.

- $H_0 : \mu_1 \geq \mu_2$ 또는 $H_0 : \mu_1 \leq \mu_2$ 인 경우, 유의확률이 유의수준보다 작으면 H_0을 기각한다.
- $H_0 : \mu_1 = \mu_2$ 인 경우, 유의확률(단측극단확률×2)이 유의수준보다 작으면 H_0을 기각한다.

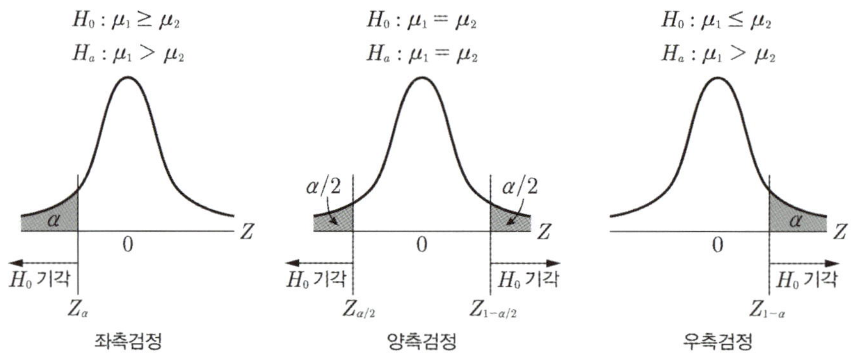

[그림 9-3] 두 모평균 가설검정의 기각역

예제 9-1

온라인 수업이 확산되면서 콘텐츠 유형별 교육 성과에 대한 관심이 높아졌다. 경영학의 전통적 콘텐츠보다 게임형 콘텐츠를 이용한 교육이 성과가 큰지 확인하고자 두 유형의 콘텐츠를 사용하는 수업 학생들의 향상 점수를 각각 평가한 결과, 다음과 같은 결과를 얻었다. 전통적 콘텐츠보다 게임형 콘텐츠를 이용한 교육이 성과가 더 크다고 할 수 있는가? 등분산과 이분산을 가정하여 각각 가설을 검정해보자.

- 전통적: $n_1 = 30$, 표본평균 0, 표본표준편차 5
- 게임형: $n_2 = 30$, 표본평균 5, 표본표준편차 4

풀이

(1) 등분산 가정

① 가설: $H_0 : \mu_1 \geq \mu_2$, $H_a : \mu_1 < \mu_2$

② 유의수준: $\alpha = 0.05$

③ 검정통계량: $S_p^2 = \dfrac{(n_1-1)s_1^2+(n_2-1)s_2^2}{n_1+n_2-2} = \dfrac{29\times25+29\times16}{30+30-2} = 20.5$ 이므로

$$t_0 = \frac{(\overline{X_1}-\overline{X_2})}{\sqrt{\frac{s_p^2}{n_1}+\frac{s_p^2}{n_2}}} = \frac{-5}{\sqrt{20.5(\frac{1}{30}+\frac{1}{30})}} = \frac{-5}{1.169} = -4.28$$

④ 유의성 검정

- 기각역 방법: 임계값 $t_{0.05,58} = -1.672$ 이므로 기각역은 $t < -1.672$
  $t_0 = -4.28 < -1.672$ 이므로 H_0 기각
- 유의확률 방법: 유의확률 $P(t_{58} \le -4.28) = 0.000036$이 유의수준 0.05보다 작으므로 H_0 기각

⑤ 결론: 전통적 콘텐츠보다 게임형 콘텐츠를 이용한 교육이 성과가 더 크다.

(2) 이분산 가정

① 가설: $H_0 : \mu_1 \ge \mu_2$, $H_a : \mu_1 < \mu_2$

② 유의수준: $\alpha = 0.05$

③ 검정통계량: $t_0 = \dfrac{\overline{X_1}-\overline{X_2}}{\sqrt{\frac{s_1^2}{n_1}+\frac{s_2^2}{n_2}}} = \dfrac{-5}{\sqrt{\frac{25}{30}+\frac{16}{30}}} = \dfrac{-5}{1.169} = -4.28$,

자유도: $\nu = \dfrac{\left(\frac{s_1^2}{n_1}+\frac{s_2^2}{n_2}\right)^2}{\frac{\left(\frac{s_1^2}{n_1}\right)^2}{n_1-1}+\frac{\left(\frac{s_2^2}{n_2}\right)^2}{n_2-1}} = \dfrac{1.87}{\frac{0.69}{29}+\frac{0.28}{29}} = 55.91$

④ 유의성 검정:

- 기각역 방법: 임계값 $t_{0.05,55.91} = -1.673$ 이므로 기각역은 $t < -1.673$
  $t_0 = -4.28 < -1.673$ 이므로 H_0 기각
- 유의확률 방법: 유의확률 $P(t_{55.91} \le -4.28) = 0.000038$이 유의수준 0.05보다 작으므로 H_0 기각

⑤ 결론: 전통적 콘텐츠보다 게임형 콘텐츠를 이용한 교육이 성과가 더 크다.

※ 본 예제는 두 집단의 표본크기가 같으므로 등분산과 이분산을 가정한 검정통계량 값이 동일하다.

2 쌍체표본 모평균 비교 가설검정

지금까지 독립표본이 주어진 경우를 설명하였지만, 쌍체표본이 주어지면 이와는 달리 쌍체비교(paired comparison)를 해야 한다.

- 쌍체표본에는 두 관측치 X_1과 X_2가 짝지어 나열되어 있으므로 n개의 표본 쌍(pair)으로부터 X_1과 X_2의 차이($d = X_1 - X_2$)를 먼저 계산한다.
- 계산된 차이를 하나의 변수처럼 고려하여 단일집단 가설검정과 같은 방법으로 검정을 수행한다.
- 차이를 포함한 데이터 구조는 다음과 같다.

ID	X_1	X_2	$d = X_1 - X_2$
1	81	95	−14
2	67	74	−7
3	23	55	−32
⋮	⋮	⋮	⋮
⋮	⋮	⋮	⋮
100	54	88	−34

1. 가설 설정 및 기각역

쌍체표본의 경우에도 가설 구조에는 본질적인 차이가 없다.

- $H_0 : \mu_d \geq 0$이면 좌측검정(검정통계량이 임계값 왼쪽에 있으면 H_0을 기각)을 수행한다.
- $H_0 : \mu_d = 0$이면 양측검정(검정통계량이 양쪽 임계값 바깥에 있으면 H_0을 기각)을 수행한다.
- $H_0 : \mu_d \leq 0$이면 우측검정(검정통계량이 임계값 오른쪽에 있으면 H_0을 기각)을 수행한다.

2. 검정통계량 산출

n개의 표본 쌍(pair)으로부터 계산된 X_1과 X_2의 차이($d = X_1 - X_2$)를 이용하여 '차이의 평균' $\bar{d}$와 표준편차 s_d 를 산출한다.

$$\bar{d} = \frac{\sum d_i}{n}, \quad S_d = \sqrt{\sum_{i=1}^{n} \frac{(d_i - \bar{d})^2}{n-1}}$$

나머지는 단일집단의 모평균을 가설검정하는 절차와 동일하다.

- $\bar{d}$의 모분산(즉 σ_d^2)이 알려져 있으면 표준정규분포를 사용한다(하지만 $\bar{d}$의 모분산을 알고 있는 경우는 거의 없다).

$$Z = \frac{\bar{d} - \mu_d}{\sigma_d / \sqrt{n}} \sim N(0,1)$$

- $\bar{d}$의 모분산이 알려지지 않으면 $\bar{d}$의 표본분산(즉 S_d^2)을 대리하여 사용하되 t 분포에 의존한다(통상적인 방식).

$$t = \frac{\bar{d} - \mu_d}{S_d / \sqrt{n}} \sim t_{n-1}$$

예제 9-2

새로운 교육프로그램을 개발한 이후 평가한 점수가 프로그램 적용 이전의 점수와 차이가 있는지 알아보기 위하여 15명 수강생의 데이터를 수집한 후, 이전과 이후 각각 **정규화(normalization)**하여 다음과 같은 데이터를 얻었다(paired.csv 파일을 참고하시오). 평가점수가 프로그램 적용 전후에 차이가 있는지 유의수준 0.05에서 검정해보자.

Before	After	Difference
−1.43233	1.00369	−2.43602
−1.43952	1.62507	−3.06459
−0.87813	−0.07925	−0.79888
2.04618	0.47962	1.56656
−0.06234	1.20517	−1.26751
0.83785	1.33710	−0.49925
0.60482	2.55502	−1.95020
1.64802	1.22170	0.42632

이전과 이후의 정규화점수 차이의 분포: n=15, 평균 $\bar{d}=-0.995$, 표준편차 $S_d=1.575$

풀이

① 가설: $H_0 : \mu_d = 0$, $H_a : \mu_d \neq 0$

② 유의수준: 0.05

③ 검정통계량: $t_0 = \frac{\bar{d} - \mu_d}{S_d / \sqrt{n}} = -2.45$

④ 유의성 검정:

- 기각역 방법: 임계값 $|t_{14,0.025}| = 2.145$ 이므로 기각역은 $|t| > 2.145$

  $t_0 = -2.45 < -2.145$ 이므로 H_0 기각

- 유의확률 방법: 유의확률 $P(|t_{14}| \geq 2.45) = 0.014 \times 2 = 0.028$가 유의수준 0.05보다 작으므로 H_0 기각

⑤ 결론: 새로운 프로그램 적용 이후의 평가점수는 이전 점수와 통계적으로 유의한 차이가 있다.

03 두 모비율 가설검정

두 모집단의 비율 π_1(첫 번째 집단의 모비율)과 π_2(두 번째 집단의 모비율)를 비교하기 위해 각 집단으로부터 추출된 두 개의 표본이 주어졌을 때 표본1에서의 비율 p_1과 표본2에서의 비율 p_2 의 차이를 이용하여 가설을 검정한다. 비율의 기초는 7장 3절(비율의 표집분포)을 참고하자.

$$p_1 = \frac{x_1}{n_1} \quad \text{그리고} \quad p_2 = \frac{x_2}{n_2}$$

또한, 두 모비율 π_1과 π_2가 같다고 전제하는 경우 두 표본을 통합한 비율 $\bar{p}$는 다음과 같다.

$$\bar{p} = \frac{x_1 + x_2}{n_1 + n_2}$$

1 가설 설정

두 모비율 중 어느 쪽 값이 큰지 가설을 세워 다음과 같이 수정할 수 있다.

좌측검정	양측검정	우측검정
$H_0 : \pi_1 \geq \pi_2$ $H_a : \pi_1 < \pi_2$	$H_0 : \pi_1 = \pi_2$ $H_a : \pi_1 \neq \pi_2$	$H_0 : \pi_1 \leq \pi_2$ $H_a : \pi_1 > \pi_2$

- 위 식들은 두 모집단의 비율의 차 $\pi_1 - \pi_2$가 0과 같은가/큰가/작은가를 분석하고 있다.
- 이때 (두 모집단의 평균에서와 마찬가지로) 두 모집단의 비율의 차가 0이 아닌 다른 숫자 k로 일반화할 수도 있지만 좀처럼 쓰이지 않는다.

2 유의수준 설정

유의수준으로 10% ($\alpha = 0.1$), 5% ($\alpha = 0.05$), 1% ($\alpha = 0.01$), 0.1% ($\alpha = 0.001$) 중 선택한다.

3 검정통계량 산출

독립표본을 기준으로 두 표본의 크기가 매우 크다면($n_1 > 30$, $n_2 > 30$), 두 모비율 간의 차이는 정규분포에 충분히 근사한다. 이때 검정통계량 Z는 다음과 같이 정의된다.

$$Z = \frac{(p_1 - p_2) - (\pi_1 - \pi_2)}{\sqrt{\frac{\pi_1(1-\pi_1)}{n_1} + \frac{\pi_2(1-\pi_2)}{n_2}}} \sim N(0,1)$$

귀무가설 H_0에서 두 모비율이 같다($\pi_1 - \pi_2 = 0$)고 가정하였으므로 검정통계량은 다음과 같다.

$$Z = \frac{p_1 - p_2}{\sqrt{\frac{\bar{p}(1-\bar{p})}{n_1} + \frac{\bar{p}(1-\bar{p})}{n_2}}}$$

4 유의성 검정

첫 번째 방법은 기각역을 사용하며 다음과 같이 유의성 검정을 수행한다.

- $H_0 : \pi_1 \geq \pi_2$ (또는 $H_0 : \pi_1 - \pi_2 \geq 0$)이면 좌측검정(검정통계량이 임계값 왼쪽에 있으면 H_0을 기각)을 수행한다.
- $H_0 : \pi_1 \neq \pi_2$ (또는 $H_0 : \pi_1 - \pi_2 = 0$)이면 양측검정(검정통계량이 양쪽 임계값 바깥에 있으면 H_0을 기각)을 수행한다.
- $H_0 : \pi_1 \leq \pi_2$ (또는 $H_0 : \pi_1 - \pi_2 \leq 0$)이면 우측검정(검정통계량이 임계값 오른쪽에 있으면 H_0을 기각)을 수행한다.

두 번째 방법은 유의확률을 사용하며 다음과 같이 유의성 검정을 수행한다.

- $H_0 : \pi_1 \geq \pi_2$ 또는 $H_0 : \pi_1 \leq \pi_2$ 인 경우, 유의확률이 유의수준보다 작으면 H_0을 기각
- $H_0 : \pi_1 = \pi_2$ 인 경우, 유의확률(단측극단확률×2)이 유의수준보다 작으면 H_0을 기각

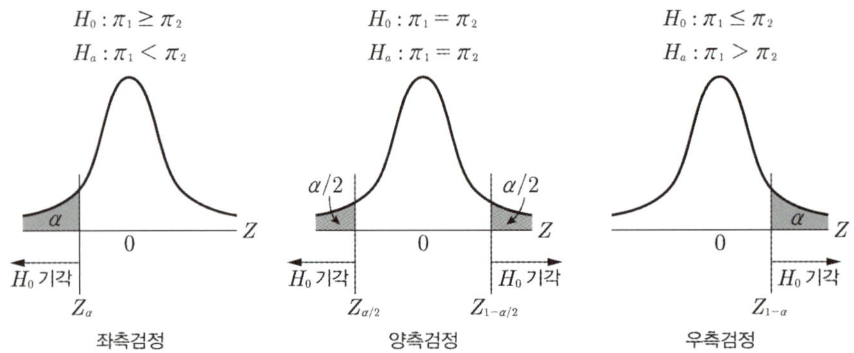

[그림 9-4] 두 모비율 가설검정의 기각역

예제 9-3

포장디자인의 테스트 마케팅: A 제조업체는 제품의 매출 증가를 위해 새로운 포장지를 도입할 예정이다. 포장디자인1은 다른 브랜드와 구별하기 위한 밝은 파스텔색을 사용하고, 포장디자인2는 회사 로고만이 표시된 백색 바탕을 사용하려고 한다. 마케팅 담당자는 두 슈퍼마켓에서 1주일간 각 제품을 판매하기로 하였다. 슈퍼마켓1에서는 포장디자인1의 제품만을 판매하고 슈퍼마켓2에서는 포장디자인2의 제품만을 판매하기로 했을 때 다음과 같은 결과를 얻었다. 경영진은 밝은 파스텔색의 디자인을 사용해야 하는가 아니면 저비용의 단순한 백색 디자인을 사용해야 하는가?

- 포장디자인1(파스텔색): $n_1 = 904,\ X_1 = 180$
- 포장디자인2(백색): $n_2 = 1038,\ X_2 = 155$

풀이

(1) 디자인1이 디자인2보다 더 많이 판매된다는 결론을 내릴 수 있는가?

① 가설: $H_0 : \pi_1 \le \pi_2,\ H_a : \pi_1 > \pi_2$

② 유의수준: 0.05

③ 검정통계량: $p_1 = \dfrac{180}{904} = 0.20,\ p_2 = \dfrac{155}{1038} = 0.15,\ \bar{p} = \dfrac{x_1 + x_2}{n_1 + n_2} = 0.17$이므로

$$Z_0 = \frac{(p_1 - p_2)}{\sqrt{\bar{p}(1-\bar{p})\left(\dfrac{1}{n_1} + \dfrac{1}{n_2}\right)}} = 2.90$$

④ 유의성 검정

- 기각역 방법: 기각역은 $Z > Z_{0.95} = 1.645$; $Z_0 = 2.90 > 1.645$이므로 H_0 기각
- 유의확률 방법: 유의확률 $p(Z \ge 2.90) = 0.0019$가 유의수준 0.05보다 작으므로 H_0 기각

⑤ 결론: 디자인1(파스텔색)의 판매가 디자인2보다 더 많다고 판단할 충분한 근거가 있으므로 디자인1을 사용한다.

(2) 디자인1(밝은색)의 추가 비용 때문에 디자인1의 제품이 디자인2의 제품보다 3% 이상 더 판매되어야 선택될 수 있다고 가정하는 경우에도, 밝은색 디자인1을 채택해야 하는가?

① 가설: $H_0 : \pi_1 - \pi_2 \le 0.03,\ H_a : \pi_1 - \pi_2 > 0.03$

② 유의수준: 0.05

③ 검정통계량: $$Z_0 = \frac{(p_1 - p_2) - 0.03}{\sqrt{\dfrac{p_1(1-p_1)}{n_1} + \dfrac{p_2(1-p_2)}{n_2}}} = 1.14$$

④ 유의성검정:

- 기각역 방법: 기각역은 $Z > Z_{0.95} = 1.645$; $Z_0 = 1.14 < 1.645$이므로 H_0 기각 못함
- 유의확률 방법: 유의확률 $P(Z \ge 1.14) = 0.1271$가 유의수준 0.05보다 크므로 H_0 기각 못함

⑤ 결론: 디자인1(밝은색)의 판매가 디자인2보다 3% 많다고 판단할 충분한 근거가 없으므로 디자인1을 채택할 수 없다.

04 두 모분산 가설검정

1 F 분포의 이해

'단일 모집단의 분산'에 관한 가설검정이 χ^2 분포를 이용하는 반면, '두 모집단의 분산 비율'에 관한 가설검정은 F 분포를 이용한다.

F 분포의 확률밀도함수는 다음과 같이 정의된다.

$$F_{(n_1-1,\, n_2-1)} = \frac{\chi_1^2/(n_1-1)}{\chi_2^2/(n_2-1)}$$

- 조금만 생각해보면 F분포는 각각의 "단일모집단의 분산"을 설명하는 χ^2의 비(ratio)임을 쉽게 파악할 수 있다. 다만 자유도를 사용하여 약간의 보정이 이루어졌을 뿐이다. 심지어 $n_1 = n_2$라면 보정도 필요 없다.
- 분산은 음수가 될 수 없으므로 두 표본의 분산 **차(difference)**가 아니라 **비(ratio)**로 접근해야 한다. 이러한 F 분포의 경우 두 모분산이 서로 비슷할수록 F 값은 (0이 아니라) 1에 접근하리라 예상할 수 있다.
- F 분포는 두 모분산을 비교할 때뿐만 아니라 나중에 배울 분산분석과 **회귀분석(regression analysis)**을 위해서도 사용된다.

F분포의 모양은 [그림 9-5]와 같이 두 개의 자유도 (n_1-1)과 (n_2-1)을 **파라미터(parameter)**로 받아 그 형태가 결정된다.

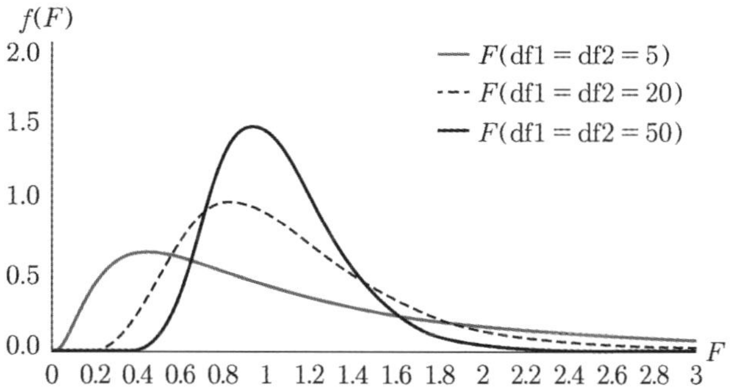

[그림 9-5] F**분포의 자유도에 따른 확률밀도함수 변화**

- 이것도 χ^2가 하나의 자유도 $n-1$을 **파라미터(parameter)**로 받아 그 형태가 결정되는 것과 매우 유사하다.

F분포는 연속함수로 F값은 0부터 ∞까지의 무한한 값을 가지며, F값은 언제나 양수의 값을 갖는 오른쪽 꼬리분포이다.

- 두 개의 자유도가 작을 때는 우측 꼬리가 길지만, 두 개의 자유도가 커지면 정규분포에 점점 근사한다(❷).
- χ^2 분포와 마찬가지로 비대칭적인 형태이며, F값이 증가할 때 $f(F)$ 곡선은 x축에 접근하지만 절대로 닿지는 않는다.
- F 분포는 기본적으로 χ^2 분포를 이용하므로 당연히 정규성 가정이 요구된다. χ^2 분포에 익숙해지면 F 분포에 대해서도 여러모로 쉽게 이해할 수 있다.

F분포의 확률 계산 및 임계값은 엑셀함수 또는 부록의 F분포표를 이용하여 확인한다.

여기서 잠깐 F 분포의 유래

F 분포는 이를 발견한 Ronald Fisher의 이름을 따서 만들어졌다. Fisher는 6세 무렵에 이미 수학에 몰두하기 시작하여 22살에는 최대우도법(Maximum Likelihood Estimation)을 정식화했다. 그는 우리가 앞서 배운 유의확률(p-value), F 분포, 가설검정의 논리뿐만 아니라, 나중에 배울 분산분석(analysis of variance; ANOVA)을 고안하는 등 통계학의 발전에 크게 기여하였다.

2 두 모분산 비교 가설검정 절차

1. 가설 설정

두 모분산 중 어느 쪽 값이 큰지 가설을 세워 다음과 같이 표현할 수 있다. 이때 σ_1^2은 첫 번째 모분산이고 σ_2^2은 두 번째 모분산이다.

(좌측검정)	(양측검정)	(우측검정)
$H_0 : \dfrac{\sigma_1^2}{\sigma_2^2} \geq 1$	$H_0 : \dfrac{\sigma_1^2}{\sigma_2^2} = 1$	$H_0 : \dfrac{\sigma_1^2}{\sigma_2^2} \leq 1$
$H_a : \dfrac{\sigma_1^2}{\sigma_2^2} < 1$	$H_a : \dfrac{\sigma_1^2}{\sigma_2^2} \neq 1$	$H_a : \dfrac{\sigma_1^2}{\sigma_2^2} > 1$

2. 유의수준 설정

유의수준으로 10% ($\alpha = 0.1$), 5% ($\alpha = 0.05$), 1% ($\alpha = 0.01$), 0.1% ($\alpha = 0.001$) 중 선택한다.

3. 검정통계량 산출

앞에서 설명하였듯이 표본분산 그 자체에 관한 이론적 확률분포는 없다. 그러나 표본분산과 모분산의 비에 자유도를 곱한 확률변수는 χ^2 분포를 따른다(물론 모집단에 대해 정규성 가정을 필요로 한다).

$$\chi^2 = \frac{(n-1)s^2}{\sigma^2} \sim \chi^2_{n-1}$$

두 모분산 가설검정은 두 개의 모집단의 분산을 비교하는 상황이므로, 두 개 확률변수 χ_1^2 와 χ_2^2 의 비율을 다음과 같이 계산할 수 있고, 이 확률변수는 F 분포를 따르는 것으로 알려져 있다.

$$F = \frac{\chi_1^2/(n_1-1)}{\chi_2^2/(n_2-1)} = \frac{\dfrac{(n_1-1)s_1^2}{\sigma_1^2}\Big/(n_1-1)}{\dfrac{(n_2-1)s_2^2}{\sigma_2^2}\Big/(n_2-1)} = \frac{s_1^2}{s_2^2} \sim F_{n_1-1, n_2-1}$$

4. 유의성 검정

첫 번째 방법은 기각역을 사용하며 다음과 같이 유의성 검정을 수행한다.

- $H_0 : \sigma_1^2 \geq \sigma_2^2$ (또는 $H_0 : \dfrac{\sigma_1^2}{\sigma_2^2} \geq 1$)이면 좌측검정(검정통계량이 임계값 왼쪽에 있으면 H_0을 기각)을 수행한다.
- $H_0 : \sigma_1^2 = \sigma_2^2$ (또는 $H_0 : \dfrac{\sigma_1^2}{\sigma_2^2} = 1$)이면 양측검정(검정통계량이 양쪽 임계값 바깥에 있으면 H_0을 기각)을 수행한다.
- $H_0 : \sigma_1^2 \leq \sigma_2^2$ (또는 $H_0 : \dfrac{\sigma_1^2}{\sigma_2^2} \leq 1$)이면 우측검정(검정통계량이 임계값 오른쪽에 있으면 H_0을 기각)을 수행한다.

두 번째 방법은 유의확률을 사용하며 다음과 같이 유의성 검정을 수행한다.

- $H_0 : \sigma_1^2 \geq \sigma_2^2$ 또는 $H_0 : \sigma_1^2 \leq \sigma_2^2$ 인 경우, 유의확률이 유의수준보다 작으면 H_0을 기각
- $H_0 : \sigma_1^2 = \sigma_2^2$ 인 경우, 유의확률(단측극단확률×2)이 유의수준보다 작으면 H_0을 기각

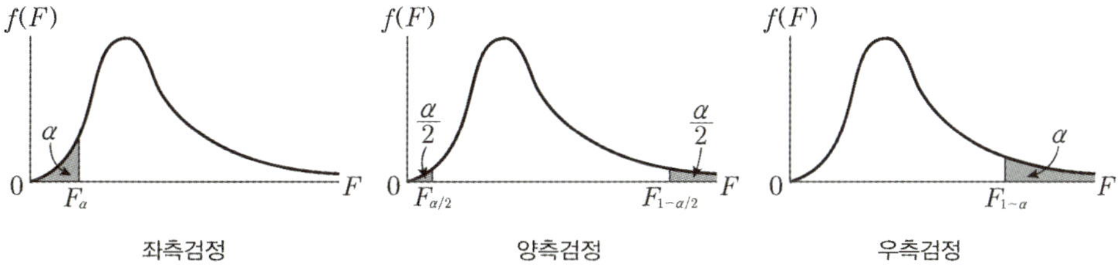

[그림 9-6] 두 모분산 가설검정의 기각역

여기서 주의할 부분은 χ^2 분포와 마찬가지로 F 분포 역시 좌우대칭이 아니므로 양측검정에서 유의확률을 원칙상 단측극단확률×2로 계산해서는 안 된다는 점이다.

- 다만 두 표본크기가 충분히 크면($n_1 > 100$, $n_2 > 100$) F 분포도 좌우대칭에 상당히 근접하므로 계산 편의상 단측극단확률×2를 대신 사용할 수 있다.

예제 9-4

표본 크기가 각각 16과 21인 두 집단이 주어져 있고 분산을 비교하기 위해 가설검정을 수행하고자 한다. 유의수준을 0.05로 하여 검정통계량 F를 계산하고 ① 우측검정인 경우의 기각역과 ② 양측검정인 경우의 기각역을 각각 그리시오.

풀이

표본크기 16, 21이고 유의수준 0.05의 경우, $n_1 = 16$, $n_2 = 21$, $\alpha = 0.05$ 이므로,

(1) 우측검정의 경우

- 임계값: $F_{df1, df2, \alpha} = F_{15, 20, 0.95} = 2.2$; $P(F_{15,20} > 2.2) = 0.05$
- 기각역: $F > 2.2$

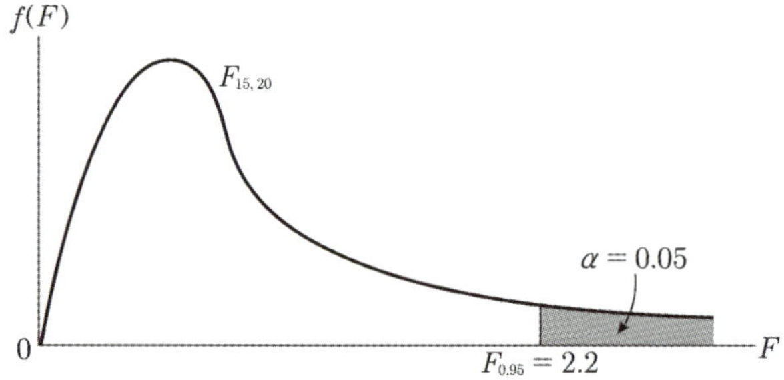

(2) 양측검정의 경우

- 임계값: 하한은 $F_{15, 20, 0.025} = 0.36$, 상한은 $F_{15, 20, 0.975} = 2.57$
- 기각역: $F < 0.36$ 또는 $F > 2.57$

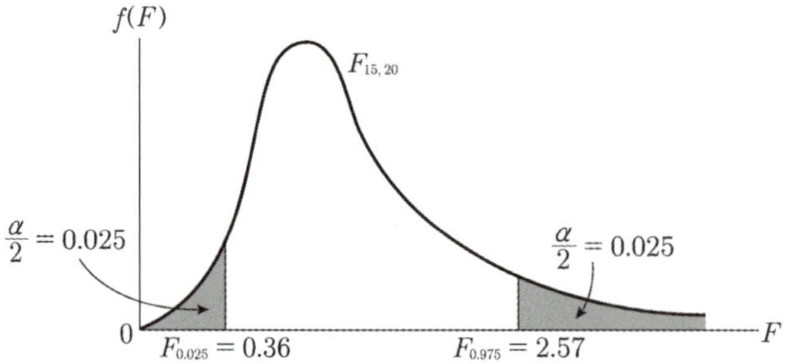

심층탐구 F 검정통계량 계산과 단측검정의 방향성

연구자가 F 검정으로 가설검정하고자 하는 대상은 두 모집단의 분산 **비율(ratio)** $\frac{\sigma_1^2}{\sigma_2^2}$ 임을 기억해야 한다. 그러므로 정규분포하는 각각의 모집단에서 (서로 독립이라고 전제된) 임의표본 두 개를 추출한 뒤, 모분산의 **불편추정량** S_1^2과 S_2^2을 다음과 같이 각각 계산할 수 있다.

$$S_1^2 = \frac{\sum(X_1 - \overline{X}_1)^2}{n_1 - 1} \quad \text{그리고} \quad S_2^2 = \frac{\sum(X_2 - \overline{X}_2)^2}{n_2 - 1}$$

자연스럽게 F 값은 다음과 같이 단순화된다(?).

$$F_{(n_1-1,\, n_2-1)} = \frac{S_1^2}{S_2^2}$$

검정통계량 F 값은 **비(ratio)**이기 때문에 어느 쪽이 분자/분모가 되는지에 따라 F 값이 달라진다. 단측검정의 경우 많은 교재에서 분산이 큰 쪽을 분자에 위치하도록 안내한다. 그러면 반드시 F 값은 1보다 커지므로 좌측검정은 사라지고 다음과 같이 오로지 우측검정만 생각하면 되므로 보다 편리하다(?).

$$H_0 : \frac{\sigma_1^2}{\sigma_2^2} \le 1$$

$$H_a : \frac{\sigma_1^2}{\sigma_2^2} > 1$$

예제 9-5

용기에 액체를 채우는 두 기계의 품질을 비교하기 위해 각 기계를 사용하여 1리터 용기에 주입된 액체량을 기록하였다. 기계2가 기계1보다 액체 투입량의 일관성에서 더 우월하다고 유의수준은 5%에서 추론할 수 있는가?

$$n_1 = n_2 = 25,\ S_1{}^2 = 0.6333,\ S_2{}^2 = 0.4528$$

풀이

① 가설: $H_0 : \dfrac{\sigma_1^2}{\sigma_2^2} \leq 1,\ \ H_a : \dfrac{\sigma_1^2}{\sigma_2^2} > 1$

② 유의수준: 0.05

③ 검정통계량: $F = \dfrac{s_1^2}{s_2^2} \sim F_{\nu_1, \nu_2} \qquad F_0 = \dfrac{s_1^2}{s_2^2} = \dfrac{0.6333}{0.4528} = 1.40$

④ 유의성 검정:

- 기각역 방법: 임계값 $F_{1-\alpha, 24, 24} = F_{0.95, 24, 24} = 1.98$; 기각역 $F > 1.98$

  $F_0 = 1.40 < 1.98$이므로 H_0 기각할 수 없음

- 유의확률 방법: 유의확률 $P(F_{24,24} \geq 1.40) = 0.2079$

  유의확률이 유의수준 0.05보다 크므로 H_0 기각할 수 없음

⑤ 결론: 기계2의 품질이 기계1보다 우월하다고 할 만한 충분한 근거가 없다.

예제 9-6

K군은 석사학위 논문으로 고교과정에서 일체의 시험을 없애는 프로그램의 부작용에 관한 연구를 수행하고 있다. 그는 이 프로그램을 실시 중인 고등학교에서 1학년 학생 성적의 차이가 이제 2학년이 되면 더 커질 것이라고 예상한다. 현재까지 조사한 바에 따르면 두 학년의 성적분포는 정규분포한다. 1학년에서 7명, 2학년에서 9명을 임의로 뽑아 각각의 성적의 분산을 조사하여 본 결과 1학년 분산은 9.0, 2학년의 분산은 19.8이었다. K군을 위한 영가설과 대립가설을 제시하고, 5% 유의수준에서 검정하시오.

풀이

① 가설: $H_0 : \dfrac{\sigma_2^2}{\sigma_1^2} \leq 1,\ \ H_a : \dfrac{\sigma_2^2}{\sigma_1^2} > 1$ (1, 2학년 분산의 분모/분자 위치에 주의)

② 유의수준: 0.05

③ 검정통계량: $F_0 = \dfrac{S_2^2}{S_1^2} = \dfrac{19.8}{9.0} = 2.195$

④ 유의성 검정: (F 분포의 자유도가 분자, 분모 각각 8, 6임에 주의)

- 기각역 방법: 임계값 $F_{1-\alpha, 8, 6} = F_{0.95, 8, 6} = 4.15$; 기각역 $F > 4.15$

  $F_0 = 2.195 < 4.15$ 이므로 H_0 기각할 수 없음

- 유의확률 방법: 유의확률 $P(F_{8,6} \geq 2.195) = 0.177$

  유의확률이 유의수준 0.05보다 크므로 H_0 기각할 수 없음

⑤ 결론: 1학년 학생 성적의 차이가 2학년이 되면 더 커질 것이라고 할 만한 충분한 근거가 없다.

05 등분산 검정 이후 모평균 비교

두 독립표본의 모평균을 비교할 때 모분산을 알지 못하는 경우, 두 집단의 모분산이 같은지 여부를 판단해야 한다.

- 우리는 이제 두집단 모분산 가설검정 방법을 알고 있으므로, 모분산 가설검정 결과에 따라 등분산/이분산 가정을 판단한 후, 두 모평균을 비교하는 가설검정 절차를 진행할 수 있다.

예제 9-7

뮤추얼펀드는 직접 구매할 수도 있지만, 브로커를 통해서도 구매할 수 있다. 그럼 브로커를 통해 뮤추얼펀드를 구매하는 것이 직접 구매하는 것보다 더 좋은 투자성과를 얻을 수 있는가? 유의수준 0.05에서 검정해보자(기각역 방법 활용).

- 브로커: $n_1 = 50$, 표본평균 6.63, 표본분산 37.49
- 직접: $n_2 = 50$, 표본평균 3.72, 표본분산 43.34

풀이

[단계1] 분산의 동질성 검정

① 가설: $H_0 : \dfrac{\sigma_2^2}{\sigma_1^2} \leq 1$, $H_a : \dfrac{\sigma_2^2}{\sigma_1^2} > 1$

② 유의수준: 0.05

③ 검정통계량: $F_0 = \dfrac{S_2^2}{S_1^2} = \dfrac{43.34}{37.49} = 1.16$

④ 유의성 검정: 임계값 $F_{1-\alpha,49,49} = F_{0.95,49,49} = 1.61$; 기각역 $F > 1.61$

$F_0 = 1.16 < 1.61$ 이므로 H_0 기각할 수 없음

⑤ 결론: 분산이 다르다고 할만한 충분한 근거가 없다. 따라서 등분산을 채택한다.

[단계2] 등분산 가정하에 모평균 차이 검정

① 가설: $H_0 : \mu_1 - \mu_2 = 0$, $H_1 : \mu_1 - \mu_2 > 0$

② 유의수준: 0.05

③ 검정통계량: $t = \dfrac{(\overline{x_1} - \overline{x_2}) - (\mu_1 - \mu_2)}{\sqrt{s_p^2(\frac{1}{n_1} + \frac{1}{n_2})}}, \nu = n_1 + n_2 - 2$

$$t_0 = \frac{(6.63 - 3.72) - 0}{\sqrt{40.42(\frac{1}{50} + \frac{1}{50})}} = 2.29$$

④ 유의성 검정: 기각역 $t > t_{1-\alpha,98} = t_{0.95,98} = 1.66$

$t_0 = 2.29 > 1.66$ 이므로 H_0 기각

⑤ 결론: 브로커를 통한 구매의 투자성과가 직접구매보다 좋다.

예제 9-8

가족경영기업에서 새로운 CEO로 기업대표의 자녀가 될 때와 외부 전문경영인을 영입할 때 경영성과(영업이익률)가 다른가? 유의수준 0.05에서 검정해보자(유의확률 방법 활용).

- 자녀: $n_1 = 42$ 표본평균 -.10 표본분산 3.79
- 전문경영인: $n_2 = 98$ 표본평균 1.24 표본분산 8.03

풀이

[단계1] 분산의 동질성 검정

① 가설: $H_0 : \dfrac{\sigma_2^2}{\sigma_1^2} \le 1$, $H_a : \dfrac{\sigma_2^2}{\sigma_1^2} > 1$

② 유의수준: 0.05

③ 검정통계량: $F_0 = \dfrac{S_2^2}{S_1^2} = \dfrac{8.03}{3.79} = 2.12$

④ 유의성 검정: 유의확률 $P(F_{97,41} \geq 2.12) = 0.004$이 유의수준 0.05보다 작으므로 H_0 기각

⑤ 결론: 분산이 다르다고 할만한 충분한 근거가 있다. 따라서 이분산을 채택한다.

[단계2] 이분산 가정하에 모평균 차이 검정

① 가설: $H_0 : \mu_1 - \mu_2 = 0,\ H_a : \mu_1 - \mu_2 \neq 0$

② 유의수준: 0.05

③ 검정통계량: $t = \dfrac{(\overline{X_1} - \overline{X_2}) - (\mu_1 - \mu_2)}{\sqrt{\left(\dfrac{s_1^2}{n_1} + \dfrac{s_2^2}{n_2}\right)}}$, $\nu = \dfrac{(s_1^2/n_1 + s_2^2/n_2)^2}{\dfrac{(s_1^2/n_1)^2}{n_1 - 1} + \dfrac{(s_2^2/n_2)^2}{n_2 - 1}}$

$$t_0 = \frac{(-.10 - 1.24) - 0}{\sqrt{\left(\dfrac{3.79}{42} + \dfrac{8.03}{98}\right)}} = 3.22,\quad \nu = \frac{(s_1^2/n_1 + s_2^2/n_2)^2}{\dfrac{(s_1^2/n_1)^2}{n_1 - 1} + \dfrac{(s_2^2/n_2)^2}{n_2 - 1}} = \frac{0.0296}{\dfrac{0.0067}{97} + \dfrac{0.0081}{41}} = 110.7$$

④ 유의성 검정: 유의확률 $P(|t_{110.7}| \geq 3.22) = 0.0008 \times 2 = 0.0017$이 유의수준 0.05보다 작으므로 H_0 기각

⑤ 결론: 새로운 CEO로 기업대표의 자녀가 될 때와 외부 전문경영인을 영입할 때 경영성과(영업이익률)가 다르다고 판단한다.

Q & A

Q1 두 모평균에 관한 가설검정에서의 검정통계량과 단일모평균에 관한 가설검정에서의 검정통계량을 비교해보라고 하셨습니다. 비교해보니 단일모평균에서 $\overline{X}$ 부분이 두 모평균에서는 $(\overline{X_1}-\overline{X_2})$이 되고, 단일모평균에서 $\sqrt{\sigma^2/n}$ 부분이 두 모평균에서는 $\sqrt{\left(\frac{s_1^2}{n_1}+\frac{s_2^2}{n_2}\right)}$이 되는 것 같습니다. 맞나요?

A1 맞습니다. 실제로 그것만 다르고 나머지는 모두 똑같습니다. 왜 그렇게 되는지도 아주 쉬운 예를 들어 살펴보겠습니다. 단순한 두 모집단 $X=\{10,\ 20,\ 30\}$과 $Y=\{20,\ 30,\ 40\}$이 있다고 하겠습니다. 그 표본평균 차(difference)의 기대값과 분산을 계산해보지요.

모집단1(X)		
10	20	30
	모평균:	20
	모분산:	66.67

모집단2(Y)		
20	30	40
	모평균:	30
	모분산:	66.67

그러면 각 모집단으로부터 표집 가능한 모든 표본크기 2인 표본분포는 다음과 같겠지요.

X_1	X_2	표본평균($\overline{X}$)
10	10	10
10	20	15
10	30	20
20	10	15
20	20	20
20	30	25
30	10	20
30	20	25
30	30	30

Y_1	Y_2	표본평균($\overline{Y}$)
20	20	20
20	30	25
20	40	30
30	20	25
30	30	30
30	40	35
40	20	30
40	30	35
40	40	40

이제 표본평균들의 확률분포는 다음과 같습니다.

표본평균($\overline{X}$)	확률($P(\overline{X})$)
10	1/9
15	2/9
20	3/9
25	2/9
30	1/9

표본평균($\overline{Y}$)	확률($P(\overline{Y})$)
20	1/9
25	2/9
30	3/9
35	2/9
40	1/9

이제 표본평균 차($\overline{Y}-\overline{X}$)의 확률분포도 한 번 구해보겠습니다. 마치 교차표처럼 생겼다는 점에 주의해주세요.

표본평균의 차, $\overline{Y}-\overline{X}$					
	20	25	30	35	40
10	10	15	20	25	30
15	5	10	15	20	25
20	0	5	10	15	20
25	−5	0	5	10	15
30	−10	−5	0	5	10

표본평균 차의 확률, $P(\overline{Y}-\overline{X})$						
	20	25	30	35	40	
10	1/81	2/81	3/81	2/81	1/81	
15	2/81	4/81	6/81	4/81	2/81	
20	3/81	6/81	9/81	6/81	3/81	
25	2/81	4/81	6/81	4/81	2/81	
30	1/81	2/81	3/81	2/81	1/81	1

이제 사건과 그에 대응하는 확률을 알고 있으므로 기대값과 분산을 구할 수 있습니다. 즉 표본평균 차($\overline{Y}-\overline{X}$)의 기대값과 분산인데요. 첫 셀의 경우 기대값 $10\times 1/81=10/81$, 분산 $(10-10)^2\times 1/81=0$로 계산하고, 다른 셀들도 동일한 방법으로 계산한 후 전체 셀들은 합산합니다.

표본평균 차의 기대값, $E(\overline{Y}-\overline{X})$						
	20	25	30	35	40	
10	10/81	30/81	60/81	50/81	30/81	
15	10/81	40/81	90/81	80/81	50/81	
20	0/81	30/81	90/81	90/81	60/81	
25	−10/81	0/81	30/81	40/81	40/81	
30	−10/81	−10/81	0/81	10/81	10/81	810/81

표본평균 차의 분산, $Var(\overline{Y}-\overline{X})$						
	20	25	30	35	40	
10	0/81	50/81	310/81	450/81	400/81	
15	50/81	0/81	150/81	400/81	450/81	
20	300/81	150/81	0/81	150/81	300/81	
25	450/81	400/81	150/81	0/81	50/81	
30	400/81	450/81	300/81	50/81	0/81	5400/81

표본평균 차($\overline{Y}-\overline{X}$)의 기대값은 $\frac{810}{81}=10$, 분산은 $\frac{5400}{81}=66.67$이 산출되었네요. 그런데 이는 다음과 같지요.

$$E(\overline{Y}-\overline{X})=E(\overline{Y})-E(\overline{X})=20-10=10$$

$$Var(\overline{Y}-\overline{X})=Var(\overline{Y})+Var(\overline{X})=\frac{Var(Y)}{n_1}+\frac{Var(X)}{n_2}=\frac{66.67}{2}+\frac{66.67}{2}=66.67$$

즉 두 모집단 표본평균의 차$(\overline{Y}-\overline{X})$의 분포에서 기대값은 $\mu_1-\mu_2$이고 분산은 $\frac{\sigma_1^2}{n_1}+\frac{\sigma_2^2}{n_2}$임이 입증되었네요.

과제

01 다음 각 경우에 대한 적절한 답을 찾으시오(괄호 안의 숫자는 자유도).

(1) P(F(2, 3) > F_0)=0.05, F_0=?

(2) P(F(3, 2) > F_0)=0.05, F_0=?

(3) P(F(2, 3) < F_0)=0.05, F_0=? F_0=1/F(0.95, 3, 2)=?

(4) P(F(9, 7) < F_0)=0.1, F_0=? F_0=1/F(0.9, 7, 9)=?

02 (예제 9-1)의 온라인 콘텐츠 교육성과 문제는 등분산/이분산 중 어떤 검정을 해야 할지 두 집단 모분산 검정을 통해 판단하시오.

> 온라인 수업이 확산되면서 콘텐츠 유형별 교육 성과에 대한 관심이 높아졌다. 경영학의 전통적 콘텐츠보다 게임형 콘텐츠를 이용한 교육이 성과가 큰지 확인하고자 두 유형의 콘텐츠를 사용하는 수업 학생들의 향상 점수를 각각 평가한 결과, 다음과 같은 결과를 얻었다.
>
> - 전통적: $n_1 = 30$, 표본평균 0, 표본표준편차 5
> - 게임형: $n_2 = 30$, 표본평균 5, 표본표준편차 4

(1) 가설설정:

(2) 유의수준 설정:

(3) 검정통계량 산출:

(4) 유의성 검정:

(5) 해석 및 결론:

03 A, B 두 브랜드 배터리의 평균수명을 비교하기 위해서 두 브랜드의 배터리 수명 자료를 조사한 결과 다음과 같은 결과를 얻었다(두 모집단의 배터리 수명은 정규분포를 보이며 분산은 알려져 있다).

> - A브랜드: n_1=40, 표본평균 810시간, 모표준편차 100
> - B브랜드: n_2=50, 표본평균 850시간, 모표본편차 50

다음 질문에 대하여 유의수준 0.05에서 가설검정하시오.

(1) 두 배터리의 평균수명이 같다고 할 수 있는가?

(2) 두 배터리의 수명 차이가 50시간이라고 할 수 있는가?

- 두 배터리의 평균수명이 같은지 검정
  ① 가설설정:
  ② 유의수준 설정:
  ③ 검정통계량 산출:
  ④ 유의성 검정:
  ⑤ 해석 및 결론:
- 두 배터리의 평균수명 차이가 50시간인지 검정
  ① 가설설정:
  ② 유의수준 설정:
  ③ 검정통계량 산출:
  ④ 유의성 검정:
  ⑤ 해석 및 결론:

04 수능점수의 지역별 편차가 큰지를 파악하기 위해 J지역과 K지역 학생들을 조사하여 다음과 같은 결과를 얻었다. 두 지역의 수능 평균점수에 차이가 있는지 분산의 가설검정 결과에 근거하여 모평균 비교를 위한 가설을 검정하시오. (유의수준 0.05)

- J지역: $n_1=90$, 표본평균 76.4 표본표준편차 8.2
- K지역: $n_2=100$, 표본평균 81.2 표본표준편차 7.6

(1) 분산의 동질성 비교

① 가설설정:
② 유의수준 설정:
③ 검정통계량 산출:
④ 유의성 검정:
⑤ 해석 및 결론:

(2) 모평균 비교

① 가설설정:

② 유의수준 설정:

③ 검정통계량 산출:

④ 유의성 검정:

⑤ 해석 및 결론:

05 갑작스러운 전염병의 발생으로 새로운 치료제가 필요하게 되어 제약회사들이 서둘러 신약을 개발하기 시작했다. 이들 치료제는 치료 효과 발현시간이 매우 중요하다. 따라서 두 회사의 제품 S와 T의 치료 효과를 비교하기 위해 각 30명씩 효과가 나타나는 시간을 측정하였다. 효과발현시간에 차이가 있는지 검정하시오(유의수준은 분산의 동질성은 5%, 평균비교는 1%를 고려).

- 치료제 S: $n_1=30$ $\overline{X_1}=11.4$ $s_1^2=18.93$
- 치료제 T: $n_2=30$ $\overline{X_2}=12.3$ $s_2^2=9.57$

(1) 분산의 동질성 비교

① 가설설정:

② 유의수준 설정:

③ 검정통계량 산출:

④ 유의성 검정:

⑤ 해석 및 결론:

(2) 모평균 비교

① 가설설정:

② 유의수준 설정:

③ 검정통계량 산출:

④ 유의성 검정:

⑤ 해석 및 결론:

06 공장 12개소에서 사고방지 프로그램을 운영하면서 프로그램의 효과가 있는지 사고로 인하여 손실되는 작업시간을 프로그램 운영 전후로 측정하였다. 다음 데이터는 공장별 운영전 손실시간과 운영 후 손실시간의 차이($d_{X_1-X_2}$)를 계산한 결과이다. 사고로 인한 손실 작업시간이 프로그램의 운영 후 감소하였다고 할 수 있는가? (유의수준 0.05)

5	−2	8	3	7	−4	6	5	5	−5	0	8

① 가설설정:

② 유의수준 설정:

③ 검정통계량 산출:

④ 유의성 검정:

⑤ 해석 및 결론:

07 독감을 예방하는 신약이 개발되었는데, 성별로 약효가 차이가 있는지 확인하고자 임상시험을 통해 다음 결과를 얻었다(x=약효가 있는 표본수). 신약이 남성과 여성에 동일하게 효과가 있는지 유의수준 0.05에서 검정하시오.

- 남성: $n_1=200$, $x_1=102$
- 여성: $n_2=100$, $x_2=38$

① 가설설정:

② 유의수준 설정:

③ 검정통계량 산출:

④ 유의성 검정:

⑤ 해석 및 결론:

08 주식투자를 고려하는 고객들에게 주식의 수익률 변동성은 위험성의 지표이기 때문에 매우 중요하다. 다음의 정보를 이용하여 P기업과 Q기업에의 투자를 고려하고 있는 고객을 대신하여 P기업과 Q기업이 주식수익률의 변동성(분산)에 차이가 있는지 유의수준 5%에서 검정하시오.

- P기업: $n_1=41$, 표본분산 9.4
- Q기업: $n_2=31$, 표본분산 6.8

① 가설설정:

② 유의수준 설정:

③ 검정통계량 산출:

④ 유의성 검정:

⑤ 해석 및 결론:

Chapter

10

분산분석

학습목표

1. 세 그룹 이상의 평균을 비교하는 분석 방법인 분산분석을 개념적으로 이해한다.
2. 분산분석의 기초인 분산의 역할을 이해하고 분해할 수 있다.
3. 그룹 간 변동 및 그룹 내 변동 제곱합, 평균제곱을 산출하여 분산분석표를 구성할 수 있다.
4. 일원분산분석을 이용하여 세 그룹 이상의 모평균이 같은지 가설을 검정할 수 있다.

01 분산분석의 개념적 이해

1 기본 개념

분산분석(Analysis of Variance; ANOVA)은 서로 다른 **처리**(treatment) 또는 **그룹**(group)의 결과 변수를 관측하여 처리/그룹별 반응에 차이가 있는가를 분석하는 방법이다.

- 분산분석은 여러 분석 기법들의 모음으로, 특히 심리학(그리고 경영학 일부)에서는 매우 심도있게 연구되어 왔다.

여러 그룹 사이에서 평균을 비교하는 **일원분산분석**(one-way ANOVA)은 분산분석 가운데 가장 기초가 되는 부분이다. 이 기법을 통해 2개 이상의 모집단의 평균에 관한 귀무가설을 검정할 수 있다.

- 분산분석을 통해 명목척도로 측정된 X와 등간 또는 비율척도로 측정된 Y 사이의 연관성을 살펴볼 수 있다.
- 예컨대, 제품의 포장지를 3종(X)으로 구성하여 색상별 판매량(Y)를 비교하거나, 다국적 기업에서 소재 국가별(X) 기업에 대한 평판도 점수(Y)를 비교할 수 있다.
- 일원분산분석은 기본적인 개념을 학습하는 데 유용할 뿐만 아니라, 실무적으로도 폭넓게 많이 사용된다.

일원분산분석은 앞서 배운 t검정보다 일반화된 분석기법이다.

- t 검정을 통해 2개의 모집단 평균이 같은가($\mu_1 - \mu_2$)에 관한 가설검정을 수행하였다.
- 분산분석을 통해 2개 이상의 모집단 평균이 같은가($\mu_1 = \mu_2 = \ldots = \mu_j$)에 관한 가설검정을 수행할 수 있다.
- 하지만 연구나 실무에서는 주어진 범주의 수가 2개일 때(성별, 성인 여부, 대졸 여부 등)는 주로 t 검정을, 주어진 범주의 수가 3개 이상일 때만(예컨대, 최종학력별, 지역별, 고용조건별 등)는 주로 분산분석을 사용한다.

2 기본 용어

분산분석을 학습하기 위해서는 기초적인 용어에 먼저 친숙해질 필요가 있다. 설명의 편의상 독립변수나 종속변수와 같은 표현을 썼지만 분산분석에서는 다른 표현을 사용함에 주의하자.

- 분산분석의 맥락에서 독립변수는 **요인**(factor) 또는 **설명변수**(explanatory variable)라고 부른다. 이때, 요인은 처리 그룹의 **식별자**(identifiers)가 되므로 종종 **그룹화 요인**(grouping factor)이라고도 부른다. 물론 반드시 범주형 변수(주로 명목척도)이다.
- 종속변수는 **결과**(outcome) 또는 **반응변수**(response variable)라고 부른다. 이것은 반드시 수치형 변수가 된다.
- 일원분산분석의 경우, 분석에 사용되는 요인과 결과는 각각 한 개씩이다.

3 일원분산분석 자료구조

각 그룹의 표본들이 서로 다른 모집단으로부터 독립적으로 추출된다고 상상해보자. 아래 그림처럼 모집단이 k개라면, μ_j는 j번째 그룹의 모평균을 나타내고, 모집단의 **총평균**(grand mean)은 μ로 나타낸다.

그룹	그룹1	그룹2	…	그룹k
	모집단 1 표본	모집단 2 표본		모집단 k 표본
그룹별 모평균	μ_1	μ_2	$\cdots \mu_j \cdots$	μ_k

자료구조의 기호는 모집단인지 혹은 표본인지에 따라 달라진다.

- 다음 표에서 Y_{ij}는 j번째 그룹에서 추출된 표본의 i번째 관측치를, $\overline{Y_j}$는 j번째 그룹에서 추출된 표본의 평균을 나타내며, **표본의 총평균**(sample grand mean)은 $\overline{Y}$가 된다.

그룹	그룹1	그룹2	…	그룹k
	Y_{11} Y_{21} Y_{31} ⋮ ⋮ ⋮ $Y_{n_1 1}$	Y_{12} Y_{22} Y_{32} ⋮ ⋮ ⋮ $Y_{n_2 2}$	Y_{1j} Y_{2j} Y_{3j} ⋮ ⋮ ⋮ $Y_{n_j j}$	Y_{1k} Y_{2k} Y_{3k} ⋮ ⋮ ⋮ $Y_{n_k k}$
그룹별 표본평균	$\overline{Y_1}$	$\overline{Y_2}$	$\cdots \overline{Y_j} \cdots$	$\overline{Y_k}$

- 이때 그룹별로 표본 크기가 꼭 동일할 필요는 없다(실제 데이터를 분석할 때 그룹별 표본 크기가 같은 경우는 오히려 드물다).
- 일반적으로 각 그룹의 표본 크기가 n_1, n_2, $\cdots$, n_k인 경우, 전체 표본크기는 $n = n_1 + n_2 + \cdots + n_k$이 된다.

02 분산분석의 논리적 이해

1 선형모형

일원분산분석의 선형모형(linear model)은 다음과 같다.

$$Y_{ij} = \mu_j + e_{ij}$$
(단 e_{ij} = 오차항)

처리 효과(treatment effect)는 그룹별 평균과 총평균의 차이(즉, $\alpha_j = \mu_j - \mu$)이므로(❓) 이를 대입하면 다음과 같다.

$$Y_{ij} = \mu + \alpha_j + e_{ij}$$

즉, 개별 표본의 관측치 Y_{ij}는 총평균 μ과 처리효과 α_j, 그리고 오차항 e_{ij}의 합으로 구성됨을 의미한다.

- 우리가 보고 있는 결과(outcome) Y_{ij}는 사실 **그룹 간 변동** 처리효과 α_j의 산물일 뿐만 아니라,
- (처리와는 별개로 기본적으로 내재한) 일종의 기저(baseline)이라고 할 수 있는 총평균 μ과 **그룹 내 변동**에 존재하는 개별적인 무작위 오차 e_{ij}로부터 영향을 받아 나타난 것이다.

위 식은 수학적으로 일반화되어 어려울 수 있으니 (단지 3개의 그룹이 있고 각 그룹에 관측치도 3개씩 있는) 다음의 간단한 예를 살펴보자.

처리1	처리2	처리3	
$y_{11} = 2$	$y_{12} = 3$	$y_{13} = 3$	
$y_{21} = 2$	$y_{22} = 2$	$y_{23} = 2$	
$y_{31} = 5$	$y_{32} = 1$	$y_{33} = 7$	
$\bar{y}_1 = 3$	$\bar{y}_2 = 2$	$\bar{y}_3 = 4$	$\bar{y} = 3$

- 첫 번째 열(column) Y_{11}, Y_{12}, Y_{13}은 처리1 그룹의 평균 μ_1와 약간의 개별 오차항(e_{i1})의 합으로 설명될 수 있다(❓). 즉, $Y_{i1} = \mu_1 + e_{i1}$이다.
- 처리1 그룹의 평균 $\bar{y}_1$이 곧바로 처리효과를 보여주는 것이 아니라, 그것과 총평균 μ와의 차이를 통해 처리효과를 보여준다(❓). 즉, $\alpha_1 = \mu_1 - \mu$이다.
- 그러므로 $Y_{i1} = \mu_1 + e_{i1} = \mu + \alpha_1 + e_{i1}$이다.

2 분산의 분해

위에서 도출한 분산분석의 선형모형 $Y_{ij} = \mu + \alpha_j + e_{ij}$을 이용하여 다음과 같이 분산의 분해를 설명할 수 있다.

$$Y_{ij}-\mu=\alpha_j+e_{ij}$$
$$=(\mu_j-\mu)+(Y_{ij}-\mu_j)$$

- 이때, $(Y_{ij}-\mu)$는 관측치와 총평균의 편차 또는 총 변동성(total variation), $(\mu_j-\mu)$는 그룹평균과 총평균의 편차, $(Y_{ij}-\mu_j)$는 관측치와 그룹평균의 편차를 나타낸다.
- 이는 개별 관측치의 수준에서 보면, ① 관측치와 총평균의 편차가 ② 처리효과에 의한 편차와 ③ 처리 이외의 무작위 편차로 분해됨을 보여준다.

$$(Y_{ij}-\mu)=(\mu_j-\mu)+(Y_{ij}-\mu_j)$$
(관측치 − 총평균) = (그룹평균 − 총평균) + (관측치 − 그룹평균)

- 식에서 각 항을 제곱하여 합산한 **제곱합(sum of squares; SS)**을 하여도 다음 식이 성립된다(이항정리 공식 등을 를 이용하여 수학적으로 증명할 수 있다).

$$\sum(Y_{ij}-\mu)^2=\sum(\mu_j-\mu)^2+\sum(Y_{ij}-\mu_j)^2$$

- ① **전체 변동성(total variation)**을 ② 요인에 의하여 나타나는 변동성 또는 **그룹 간 변동성(between-group variation)**과 ③ 요인과 상관없는 **무작위적 변동성(random variation)** 또는 **그룹 내 변동성(within-group variation)**으로 구분하여 분해한 셈이다.

3 분산분석표

분산분석에서 가장 중요한 단계는 분산분석표를 만드는 것이므로 이 표를 채워나가면서 가설검정을 수행한다.

변동요인(Soure)	자유도(df)	제곱합(SS)	평균제곱(MS)	F
그룹간(Between)	$k-1$	SSB	$MSB=\dfrac{SSB}{k-1}$	$F=\dfrac{MSB}{MSW}$
그룹내(Within)	$n-k$	SSW	$MSW=\dfrac{SSW}{n-k}$	
총변동(Total)	$n-1$	SST		

- 첫 번째 열(변동요인)에서는 **그룹 간 변동성**, **그룹 내 변동성** 그리고 전체 변동성으로 구분한다.
- 두 번째 열(자유도)에서 ① 총변동의 자유도는 표본 크기−1, 즉 $n-1$이고, ② 그룹 간 변동성 자유도는 그룹 수−1, 즉, $k-1$이다. 마지막으로 ③ 그룹 내 변동성 자유도는 (총변동의 자유도 −그룹 간 자유도)로서 표본크기−그룹 수, 즉 $(n-1)-(k-1)=n-k$이다.

$$(n-1)=(k-1)+(n-k)$$

- 세 번째 열('제곱합')에서는 분산의 분해를 통해 산출된 $SS_{Total}=SS_{Between}+SS_{Within}$의 각 항을 제시한다.

심층탐구 **제곱합의 수계산**

컴퓨터를 사용하면 편하게 계산할 수 있지만, 제곱합이 실제로 어떻게 계산되는지 잠깐 살펴보자.

① 전체 변동(sum of squares total; SST 또는 SS_{Total}): 각 관측치가 전체 표본의 평균을 중심으로 얼마만큼 떨어져 있는가를 측정

$$SST=\sum_j\sum_i(Y_{ij}-\mu)^2=\sum_j\sum_i Y_{ij}^2-Y^2/n$$

② 그룹 간 변동(sum of squares between groups; SSB 또는 $SS_{Between}$): 각 그룹의 평균들이 총평균으로부터 얼마나 떨어져 있는가를 측정

$$SSB=\sum_j\sum_i(\mu_j-\mu)^2=\sum_j n_j(\mu_j-\mu)^2=\sum_j(Y_j^2/n_j)-Y^2/n$$

③ 그룹 내 변동(sum of squares within groups; SSW 또는 SS_{Within}): 각 그룹 내 변동성 관측치들이 소속 그룹의 평균을 중심으로 어느 정도 떨어져 있는가를 측정

$$SSW=\sum_j\sum_i(Y_{ij}-\mu_j)^2=\sum_j\sum_i(Y_{ij}^2-Y_j^2/n_i)$$

| TIP | $SS_{Total}=SS_{Between}+SS_{Within}$이므로 상대적으로 계산이 용이한 총제곱합과 그룹 간 제곱합을 산출하면, 그룹내 제곱합은 (총제곱합−그룹 간 제곱합)으로 산출한다.

- 네 번째 열('평균제곱')에는 앞의 제곱합(SS)을 자유도(df)로 나누어 **평균제곱(mean squares; MS)**을 그룹 간 변동 및 그룹 내 변동 행에 각각 입력한다.
- 여기에서 총변동에 해당하는 평균제곱(MS)은 가설검정에 필요하지 않으므로 분산분석표에 입력

하지 않는다. 참고로 이것은 Y의 분산의 **불편추정량**이다(❓).

$$MS = \frac{\sum(Y_{ij} - \mu)^2}{n-1}$$

- 이제 분산분석표의 마지막 열('F')에는 그룹 간 변동 차이를 검정하는 분산분석의 검정통계량 F가 위치하는데, F는 ① 처리효과로 설명되는(explained) 그룹 간 분산과 ② 설명되지 않는(unexplained) 그룹 내 변동성 분산의 비(ratio)이다.

$$F = \frac{MSB}{MSW} \approx \frac{\text{그룹간 차이로 인한 편차의 크기}}{\text{다른 요인에 의한 그룹내 편차의 크기}} = \frac{\text{집단 간 평균제곱}}{\text{집단 내 평균제곱}}$$

예제 10-1

다음 분산분석표의 빈칸을 채우시오.

Source	SS	df	MS	F	p
Between	9.214	3	3.071	(나)	0.010
Within	(가)	135	0.775		
Total	113.827	138			

풀이

- (가)는 SS_{Within}이므로 9.214+(가)=113.827로 알 수 있다. 또는 (가)/135=0.775로도 알 수 있다.
- (나)는 F 값이므로 3.071/0.775로 알 수 있다.

심층탐구 분산분석의 검정통계량 F 의 직관적 이해

그룹 간 변동 분산이 크고 **그룹 내 변동** 분산이 작으면 F 값이 커진다.

- [그림 10-1]처럼 표본 간에는 차이가 크고 표본 내에는 차이가 작다면, 두 표본은 서로 다르다고 할 수 있다.
- 반대로 [그림 10-2]처럼 표본 간에는 차이가 작고 표본 내에는 차이가 크다면, 두 표본은 서로 다르다고 할 수 없다.
- 따라서 F 값이 크다는 것은 두 표본이 서로 다름을 시사한다.

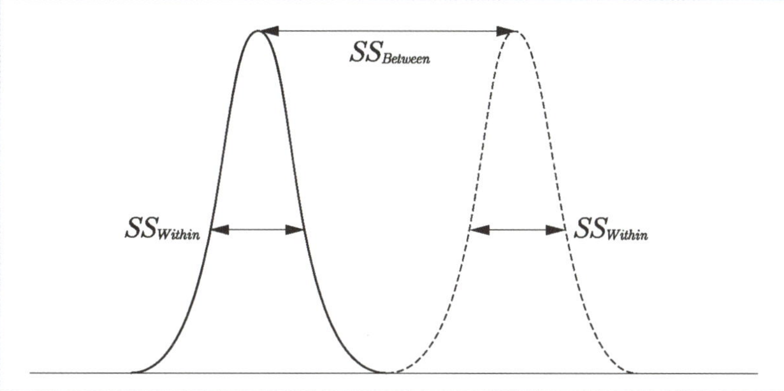

[그림 10-1] 그룹 간 변동 차이가 크고 그룹 내 변동 차이가 작은 경우

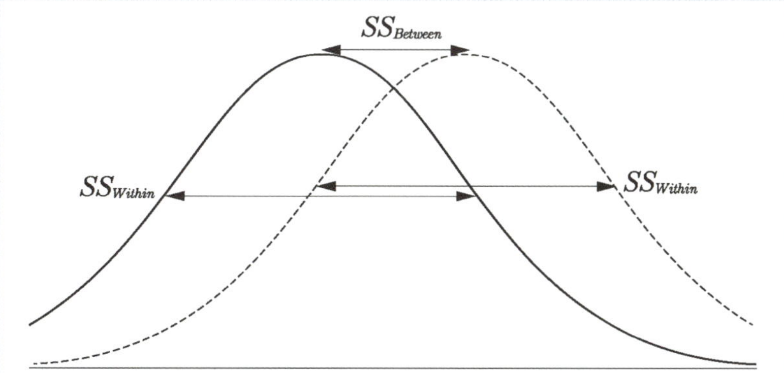

[그림 10-2] 그룹 간 변동 차이가 작고 그룹 내 변동 차이가 큰 경우

03 일원분산분석의 가설검정

인원분산분석의 가설검정 절차는 이미 학습한 단일집단, 두 집단의 모수에 관한 가설검정 절차와 유사하다.

[1단계] 가설을 설정한다: 독립적인 그룹별 모평균 비교.

$H_0 : \mu_1 = \mu_2 \cdots = \mu_k$

H_α: 적어도 한 그룹의 모평균은 같지 않다(❓).

⬇

[2단계] 유의수준 α를 설정한다: $\alpha = 0.05$

⬇

[3단계] 검정통계량을 산출한다: $F = \frac{MSB}{MSW} = \frac{SSB/(k-1)}{SSW/(n-k)}$

⬇

[4단계] 유의수준 및 분자, 분모 각각의 자유도에 따라 결정되는 $F_{(k-1,\ n-k)}$ 분포를 이용하여 기각역 또는 유의확률을 계산한다.

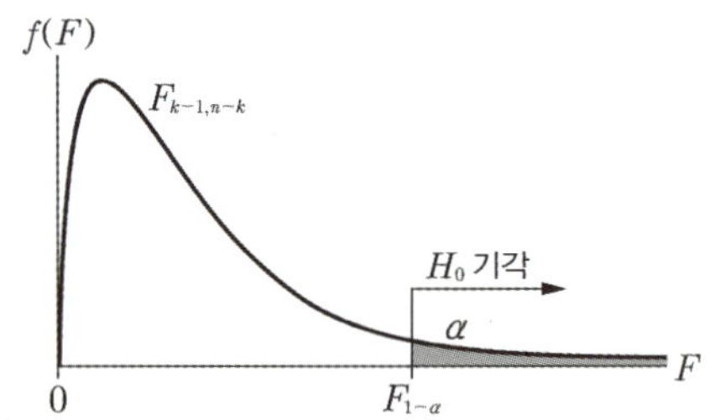

⬇

[5단계] 산출된 검정통계량이 기각역에 속하는지 또는 유의확률과 유의수준의 크기를 비교하여 귀무가설의 기각 여부를 판단하고, 결론을 도출한다.

- F값이 F의 임계값($=F_{(1-\alpha,\ k-1,\ n-k)}$)보다 작으면, 귀무가설을 기각하지 못하여 모든 그룹의 평균이 같다고(=그룹 간 변동 차이가 없다) 결론 내린다.
- 반대로 F값이 F의 임계값($=F_{(1-\alpha,\ k-1,\ n-k)}$)보다 크면, 귀무가설을 기각하고 모든 그룹의 평균이 같지는 않다(즉 그룹 간 변동 차이가 있다)고 결론지을 수 있다.

예제 10-2

한 생산공장에 3개의 작업라인 A, B, C가 있다. 라인별 생산량에 차이가 있는지 분석하기 위해 다음 표와 같이 라인별로 5일의 생산량을 측정하였다(productline.csv 파일을 참고하시오). 라인별 생산량이 다르다고 할 수 있는가?

A라인	B라인	C라인
24	26	28
26	24	30
22	28	28
28	33	31
20	29	28

A, B, C 세 라인의 생산량 평균이 같은지, 다른지 검정하기 위해서는 분산분석 기법을 적용하겠다고 결정하고, 5단계 가설검정 절차를 수행한다.

풀이

(0) 가설검정을 위한 검정통계량 산출 단계가 다소 복잡하므로, 우선 총평균, 그룹평균을 구하고, 분산을 분해한 후 분산분석표를 작성해둔다.

(1) 총평균과 그룹평균 산출

작업라인	A	B	C
그룹평균	24	28	29
총평균		27	

(2) 자유도: n=15, k=3이므로 그룹 간 변동 k−1=2, 그룹 내 변동 n−k=12, 총변동 n−1=14.

(3) 분산의 분해

총변동			그룹 간 변동			그룹 내 변동		
A	B	C	A	B	C	A	B	C
9	1	1	9	1	4	0	4	1
1	9	9	9	1	4	4	16	1
25	1	1	9	1	4	4	0	1
1	36	16	9	1	4	16	28	4
49	4	1	9	1	4	16	1	1
$SS_{Total}=164$			$SS_{Between}=70$			$SS_{Within}=94$		

(4) 분산분석표: 자유도와 제곱합을 대입한 후 제곱평균과 F값 산출

변동요인	자유도(df)	제곱합(SS)	제곱평균(MS)	F
그룹 간 변동	2	70	35	4.47
그룹 내 변동	12	94	7.83	
총변동	14	164		

[1단계] 가설설정: 독립적인 세 그룹의 모평균 비교

- $H_0 : \mu_A = \mu_B = \mu_C$ (세 그룹의 모평균은 모두 같다)
- $H_\alpha : \mu_i = \mu_j$ for $any\ i,j$ (세 그룹의 모평균이 모두 같지는 않다. 적어도 한 그룹의 모평균은 같지 않다.)

[2단계] 유의수준 설정: $\alpha = 0.05$

[3단계] 검정통계량 산출: $F_0 = 4.47 \sim F_{2,12}$

[4단계] 기각역 설정: $F > F_{2,12,0.95} = 3.89$

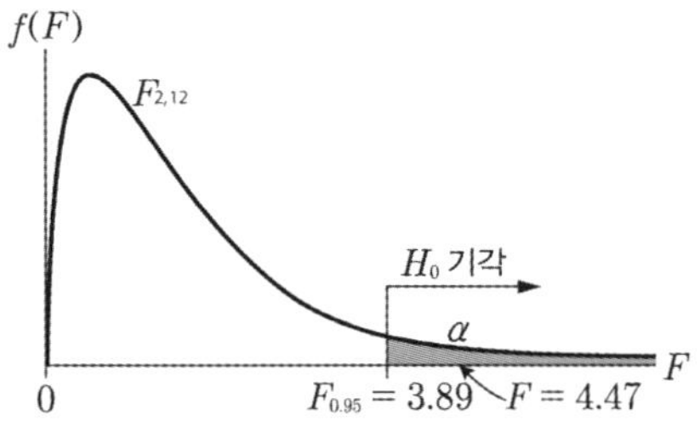

df2 \ df1	1	2	3	4	5
11	4.84	3.98	3.59	3.36	3.20
12	4.75	3.89	3.49	3.26	3.11
13	4.67	3.81	3.41	3.18	3.03
14	4.60	3.74	3.34	3.11	2.96
15	4.54	3.68	3.29	3.06	2.90
16	4.49	3.63	3.24	3.01	2.85
17	4.45	3.59	3.20	2.96	2.81

[5단계] 기각 여부 판단 및 결론: F=4.47>3.89이므로 귀무가설을 기각한다.

따라서 작업라인(A, B, C)별 생산량이 모두 같지는 않다고 결론을 내린다.

예제 10-3

택배 보관 창구의 이용량에 차이가 있는지 파악하기 창구 4개소의 자료를 수집하여 통계 소프트웨어로 분석하여 다음과 같은 결과를 얻었다. 창구별 이용량에 차이가 있다고 할 수 있는가?

데이터 요약:

Groups	Count	Sum	Average	Variance
Station1	5	1210	242.0	72.5
Station2	5	1232	246.4	92.3
Station3	5	1144	228.8	147.7
Station4	5	1130	226.0	166.0

분산분석표(ANOVA table):

Source of Variation	SS	df	MS	F	p-value	F crit
Between Groups	1479.2	3	493.0667	4.121769	0.024124	3.238872
Within Groups	1914	16	119.625			
Total	3393.2	19				

풀이

[1단계] 가설설정: 독립적인 세 그룹의 모평균 비교

- $H_0 : \mu_1 = \mu_2 = \mu_3 = \mu_4$ (네 그룹의 모평균은 모두 같다.)
- $H_\alpha : \mu_i = \mu_j \text{ for } any\ i, j$ (적어도 두 그룹의 모평균은 같지 않다.)

[2단계] 유의수준 설정: $\alpha = 0.05$

[3단계] 검정통계량 산출: $F_0 = 4.12 \sim F_{3.16}$

[4단계] 기각역 설정: $F > F_{3,16,0.95} = 3.24$ (또는 $p-value = 0.024$ 확인)

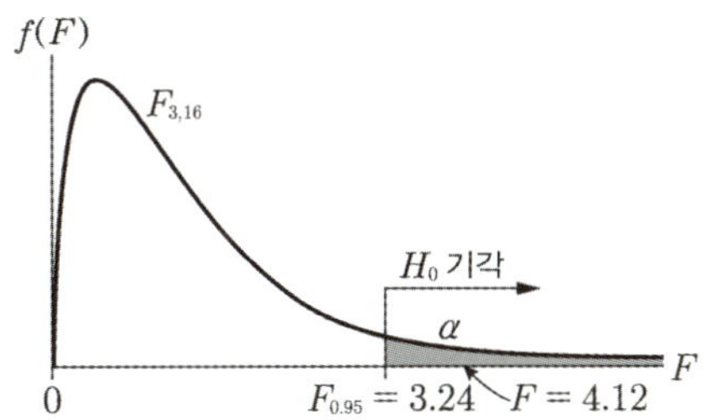

df2 \ df1	1	2	3	4	5
11	4.84	3.98	3.59	3.36	3.20
12	4.75	3.89	3.49	3.26	3.11
13	4.67	3.81	3.41	3.18	3.03
14	4.60	3.74	3.34	3.11	2.96
15	4.54	3.68	3.29	3.06	2.90
16	4.49	3.63	3.24	3.01	2.85
17	4.45	3.59	3.20	2.96	2.81

[5단계] 기각여부 판단 및 결론: $F = 4.12 > 3.24$ (또는 $p = 0.024 < 0.05$)이므로 귀무가설을 기각한다. 따라서 작업라인(A, B, C)별 생산량이 모두 같지는 않다고 결론을 내린다.

04 분산분석 수행 시 고려사항

1 분산분석의 가설설정

귀무가설은 '모든 그룹에 걸쳐 모평균이 동일하다'이다. 예를 들면 '인지된 기후 위험도 점수의 평균에 최종학력별 차이는 없다'가 될 수 있다.

$$H_0 : \mu_1 = \mu_2 = \mu_3 = \ldots = \mu_k$$

- 이 귀무가설에 대한 대립가설은 '적어도 하나의 그룹에서 모평균이 다르다'이다.

$$H_a : (\mu_1 \neq \mu_2) \text{ or } (\mu_1 \neq \mu_3) \text{ or } \cdots \text{ or } (\mu_{j-1} \neq \mu_k)$$

- '모든 그룹에 있어 모평균이 다르다($H_a : \mu_1 \neq \mu_2 \neq \mu_3 = \ldots \neq \mu_k$)'가 아님에 주의해야 한다.

귀무가설이 기각되었다고 해서 '최종학력이 높아질수록 인지된 기후 위험도 점수도 함께 높아진다'와 같은 해석은 본래의 일원분산분석으로 할 수 없다.

- 이와 같은 해석을 하기 위해서는 다중비교검정이나 (나중에 배울) 회귀분석을 수행해야 한다.

또한, 일원분산분석은 실제 분석상 '분산'의 비율을 비교하지만, 가설은 '평균'에 대해 설정한다는 점도 기억하자.

2 유의성 검정에서 자유도

귀무가설이 옳다는 전제 아래 (두 개의 자유도에 근거한) F 분포를 따르는 (가상적인) 표집분포를 그린 뒤 표본에서 뽑힌 F값을 확인한다.

- 만일 그 검정통계량이 충분히 커서 F값 우측의 곡선 아래 면적, 즉 유의확률(p-value)이 유의수준(예컨대, 0.05)보다 작으면 95% 신뢰수준에서 귀무가설을 기각한다.

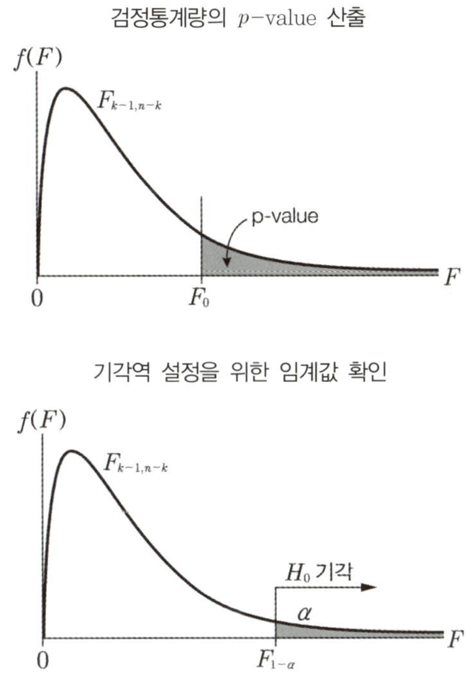

[그림 10-3] p **값과 임계값 확인**

심층탐구 t **검정과 분산분석의 관계**

원론적으로 t 검정은 두 개의 그룹이 있을 때 평균을 비교하고, 분산분석은 여러 개의 그룹이 주어졌을 때 분산의 비율을 비교한다. 그럼 만약 그룹이 두 개 있을 때 (t 검정 대신) 일원분산분석을 수행하면 어떤 결과를 가져올까?

일원분산분석의 귀무가설은 '모든 그룹에 걸쳐 평균값이 동일하다($H_0 : \mu_1 = \cdots = \mu_k$)'였으므로, 이 경우 '두 그룹에 걸쳐 평균값이 동일하다($H_0 : \mu_1 = \mu_2$)'로 축소된다. 이것은 t 검정의 귀무가설 ($H_0 : \mu_1 - \mu_2 = 0$)과 완전히 같다. 실제로 검정통계량 F 값과 t 값에는 밀접한 관계가 있다(증명 생략).

$$\sqrt{F} = |t| \quad \text{또는} \quad F = t^2$$

3 분산분석의 가정

분산분석의 수리적 모형은 몇 가지 가정에 입각해 있으며, 분산분석 기법을 적용하기 위해서는 다음과 같은 전제조건들이 충족되는지 점검해야 한다.

① **독립성(independence)**: 각 그룹의 관측치들은 서로 독립적이다.

② **정규성(normality)**: 그룹별 모집단은 정규분포를 한다.

③ **분산의 동질성(homogeneity)**: 그룹별 모집단은 동일한 분산을 갖는다.

개별 관측치는 $Y_{ij} = \overline{Y} + \alpha_j + e_{ij}$로 표현되므로, 한 그룹에서 변화 가능한 부분은 e_{ij}뿐이다. 그러므로 사실 오차항에 대한 가정은 결국 모집단 분포에 관한 것이 된다. 따라서 가정의 핵심은 오차항에 관한 것이며, 오차항 e_{ij}는 정규분포를 따른다.

$$e_{ij} \sim N(0, \sigma^2)$$

Q1 오늘 공부한 F 검정을 보면서 조금 의아한 부분이 생겼습니다. 그룹이 여러 개 있을 때 구태여 일원분산분석을 새로 배워서 쓰는 대신 t 검정을 여러 번 하면 안 될까요? 게다가 t 검정은 어느 쪽의 평균이 큰지 분명히 말해주니까, 그렇지 못한 일원분산분석보다 해석이 편리한 것 같은데요?

A1 다음 몇 가지 이유로 그건 어렵습니다.

첫째, 먼저 t 검정을 아주 여러 번 수행하고 비교해야 하는 부담이 있습니다. 예컨대 5개의 모집단을 비교한다고 해볼까요? 그러려면 둘씩 짝지워서 비교해야 하기 때문에 t 검정을 ${}_5C_2 = 5(5-1)/2 = 10$회 수행해야 합니다. 이러한 부담은 그룹 수가 많아지면 기하급수적으로 증가하여 6개의 모집단을 비교하기 위해서는 t 검정을 15회나 수행해야 합니다(❓).

둘째, 이게 더 심각한 이유인데요, 이렇게 수많은 t 검정을 수행하는 과정에서 최소 1회 이상 오류가 나타날 가능성은 급격히 증가하게 됩니다. 예컨대 5% 유의확률이라면 10회를 수행하면 1회 이상의 오류 확률은 40%나 됩니다(❓). 이 말뜻을 당장 이해하기란 쉽지 않을 수도 있습니다. 그래도 유의확률 α의 개념을 곰곰이 복습해보면 언젠가 알 수 있으리라고 봅니다.

마지막으로 일원분산분석이 생각처럼 그렇게 나쁘지 않습니다. 일원분산분석 이후에 어느 그룹의 평균이 더 큰지 알기 위해서 **다중비교검정(multiple comparison test)** 방법을 수행할 수도 있거든요. 이는 **사후비교(post hoc comparison)**라고도 불리구요, Tukey, Bonferroni, Scheffe, Duncan, Levene, Sidak 등 다양한 방법이 있습니다. 우리 교재에서는 다루지 않았습니다.

Q2 "일원분산분석은 앞서 배운 t검정보다 일반화된 분석기법이다"라고 하셨는데요, 일반회된 분석기법이 무슨 의미인가요?

A2 과학 연구의 세계에서 일반화(generalization)는 연구의 적용 범위 측에서 지향해야 할 목표 중 하나입니다. 만약 새로운 분석기법이 기존 분석기법의 발견을 그대로 이끌어 낼 수 있을 뿐 아니라, 추가로 더 많은 발견을 얻어낼 수 있다면 이 새로운 분석기법이 보다 더 일반화된 기법입니다. 위 설명에서는 일원분산분석으로 t검정이 할 수 있는 분석을 그대로 할 수 있지만, (일원분산분석을 통해 할 수 있지만) t검정으로 못하는 분석이 있다는 의미입니다.

Q3 설명 중에 집단 내(within group)와 집단 간(between group) 이야기를 하셨는데 왜 그런 표현이 사용되었나요?

A3 그건 이해하면 의외로 직관적인 표현입니다. 아래처럼 가상의 자료가 주어졌다고 하지요.

처리1	처리2	처리3	
$y_{11}=2$	$y_{12}=3$	$y_{13}=3$	
$y_{21}=2$	$y_{22}=2$	$y_{23}=2$	
$y_{31}=5$	$y_{32}=1$	$y_{33}=7$	
$\bar{y}_1=3$	$\bar{y}_2=2$	$\bar{y}_3=4$	$\bar{y}=3$

한편, 일원분산분석의 선형모형은 다음과 같습니다. 아래 식은 모집단 기호를 사용하고 있지만, 위 자료에서는 표본집단 기호를 사용하고 있다는 점에만 주의해 주세요.

$$Y_{ij}-\mu=(\mu_j-\mu)+(Y_{ij}-\mu_j)$$

이때, $(Y_{ij}-\mu)$는 총 변동성이고, $(\mu_j-\mu)$는 **집단 간 변동(between-group variation)**이고, $(Y_{ij}-\mu_j)$는 **집단 내 변동(within-group variation)**이라고 했습니다. 그런데 $(\mu_j-\mu)$ 부분을 위 표에서 계산해보면 [처리1], [처리2], [처리3] 여러 집단 간에 걸쳐 계산이 이루어집니다. 그러므로 집단 간 변동성이라고 부르고, $(Y_{ij}-\mu_j)$ 부분을 계산해보면 하나의 [처리] 집단 안에서만 계산이 이루어집니다. 그러므로 집단 내 변동성이라고 부릅니다.

Q4 일원분산분석에서 일원이 대체 무슨 의미인가요?

A4 일원분산분석에서 일원(one-way)은 독립변수가 하나인 것을 의미합니다. 사실 독립변수는 꼭 하나가 아니라 여러 개일 수도 있어요. 독립변수가 두 개인 경우 이원분산분석(two-vay ANOVA)이, 그보다 많은 경우 다원분산분석(multi-way ANOVA)이 사용될 수 있습니다. 이 교재에서는 다루지 않습니다.

그 밖에도 다변량분산분석(multivariate ANOVA 또는 MANOVA), 공분산분석(analysis of covariance 또는 ANCOVA)이나 다변량공분산분석(multivariate analysis of covariance 또는 MANCOVA) 등 다양하게 있지만, 이들 역시 이 교재의 수준을 한참 벗어나므로 다루지 않습니다.

과제

01 A 백화점에서 각 지점의 가격수준을 높음, 중간, 낮음 3등급으로 분류하고, 가격 수준별로 5개 지점씩 임의로 추출하여 매출액을 조사하였다(pricerange.csv 파일을 참고하시오). 가격수준별로 매출액에 차이가 있는지 검정하는 분산분석표를 작성한 후 유의수준 0.05에서 질문에 응답하시오(매출액 단위: 백만 원).

높음	중간	낮음
80	70	90
70	75	40
60	65	65
40	60	75
50	55	80

(1) 총제곱합(SS_{Total})은?

(2) 가격 수준별 그룹 간 변동 제곱합($SS_{Between}$)은?

(3) 가격 수준별 그룹 간 변동 제곱평균($MS_{Between}$)은?

(4) 검정통계량과 비교할 임계값 F의 분모 자유도는?

(5) 가격 수준별로 매출액에 차이가 있다고 판단할 수 있는가? ① 있다 ② 없다

02 K 공장에서 A, B, C 기계별 산출량을 조사하였다(output.csv 파일을 참고하시오). 기계별로 생산량에 차이가 있는지 분산분석표를 작성하고, 가설을 설정하여 유의수준 0.05에서 검정하시오.

A	B	C
25	21	22
20	20	20
25	16	21
26	15	

(1) 분산분석표

변동요인	자유도	제곱합	제곱평균	F
그룹 간 변동				
그룹 내 변동				
총변동				

(2) 기계별 생산량에 차이가 있는지 가설검정

① 가설설정:

② 유의수준:

③ 검정통계량:

④ 임계값와 기각역:

⑤ 기각여부 판단:

(3) 결론:

03 다음은 동급 기종의 브랜드별 휴대폰 사용자에게 만족도를 조사한 결과다(mobilesat.csv 파일을 참고하시오). 기종별로 만족도에 차이가 있는지를 유의수준 0.05에서 검정하시오.

A	B	C	D
86	90	78	74
88	82	79	68
92	88	85	80
85	96	84	
95	92		

(1) 분산분석표

변동요인	자유도	제곱합	제곱평균	F
그룹 간 변동				
그룹 내 변동				
총변동				

(2) 기종별 만족도에 차이가 있는지 가설검정

① 가설설정:

② 유의수준:

③ 검정통계량:

④ 임계값과 기각역:

⑤ 기각여부 판단:

(3) 결론:

04 daycare.csv 파일은 부산 소재 어린이집 명단과 속성을 요약하고 있다. 이 자료를 통해 평가 인증 여부에 따라 보육교직원 현원의 분산이 상이한지를 살펴보고자 한다. 보육교직원 수의 모집단이 정규분포한다는 가정 아래, 귀무가설과 대립가설을 제시하고 1% 유의수준에서 이를 테스트하시오.

Chapter

11

카이제곱분석

학습목표

1. 범주형 자료를 요약하는 분할표를 개념적으로 이해한다.
2. 분할표를 분석하면서 독립성, 동질성 및 적합성을 검정하는 맥락과 목적을 구분하여 설명할 수 있다.
3. 변수 간의 관계를 분석하는 독립성 검정을 수행할 수 있다.
4. 둘 이상의 독립적인 표본들의 분포가 같은지 분석하는 동질성 검정을 수행할 수 있다.
5. 관측된 자료가 주어진 확률분포를 따르는지 적합성 검정을 수행할 수 있다.

01 분할표의 개념적 이해

1 분할표의 정의

분할표(contingency table)는 두 개 이상 범주형(categorical) 변수의 빈도(frequency) 또는 비율(proportion)을 정리한 표로서 범주형 변수의 분포 또는 관계를 분석하는 데 있어 매우 탄력적이고 강력한 도구이다.

- 사실 분할표는 수치형(numerical) 변수인 경우에도 적용 가능한데, 이는 (일정한 정보의 손실을 감수한다면) 수치형 변수를 범주형 변수로 변환하여(예, 나이를 연령그룹으로 변환하는 등) 분할표를 작성할 수 있기 때문이다.

2 분할표의 작성 및 해석

분할표는 각 셀(cell)에 빈도를 정리하는 것에서 출발하지만, 원점수(raw score) 그대로는 직관적인 해석이 쉽지 않아 상대적인 비율(relative proportions)로 정리하는 것이 해석상 편리한 경우가 많다. (제4장에서 배웠듯) 여기에서 상대적인 비율을 구할 때는 세 가지 방법을 생각해 볼 수 있다.

- 총합(grand total) 기준 비율
- 행의 합(row total) 기준 비율
- 열의 합(column total) 기준 비율

예제 11-1

교육 수준과 건강상태의 관계를 분석하는 연구에서 응답자 400명의 최종학력과 건강수준을 조사하였다(eduhealth.csv 파일을 참고하시오). 각 수준 조합의 빈도를 이용하여 다음의 표를 정리하였다.

	불건강	건강	계
고졸 이하	100	100	200
대졸 이상	50	150	200
계	150	250	400

보다 직관적으로 두 변수간 관계를 이해하기 위해 행의 합, 열의 합, 총합으로 각각 표준화하여 분할표로 정리하시오.

풀이

분할표는 두 변수 간의 관계를 직관적으로 보여주지 못한다. 행 비율과 열 비율의 경우에는 어떤 방향으로 정리하는지가 분석 목표에 따라 중요하다. 예컨대, 교육수준(독립변수)에 따라 건강상태(종속변수)에 차이가 있는지를 분석하고자 하면, '대졸 이상'인 응답자 중에 '건강한' 비율과 '고졸 이하'인 응답자 중에 '건강한' 비율을 비교하여 해석해야 하므로 행 비율로 분할표를 작성함이 적절할 것이다.

(1) 행 비율로 작성한 분할표

	불건강	건강	계
고졸 이하	0.5	0.5	1
대졸 이상	0.25	0.75	1
계	0.375	0.625	1

(2) 열 비율로 작성한 분할표

	불건강	건강	계
고졸 이하	0.67	0.4	0.5
대졸 이상	0.33	0.6	0.5
계	1	1	1

(3) 전체 비율로 작성한 분할표

	불건강	건강	계
고졸 이하	0.25	0.25	0.5
대졸 이상	0.125	0.375	0.5
계	0.375	0.625	1

3 분할표의 확률적 이해

비율을 이용한 분할표 작성 및 분석에는 제5장에서 학습한 조건부확률(conditional probability)과 결합확률(joint probability)의 개념에 대한 이해가 요구된다.

1. 조건부확률과 결합확률

- 조건부확률: 다른 사건 B가 이미 일어났다는 전제 아래, 한 사건 A가 일어날 확률을 의미한다.

$$P(A|B) = \frac{P(A \cap B)}{P(B)}$$

- 결합확률: 두 사건이 함께 일어날 확률을 의미한다.

$$P(A \cap B) = P(A|B) \cdot P(B)$$

2. 확률의 기본법칙

- 덧셈 법칙(addition rule)

$$P(A \cup B) = P(A) + P(B) - P(A \cap B)$$

- 여사건 법칙(complement rule)

$$P(A^c) = 1 - P(A)$$

- 곱셈 법칙(multiplication rule)

$$P(A \cap B) = P(A|B) \cdot P(B)$$

3. 독립사건과 종속사건

- 두 개의 사건 A와 B가 있을 때, $P(A|B) = P(A)$ 이거나 $P(B|A) = P(B)$ 이면 A와 B는 (서로에 대해) 독립사건(independent event)이다(❓).
- (두 사건은 독립이 아니면 종속이므로)식이 성립하지 않으면 종속사건(dependent event)이다.

- A와 B가 독립사건들이라면 덧셈 법칙과 곱셈 법칙은 더욱 단순해진다.

$$P(A \cup B) = P(A) + P(B) \text{ 그리고 } P(A \cap B) = P(A) \cdot P(B)$$

- 확률의 독립성은 두 범주형 변수 간 관계를 분석하는 분할표에서 매우 중요하게 적용된다.

02 카이제곱분석의 이해

1 카이제곱분석과 χ^2 분포

카이제곱분석(chi-square test)의 기본 원리는 이론적인(귀무가설에 근거한) 기대빈도(expected frequency; E)와 실제 측정된 관찰빈도(observed frequency; O)를 비교하는 것이다.

- 기대빈도(E)와 관찰빈도(O)가 크게 다르다면 가정(귀무가설)이 옳지 않다는 결론에 도달한다.

카이제곱분석의 검정통계량은 다음과 같으며 이 통계량은 χ^2 분포를 따른다.

- 모분산에 대한 추정(제7장 참고)에서 학습한 χ^2 분포는 범주형 자료를 분석하는 카이제곱분석에서 다시 활용된다.

$$\chi^2 = \sum \frac{(O-E)^2}{E}$$

(표본에서 계산된) χ^2 값이 '귀무가설로 설정한 모집단의 성격'과 현저한 차이가 있다면 귀무가설을 기각하게 된다.

- 표본에서 계산된 χ^2 통계량이 χ^2 분포의 꼬리 극단적인 위치에 있다면, 이는 표본의 성격이 '귀무가설로 설정한 모집단의 성격'과는 현저하게 다름을 의미한다(❷). 다시 말해, 이 경우 귀무가설을 기각한다.

• 또한 유의확률(p-value)은 '귀무가설로 설정한 모집단의 성격에 비추어 보았을 때 표본에서 발견된 χ_0^2 값 또는 그보다 더 극단적인 값이 나타날 확률'이다.

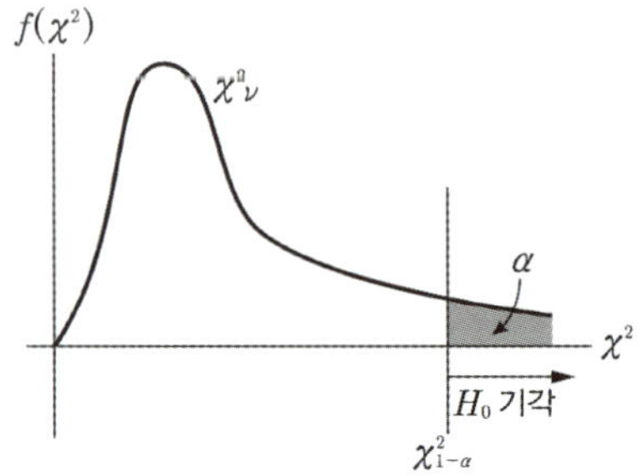

[그림 11-1] 카이제곱 분포의 기각역

2 분할표의 분석 목적과 데이터 구조

1. 분석 목적

분할표의 분석 목적은 독립성(independence), 동질성(homogeneity) 및 적합성(goodness of fit) 검정의 3유형으로 구분할 수 있다.

• 독립성 검정: 한 모집단에서 두 변수 사이에 유의미한 관계가 있는지 분석한다.
• 동질성 검정: 둘 이상의 독립적인 모집단에서 범주형 결과(categorical outcomes)의 분포가 같은지 분석한다. 동질성 검정은 독립성 검정과 매우 유사하지만, 기본적으로 표본이 독립적인 모집단으로부터 각각 추출된다는 점이 다르다.
• 적합성 검정: (당연히 한 표본에서) 한 변수의 관측된 자료가 모집단의 주어진 확률분포를 따르는지 분석한다. 구체적으로 k개의 범주를 갖는 모집단의 확률분포 $\{\pi_1, \pi_2, \cdots, \pi_k\}$를 다항분포(multinomial distribution)라고 하며, 이 다항분포가 특정한 형태를 따르고 있는지 검정하는 것이다.

2. 데이터 구조

카이제곱분석을 위한 일반적인 데이터 구조는 r 수준을 가지고 있는 변수 A와 c 수준을 가지고 있는 변수 B 간의 r(row) × c(column)의 행렬 형태의 분할표이다.

변수 A	변수 B				계
	1	2		c	
1	f_{11}	f_{12}	$\cdots$	f_{1c}	R_1
2	f_{21}	f_{22}	$\cdots$	f_{2c}	R_2
$\vdots$	$\vdots$	$\vdots$	$\vdots$	$\vdots$	$\vdots$
r	f_{r1}	f_{r2}	$\cdots$	f_{rc}	R_r
계	C_1	C_2	$\cdots$	C_c	n

- 독립성 검정 및 동질성 검정에서는 $r \times c$ 구조의 데이터를 이용한다. 두 검정법의 데이터 구조는 유사하지만, 전체 분할표가 한 표본에서 측정된 두 변수의 분포인지, 둘 이상의 독립적인 표본들로부터 측정된 두 변수의 분포를 병합한 것인지에 따라 차이가 있다.
- 그러나 적합성 검정이 목적이면 하나의 범주형 변수의 분포가 분석 대상이 되므로 $r-1$이 되어 분할표는 $1 \times c$(column)의 행렬, 즉 벡터 형태의 데이터 구조를 갖는다.

1	2		c	계
f_1	f_2	$\cdots$	f_c	n

3. 분석 목적별 데이터 구조 예시

예컨대, 독립성, 동질성, 적합성을 분석하기 위한 분할표 양식을 분석 목적별로 구성한 예시를 참조하면, 데이터 구조를 이해하는 데 도움이 될 것이다.

- 독립성: 대선후보(A, B, C)에 대한 선호도가 연령군 별로 다른지(즉, 연령군과 선호도 간에 관련성이 있는지)를 알기 위해 1,000명의 전화 서베이 자료를 이용한다.

	후보 A	후보 B	후보 C	계
청년층	free	free		R_1
장년층	free	free		R_2
노년층				R_3
계	C_A	C_B	C_C	1000

- 이 분할표에서는 전체 관측치 수인 $n=(1{,}000)$과 행의 합(R_i), 열의 합(C_j)이 고정된 수치이다.
- 따라서 자유로운 셀(cell)은 $(r-1)(c-1)=(3-1)(3-1)=4$개이다.

- 동질성: 한 지역에서 경쟁 관계에 있는 자동차 I, J, K가 성별로 선호도가 다른지 분석하기 위해 지난 1월에 자동차를 구매한 고객의 데이터를 각각 수집하였다(자동차 구매고객의 수는 I, J, K 각각 156, 281, 229대이다).

	남성	여성	계
자동차 I	free		156
자동차 J	free		281
자동차 K	free		229

  - 이 분할표에서는 각 행의 합(R_i)인 156, 281, 229가 고정된 수치이다.
  - 따라서 자유로운 셀은 $r(c-1)=3(2-1)=3$개이다.

- 적합성: 한국인의 혈액형은 O형 28%, A형 34%, B형 27%, AB형 11%로 분포하는 것으로 알려져 있다. S 대학 학생들의 혈액형 분포가 한국인 전체와 같은지 확인하기 위해 100명을 대상으로 혈액형을 조사한 결과는 다음과 같다. (여기에서 관측치 수 100이 고정된 수치이다.)

혈액형	O	A	B	AB	계
빈도	free	free	free		100

  - 이 분할표(1차원)에서는 전체 관측치 수인 $n=100$이 고정된 수치이다.
  - 따라서 자유로운 셀은 $(c-1)=(4-1)=3$개이다.

3 분석 목적에 따른 가설과 검정통계량

위의 자료구조를 갖는 분할표를 이용해서 각 분석 목적에 따른 가설검정을 해야 하는데, 기본적인 절차인 ① 가설설정, ② 유의수준 α 설정, ③ 검정통계량 계산, ④ 유의성 검정, ⑤ 해석 및 결론의 단계는 똑같다. 따라서 분석 목적에 따라 달라지는 가설과 검정통계량에 초점을 맞추어 정리하자.

1. 독립성 검정

두 범주형 변수 A와 B의 분할표를 이용하여 독립성 검정을 하기 위한 귀무가설은 '두 변수가 독립이다'로서 관련성이 없음을 의미한다.

$$H_o: \pi_{ij} = \pi_i \times \pi_j \qquad \text{(A와 B는 독립이다)}$$
$$H_a: \pi_{ij} \neq \pi_i \times \pi_j \qquad \text{(A와 B는 독립이 아니다)}$$

따라서 독립사건인 두 변수 A와 B의 $P(A\cap B)=P(A)\cdot P(B)$ 공식을 이용하여 산출된 기대값과 검정통계량은 다음과 같다.

- 귀무가설에 따른 기대값: $\pi_{ij}=\pi_i\times\pi_j$ 이므로 $E_{ij}=n\times P_{ij}=nP_iP_j=n\left(\frac{R_i}{n}\right)\left(\frac{C_j}{n}\right)=\frac{R_iC_j}{n}$
- 검정통계량: $\chi^2=\sum_i\sum_j\frac{(O_{ij}-E_{ij})^2}{E_{ij}}\sim\chi^2_{(r-1)(c-1)}$

예제 11-2

신종 전염병 감염에 대비해서 백신을 예방접종 하도록 권고된다. 지난해 1,000명의 데이터를 확보하여 백신 접종에 따라서 감염이 달라지는지, 즉 백신 접종과 감염이 독립인지 분석하고자 한다(infected.csv 파일을 참고하시오). 유의수준 5%에서 가실검정을 수행해 보자.

감염 \ 접종	무	1회	2회	계
감염	24	9	13	46
비감염	289	100	565	954
계	313	109	578	1000

풀이

① 가설: H_0 : 백신 접종과 감염 여부는 서로 독립이다(관련성이 없다), H_a : 독립이 아니다.
또는 H_o : $\pi_{ij}=\pi_i\times\pi_j$, H_a : $\pi_{ij}\neq\pi_i\times\pi_j$

② 유의수준: 0.05

③ 검정통계량 산출: $\chi^2=\sum_i\sum_j\frac{(O_{ij}-E_{ij})^2}{E_{ij}}\sim\chi^2_2$

- 기대값: $E_{ij}=\frac{R_iC_j}{n}$ 이므로 $E_{11}=\frac{R_1C_1}{n}=\frac{46\times 313}{1000}=14.4$와 같이 각 셀을 계산한다.

감염 \ 접종	무	1회	2회	계
감염	14.4	5.0	26.6	46
비감염	298.6	104.0	551.4	954
계	313	109	578	1000

- 검정통계량 $\chi^2=\sum_i\sum_j\frac{(O_{ij}-E_{ij})^2}{E_{ij}}$: 각 셀별로 계산된 $\frac{(24-14.4)^2}{14.4}$, … $\frac{(565-551.4)^2}{551.4}$를

합하여 $\chi_0^2 = 6.40 + 3.17 + ... + 0.33 = 17.31$로 산출된다.

④ 유의성 검정:

- 기각역 방법: 임계값 $\chi^2_{0.05,2}$=5.99 이므로 기각역은 $\chi^2 > 5.99$.

  산출된 검정통계량 $\chi_0^2 = 17.31 > 5.99$ 이므로 H_0 기각

- 유의확률 방법: 유의확률 $p(\chi_2^2 \geq 17.31) = 0.000174$가 유의수준 0.05보다 작으므로 H_0 기각

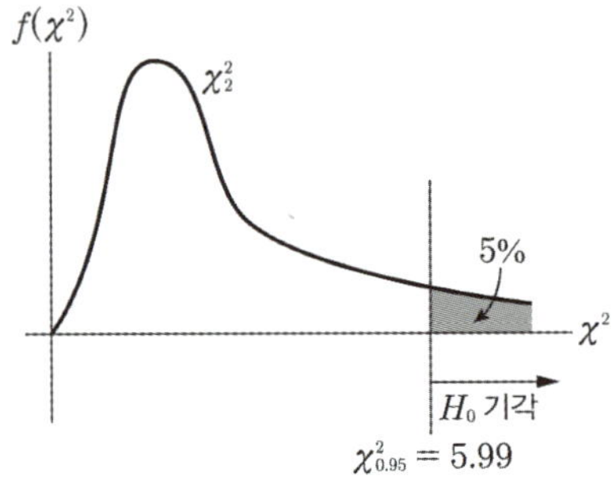

⑤ 결론: 백신접종 상태와 전염병 감염여부는 관련성이 있다.

심층탐구 분할표에서 표본 크기의 문제

표본이 너무 작거나(n<40), 특정 셀에 아주 작은 숫자(특히 5보다 작은 수)만 들어간다면 문제가 된다. 분할표에서는 최소한 80% 이상의 셀이 5보다 큰 값을 가져야 한다. 특히 수치형 변수를 범주형 변수로 변환하여 분할표 분석을 실시할 때, 지나치게 많은 셀에서 0이 나온다면 재부호화 기준을 재설정해야 한다.

표본크기 가정을 충족하지 못하는 경우, 다음 세 가지 대응 방법이 있다.

- 첫째, 낮은 빈도를 갖는 셀을 병합하여 범주를 다시 만든다(단 2×2 분할표에서는 이 방법이 유효하지 않다).
- 둘째, (χ^2 독립성 검정에서) 예이츠의 연속성 보정(Yates' continuity correction)을 한다.
- 셋째, (χ^2 독립성 검정 대신) 피셔의 정확 검정(Fisher's exact test)을 사용한다.

2. 동질성 검정

설명의 단순화를 위해 독립적인 표본에서 측정한 범주형 변수가 2수준($c = 2$)으로 두 수준의 비율이 같은지 분석한다고 가정해보자.

$H_0 : \pi_{i1} = \pi_{i2}$ for *all group* i (각 그룹별 범주형 변수의 확률분포(비율)가 모두 같다.)
$H_a : \pi_{i1} \neq \pi_{i2}$ for *any group* i (각 그룹별 범주형 변수의 확률분포(비율)가 모두 같지는 않다.)

- 귀무가설에 따른 기대값: $\pi_{i1} = \pi_{i2} = \frac{1}{2}$이므로 $E_{ij} = R_i \times \pi_{i1} = R_i \times (\frac{1}{2}) = \frac{R_i}{2}$
- 검정통계량: $\chi^2 = \sum_i \sum_j \frac{(O_{ij} - E_{ij})^2}{E_{ij}} \sim \chi^2_{r(c-1)}$(범주형 변수의 수준이 2이면, χ^2_r)

예제 11-3

패스트푸드에 대한 선호도는 성별 차이가 없는 것으로 알려져 있다. 유명한 패스트푸드 각 브랜드(M, B, C)에 대한 선호도에도 성별 차이가 없는지 확인하고자 지난달 1일에 스토어에 내장한 전체 고객들의 성별을 점포별로 조사하였다(fastfood.csv 파일을 참고하시오). 브랜드별로 성별 분포에 차이가 있는지 유의수준 5%에서 검정해보자.

	남성	여성	계
M 브랜드	200	250	450
B 브랜드	200	170	370
C 브랜드	140	150	290

풀이

① 가설: H_0: 각 브랜드별 성별비율이 같다.
H_a: 각 브랜드별 성별비율이 모두 같지는 않다.

확률로는 $H_0 : \pi_{11} = \pi_{12},\ \pi_{21} = \pi_{22},\ \pi_{31} = \pi_{32}$, $H_a : \pi_{i1} \neq \pi_{i2}$ for *any group* i 로 표현할 수 있다.

② 유의수준: 0.05

③ 검정통계량 산출: $\chi^2 = \sum_i \sum_j \frac{(O_{ij} - E_{ij})^2}{E_{ij}} \sim \chi^2_{r(c-1)}$

- 기대값: $\pi_{i1} = \pi_{i2} = \frac{1}{2}$ 이므로 $E_{11} = R_1 \times (\frac{1}{2}) = \frac{450}{2} = 225$, $\cdots$, $E_{32} = R_3 \times (\frac{1}{2}) = \frac{290}{2} = 145$ 와 같이 각 셀을 계산한다.

	남성	여성	계
M 브랜드	225	225	450
B 브랜드	185	185	370
C 브랜드	145	145	290

• 검정통계량 $\chi^2 = \sum_i \sum_j \frac{(O_{ij} - E_{ij})^2}{E_{ij}}$: 셀별로 계산된 $\frac{(200-225)^2}{225}$, …, $\frac{(150-145)^2}{145}$를 합하여 $\chi_0^2 = 2.78 + 2.78 + ... + 0.17 = 8.33$이 산출된다.

④ 유의성 검정:

• 기각역 방법: 임계값 $\chi^2_{0.05,3}$=7.815이므로 기각역은 $\chi^2 > 7.815$.

산출된 검정통계량 $\chi_0^2 = 8.33 > 7.815$ 이므로 H_0 기각

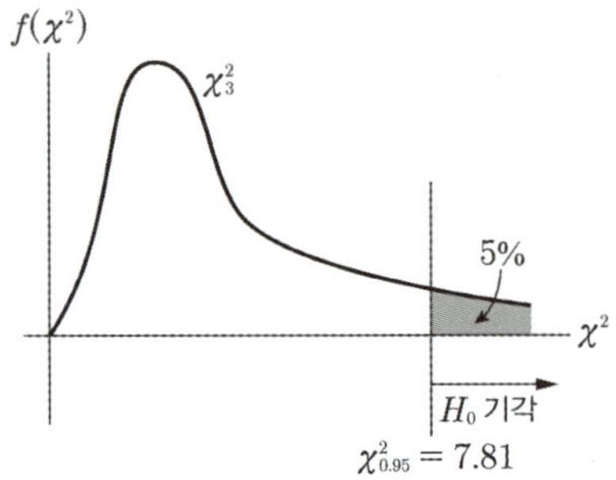

• 유의확률 방법: 유의확률 $p(\chi_3^2 \geq 8.33) = 0.0396$이 유의수준 0.05보다 작으므로 H_0 기각

⑤ 결론: 패스트푸드 브랜드별 내장고객의 성별 확률분포가 모두 같지는 않다.

---

3. 적합성 검정

χ^2 분포는 독립성 검정 이외에 적합성 검정(goodness-of-fit test)에도 유용하게 쓰인다. 독립성과 동질성 검정이 두 변수 사이의 관계에 주목했지만, 적합성 검정에서는 단일 변수에 대한 이론적 분포와 (실제로) 관찰된 분포 사이의 일치성을 살펴본다.

H_o : $\{\pi_1, \pi_2, ..., \pi_c\}$ (주어진 이론적 분포를 따른다)

H_a : $\{\pi_1, \pi_2, ..., \pi_c\}$가 아니다. (주어진 이론적 분포를 따르지 않는다)

• 귀무가설에 따른 기대값: $E_j = n \times \pi_j$

• 검정통계량: $\chi^2 = \sum_j \frac{(O_j - E_j)^2}{E_j} \sim \chi^2_{c-1}$ (하나의 변수에 의한 벡터 형태이므로 자유도가 c−1임에 주의)

예제 11-4

M&M 초콜릿은 공식적으로 {브라운 13%, 빨강 13%, 파랑 24%, 오렌지 20%, 녹색 16%, 노랑 14%}의 색상분포를 한다고 알려져 있다. 한 박스를 구매하여 색상별 빈도를 확인한 결과, {브라운 38개, 빨강 30개, 파랑 44개, 오렌지 52개, 녹색 30개, 노랑 26개}가 들어있었다. 관찰된 색상 비율이 공식적으로 발표한 비율과 같다고 할 수 있는지 유의수준 5%에서 검정해보자.

풀이

① 가설: H_0: $\pi_1=.13$, $\pi_2=.13$, $\pi_3=.24$, $\pi_4=.20$, $\pi_5=.16$, $\pi_6=.14$

H_a: 적어도 한 색상은 π_j와 다르다.

② 유의수준: $\alpha=0.05$

③ 검정통계량 산출: $\chi^2=\sum_{i-1}^{k}\frac{(O_i-E_i)^2}{E_i}\sim X_{k-1}^2$

- 기대값: $E_i=n\times\pi_i$ 이므로 $E_1=220\times0.13=28.6$, … 을 산출한다.
- 검정통계량: 관측치와 기대값을 이용하여 다음 표와 같이 검정통계량 7.60을 산출한다.

색상	π_i	O_i	E_i	O_i-E_i	$(O_i-E_i)^2/E_i$
브라운	0.13	38	28.6	+9.4	3.0895
빨강	0.13	30	28.6	+1.4	0.0685
파랑	0.24	44	52.8	−8.8	1.4667
오렌지	0.20	52	44.0	+8.0	1.4545
녹색	0.16	30	35.2	−5.2	0.7682
노랑	0.14	26	30.8	−4.8	0.7481
계	1.00	220	220.0	0.0	$\chi_0^2=7.5955$

④ 유의성 검정:

- 기각역 방법: 임계값 $\chi^2_{0.05,5}=11.07$이므로 기각역은 $\chi^2>11.07$.

산출된 검정통계량 $\chi_0^2=7.60 < 11.07$ 이므로 H_0 기각할 수 없음

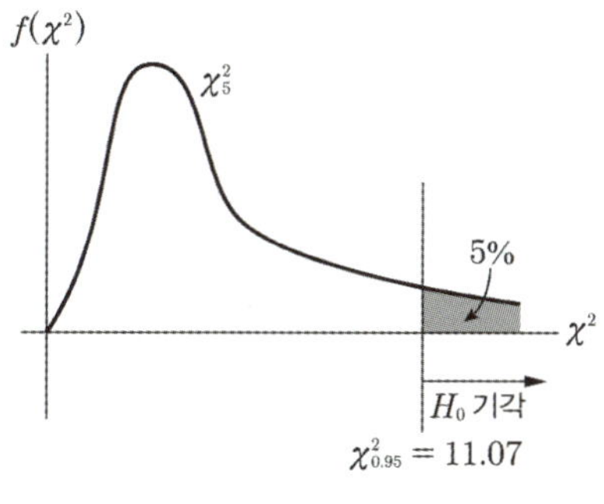

• 유의확률 방법: 유의확률 $p(\chi_5^2 \geq 7.60) = 0.1800$이 유의수준 0.05보다 크므로 H_0 기각 못 함

⑤ 결론: 표본 박스의 색상별 빈도 분포가 공식적인 색상 비율인 {브 13%, 빨 13%, 파 24%, 오 20%, 녹 16%, 노 14%}와 다르다고 할만한 충분한 근거가 없다. 즉, 공식적인 확률분포와 같다.

심층탐구 심슨의 역설

심슨의 역설(Simpson's paradox)는 영국의 통계학자 Edward Simpson이 정리한 역설로 각각의 변수의 관계를 무시하고 집계자료(aggregate data)를 통해 인과관계를 유추하다 일어나는 오류를 뜻한다. 그는 자신의 연구에서 다음과 같은 미국 모 대학 대학원 입학에서 성별 입학률 사례를 제시한 바 있다. 자료에 따르면 이 대학은 남성 지원자의 44%, 여성 지원자의 35%를 합격시켰다. 이것은 성차별일까?

	Applicants	Admitted
Men	8442	44%
Women	4321	35%

그런데 지원학과별로 입학률을 검토해보면 6개 학과 중에서 4개 학과에서 여성의 합격률이 높았고, 다른 2개 학과에서도 합격률 차이는 3~4% 정도였다.

Department	Men		Women	
	Applicants	Admitted	Applicants	Admitted
A	825	62%	108	82%
B	560	63%	25	68%
C	325	37%	593	34%
D	417	33%	375	35%
E	191	28%	393	24%
F	272	6%	341	7%

전체 관계(남성의 높은 입학률)와 부분 관계(여성의 높은 입학률)가 다르다는 것이 핵심이다. 그 이유는 다음과 같다.

• 학과별로 성별 지원 학생 수를 고려하면 경쟁률이 매우 낮은(합격률이 높은) 학과의 지원자는 남성이 많고, 경쟁률이 높은(합격률이 낮은) 학과의 지원자는 여성이 많은 편이다.
• 전체 합격률에서 남성이 높은 이유는 경쟁률이 낮은 학과에 남성이 많이 지원하여 합격률이 높아졌지만, 경쟁률이 높은 학과에 여성이 많이 지원하여 합격률이 낮아졌기 때문이다.

- 따라서 집계자료(학교)에서 성차별로 보이던 현상이 그보다 낮은 수준의 집계자료(학과)에서는 사라졌음을 확인할 수 있다.

시사점은 다음과 같다.

- 두 예는 결석의 크기(사례1) 또는 지원학과(경쟁률) 특성(사례2)을 고려하지 않았기 때문에 생기는 허구적 인과성(spurious causality)을 잘 보여준다.
- ① 중요한 제3의 변수가 무시되거나 ② 각 부분의 샘플 크기 또는 비율이 다른 데도 가중치를 주지 않았을 때, 집계자료는 심슨의 역설에 취약해진다.
- 두 변수의 연관성을 살펴볼 때는 상이한 조건에 따라 (그 연관성이) 달라지지 않는지 꼼꼼히 뜯어보아야 한다.
- (상이한 조건이 숨겨져 있는 이상) 단순한 분할표는 독립변수와 종속변수 사이에 인과관계를 보여주지 증명해주지 않는다. 여기서는 그저 두 변수의 독립성 여부를 검정해줄 뿐이다.

Q & A

Q1 수업 시간에 지나가는 말로 “독립성 검정과 동질성 검정의 검정통계량이 같다”고 말씀하셨는데요, 그게 무슨 의미인지 잘 모르겠습니다.

A1 범주형 변수(B)를 일반적인 c수준으로 확장하는 경우에는 그룹(A)별 확률분포가 $\{\pi_1, \pi_2, ..., \pi_c\}$인지를 검정해야 합니다. 그런데 일반적으로 귀무가설의 이론적 분포가 알려지지 않은 경우가 많으므로 아래처럼 ‘H_0 : 그룹별 확률분포가 같다’에 입각하여 ‘각 집단을 통합한 관측치로 산출된 추정값($\hat{\pi}_j$)’을 이용하게 됩니다.

	B(1)	B(2)	…	B(c)	계
A(1)	f_{11}	f_{12}	…	f_{1c}	R_1
A(2)	f_{21}	f_{22}	…	f_{2c}	R_2
⋮	⋮	⋮	⋮	⋮	⋮
A(r)	f_{r1}	f_{r2}	…	f_{rc}	R_r
계	$\sum_{i=1}^{r} f_{i1}$	$\sum_{i=1}^{r} f_{i2}$	…	$\sum_{i=1}^{r} f_{ic}$	$\sum_{i=1}^{r} R_i$

즉, 모비율의 추정값을 구하기 위해 범주형 변수 B의 수준별 열(column) 합을 각각 산출하면, 총합 관측치에서 각 수준의 합이 차지하는 다음 비율이 추정값이 됩니다.

$$\hat{\pi}_j = \frac{\sum_{i=1}^{r} f_{ij}}{\sum_{i=1}^{r} R_i}$$

추정값을 이용하는 경우, 동질성 검정 방법의 기대값을 산출하는 공식은 독립성 검정 방법과 (가설은 다르지만) 다음과 같아집니다.

$$E_{ij} = R_i \times \hat{\pi}_j = R_i \times \left(\frac{C_j}{n}\right) = \frac{R_i C_j}{n} \quad (\text{이때 } n = R_1 + R_2 + ... + R_r = \sum_{i=1}^{r} R_i)$$

따라서 동질성 검정의 경우에도 추정값 $\hat{\pi}_j$를 이용하는 경우, 검정통계량이 독립성 검정의 검정 통계량과 동일함을 알 수 있습니다.

$$\chi^2 = \sum_i \sum_j \frac{(O_{ij} - E_{ij})^2}{E_{ij}} \sim \chi^2_{(r-1)(c-1)}$$

과제

01 게임에 사용하고 있는 주사위가 공정한 주사위인지(즉, 이산균등분포를 하는지) 확인하고자 주사위를 120회 던지는 실험을 하였다. 다음 결과에 근거하여 유의수준 5%에서 공정한 주사위인지 판단하시오.

숫자	1	2	3	4	5	6
관측빈도	22	19	26	25	17	11

① 가설설정:

② 유의수준 설정:

③ 검정통계량 계산:

④ 유의성 검정:

⑤ 해석 및 결론:

02 신용카드 회사에서 고객의 신용도에 따라 등급을 평가하여 관리하는 시스템을 구축하기 위해 고객의 25%는 높은(High) 등급, 50%는 중간(Middle) 등급, 남은 25%는 낮은(Low) 등급으로 분류하기 위한 기준을 설정하였다. 이 기준이 적절한지 판단하고자 무작위로 100명의 고객을 표본추출하여 기준에 의해 평가한 결과 다음과 같은 결과를 얻었다면, 목표로 하는 등급 비율에 기준이 적절하다고 판단할 수 있는지 유의수준 1%에서 검정하시오.

신용등급	High	Middle	Low	계
관측고객 수	18	55	27	100

① 가설설정:

② 유의수준 설정:

③ 검정통계량 계산:

④ 유의성 검정:

⑤ 해석 및 결론:

03 경쟁 관계에 있는 휴대폰 브랜드 S와 K는 휴대폰 시장을 50%씩 차지하고 있다($\pi_S = \pi_K = 0.5$). 이 확률분포가 지역별로도 차이가 없는지 확인하고자 A, B, C 지역 각각 표본조사를 하였다 (mobilebrand.csv 파일을 참고하시오). 다음 조사 결과를 이용하여 지역별로 확률분포가 같은지 유의수준 5%에서 검정하시오.

	S 브랜드	K 브랜드	계
지역 A	56	40	96
지역 B	50	55	105
지역 C	41	48	89

① 가설설정:

② 유의수준 설정:

③ 검정통계량 계산:

④ 유의성 검정:

⑤ 해석 및 결론:

04 인터넷 슈퍼마켓의 관리자는 COVID-19 이전과 이후에 식품유형별 판매 비율이 달라지는지 확인하고자 일일 판매량을 각각 조사하였다(marketfood.csv 파일을 참고하시오). 다음 조사 결과를 이용하여 식품유형별 판매량의 확률분포가 COVID-19 이전과 이후에 동일한지 유의수준 5%에서 검정하시오.

	신선식품	냉동식품	반조리식품	계
COVID-19 이후	97	27	58	182
COVID-19 이전	203	73	142	418

① 가설설정:

② 유의수준 설정:

③ 검정통계량 계산:

④ 유의성 검정:

⑤ 해석 및 결론:

05 자동차 색상의 선호도에 대한 성별 차이가 있는지 알고자 H 기업에서는 구매고객 200명의 성별과 자동차의 색상 정보를 분할표로 요약하였다(autocolor.csv 파일을 참고하시오). 성별과 자동차 색상 선호도는 5% 유의수준에서 유의미한 관계가 있는가?

색상	화이트	레드	차콜	블랙	계
남성	22	15	30	29	96
여성	43	27	24	10	104
계	65	42	54	39	200

① 가설설정:

② 유의수준 설정:

③ 검정통계량 계산:

④ 유의성 검정:

⑤ 해석 및 결론:

06 지방자치단체는 정책과정에 주민참여를 확대하여 지방자치의 민주성과 주민에 대한 책임성을 강화하기 위해 '숙의 기반의 주민참여 방식'을 도입한 후 만족도 조사하였다(policysat.csv 파일을 참고하시오). 연령군별로 만족도에 차이가 있는지 다음 조사 결과를 이용하여 유의수준 5%에서 검정하시오.

	만족	보통	불만족	계
청년층	41	55	56	152
장년층	33	40	38	111
노년층	45	59	33	137
계	119	154	127	400

① 가설설정:

② 유의수준 설정:

③ 검정통계량 계산:

④ 유의성 검정:

⑤ 해석 및 결론:

Chapter

12

상관분석과 단순회귀분석

학습목표

1. 두 양적 확률변수간 연관성을 분석하는 상관계수를 산출하고, 상관계수의 유의성을 검정할 수 있다.
2. 두 양적 확률변수 간의 관계를 직선 수식으로 표현하는 회귀분석의 개념을 이해한다.
3. 최소제곱법으로 단순회귀식을 산출할 수 있다.
4. 회귀식 모형의 적합도와 회귀계수의 유의성을 이해한다.

01 상관분석

1 상관계수의 이해

상관분석(correlation analysis)은 상관계수(correlation coefficient)를 구하고 그 유의성을 검정하는 기법이다. 4장 2절에서 이미 공부하였듯 상관계수는 두 확률변수 X와 Y의 연관성(degree of association) 정도를 나타내는 지표로써 얼마나 선형적으로 관련되어 있는지 $-1 \le \rho_{xy} \le 1$의 범위 사이에서 측정하는 척도이다.

표본상관계수 r의 값에 대하여 자유도가 $n-2$인 검정통계량 t를 이용하여 두 변수 간 선형관계가 없다는 귀무가설(H_0: $\rho_{xy}=0$)을 검정한다. 만일 귀무가설을 기각하면 두 변수 간에 통계적으로 유의한(statistically significant) 상관관계가 있다고 판단한다.

2 상관분석의 절차

1. 산점도를 이용한 선형관계 확인

상관계수는 기본적으로 두 변수 간 선형적 관계의 강도(strength of the linear relationship)를 나타내 보인다.

- 다시 말해, 두 변수 사이에 선형적이지 않은 관계, 즉 U자형, 역U자형, W자형 등 비선형적 관계(nonlinear relationship)가 있는 경우에는 상관계수가 오해를 불러온다.
- 더욱이 상관계수는 극단치를 가진 경우 민감하게 영향받을 수 있다.
- 이런 문제를 예방하기 위해 반드시 산점도를 그려보아야 한다. 이를 통해 개략적으로 상관계수가 어떻게 나올지 짐작할 수도 있다.

다음 그림들은 여러 가지 상관계수와 산점도의 예제들을 보여주고 있다.

2. 상관계수 계산

(4장에서 이미 공부했듯) 표본에서 상관계수를 산출하는 방법은 다음과 같다.

$$r_{xy} = \frac{S_{xy}}{S_x S_y} = \frac{\sum_{i=1}^{n}(X_i - \overline{X})(Y_i - \overline{Y})}{\sqrt{\sum_{i=1}^{n}(X_i - \overline{X})^2}\sqrt{\sum_{i=1}^{n}(Y_i - \overline{Y})^2}}$$

- (모분산 및 표본분산을 계산할 때와 마찬가지로) 공분산을 계산할 때 모집단인가 표본인가에 따라 N 또는 $n-1$로 자유도가 달라진다.
- 그러나 상관계수를 계산할 때는 표준편차의 곱으로 나누기 때문에 자유도 부분이 상쇄되어 결과적으로 모집단과 표본의 상관계수 공식에 차이가 없어진다(❷).

3. 상관계수의 유의성 검정

상관계수에 대해서도 유의성 검정을 할 수 있다. 가설검정 절차는 다음과 같다.

[1단계] 유의성 검정을 위한 가설을 설정한다.

H_0: $\rho = 0$ (모집단에서 두 확률변수 간 상관관계가 없음)

H_a: $\rho \neq 0$ (모집단에서 두 확률변수 간 상관관계가 있음)

⬇

[2단계] 유의수준 α를 설정한다.

⬇

[3단계] 자유도가 $n-2$인 검정통계량 t를 계산한다.

$$t = \frac{r}{\sqrt{\frac{1-r^2}{n-2}}} \sim t_{n-2}$$

⬇

[4단계] 유의성 검정: 기각역 설정 또는 유의확률에 의한 방법으로 H_0 기각 여부를 판단한다.

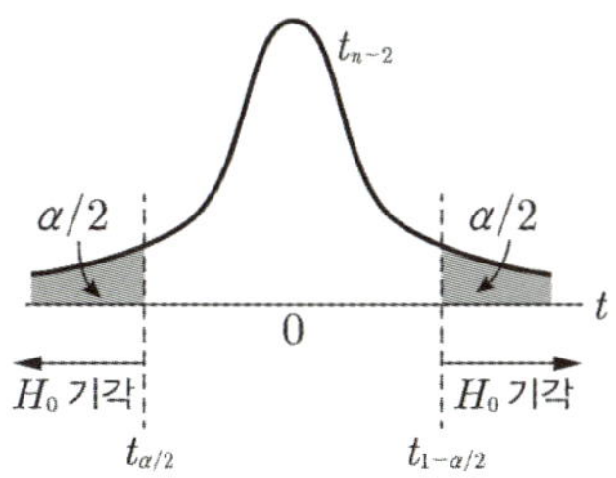

⬇

[5단계] 해석 및 결론: 귀무가설의 기각 여부에 따른 해석 및 결론을 도출한다.

3 상관계수와 유의성 검정의 해석

상관계수에 대한 유의성 검정을 통해 모상관계수 ρ가 0인지 여부를 확인한다. 그러므로 (설령 통계적으로 유의하더라도) 상관계수가 얼마나 큰지에 대해 말해주지 않음에 유의해야 한다.

- 이때 표본 크기가 너무 작으면 상관계수가 크더라도 유의하지 않다고 나올 수 있다. 반대로 상관계수가 매우 작더라도 표본이 매우 크면 유의한 결과가 나올 수 있다.
- 상관계수가 매우 작지만, 단지 표본이 커서 통계적으로 유의하다는 결과가 도출되었다면 매우 약한 상관관계라는 것을 염두에 두고 해석해야 한다.
- 상관계수가 통계적으로 유의하지 않으면 구태여 해석하지 않아도 된다. 왜냐하면 표본 안에서만 상관계수가 0이 아니었을 뿐, 모집단에서는 상관계수가 0이 아니라고 말할 수 없었기 때문이다 (❓).

예제 12-1

학생들의 수리능력과 언어능력의 상관성을 파악하기 위해, 12명의 학생을 대상으로 수학과 영어 시험을 실시한 후 다음과 같이 점수를 수집하였다(engmath.csv 파일을 참고하시오). 수학 점수와 영어점수가 5% 유의수준에서 통계적으로 유의한 상관관계가 있는지 확인하시오.

번호	영어점수	수학 점수
1	94	79
2	64	62
3	56	40
4	69	82
5	55	45
6	53	50
7	66	82
8	83	76
9	75	45
10	89	95
11	74	66
12	50	46

풀이

(1) 영어점수와 수학점수의 산점도를 그려보면 양의 상관관계를 알 수 있다.

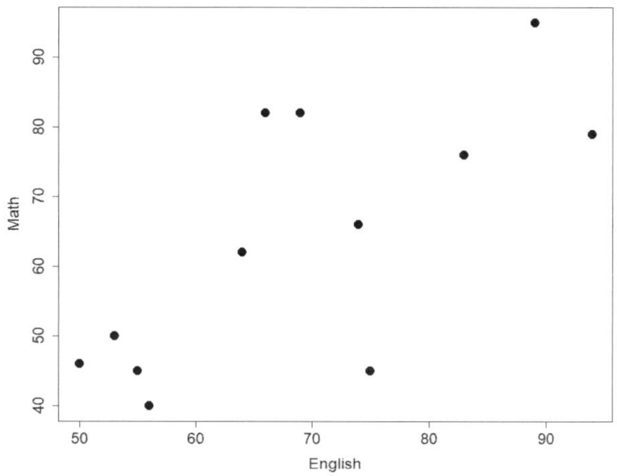

(2) 다음과 같이 영어점수와 수학점수 간의 상관계수를 산출한다. 우선 영어와 수학 점수의 표본평균($\overline{X}=69$, $\overline{Y}=64$)을 구한 뒤, 아래 표와 같이 각 변수의 편차, 편차의 제곱 및 제곱합을 계산한다. 편차의 제곱 및 제곱합을 합산하여 S_{xx}, S_{yy}, S_{xy}를 구한다.

번호	영어	수학	$X_i-\overline{X}$	$Y_i-\overline{Y}$	$(X_i-\overline{X})^2$	$(Y_i-\overline{Y})^2$	$(X_i-\overline{X})(Y_i-\overline{Y})$
1	94	79	25	15	625	225	375
2	64	62	−5	−2	25	4	10
3	56	40	−13	−24	169	576	312
4	69	82	0	18	0	324	0
5	55	45	−14	−19	196	361	266
6	53	50	−16	−14	256	196	224
7	66	82	−3	18	9	324	−54
8	83	76	14	12	196	144	168
9	75	45	6	−19	36	361	−114
10	89	95	20	31	400	961	620
11	74	66	5	2	25	4	10
12	50	46	−19	−18	361	324	342
계			0	0	2,298	3,804	2,159

공분산 $S_{xy}=\dfrac{2159}{12-1}=196.27$이며, 상관계수는 $r=\dfrac{2159}{\sqrt{2298\times3804}}=0.73$이다. 상관계수 0.73으로 판단컨대, 영어점수와 수학점수는 강한 양(+)의 상관성을 보인다.

(3) 이제 상관계수에 대한 가설검정을 수행한다.

① 가설설정: $H_0 : \rho_{xy} = 0$
$H_a : \rho_{xy} \neq 0$

② 유의수준 설정: $\alpha = 0.05$

③ 검정통계량 계산: $t_0 = \dfrac{r}{\sqrt{\dfrac{1-r^2}{n-2}}} = \dfrac{0.73}{\sqrt{\dfrac{1-0.73^2}{12-2}}} = 3.38$

④ 유의성 검정:

- 기각역에 의한 방법: $|t| > t_{0.975,10} = 2.23$; $t_0 = 3.38 > 2.23$이므로 H_0 기각
- 유의확률에 의한 방법: $p(t_{10} > 3.38) = 0.0035$이므로 양측검정 p-value$=0.007$.
  유의확률<0.05이므로 H_0 기각

⑤ 해석 및 결론: 영어점수와 수학점수는 통계적으로 유의한 관련성이 있다($\rho_{xy} \neq 0$).

---

4 셋 이상의 변수에 대한 상관분석

두 개의 수치형 변수가 사이의 관계를 살펴볼 때 상관분석을 수행한다. 그러나 만약 여러 개의 수치형 변수가 있으면 어떻게 할까? 만약 k개의 변수가 있으면 쌍대비교(pairwise comparison)를 ${}_kC_2 = \dfrac{k(k-1)}{2}$번 하고(❓), 행렬의 형태, 즉 상관계수행렬(correlation coefficient matrix)을 만들어 그 안에 상관계수를 채워넣는다.

예제 12-2

30명의 근로자들을 대상으로 연령(age), 교육연수(grade), 경력연수(tenure), 주당 근로시간(wks_work), 로그임금(ln_wage)을 조사한 자료를 토대로 모든 변수의 상관계수를 보고하시오(work.csv 파일을 참고하시오).

id	age	grade	tenure	wks_work	ln_wage
1	30	18	0.75	48	1.57
2	19	12	0.42	17	1.85
3	24	11	0.92	47	1.44
…	…	…	…	…	…
28	39	9	2.83	60	1.30
29	21	13	0.17	47	1.45
30	41	12	2.08	35	0.97

풀이

	age	grade	tenure	wks_work	ln_wage
age	1.000				
grade	0.099	1.000			
tenure	0.395	0.083	1.000		
wks_work	0.530	0.212	0.396	1.000	
ln_wage	0.226	0.456	0.465	0.499	1.000

심층탐구 유의확률과 별(*)

많은 계량적 사회과학 연구에서 종종 통계치 옆에 별표를 붙이는 경우를 볼 수 있다. 이것은 유의확률(p-value)을 요약하기 위한 것이다. 상관계수행렬 뿐 아니라 다른 많은 통계분석 기법에서도 폭넓게 사용된다.

유의확률 < 0.001이면 상관계수 옆에 별 3개(***), 0.01보다 작으면 별 2개(**), 0.05보다 작으면 별 1개(*)를 붙여서 유의성을 표시할 수도 있다. 심지어 유의확률이 0.1보다도 작으면 '†'(dagger라고 읽는다)를 붙이기도 한다.

	age	grade	tenure	wks_work	ln_wage
age	1.000				
grade	0.099	1.000			
tenure	0.395*	0.083	1.000		
wks_work	0.530**	0.212	0.396*	1.000	
ln_wage	0.226	0.456*	0.465**	0.499**	1.000

이것은 제법 보편적인 관행이긴 하지만, 어디까지나 관습일 뿐이므로 절대적인 기준이 될 수 없음에 주의하자.

02 단순선형회귀분석

1 선형회귀모형의 이해

만약 독립변수 X가 종속변수 Y에 대해 어떤 연관성을 가지고 있는가를 알고자 한다면 선형회귀모형을 수행할 수 있다.

- 상관분석과 마찬가지로 두 변수 모두 수치형 변수(numerical variable)일 때 **회귀분석**을 수행한다.
- **단순선형회귀모형**(simple linear regression model)은 가장 단순하게 종속변수 Y와 독립변수 X가 각각 1개씩 있는 **선형모형**(linear model)을 세우고 회귀계수를 계산한 뒤, 이 회귀계수의 통계적 유의성을 검정한다.

먼저 독립변수 X와 종속변수 Y 사이의 관계를 선형적으로 표현하는 단순회귀모형을 다음과 같이 설정할 수 있다.

$$Y_i = \beta_0 + \beta_1 X_i + \epsilon_i$$

- β_0를 **상수**(constant) 또는 **절편**(intercept)이라고 부르고, β_1을 **회귀계수**(regression coefficient) 또는 **기울기**(slope)라고 부른다.
- 기울기는 X가 한 단위 변화할 때 Y가 변화하는 정도를 의미하며, 절편은 X가 0일 때 Y값을 의미한다.

회귀분석의 핵심은 자료를 가장 잘 설명하는(즉 관측치들의 중심을 관통하는) **최적의 적합선**(best-fitting straight line)을 그릴 수 있는 β_0와 β_1 찾기에 있다.

- 다만 β_0와 β_1을 어떻게 설정하더라도 결국 관측치들을 완벽하게 설명할 수 없으므로(❓) 추가로 **오차항**(error term) ϵ_i을 고려하게 된다.
- 여기서 하첨자 i가 관측치를 구분하므로 X_i, Y_i, 그리고 ϵ_i는 자료에서 i번째 관측치를 지시한다(번거로우므로 생략할 때가 많다).

한편, 회귀식(regression equation)은 독립변수를 조건부로 한 종속변수의 기대값(conditional expectation)으로 아래와 같이 세워진다.

$$E(Y_i | X_i) = \beta_0 + \beta_1 X_i$$

- 이와 같이 오차항의 유무에 따라 회귀모형과 회귀식을 구분해 볼 수 있다.

2 선형회귀모형의 추정

1. 모집단과 표본의 회귀모형

모집단의 회귀모형과 표본의 회귀모형은 사용하는 기호가 조금씩 다르다.

모집단 회귀모형: $Y_i = \beta_0 + \beta_1 X_i + \epsilon_i$

표본 회귀모형: $Y_i = b_0 + b_1 X_i + e_i$

- 모집단의 회귀모형에서 β_0와 β_1은 미지의 모수이고, 표본 회귀모형에서 계산된 b_0와 b_1을 통해 바로 이 미지의 모수를 추정하고자 한다.
- 또한 ϵ_i를 모집단 회귀모형의 오차항(error term)이라고 부르는 반면, e_i를 잔차항(residual term)이라고 부른다.

어떤 모집단에서 수없이 많은 표본을 계속 추출한다고 상상해보자. 각각의 표본으로부터 회귀식을 계산하였을 때 절편 b_0와 기울기 b_1는 당연히 모집단의 회귀식의 β_0와 β_1과 차이가 있을 수 밖에 없다.

- 다음 [그림 12-1]은 모집단 회귀식(왼쪽 상단)이 있을 때 그로부터 임의로 추출된 다섯 개의 표본들이 절편과 회귀식을 각각 추정하고 있다.

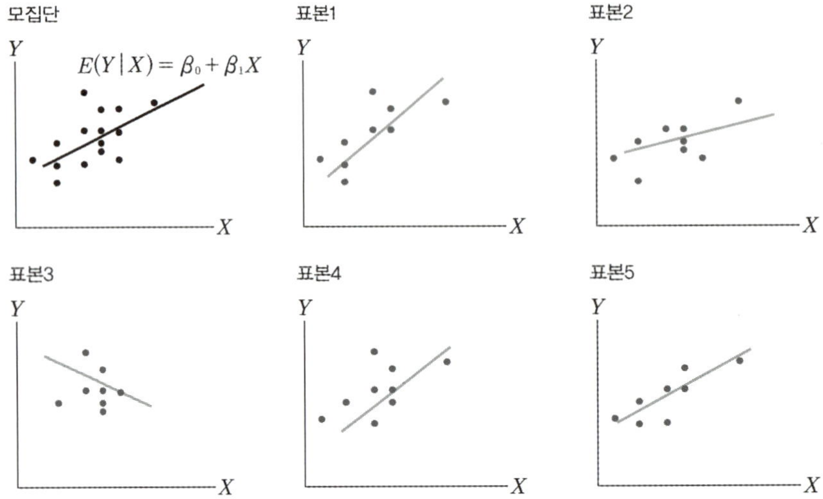

[그림 12-1] 모집단과 5개의 표본으로부터 추정된 회귀

- 표집과정에는 임의성(randomness)이 항상 개입되므로 그때그때의 표본마다 기울기와 절편이 달라질 수 밖에 없다.

회귀계수를 추정(estimation)하는 원리로 점추정과 구간추정 방식을 사용할 수 있다.

- 점추정: $E(b_1) = \beta_1$. 즉 β_1의 점추정값은 b_1의 값이다.
- 구간추정: $\left(b_1 + t_{\alpha/2} s_{b_1},\ b_1 + t_{1-\alpha/2} s_{b_1}\right)$. 즉 β_1은 $b_1 + t_{\alpha/2}\, s_{b_1}$와 $b_1 + t_{1-\alpha/2} s_{b_1}$ 사이에 있다.

물론 회귀계수에 대한 가설검정(hypothesis test)할 수 있으며, (표본으로부터 구한) 절편과 기울기가 통계적으로 유의하게 0이 아닌지 여부, 즉 $H_0 : \beta_0 = 0$와 $H_0 : \beta_1 = 0$를 확인할 수 있다.

2. 상수와 회귀계수의 계산: 보통최소제곱

표본을 이용하여 회귀모형의 모수 β_0, β_1의 좋은 추정량을 찾기 위해서는 관측된 데이터와 이론적인 예측모형과의 괴리인 오차(error)를 전반적으로 최소화하는 적합선(fitting line)을 찾아야 한다. 이를 보통최소제곱(ordinary least squares; OLS)이라고 부른다. 일단 최적 적합선의 β_0와 β_1을 찾았다면 그 조건부 기대값을 다음과 같이 예측(prediction)해 볼 수 있다.

$$E(Y_i|X_i) = \hat{Y}_i = \hat{\beta}_0 + \hat{\beta}_1 X_i$$

- 이때 예측된 Y_i를 $\widehat{Y_i}$이라고 표현하며, 이는 수학적으로 특정 X_i 값에서 Y_i의 조건부 기대값 (conditional expectation)을 의미한다.

위 식을 토대로 추정된 오차 ϵ_i는 다음과 같이 정의할 수 있다.

$$\widehat{\epsilon_i} = Y_i - \widehat{Y_i} = Y_i - (\widehat{\beta_0} + \widehat{\beta_1} X_i)$$

다만 실제 사회과학 연구에서는 표본을 분석하므로 (표본의) 잔차로 표현하면 다음과 같다.

$$e_i = Y_i - \widehat{Y_i} = Y_i - (b_0 + b_1 X_i)$$

아래 [그림 12-2]에서 볼 수 있듯, 잔차는 표본의 관측치 Y_i와 예측치 $\hat{Y}_i$사이의 거리를 나타내며 이것이 크다면 (그런 $\widehat{Y_i}$을 예측해 낸) 모형은 좋지 않다는 의미가 된다(❓).

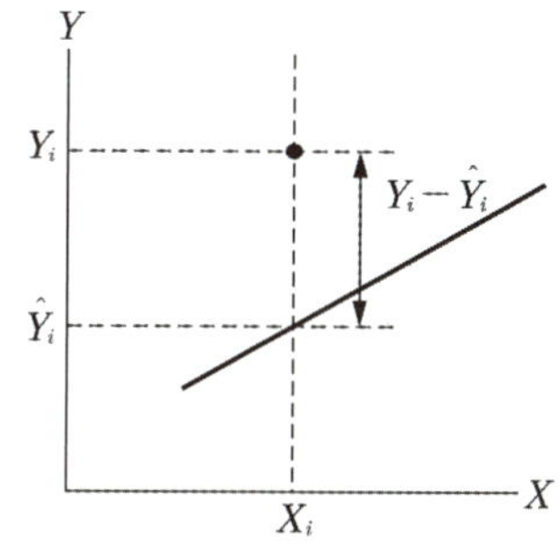

[그림 12-2] 회귀모형에서 관측치와 예측치의 차이인 잔차 $e_i = Y_i - \hat{Y}_i$

다만 실제 자료에는 많은 관측치 Y_i와 (이에 대응하는) 많은 예측치 $\widehat{Y_i}$가 있으므로, 모든 잔차들을 '전반적으로' 최소화할 수 있는 모형이 좋은 모형이라고 할 수 있다.

- 회귀분석의 목적을 시각적으로 나타낸다면, [그림 12-3]과 같이 여러 잔차의 제곱의 합 $\sum e_i^2$이 가장 짧아지는 직선을 그리는 것이고, 이는 결국 $\sum e_i^2$ 를 최소화하는 b_0와 b_1를 찾아내는 것이다.

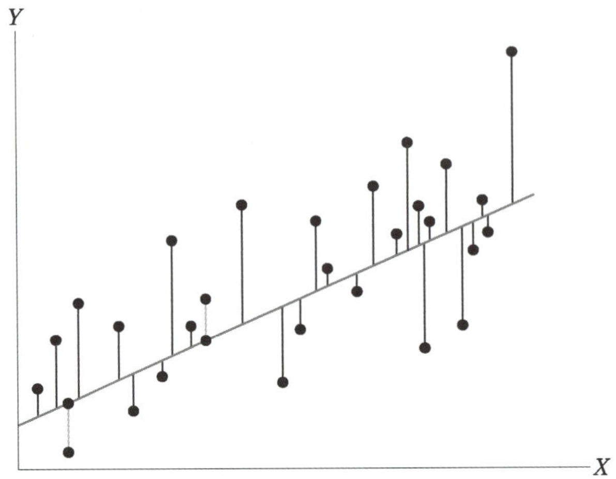

[그림 12-3] 여러 잔차들($n=30$)

- 이때 양수인 잔차와 음수인 잔차가 뒤섞이면서 서로 상쇄되므로, (잔차의 단순합 $\sum e_i$이 아니라) 잔차의 제곱합 $\sum e_i^2$ 을 사용함에 주의하자.

$$\sum_{i=1}^{n} e_i^2 = \sum_{i=1}^{n} \left(Y_i - \hat{Y}_i \right)^2 = \sum_{i=1}^{n} \left(Y_i - (b_0 + b_1 X_i) \right)^2$$

3. 단순회귀모형의 회귀계수 추정량

우선 기울기 b_1의 추정값을 구하는 공식은 다음과 같다.

$$b_1 = \frac{n\sum X_i Y_i - \sum X_i Y_i}{n\sum X_i^2 - \left(\sum X_i\right)^2} = \frac{\sum \left(X_i - \overline{X}\right)\left(Y_i - \overline{Y}\right)}{\sum \left(X_i - \overline{X}\right)^2} = \frac{s_{xy}}{s_{xx}}$$

일단 기울기 b_1을 구했으면, 회귀직선이 평균 $(\overline{X}, \overline{Y})$를 지나므로(?) 자연히 절편 b_0를 다음과 같이 구할 수 있다.

$$b_0 = \overline{Y} - b_1 \overline{X}$$

3 상수와 회귀계수의 해석

단순회귀모형에서 회귀계수와 상수의 해석은 정형화되어 있다. 상수와 회귀계수를 계산하여 $E(Y|X) = \hat{Y} = \hat{\beta}_0 + \hat{\beta}_1 X$ 꼴로 회귀식이 주어졌다고 하자. 먼저 회귀계수는 "독립변수 X의 값이 한 단위 변화(a unit change)하면 종속변수 Y가 회귀계수 b_1만큼 변화한다"라고 해석한다. 다음으로 상수는 "$X=0$일 때, 종속변수 Y의 평균은 $\hat{b}_0$이다"라고 해석한다.

- 가령 대학생의 결석 시수 X가 학점 Y에 영향을 미친다는 회귀모형을 세우고 오차항을 최소화하는 b_0와 b_1을 다음과 같이 추정하였다고 하자.

$$Y_i = 3.043 - 0.076\, X_i$$

- 이 모형에서 회귀계수는 "결석 시수가 1시간 증가할 때, 학점은 0.076점만큼 감소한다"고 해석할 수 있다.
- 상수는 "한 번도 결석하지 않았을 때 학점은 평균적으로 3.043이다"라고 해석할 수 있다(?).

추정된 상수 $\hat{\beta}_0$와 회귀계수 $\hat{\beta}_1$를 가지고 예측된 Y(predicted Y; $\hat{Y}$)를 계산할 수도 있다.

- 위 회귀식에서는 $\hat{\beta}_0 = 3.043$ 이고 $\hat{\beta}_1 = -0.076$ 이므로 독립변수인 X_i에 원하는 값을 대입하면 $\hat{Y}_i$ (Y hat이라고 읽는다)을 아래와 같이 예측할 수 있다.

$$\hat{Y}_i = 3.043 - 0.076\, X_i$$

- 가령 반 전체의 평균 결석 시수가 2.5시간이라면 예상되는 평균 학점은 2.853점이다.

4 회귀모형의 유의성 검정

1. 기초적 이해

오차의 제곱합을 최소화하는 b_0와 b_1를 구했더라도 이것은 어디까지나 표본의 특성, 즉 통계량(statistic)일 뿐이다. 다른 추론통계학과 마찬가지로 회귀분석 역시 표본을 넘어 모집단의 특성을 추론해야 한다. 모집단의 상수 β_0와 회귀계수 β_1에 대한 회귀모형의 기본적인 가설 구조는 다음과 같다.

$$\text{상수:} \quad H_0: \beta_0 = 0, \; H_a: \beta_0 \neq 0$$
$$\text{회귀계수:} \quad H_0: \beta_1 = 0, \; H_a: \beta_1 \neq 0$$

상수와 회귀계수에 대해 각각 유의성 검정을 수행할 때는 (7장 2절에서 공부한) 평균의 표집분포를 사용한다.

- 즉 모집단에서 수많은 표본을 뽑아 그로부터 각각 b_0와 b_1을 구한 뒤, 이것들의 표집분포(sampling distribution)를 가상적으로 구축해 볼 수 있다.
- ① 회귀식의 잔차항 e_i에 대해 **정규성(normality)**을 가정하거나 혹은 ② 중심극한정리에 힘입어 그 표집분포의 평균 $E(\hat{b}_1)$은 모집단의 회귀계수 β_1와 같다는 점을 알 수 있다.

$$E(\hat{b}_1) = \beta_1$$

- 그 가상적인 표집분포의 **표준편차** $S_{\hat{b}_1}$를 (상수항 및 회귀계수의) **표준오차(standard error)**라고 부른다.

$$S_{\hat{b}_1} = \sqrt{\frac{\sum(Y_i - \hat{Y}_i)^2/(n-k-1)}{\sum(X_i - \overline{X})^2}} = \frac{\sigma_e}{\sqrt{\sum(X_i - \overline{X})^2}}$$

- k는 독립변수의 수이다. 단순회귀모형의 경우 $k=1$이다.
- 분자는 오차의 표준편차이고(?) 어떤 상수 σ_e로 가정된다. 분모는 독립변수의 편차제곱이다. 즉 독립변수의 분산이 작으면 표준오차가 커지므로 그 회귀계수는 **신뢰할 수 없게(unreliable)** 된다(?).
- 회귀계수의 표준오차는 회귀계수라는 추정값(estimate)에 대해 얼마나 확신하는가(confident)를 보여준다.

회귀계수의 해석은 종종 유의성 검정 결과에 따라 생략할 수 있다.

- 회귀계수에 대한 귀무가설($H_0 : \beta_1 = 0$)을 기각할 수 없다면, 독립변수 X가 종속변수 Y에 통계적으로 유의한 영향을 미치지 않기 때문에 구체적으로 해석하지 않는다.
- 마찬가지로 상수에 대한 귀무가설($H_0 : \beta_0 = 0$)을 기각할 수 없다면, 해석하지 않거나, 독립변수 X의 값이 0일 때 종속변수 Y의 평균은 0이라고 해석하는 것이 바람직하다(?).

2. 가설검정 절차

표본을 가지고 회귀분석을 수행하여 얻은 회귀계수 추정값에 대한 유의성 검정을 수행한다.

[1단계] 가설설정: H_0: $\beta_j = 0$
H_α: $\beta_j \neq 0$

⬇

[2단계] 유의수준 설정: $\alpha = 0.05$

⬇

[3단계] 검정통계량 계산: $t = \frac{b_1 - 0}{S_{b_1}} = \frac{b_1}{S_{b_1}} \sim t_{n-2}$

⬇

[4단계] 유의성 검정: 기각역 설정 또는 유의확률(p-value) 방법으로 귀무가설($H_0 : \beta_j = 0$)의 기각 여부를 판단한다.

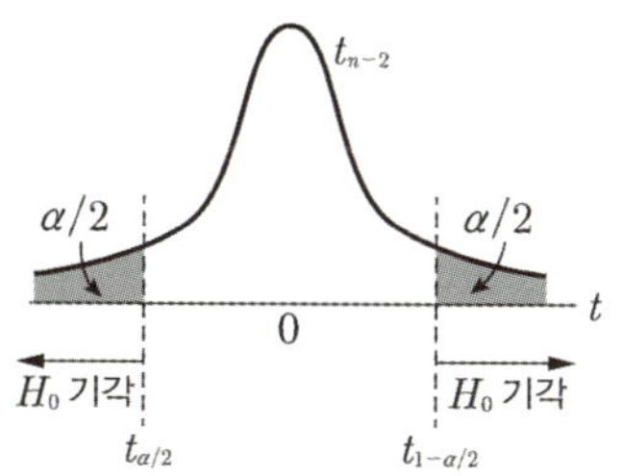

⬇

[5단계] 해석 및 결론: 귀무가설의 기각 여부를 판단하여 해석 및 결론을 도출한다.

예제 12-3

철수는 출생 시 아버지의 연령이 낮을수록 아동의 지능지수가 높다는 가설을 세우고, 이를 검정하기 위해 15명의 어린이로부터 자료를 수집하였다(iq.csv 파일을 참고하시오). 수집한 자료를 이용하여 두 변수 간의 관계를 파악하기 위해 산점도, 회귀모형 추정, 그리고 모형의 유의성을 검정해 보자.

번호	아버지 연령(X)	지능지수(Y)
1	26	110
2	27	115
3	25	120
4	27	118
5	23	110
6	34	108
7	29	105
8	25	104
9	28	98
10	33	100
11	27	99
12	32	101
13	35	89
14	33	93
15	31	90

풀이

[단계 1] 아버지의 연령(X), 아동의 지능지수(Y)의 산점도

그림에 의하면 아버지의 연령과 아동의 지능지수는 음의 선형관계가 있어 보인다.

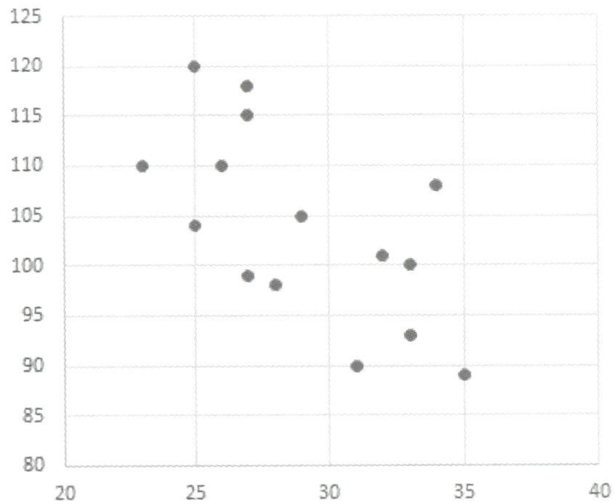

[단계 2] 최소제곱법에 의한 회귀모형 추정

우선 아버지연령과 지능지수의 표본평균($\overline{X}=29$, $\overline{Y}=104$)을 산출한 후, 다음 표와 같이 각 변수의 편차, 편차의 제곱 및 제곱합을 계산한다. 편차의 제곱 및 제곱합을 합산하여 S_{xx}, S_{yy}, S_{xy}를 구

한다.

번호	X_i	Y_i	$X_i-\overline{X}$	$Y_i-\overline{Y}$	$(X_i-\overline{X})^2$	$(Y_i-\overline{Y})^2$	$(X_i-\overline{X})(Y_i-\overline{Y})$
1	26	110	−3	6	9	36	−18
2	27	115	−2	11	4	121	−22
3	25	120	−4	16	16	256	−64
4	27	118	−2	14	4	196	−28
5	23	110	−6	6	36	36	−36
6	34	108	5	4	25	16	20
7	29	105	0	1	0	1	0
8	25	104	−4	0	16	0	0
9	28	98	−1	−6	1	36	6
10	33	100	4	−4	16	16	−16
11	27	99	−2	−5	4	25	10
12	32	101	3	−3	9	9	−9
13	35	89	6	−15	36	225	−90
14	33	93	4	−11	16	121	−44
15	31	90	2	−14	4	196	−28
계			0.0	0.0	196	1290	−319

- 기울기: $\hat{\beta}_1 = b_1 = \dfrac{S_{XY}}{S_{XX}} = \dfrac{-319}{196} = -1.63$

- 절편: $\hat{\beta}_0 = b_0 = \overline{Y} - \hat{\beta}_1 \overline{X} = 104 - (-1.63) \cdot 29 = 151.20$

따라서 추정된 회귀직선은 $\hat{Y}_i = 151.20 - 1.63X_i$이다. 즉, 아버지의 나이가 1세 증가할수록 아동의 지능지수 1.63씩 감소한다.

[단계 3] 회귀계수의 유의성 검정

① 가설설정: $H_0 : \beta_1 = 0$
$H_\alpha : \beta_1 \neq 0$

② 유의수준 설정: α=0.05

③ 검정통계량 계산:

번호	X_i	Y_i	$(X_i-\overline{X})^2$	$\widehat{Y}_i$	$(Y_i-\widehat{Y}_i)^2$
1	26	110	9	108.9	1.2
2	27	115	4	107.3	60.0
3	25	120	16	110.5	90.1
4	27	118	4	107.3	115.5
5	23	110	36	113.8	14.2
6	34	108	25	95.9	147.3
7	29	105	0	104.0	1.0
8	25	104	16	110.5	42.4
9	28	98	1	105.6	58.2
10	33	100	16	97.5	6.3
11	27	99	4	107.3	68.1
12	32	101	9	99.1	3.5
13	35	89	36	94.2	27.4
14	33	93	16	97.5	20.2
15	31	90	4	100.7	115.5
계			196		771

$$S_{b_1}=\sqrt{\frac{\sum(Y_i-\widehat{Y}_i)^2/(n-k-1)}{\sum(X_i-\overline{X})^2}}=\sqrt{\frac{771/(15-2)}{196}}=0.55$$

$$t_0=\frac{b_1}{S_{b_1}}=\frac{-1.63}{0.55}=-2.96$$

④ 유의성 검정:

- 기각역에 의한 방법: $|t|>t_{0.975,13}=2.16$; $t_0=-2.96<-2.16$이므로 H_0 기각
- 유의확률에 의한 방법: $p(t_{13}<-2.96)=0.0055$이므로 p-value=0.011.

  유의확률<0.05이므로 H_0 기각

⑤ 해석 및 결론: 태아의 출생 시 아버지의 연령이 아동의 지능지수와 연관되어 있다.

5 회귀분석의 가정

회귀모형의 타당성을 보장하기 위해서는 다음과 같은 가정이 성립되어야 한다.

- **선형성**: 독립변수(X)와 종속변수(Y)의 관계가 선형이다.
- **정규성**: 오차항(ϵ_i)이 정규분포를 따른다.
- **등분산성**: 오차항(ϵ_i)의 분산이 **동질(homoscedastic)**하다.
- **독립성**: 오차항(ϵ_i)은 서로 독립적이다. 변수 간 **자기상관(autocorrelation)**이 없어야 한다.

가정의 위배(violation) 여부를 판단하기 위해 그래프 또는 적절한 통계량으로 미리 확인할 수 있다. 특히 오차항의 가정을 확인하기 위해서 표본으로부터 추정된 잔차 e_i를 분석한다.

- **선형성**: 독립변수 X와 종속변수 Y의 산점도를 통해 관계가 선형인지 확인할 수 있으므로 회귀분석을 수행하기 전에 꼭 산점도를 그려보아야 한다.
- **정규성**: 잔차를 이용한 **정규확률그래프(normal probability plot; Q-Q plot이라고도 함)**를 통해 잔차가 대각선 방향의 직선 형태를 보이면 정규분포를 따른다고 판단한다. 통계량으로는 **Kolmogolov-Smirnov 검정**, **Shapiro-Wilk 검정** 등을 활용할 수 있다.
- **등분산성**: 독립변수(X)에 대한 잔차의 산점도를 통해 잔차의 분포가 무작위적이고 분산이 동질한지 확인한다.
- **독립성**: 오차항(ϵ_i)의 독립성은 시간에 따른 변화와 같이 잔차가 연계된 경우에 위배된다. 자기상관(autocorrelation)은 **Durbin-Watson 검정** 등으로 확인한다.

Q & A

Q1 일원분산분석에서도 그렇고 회귀분석에서도 그렇고, 자꾸 선형모형이라는 개념을 이야기하셨는데 왜 선형모형이라고 불리나요? 그게 무슨 뜻인가요?

A1 어떤 모형의 수식을 그래프로 나타냈을 때 선(line)으로 나타낼 수 있다면 그 모형을 선형모형(linear model)이라고 합니다. 만약 $y = a + bx$라는 모형이 있다면 x값을 x축에, y값을 y축에 두고 그림을 그려볼 수 있습니다. 이때 a는 절편이 되고, b는 기울기가 되는 직선이므로 이 모형은 선형모형입니다.

Q2 상관분석과 회귀분석은 뭔가 비슷하다는 느낌을 줍니다. 무엇이 같고 무엇이 다른가요?

A2 상관분석과 회귀분석 모두 둘 이상의 **수치형 변수** 사이의 관계를 분석하는 기법이라는 점에서 매우 유사합니다. 단 상관분석은 독립변수와 종속변수의 구분 없이 두 변수 간 연관성을 분석할 뿐이지만, 회귀분석은 독립변수가 종속변수에 미치는 영향을 분석하는데 주안점을 두고 있다는 점에서 차이가 있습니다.

다소 어려운 이야기라 간단히 짚고 넘어가겠지만 수학적인 본질에 있어 상관계수와 회귀계수는 큰 차이가 없습니다. 앞서 공부한 내용을 토대로 상관계수와 회귀계수를 각각 비교해 볼까요?

상관계수: $r_{xy} = \dfrac{S_{xy}}{\sqrt{S_{xx}S_{yy}}}$

회귀계수: $b_1 = \dfrac{s_{xy}}{s_{xx}} = \dfrac{S_{xy}}{\sqrt{S_{xx}S_{yy}}} \times \dfrac{\sqrt{S_{yy}}}{\sqrt{S_{xx}}} = r\dfrac{s_y}{s_x}$

회귀계수는 단지 상관계수를 독립변수의 표준편차와 종속변수의 표준편차 비(ratio)로 표준화한 값에 지나지 않는 것을 알 수 있습니다.

그럼에도 불구하고 실무적으로나 연구 목적상으로는 회귀분석이 상관분석보다 폭넓게 사용됩니다. 이는 특히 회귀분석에서 (여러) 독립변수와 종속변수의 연관성을 탄력있게 분석할 수 있기 때문입니다. 바로 다음 챕터에서 배울 내용입니다.

Q3 이미 앞에서 한참 설명하셨기 때문에 너무 늦은 감이 있는데요, 회귀분석에서도 같은 내용이 자꾸 나와 이제라도 여쭤봅니다. 왜 가설은 꼭 반대 방향으로 세우나요? 예를 들어 운동시간 X가 증가하면 행복감 Y가 높아질 거라는 연구를 위해서 다음과 같은 회귀식을 추정하려고 합니다.

$$Y = b_0 + b_1 X + e$$

이때, 귀무가설은 꼭 $H_0 : b_1 = 0$, 즉 "운동시간이 증가해도 행복감에는 차이가 없다" 입니다. 어째서 이렇게 애매하게 하죠? 한번에 "운동시간이 증가하면 행복감이 증가한다"라고 분석하면 안 되나요?

A3 우리가 자세히 다루지는 않았지만 사실 가설검정이라고 불리우는 통계분석의 기법은 그 나름의 역사가 있습니다. 앞서 언급한 적이 있는데요, 이미 오래 전 Ronald Fisher라는 통계학자가 유의확률(p-value)이라는 아이디어와 함께 귀무가설 개념을 개발한 적이 있었습니다. 하지만 가설검정이라는 통계분석의 절차를 완성하지는 못한 상태로 머물러 있었어요. 그러다가 그의 아들 Egon Pearson와 Jerzy Neyman이라는 통계학자들이 함께 협력하여 대립가설이라는 개념을 여기에 추가하였지요. 그 결과, 귀무가설을 안심하고 자신있게(confidently) 기각한 다음, (그에 배타적인) 대립가설을 채택할 수 있는 능력인 통계적 검정력(statistical power) $1-\beta$ 또한 계산할 수 있게 되었습니다. 이 개념은 사실 실험설계에서는 오늘날에도 굉장히 중요합니다! 어쨌든 귀무가설을 먼저 제시하고 이를 기각하고 대립가설을 채택하는 방식으로 유의수준 α와 통계적 검정력 $1-\beta$를 계산할 수 있으므로 여러모로 유용한 게 사실입니다.

이와는 별개로 학생들은 종종 연구가설(research hypothesis)과 통계학적 가설(statistical hypothesis)을 혼동하는 것 같습니다. 연구가설은 말 그대로 자신이 연구하고자 하는 주제에 관한 가설입니다. 가령 "운동시간 X가 늘어날수록 행복감 Y는 증가할 것이다" 라고 생각했다면 이것은 연구가설이 됩니다. 이렇게 주어진 연구가설에 대해 우리의 통계학적 가설은 다시 귀무가설과 대립가설로 나뉘게 되고, 앞서 배운 것처럼 "운동시간 X의 회귀계수는 0이다"가 귀무가설, "운동시간 X의 회귀계수는 0이 아니다"가 대립가설이 됩니다. 대립가설과 연구가설은 같은 표현입니다.

Q4 기울기 b_1과 절편 b_0의 공식이 무엇인지 말씀해주셨지만 왜 그렇게 나오는지는 이해하지 못하겠습니다. 혹시 이해하기 어려울까요?

A4 그건 보통최소제곱(OLS) 알고리즘을 살펴봐야 하는 주제입니다. OLS의 해(solution) 찾기는 수학적으로 2차함수 최적화 문제(quadratic optimization problem)이므로 미적분(calculus)과 선형대수학(linear algebra)에 대해 어느 수준의 지식이 요구됩니다. 약간 어려울지도 모릅니다.

일단 미적분에서 미분의 의미는 기하학에서 기울기(slope)를 뜻합니다. 그런데 그래프에서 기울기가 0이 되는 지점은 곡선의 극점(extreme points), 즉 최고점 또는 최소점이죠. 그러므로 다음과 같이 잔차의 제곱합 $\sum e^2$을 b_0와 b_1에 대해 각각 편미분(partial derivation)한 식을 0으로 놓고 풀면, 잔차의 제곱합을 최소화하는 b_0와 b_1의 값을 알아낼 수 있지요.

$$\frac{\partial \sum e_i^2}{\partial b_0} = 0$$

$$\frac{\partial \sum e_i^2}{\partial b_1} = 0$$

첫 번째 식을 풀어 상수를 계산할 수 있구요.

$$\begin{aligned}
\frac{\partial \sum e_i^2}{\partial b_0} &= 0 \\
\frac{\partial \sum (y_i - \hat{y}_i)^2}{\partial b_0} &= 0 \\
\frac{\partial \sum (y_i - b_0 - b_1 X_i)^2}{\partial b_0} &= 0 \\
2\sum (y_i - b_0 - b_1 X_i)(-1) &= 0 \\
\sum y_i - \sum b_0 - \sum b_1 X_i &= 0 \\
\sum y_i &= \sum b_0 + \sum b_1 X_i \\
\sum y_i &= nb_0 + b_1 \sum X_i
\end{aligned}$$

두 번째 식을 풀어 회귀계수를 계산할 수 있습니다.

$$\begin{aligned}
\frac{\partial \sum e_i^2}{\partial b_0} &= 0 \\
\frac{\partial \sum (y_i - \hat{y}_i)^2}{\partial b_0} &= 0 \\
\frac{\partial \sum (y_i - b_0 - b_1 X_i)^2}{\partial b_0} &= 0 \\
2\sum (y_i - b_0 - b_1 X_i)(-1) &= 0 \\
\sum X_i y_i - \sum b_0 X_i - \sum b_1 X_i^2 &= 0 \\
\sum X_i y_i &= \sum b_0 X_i + \sum b_1 X_i^2 \\
\sum X_i y_i &= b_0 \sum X_i + b_1 \sum X_i^2
\end{aligned}$$

이렇게 구한 두 식을 정규방정식(normal equations)이라고 부릅니다.

$$\sum y_i = nb_0 + b_1 \sum X_i$$

$$\sum X_i y_i = b_0 \sum X_i + b_1 \sum X_i^2$$

이제 두 식을 연립방정식(simultaneous equations)으로 풀면 위에서 설명했던대로 b_1과 b_0를 구할 수 있습니다.

01 청소년 대상 피트니스센터에서 8명의 회원을 대상으로 신체검사를 하였다(fitness.csv 파일을 참고하시오). 다음 데이터를 이용하여 학생들의 키와 가슴둘레가 상관성이 있다고 할 수 있는지 분석하고자 한다. ① 산점도, ② 상관계수 산출, ③ 상관계수의 유의성 검정(유의수준 5%)을 단계별로 수행하시오.

회원ID	키	가슴둘레
1	158	79
2	150	90
3	160	77
4	155	75
5	160	73
6	153	81
7	164	80
8	148	85

02 기업의 광고비가 매출액에 미치는 영향을 확인하고자 다음과 같이 10개 기업의 자료를 수집하였다(adv.csv 파일을 참고하시오). ① 산점도, ② 회귀모형 추정, ③ 회귀계수의 유의성 검정(유의수준 5%)을 단계별로 수행하시오. (단위: 백만 원)

기업	광고비	매출액
O	180	1400
P	190	1900
Q	115	480
R	160	900
S	125	1200
T	55	590
U	130	1950
V	25	225
W	37	150
X	83	205

03 중고차를 구매하기 위해 딜러샵에 나와 있는 K모델 승용차 10대의 연식과 가격을 조사하였다(usedauto.csv 파일을 참고하시오). 사용 기간이 가격에 어떠한 영향을 미치는지 ① 산점도, ② 회귀모형 추정, ③ 회귀계수의 유의성 검정(유의수준 5%)을 단계별로 수행하여 분석하시오.

사용기간(년)	가격(백만 원)
2	35
3	32
5	30
3	24
6	27
4	22
5	18
6	15
7	12
9	5

04 200명 학생들의 학교시점 점수를 다음과 같이 조사하였다(hsb2.csv 파일을 참고하시오). 읽기점수가 수학점수에 어떠한 영향을 미치는지 ① 산점도, ② 회귀모형 추정, ③ 회귀계수의 유의성 검정(유의수준 0.1%)을 단계별로 수행하여 분석하시오.

id	female	read	write	math	science	socst
1	1	34	44	40	39	41
2	1	39	41	33	42	41
3	0	63	65	48	63	56
…	…	…	…	…	…	…
198	1	47	61	51	63	31
199	0	52	59	50	61	61
200	0	68	54	75	66	66

Chapter

13

다중회귀분석

학습목표

1. 단순회귀분석을 다중회귀분석으로 확장할 수 있다.
2. 다중회귀분석 모형의 회귀계수에 대한 유의성을 검정할 수 있다.
3. 가변수를 다중회귀모형에 포함하여 분석할 수 있다.
4. 모형의 적합도 검정으로 검정통계량 F와 결정계수를 산출하고 해석할 수 있다.

01 다중회귀분석의 개념적 이해

1 단순회귀분석의 확장

지금까지 단순회귀모형에서는 오로지 독립변수 X와 종속변수 Y, 단 두 개의 변수만 고려한다.

$$Y = \beta_0 + \beta_1 X + \epsilon$$

하지만 실무에서는 독립변수가 하나인 단순회귀모형보다는 독립변수가 여러 개인 **다중회귀모형(multiple regression model)**을 보다 자주 사용한다.

- 독립변수뿐만 아니라 종속변수도 여러 개로 확장되는 경우를 **다변량회귀모형(multivariate regression model)**이라고 부르지만, 기초통계학에서는 다루지 않는다.

다중회귀모형에서는 k개의 독립변수를 구분하기 위해 하첨자가 필요하다. 아래 식에서 X_1, X_2, …, X_k는 모두 서로 다른 독립변수를 의미한다.

$$Y = \beta_0 + \beta_1 X_1 + \beta_2 X_2 + \cdots + \beta_k X_k + \epsilon$$

경우에 따라서는 관측치(observations)까지도 구분하기 위해 하첨자 i를 추가하기도 한다.

$$Y_i = \beta_0 + \beta_1 X_{i1} + \beta_2 X_{i2} + \cdots + \beta_k X_{ik} + \epsilon_i$$

2 다중회귀분석의 회귀계수

다중회귀분석은 (다른 변수들의 효과를 통제한 상태에서) 특정 변수의 **순효과(net effect)** 또는 **부분효과(partial effect)**를 살펴보는 데 유용하다. 여러 개의 독립변수를 모델에 투입했다면 여러 영향력은 각각에 해당하는 변수 안으로 나누어 흡수된다. 그러므로 다중회귀분석을 통해 '다른 변수의 영향력으로부터 독립된' 특정 변수의 영향력을 따로 살펴볼 수 있다.

- 아래와 같이 임금(Y)을 종속변수로, 나이(X_1)과 직무 경험(X_2)을 독립변수로 하는 선형모형을 세웠다고 하자.

$$Y = \beta_0 + \beta_1 X_1 + \beta_2 X_2 + \epsilon$$

- 이 다중회귀분석을 통해 나이 X_1의 효과를 통제했을 때(즉 같은 나이일 때) 직무경력 X_2이 한 단위 변화하면 임금 Y이 얼마만큼 변화하는지 파악할 수 있다.

예제 13-1

미국 유학을 앞둔 P는 등록금(X_1)이 졸업 후 평균수입(Y)에 미치는 영향을 파악하기 위해 회귀분석을 수행하였다. 이때 학자금 상환비율(X_2)의 영향력을 배제하고 등록금만의 순효과(net effect)를 파악하기 위해서 다중회귀분석을 수행하여 다음의 회귀식을 얻었다.

$$Y = 2526.99 + .57\,X_1 + 334.34\,X_2$$

(Y와 X_1의 단위는 달러, X_2의 단위는 %)

(1) 절편과 회귀계수를 적절히 해석하시오.

(2) P가 만일 등록금 30,000달러에 학자금 상환비율이 90%인 학교에 진학한다면 예상되는 평균수입은 얼마인가?

풀이

(1) 학자금 상환비율의 효과를 통제하였을 때, 등록금이 1000달러 증가하면 평균수입은 570달러만큼 증가한다. 등록금과 학자금 상환비율이 모두 0이라면 평균수입은 2526.99 달러이다.

(2) P가 만일 등록금 30,000달러 정도에 학자금 상환비율이 최소 90%인 학교에 간다면 그의 예상되는 평균수입은 약 49,717달러이다.

3 다중회귀모형과 다중회귀식

단순회귀분석에서와 마찬가지로 회귀모형은 독립변수를 조건부로 한 종속변수의 평균으로 세워지는 회귀식과 구분할 수 있다.

모집단 회귀모형: $Y = \beta_0 + \beta_1 X_1 + \beta_2 X_2 + \ldots + \beta_k X_k + \epsilon$

모집단 회귀식: $E(Y|X_1, X_2, \cdots, X_k) = \beta_0 + \beta_1 X_1 + \beta_2 X_2 + \cdots + \beta_k X_k$

모집단의 회귀식을 표본으로 다음과 같이 추정할 수 있다.

$$Y = b_0 + b_1 X_1 + b_2 X_2 + \cdots + b_k X_k + e$$

또는

$$\hat{Y} = b_0 + b_1 X_1 + b_2 X_2 + \cdots + b_k X_k$$

회귀계수를 추정하는 원리는 단순회귀분석과 마찬가지로 다음의 점추정과 구간추정 방식과 같다.

점추정: $E(b_j) = \beta_j$

구간추정: $\left[b_j + t_{\alpha/2} s_{b_j},\ b_j + t_{1-\alpha/2} s_{b_j}\right]$

- 그런데 다중회귀모형은 n개의 관측치와 k개의 변수를 갖게 되므로 제12장에서 설명했던 대수적 계산은 무척 번거롭다.
- 그러므로 한 번에 표현하고 계산하기 위해 특히 벡터(vector)와 행렬(matrix)을 사용하는 경우가 많다.
- 여러 개의 독립변수 벡터 X와 회귀계수 벡터 β가 주어진 경우, 다음과 같이 회귀계수의 계산식을 나타낼 수 있다(증명 생략).

$$\beta = (X^T X)^{-1} X^T y$$

02 모형적합성의 평가

1 결정계수

모형적합도(goodness-of-fit)란 모형을 세워 그것을 현실 자료에 맞추어(fit) 보았을 때, 이것이 얼마나 잘 맞는가를 보여주는 개념이다. 여러 적합도 지표 가운데 여기서는 결정계수(coefficient of determination)와 F 검정(F test), t 검정에 대해서 살펴보자.

1. 결정계수의 이해

주어진 데이터에 전체 변량(total variation)이 있다면, 이것은 모형에 의해 설명된 변량(explained variation)과 (그렇지 못하고) 남은 변량(residual variation)의 합이라고 할 수 있다.

$$Variation_{Total} = Variation_{Explained} + Variation_{Residual}$$

그렇다면 다음 설명된 '변량의 비율'은 모형의 높은 설명력을 의미한다고 볼 수 있다.

$$R^2 = \frac{Variation_{Explained}}{Variation_{Total}}$$

- 결정계수 R^2는 설명된 변량의 비율이므로 0과 1 사이의 값을 갖는다($0 \le R^2 \le 1$).
- 1에 가까울수록 모델은 높은 적합도를 보인다고 할 수 있다.

$$0 \le R^2 \le 1$$

2. 결정계수의 계산

관측치 Y_i의 편차 $(Y_i - \overline{Y})$는 설명되는 편차 $(Y - \hat{Y})$와 설명되지 않는 편차 $(\hat{Y} - \overline{Y})$의 두 부분으로 나눌 수 있다.

$$(Y_i - \overline{Y}) = (Y_i - \widehat{Y}_i) + (\widehat{Y}_i - \overline{Y})$$

- 위 식의 우변을 잘 보면 Y의 예측값 $\widehat{Y}_i$을 총편차 $(Y_i - \overline{Y})$에서 더하고 다시 뺐을 뿐임을 알 수 있다.

[그림 13-1]로 이 관계를 시각화해보자.

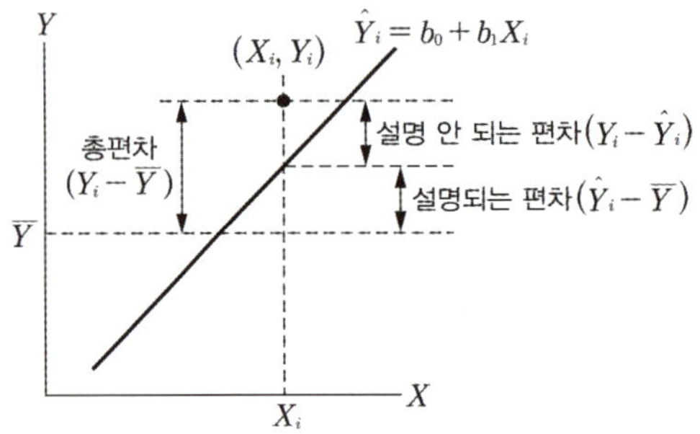

[그림 13-1] 회귀모형에 의한 총편차의 분해

총편차를 분해한 위의 식에서 양변을 제곱한 후 모든 관측치에 대해 합하면 다음이 성립한다(증명 생략).

$$\sum(Y_i - \overline{Y})^2 = \sum(Y_i - \widehat{Y}_i)^2 + \sum(\widehat{Y}_i - \overline{Y})^2$$

- 위 식은 전체 변동성이 (모형에 의해) 설명되는 변동성과 설명되지 않는 변동성으로 분해됨을 시사한다(❓).
- 이때 전체 변동성은 **총제곱합(total sum of squares)**, 설명되는 변동성은 **회귀제곱합(regression sum of squares)**, 설명되지 않은 변동성은 **오차제곱합(error sum of squares or residual sum of squares)**이라고 부르기도 한다.

제곱합: $SST = \sum_{i=1}^{n}(Y_i - \overline{Y})^2$

회귀제곱합: $SSR = \sum_{i=1}^{n}(\widehat{Y}_i - \overline{Y})^2$

오차제곱합: $SSE = \sum_{i=1}^{n}\hat{\epsilon}_i^2 = \sum_{i=1}^{n}(Y_i - \widehat{Y}_i)^2$

일단 총제곱합과 회귀제곱합을 계산하였다면, 전체 변동성에서 설명된 변동성의 비율인 결정계수 R^2를 아래와 같이 산출할 수 있다.

$$R^2 = \frac{SSR}{SST} = \frac{\sum(\hat{Y}_i - \overline{Y})^2}{\sum(Y_i - \overline{Y})^2} = 1 - \frac{\sum(Y_i - \hat{Y}_i)^2}{\sum(Y_i - \overline{Y})^2}$$

- 회귀식을 통해 주어진 자료를 일정 부분, 즉 $\sum(\hat{Y}_i - \overline{Y})^2$ 만큼 설명할 수 있었다면, 정확히 그 만큼 오차, 즉 $\sum(Y_i - \hat{Y}_i)^2$ 가 감소함을 의미한다([그림 13-1]을 다시 확인해보자).
- 그러므로 결정계수 R^2 값은 커질수록 회귀식의 설명력 또는 예측이 개선되었음을 시사한다.

심층탐구 조정된 결정계수

독립변수의 수가 많아질수록 (그것들이 별 의미가 없더라도) 결정계수 R^2는 지속적으로 커지는 경향이 있다(❷). 그러나 이는 간결함의 미덕을 해치는 것이므로, 이를 보완하기 위해 다음과 같이 조정된 결정계수(adjusted R^2)가 사용될 수도 있다.

$$\text{adjusted } R^2 = 1 - (1 - R^2)\left(\frac{n-1}{n-k-1}\right)$$

(단 n=관측치의 수, k=독립변수의 수)

그 핵심은 사용한 독립변수의 수 k가 많으면 많을수록 일반적인 결정계수 R^2를 작게 만드는 것이다.

예제 13-2

[예제 13-1]의 회귀분석을 수행한 결과, 학자금 상환비율과 등록금의 두 변수를 사용하여 졸업 후 평균수입을 회귀분석하였고 $R^2 = 0.63$을 얻었다. 결정계수를 적절히 해석하시오.

풀이

학자금 상환비율과 등록금 두 변수를 사용한 선형모형은 데이터의 전체 변량 중 36.2%를 설명한다.

| TIP | 참고로 사실 상관계수(r)의 제곱은 단순회귀모형의 R^2와 일치한다. 다만 학부 기초통계학 레벨에서는 수학적으로 엄밀하게 이를 증명하지 않는다.

2 F 검정

1. F 검정의 이해

다음과 같은 선형모형을 설정하였을 때 최악의 추정 결과는 무엇일까?

$$Y = b_0 + b_1 X_1 + \cdots + b_{k-1} X_{k-1} + b_k X_k + e$$

그것은 (상수를 제외한 나머지) 모든 회귀계수가 0이 되는 상황이다. 제대로 된 모형이라면 최소한 이런 경우는 부정할 수 있어야 한다.

- 만일 이런 상황을 부정할 수 없다면 "이 모형은 완전히 쓸모없다"라는 가설을 부정할 수 없는 것이나 마찬가지이기 때문이다.

이 상황이 사실인지 여부를 판별하기 위해 다음과 같은 가설구조를 검정해 볼 수 있다.

$$H_0: \beta_1 = \beta_2 = \cdots = \beta_k = 0$$
$$H_a: (\beta_1 \neq 0) \text{ or } (\beta_2 \neq 0) \text{ or } \cdots \text{ or } (\beta_k \neq 0)$$

제10장에서 공부하였듯 이 가설은 일원분산분석(one-way ANOVA)로 검정할 수 있다. 일원분산분석의 검정통계량 F 값은 회귀분석의 맥락에서 다음과 같다.

$$F_{(k, n-k-1)} = \frac{MSR}{MSE} = \frac{SSR/k}{SSE/(n-k-1)}$$

(단 k = 독립변수의 수)

F 값이 클수록 유의확률(p-value)이 작아지므로 위 귀무가설을 기각할 수 있다(❓).

2. F 검정의 절차

[1단계] 가설을 설정한다.

$$H_0: \beta_1 = \beta_2 = \cdots = \beta_k = 0$$
H_a: β_j 중 하나 이상은 0이 아니다

⬇

[2단계] 유의수준 α를 결정한다.

⬇

[3단계] 검정통계량을 계산한다.

$$F = \frac{SSR/k}{SSE/(n-k-1)} \sim F_{(k, n-k-1)}$$

제10장에서 배운 분산분석의 요약표를 여기서도 응용하여 나타낼 수 있다. 검정통계량 F 값은 이 표를 기준으로 계산한다.

Source	자유도(df)	제곱합(SS)	평균제곱(MS)	F
Regression Residual	k $n-k-1$	$SSR = \sum(\hat{Y} - \overline{Y})^2$ $SSE = \sum(Y - \hat{Y})^2$	$MSR = \frac{SSR}{k}$ $MSE = \frac{SSE}{n-k-1}$	$\frac{MSR}{MSE}$
Total	n−1	$SST = \sum(Y - \overline{Y})^2$		

⬇

[4단계] 유의성 검정: 기각역 또는 유의확률로 검정한다.

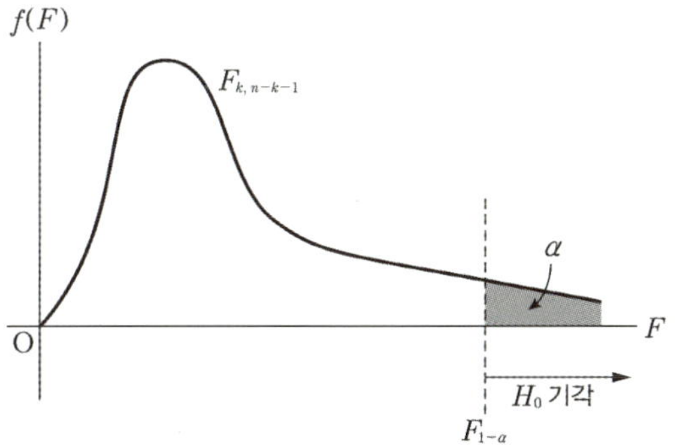

⬇

[5단계] 해석 및 결론: 귀무가설의 기각 여부를 판단하여 해석 및 결론을 도출한다.

3 t 검정

개별 회귀계수에 대한 유의성 검정은 t 검정으로 수행한다는 것을 제12장(단순회귀분석)에서 이미 학습하였다.

- 단순회귀모형의 경우에는 단 한 개의 독립변수에 대한 회귀계수 β_1에 대해서만 t 검정을 수행하였다.
- 여기서는 이를 임의의 독립변수로 일반화하여 β_j로 변경하고 다음의 가설검정 절차를 회귀계수별로 각각 수행한다.
- 자유도가 $n-k-1$인 t 분포를 사용함에 주의하자.

[1단계] 가설을 설정한다.

$$H_0 : \beta_j = 0$$
$$H_a : \beta_j \neq 0$$

⬇

[2단계] 유의수준 α를 결정한다.

⬇

[3단계] 검정통계량을 계산한다. $t = \dfrac{b_j - 0}{S_{b_j}} \sim t_{n-k-1}$

⬇

[4단계] 유의성 검정: 기각역을 설정한다.

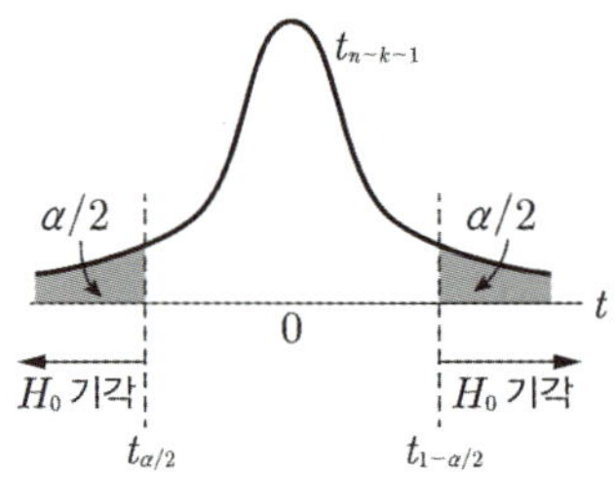

⬇

[5단계] 귀무가설의 기각 여부를 판단하여 해석 및 결론을 도출한다.

예제 13-3

30명의 근로자를 대상으로 연령(age), 교육연수(grade), 경력연수(tenure), 주당 근로시간(wks_work)을 독립변수로 하고 로그임금(ln_wage)을 종속변수로 하는 회귀분석을 수행하고 그 결과를 해석하시오(work.csv 파일을 참고하시오).

풀이

(1) 모형적합성

결정계수는 0.402로 네 개의 독립변수들은 종속변수인 로그임금의 총분산의 40.2%만큼을 설명한다.

(2) F 검정

① 가설: H_0: $\beta_1 = \beta_2 = \beta_3 = \beta_4 = 0$, H_a: β_j 중 적어도 하나는 0이 아니다.

② 유의수준: α=0.05

③ 검정통계량: $F = \dfrac{SSR/k}{SSE/(n-k-1)} = \dfrac{3.24/4}{3.58/25} = \dfrac{0.81}{0.14} = 5.65 \sim F_{4,25}$

④ 유의성검정: $P(F_{4,25} > 5.65) = 0.0022$이므로 네 개의 회귀계수가 모두 0이라는 귀무가설을 유의수준 0.05에서 기각한다.

⑤ 결론 및 해석: 일원분산분석의 결과, 네 개의 회귀계수가 모두 0이라는 귀무가설은 95% 신뢰수준에서 통계적으로 유의하게 기각될 수 있다.

(3) t 검정

① 가설: $H_0 : \beta_j = 0$, $H_a : \beta_j \neq 0$

② 유의수준: α=0.05

③ 검정통계량: $t = \dfrac{b_j - 0}{S_{b_j}} \sim t_{25}$에 따라 연령 -0.77, 경력 2.46, 경력연수 2.14, 주당 근로시간 1.99가 산출된다.

④ 유의성검정: $p(|t_{25}| > 0.77) = 0.447$, $p(|t_{25}| > 2.46) = 0.021$, $p(|t_{25}| > 2.14) = 0.042$, $p(|t_{25}| > 1.99) = 0.058$이므로 회귀계수가 0이라는 귀무가설은 교육연수와 경력연수에서 기각된다.

⑤ 결론 및 해석:

- 다른 변수를 통제하였을 때, 교육연수가 한 해 증가할수록 로그임금은 0.073만큼 증가한다(?).
- 다른 변수를 통제하였을 때, 경력연수가 10년 증가할 때마다 로그임금은 0.43씩 증가한다(?).
- 다른 변수를 통제하였을 때, 주당 근로시간이 10시간 증가할수록 로그임금은 0.065만큼 증가한다. 그러나 이는 오로지 90% 신뢰수준에서 통계적으로 유의할 뿐이다(?).

※ 로그함수의 대수적 원리와 미적분을 이해하면 좀 더 세련된 해석이 가능하다. 예를 들어 교육연수가 한 해 증가할수록 임금은 7.6% $(= e^{0.073} - 1)$ 증가한다고도 말할 수 있다.

03 가변수를 포함한 다중회귀모형

1 가변수의 이해

앞서 두 개의 수치형 변수가 주어졌을 때 회귀분석을 사용할 수 있다고 언급하였다. 그렇지만 인종(1=백인; 2=흑인; ...)이나 종교(0=없음; 1=기독교; 2=불교; ...) 등과 같은 범주형 변수를 회귀분석에서 독립변수로 사용할 수도 있다.

- 보다 구체적으로 범주형 변수를 먼저 가변수(dummy variable)로 변환하여 회귀분석에서도 사용할 수 있고, 각 범주별로 독특한 질적 차이를 드러내 보일 수 있다.

가변수란 0 또는 1 가운데 하나의 값을 가지는 변수를 의미한다. 만약 처방(treatment), 조건, 또는 상황 등이 존재하면(present) 1로, 그것이 부재하면(absent) 0이 된다.

- 이를 두고 더미 코딩(dummy coding) 또는 가부호화라고 표현하기도 한다.
- 예를 들어, "어떤 투약 처방을 받았는지 여부"인 경우 받았다면 1을, 받지 않았다면 0의 값을 갖는다.
- 만일 "성별이 여성이다"라는 조건에 관해서라면, 그렇다면 1을, 아니라면 0의 값을 갖는다.

예를 들어 독립변수인 경력 X과 종속변수인 연봉 Y 간의 관계를 살펴보기 위해 다음과 같은 회귀모형을 세울 수 있다.

$$Y = \beta_0 + \beta_1 X + \epsilon$$

다음의 왼쪽 그래프를 보면 경력이 증가할수록 연봉도 높아지는 양(+)의 관계를 보인다. 하지만 오른쪽 그래프가 보여주듯 대졸자와 고졸자 사이에는 일정한 차이가 있을 수 있다.

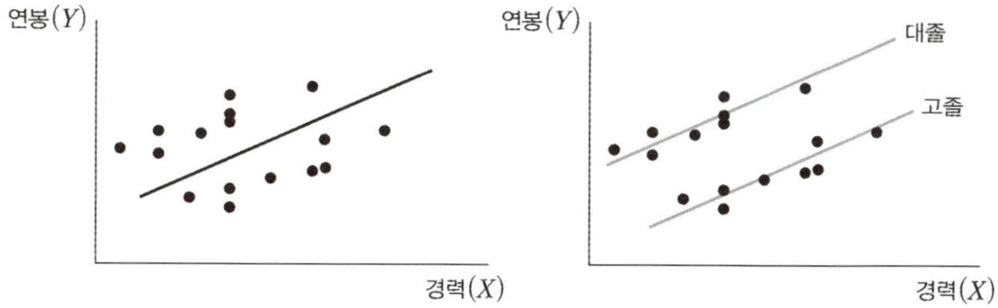

[그림 13-2] 경력과 연봉의 관계

만약 "대졸자와 고졸자 간에 (평균적인) 월급 차이가 없다"라는 귀무가설을 검정하려면 다음과 같이 가변수 D를 이용할 수 있다(X가 아니라 D를 사용하였지만 다중회귀분석이라는 본질에는 차이가 없다).

$$Y = \beta_0 + \beta_1 X + \beta_2 D + \epsilon$$

이때 가변수는 고졸인 사람의 경우 0을, 대졸인 사람의 경우 1의 값을 부여할 수 있다. 반대로 대졸이 0, 고졸이 1일 수도 있고 이 경우에는 해석 또한 반대로 해야 한다.

- 연구자가 기준범주를 결정할 수 있으며, 결정한 기준범주에 일치하여 해석해야 한다. 즉 두 범주를 갖는 변수의 경우, 한 범주를 투입한 뒤, (투입하지 않은) 기준범주에 근거하여 해석한다.

2 가변수의 해석

수치형 독립변수인 X를 다음과 같은 단순회귀모형에 집어넣었다면, 'X가 한 단위 증가할 때 Y가 $\hat{\beta}_1$만큼 변화한다' 그리고 'X가 0일 때, Y는 $\hat{\beta}_0$와 같다'라고 해석하였다.

$$Y = \beta_0 + \beta_1 X$$

만약 X가 수치형 변수가 아니라 가변수라도 해석은 마찬가지이다. 가령 가변수인 성별을 예로 들어 남자는 0, 여자는 1로 값을 부여했다고 하자. 그러면 성별에 따라 예측된 $\hat{Y}$은 각각 다음과 같다.

$$\hat{Y}_{남} = \hat{\beta_0} \qquad (\text{if } X_i = 0)$$
$$\hat{Y}_{여} = \hat{\beta_0} + \hat{\beta_1} \qquad (\text{if } X_i = 1)$$

그러므로 남녀 간 $\hat{y}$의 격차는 $\hat{Y}_{여} - \hat{Y}_{남} = \hat{\beta}_1$, 즉 회귀계수 b_1와 같다.

- 가변수를 해석할 때도 그 변수가 통계적으로 유의하지 않으면 (찻잔 속의 태풍이므로) 해석하지 않는 것이 보편적이다.

예제 13-4

경력 X과 연봉 Y의 관계를 살펴보면서 대학 졸업 여부 D (대졸=1; 고졸=0)를 추가로 투입한 회귀모형을 다음과 같이 설정하였다.

$$Y = \beta_0 + \beta_1 X + \beta_2 D + \epsilon$$

임의표본으로 계수들을 적절히 추정하여 다음의 결과를 얻었다.

$$Y = 0.59 + 0.34X + 1.96D + e$$

추정된 결과를 통해 대졸자와 고졸자 사이의 평균 연봉 차이를 구하시오(단 Y의 단위는 천만 원).

풀이

대졸자의 경우 $D=1$ 이므로 회귀식은 $\hat{Y}_{대졸} = \beta_0 + \beta_1 X + \beta_2$ 이고, 고졸자의 경우 $D=0$ 이므로 회귀식은 $\hat{Y}_{고졸} = \beta_0 + \beta_1 X$ 이다. 그러므로 그 격차는

$$\hat{Y}_{대졸} - \hat{Y}_{고졸} = (\beta_0 + \beta_1 X + \beta_2) - (\beta_0 + \beta_1 X) = \hat{Y}_{대졸} - \hat{Y}_{고졸} = \beta_2$$

즉 대졸자와 고졸자 사이의 평균 연봉 차이는 $\hat{\beta_2} = 1.96$, 즉 1,960만 원이다.

[참고] 대졸자와 고졸자 간에 월급 차이가 존재하는지에 대해 다음과 같이 유의성 검정을 수행할 수 있다.

$$H_0 : \beta_2 = 0, \quad H_a : \beta_2 \neq 0$$

이상의 관계를 다음과 같이 그래프로 나타낼 수 있다(y축에서 회귀계수와 상수의 의미를 확인해보자).

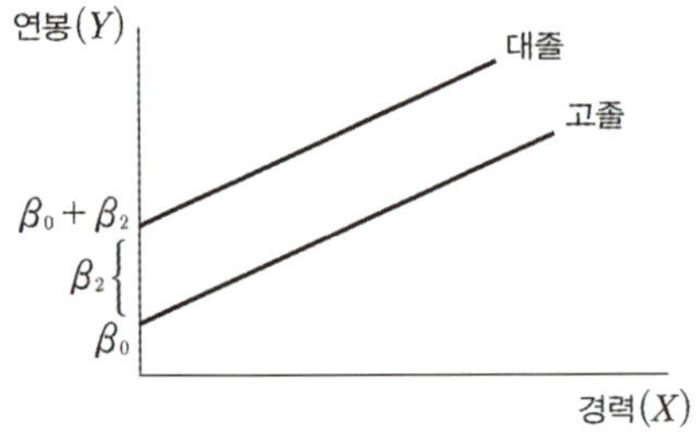

예제 13-5

[예제 13-1] 데이터에서 이번엔 등록금(X_1), 졸업률(X_2), 학자금 상환비율(X_3), 캠퍼스가 도시에 있는지(D)를 모두 사용하여 졸업생의 평균수입(Y)을 예측하는 회귀모형을 만들어 다음과 같이 추정하였다.

$$Y = 10004.97 + 0.44X_1 + 178.10X_2 + 141.478X_3 + 2526.79D$$

도시에 캠퍼스가 있는지가 통계적으로 유의하다고 할 때, 졸업생의 평균수입을 어떻게 설명하는지 해석하시오.

풀이

가변수 D의 회귀계수는 2526.79이므로 '도시 대학을 졸업한 사람은 비도시 대학을 졸업한 사람보다 약 2,527달러 평균수입이 높다'라고 해석할 수 있다.

3 여러 가변수의 활용

처방이나 조건처럼 오로지 두 개의 값(1=처방/상태/조건 있음; 0=처방/상태/조건 없음)을 갖는 경우뿐 아니라, 좀 더 나아가 (여러 처방/상태/조건의 값을 갖는) 범주형 변수 역시 가변수로 만들 수 있다.

- 가령 종교 범주가 "기독교=1, 천주교=2, 불교=3, 기타=4, 종교없음=5"으로 주어졌다면, 다음과 같이 다섯 개의 가변수를 우선 만들어 볼 수 있다.

기독교 가변수: 기독교임=1; 기독교가 아님=0
천주교 가변수: 천주교임=1; 천주교가 아님=0
불교 가변수: 불교임=1; 불교가 아님=0
기타 종교 가변수: 기타 종교임=1; 기타 종교가 아님=0
종교없음 가변수: 종교없음=1; 종교없음이 아님=0

그런데 곰곰이 살펴보면 5개 가변수 중 하나는 나머지 4개의 값을 알면 자동으로 유추할 수 있으므로 어차피 쓸모가 없다(❷).

- 이렇게 빠지는 변수를 **기준범주(reference category)**라고 부른다.

이때 모든 가변수의 해석은 기준범주에 비교하여 이루어진다는 점에 주의해야 한다.

- 가령 사형제도 찬반 정도를 0점(매우 반대)에서 10점(매우 찬성) 사이에서 조사한 종속변수 Y를 종교 범주로 설명하고자 한다면 회귀모형은 다음과 같다.

$$Y = \beta_0 + \beta_1 D_1 + \beta_2 D_2 + \beta_3 D_3 + \beta_4 D_4 + \epsilon$$

(단 Y=사형제도 찬반 정도, D_1=기독교 가변수,
D_2=천주교 가변수, D_3=불교 가변수, D_4=기타 종교 가변수)

- 이때 종교없음 가변수 D_5가 위 회귀모형에 투입되지 않았다는 점에 주목하자(?).
- 이때 β_1의 해석은 "종교없는 사람에 비해 기독교인 사람은 사형제도를 β_1만큼 더 찬성한다"라고 해석할 수 있다(물론 β_1이 음수라면 더 반대한다라고 해석한다).
- 더 나아가 통계적으로 유의한 변수들로 구성된 간결한 회귀모형으로 모형을 축소시키고자 하는 경우, 한 범주형 변수의 세트로 구성된 가변수들 중 일부 가변수만이 유의할지라도 유의성 검정 결과와 무관하게 모두 포함되어야 한다.

04 다중회귀분석 수행 시 고려사항

다중회귀분석은 통계분석의 꽃이라고 부를 수 있을 만큼 중요한 분석 기법이다. 기초통계학은 여기서 끝나지만 회귀분석은 막 시작한 만큼 앞으로 배워나가야 할 부분도 훨씬 많이 남아있다. 여기서는 초보적인 세 가지 당부 사항을 끝으로 이 교재를 마치기로 한다.

첫째, 간결한 모형을 세운다.

같은 정도의 설명력을 갖는다면 **간결한(parsimonious)** 모형이 복잡한 모형보다 우월하다. 즉 독립변수의 수가 많다고 무조건 좋은 것이 아니다. 예를 들어, 10개의 독립변수를 가지고 종속변수의 85%를 설명하는 것보다 5개의 독립변수로 80%를 설명하는 것이 오히려 나을 수도 있다. 그러므로 불필요한 독립변수를 투입하지 않고 충분히 기존 문헌과 이론적 예측에 근거하여 독립변수를 투입한다.

- 그러나 아무런 판단의 근거도 없으면, 이른바 **전진선택법(forward selection method)**, **후방소거법(backward elimination method)**, **단계선택법(stepwise selection method)** 등의 방식을 사용하기도 한다(이 교재에서는 다루지 않는다).

둘째, 분석 전에 자료 점검과 변수 정리는 매우 중요하다.

많은 변수를 사용하는 만큼 다중회귀분석을 수행할 때는 변수의 사전 체크에 주의를 기울여야 한다. 여러 개의 독립변수를 모델에 투입하다 보면 하나하나를 꼼꼼히 살펴보지 않고 그냥 대충 집어넣는 경우가 많다.

특히 ① 변수의 척도가 어떻게 구성되어 있는지, ② 분포는 어떠한지, ③ (입력되어 있어야 할 값이 비어있는) **결측치(missing values)**가 있는지 등을 주의 깊게 살펴보아야 한다.

- 이 과정에서 기술통계와 시각화 기법이 유용하게 사용될 수 있다.

셋째, 다중회귀분석의 정형화된 해석 순서에 먼저 친숙해지자.

다중회귀분석을 일단 수행한 뒤에는 다음의 단계로 회귀분석 결과를 점검해야 한다.

[1단계] 생각했던 대로 관측치의 숫자(n)가 충분히 큰지 등 모형 자체에 이상이 없는지 살펴본다. 표본 크기가 생각보다 작다면 결측치가 있었을 가능성이 높다.

⬇

[2단계] F 검정 결과를 보아 '회귀계수가 모두 0이다'라는 귀무가설을 기각할 수 있는지 살펴본다.

⬇

[3단계] 통계적으로 유의한 것에 한하여 회귀계수를 해석한다.

⬇

[4단계] 결정계수를 해석한다. 이때 사회과학 분야에서는 모형의 결정계수가 다소 낮더라도 (사회과학 분야라면) 너무 우려할 필요는 없다.

Q1 결정계수를 계산하는 과정에서 식이 아래의 식처럼 바뀌었습니다.

$$(Y_i - \overline{Y}) = (Y_i - \widehat{Y}_i) + (\widehat{Y}_i - \overline{Y})$$
$$\sum(Y_i - \overline{Y})^2 = \sum(Y_i - \widehat{Y}_i)^2 + \sum(\widehat{Y}_i - \overline{Y})^2$$

잘 보면 확실히 비슷해 보이긴 합니다. 그런데 왜 그렇게 되는지 알 수 있을까요?

A1 알고 보면 단순한 이유이지만 그때는 증명을 생략했습니다. $(Y_i - \overline{Y})$의 제곱합(sum of square)을 먼저 계산해 볼까요? 위의 식으로부터 출발하면 됩니다.

$$\begin{aligned}\sum(Y_i - \overline{Y})^2 &= \sum\left\{(Y_i - \widehat{Y}_i) + (\widehat{Y}_i - \overline{Y})\right\}^2 \\ &= \sum(Y_i - \widehat{Y}_i)^2 + \sum(\widehat{Y}_i - \overline{Y})^2 + 2\sum(Y_i - \widehat{Y}_i)(\widehat{Y}_i - \overline{Y})\end{aligned}$$

잘보니 아래의 식과 매우 비슷해졌지요? 다만 쓸데없는 뒷부분 $2\sum(Y_i - \widehat{Y}_i)(\widehat{Y}_i - \overline{Y})$이 붙었음을 확인할 수 있습니다. 이것만 0이라면 위의 식이 아래의 식처럼 바뀔 수 있음을 증명할 수 있겠지요?

이 부분에서 회귀분석의 가정 중 하나가 필요합니다. 이른바 **독립성** 가정인데, $\sum \widehat{Y}_i e_i = 0$이라는 점입니다. 이 가정 덕택에 아래의 식이 성립합니다.

$$2\sum(Y_i - \widehat{Y}_i)(\widehat{Y}_i - \overline{Y}) = 2\sum e_i(\widehat{Y}_i - \overline{Y}) = 2(\sum \widehat{Y}_i e_i - \overline{Y}\sum e_i) = 0$$

Q2 벡터와 행렬로 다중회귀계수를 계산하는 원리를 간단히 설명해주시면 좋겠습니다.

A2 다중회귀모형의 회귀계수를 계산할 때는 벡터와 행렬을 사용해 표현하고 그것에 대해 미적분을 수행하므로 조금 복잡할 수 밖에 없습니다. 일단 하나의 종속변수 Y와 12개의 독립변수가 있는 가상의 데이터가 주어졌을 때, 선형모형을 다음과 같이 세워 볼 수 있습니다.

$$Y = \beta_0 + \beta_1 X_1 + \beta_2 X_2 + \cdots + \beta_{11} X_{11} + \beta_{12} X_{12} + \epsilon$$

이 선형모형은 다음과 같이 벡터의 곱셈으로 표현할 수 있지요.

$$[y_i] = \left[1\ X_1\ X_2 \cdots X_{11}\ X_{12}\right]\begin{bmatrix}\beta_0\\ \beta_1\\ \beta_2\\ \vdots\\ \beta_{11}\\ \beta_{12}\end{bmatrix} + [\epsilon_i]$$

이제 아무리 긴 식이라도 다음처럼 요약할 수 있다는 것을 아시겠나요? 참고로 관례에 따라 행렬은 볼드체로 표시합니다.

$$y = XB + \epsilon$$

보통최소제곱(OLS)의 아이디어(오차제곱항을 최소화하는 회귀계수 찾기)를 다음과 같이 행렬로 표현할 수 있습니다.

$$\arg\min_{\beta} \epsilon^T \epsilon$$

이제 위의 $\epsilon^T\epsilon$는 다음과 같이 정리될 수 있어요.

$$\begin{aligned}\epsilon^T\epsilon &= (y - X\beta)^T(y - X\beta) \\ &= y^Ty - 2\beta^TX^Ty + \beta^TX^TX\beta\end{aligned}$$

$\epsilon^T\epsilon$가 최소화되는 β는 다음과 같이 2차 함수 최적화 문제(quadratic optimization problem)를 풀어 찾습니다. 아이디어 자체는 단순회귀분석의 경우와 완전히 똑같습니다. 행렬의 미분이라는 점만 다릅니다.

$$\frac{\delta\epsilon^T\epsilon}{\delta\beta} = \frac{\delta(y^Ty - 2\beta^TX^Ty + \beta^TX^TX\beta)}{\delta\beta} = 0$$

이를 풀어 β에 대해 정리하면 다음과 같습니다.

$$\begin{aligned}-2X^Ty + 2X^TX\beta &= 0 \\ X^TX\beta &= X^Ty \\ \beta &= (X^TX)^{-1}X^Ty\end{aligned}$$

즉 회귀계수는 $\beta = (X^TX)^{-1}X^Ty$라고 표현할 수 있음을 확인하였습니다.

Q3 엑셀이나 SPSS같은 통계분석 패키지를 보면 베타(β) 또는 표준화 계수(standardized coefficient)라는 숫자가 나옵니다. 그게 뭔가요?

A3 다중회귀분석에서 여러 독립변수를 모형에 투입한다면 그것들의 측정 단위가 크게 다를 수도 있겠지요? 가령 원 단위로 측정된 연봉과 제곱미터 단위로 거주지 크기 등을 생각해보지요. 그러면 각각의 회귀계수의 절대치를 비교해서는 상대적 중요성을 직접 알기 어렵습니다. 이 때문에 각 변수들의 표준편차를 이용하여 단위를 통일시킬 수 있겠지요. 그것이 베타 값입니다. 베타 값의 해석은 대략 이렇습니다: "X_j가 일정할 때 X_i가 표준편차만큼 변하면 Y는 Y의 표준편차의 β_i배 변화한다."

Q4 통계학을 한 학기동안 배우면서 통계분석의 기본 원리가 있고, 이를 활용한 분석 기법이 따로 있는 것처럼 느껴집니다. 분석 기법은 어떻게 기본 원리와 이어지고 분석 기법은 어떤 것들이 있는지 정리해주실 수 있나요?

A4 통계학의 기본 원리와 분석 기법을 어느 정도 나누어 설명한 것은 사실입니다. 수리통계학(mathematical statistics) 수업과 교재라면 기본 원리를 철저히 다루는 것이 보통이지만, 사회과학 분야에서는 기본 원리와 분석 기법을 적절히 배합하곤 합니다. 크게 생각해볼까요? 사실 이 교재는 세 파트로 나뉘어 있다고 할 수 있습니다.

먼저 우리는 자료에 대해 배웠습니다. 특히 네 가지 척도를 나누었고 이들을 정확히 식별하는 게 중요하다고 했습니다. 자료를 간단히 그려보고 변수들의 연관성을 나타내는 측도들에 대해서도 배웠습니다. 이런 것들은 궁극적으로 자료 자체에 관한 내용이고 이를 살펴보기 위한 기술통계라고 할 수 있습니다. 어떤 의미에서 기술통계도 통계분석 기법이라고 할 수 있어요.

그 다음에는 기초적 확률론과 이론적 확률분포, 표집분포, 추정, 가설검정에 대해 배웠습니다. 본격적인 추론통계의 영역에 들어선 셈입니다. 대부분의 통계분석 기법은 추론통계라는 점을 기억해주세요. 이 파트는 바로 통계분석 기법의 기초에 해당하는 부분인데 다소 추상적이라서 어려웠죠?

맨 마지막에 우리는 다섯 가지 통계분석 기법을 배웠습니다! 이것들은 이론적 확률분포, 표집분포, 추정과 가설검정의 원리를 모두 사용하여 자료를 분석하였죠. 실용적인 관점에서 말해본다면 우리에게 하나의 수치형 변수만 주어졌다면 이는 단일모집단의 평균 및 분산에 관해서 추정하는 상황이 됩니다. 그러면 우리는 그 변수의 ① 기술통계를 살펴보고, ② 추정 및 가설검정을 수행할 수 있습니다. 만일 우리에게 두 개 이상의 변수가 주어진다면 변수의 의미와 자료 유형에 따라 다음 표 중 하나의 분석 기법을 활용할 수 있습니다.

		종속변수(1개)	
		범주형	수치형
독립변수	범주형(2개 범주)	카이제곱 검정 (χ^2 test)	t 검정(t test)
	범주형(3개 이상 범주)		일원분산분석(one-way ANOVA)
	수치형(1개 변수)		상관분석(correlation analysis) 단순회귀분석(simple regression analysis)
	수치형(2개 이상 변수)		다중회귀분석 (multiple regression analysis)

다만 이 표는 결코 완성된 것이 아니라는 점에 주의해 주세요. 어디까지나 여러분이 배운 기초 통계학을 토대로 만들어진 표일 뿐입니다.

과제

01 수공업체인 F 사회적기업에서는 조기퇴직 인력을 임시직으로 고용하고 있다. 인사관리 부서에서 생산성을 설명하는 모형을 구축하고자, 직원들의 나이, 성별과 전날 수면시간을 조사했다(socialecon.csv 파일을 참고하시오). 수집한 자료를 분석한 다음 결과표를 이용하여 다음 질문에 응답하시오.

(1) 생산성을 추정하는 다중회귀모형을 제시하시오.

(2) 추정된 다중회귀모형의 적합도 지표를 산출하여 의미를 설명하시오.

(3) 추정된 다중회귀모형의 유의성을 검정하시오(F 검정).

(4) 추정된 다중회귀모형의 회귀계수별 유의성을 각각 검정하여, 생산량에 통계적으로 유의하게 관련 있는 요인을 설명하시오.

ID	나이	성별	수면시간	생산량
1	63	1	8	150
2	67	1	7	108
3	67	1	6	129
4	47	1	7	187
5	41	0	8	172
6	56	1	9	178
7	62	0	7	160
8	57	0	9	163
9	63	1	6	147
10	53	1	7	155
11	57	1	8	148
12	56	0	8	153
13	56	1	6	142
14	44	1	9	173
15	52	1	7	162

[다중회귀모형 분석결과]

회귀분석 통계량	
다중 상관계수	0.7901
결정계수	0.6242
조정된 결정계수	0.5217
표준 오차	13.7076
관측수	15

분산 분석

	자유도	제곱합	제곱 평균	F 비	유의한 F
회귀	3	3432.86	1144.29	6.09	0.01
잔차	11	2066.87	187.90		
계	14	5499.73			

	계수	표준오차	t 통계량	P-값
Y 절편	221.52	49.83	4.45	0.00
나이	−1.70	0.51	−3.29	0.01
성별	−1.67	8.44	−0.20	0.85
수면시간	4.01	3.94	1.02	0.33

02 제13장_연습2.xls 파일은 상위 100개 대학별로 졸업생들의 평균수입을 조사한 자료이다. 데이터 파일을 이용하여 졸업 후 평균월급(Y)을 종속변수로 하고, 등록금(X_1), 졸업률(X_2), 캠퍼스가 도시에 소재하는지 여부(D)를 독립변수로 하는 다중회귀분석을 수행하고 다음 질문에 답하시오.

(1) 엑셀 또는 사용한 통계분석 패키지에서 제시하는 요약통계량을 해석하시오.

(2) 회귀식을 제시하시오.

(3) 졸업률의 회귀계수를 해석하시오.

(4) 등록금의 회귀계수에 대해 t검정을 수행하고 해석하시오.

(5) 추정된 회귀식에서 상수의 의미를 해석하시오.

(6) 추정된 회귀식을 바탕으로, 도시에 거주하고 있으며 졸업률이 50%인 학교를 중위값 수준의 등록금으로 다닌다면, 졸업 후 평균수입을 얼마인지 예측하시오.

(7) 적절한 적합도 지표들을 제시하고 해석하시오.

03 hsb2.csv 파일을 사용하여 수학점수를 종속변수로 하고, 읽기점수(read), 쓰기점수(write), 과학점수(science), 사회점수(socst), 여성(female)을 독립변수로 하는 다중회귀분석을 수행하고 다음에 답하시오.

(1) 엑셀 또는 사용한 통계분석 패키지에서 제시하는 요약통계량을 해석하시오.

(2) 회귀식을 제시하시오.

(3) 성별과 수학점수의 연관성에 대해 설명하시오.

(4) 읽기점수와 수학점수의 연관성에 대해 설명하시오.

(5) 추정된 회귀식을 바탕으로, 남성이고 다른 모든 시험에서 0점을 받은 학생의 평균 수학점수는 몇 점일지 예측하시오.

(6) 적절한 적합도 지표들을 제시하고 해석하시오.

Practice

EXCEL 실습

Chapter 01

통계학과 자료의 이해

01 EXCEL 분석도구의 설치

통계분석을 수행하기 위해 SAS, SPSS, R 등의 통계전용 패키지를 사용할 수 있으면 좋겠지만, 그렇지 않은 경우에도 Excel을 이용하여 기초통계학 수준의 데이터 분석이 가능하다.

구체적으로 요약통계량, 그래프, 확률계산을 위해서는 기본 프로그램에 있는 다양한 함수(Function)와 그래프(Graph)를 이용하면 가능하다. 그러나 가설검정, 상관분석, 분산분석, 회귀분석 등 분석방법을 통계패키지와 같이 용이하게 수행하기 위해서는 추가기능인 '분석도구(Analysis Toolpak)'를 설치해야 한다. 주로 본 교재의 후반부에서 사용하게 되겠지만, 우선 '분석도구'를 설치하는 방법을 알아보자.

설치는 [파일] – [옵션] – [추가기능] – [관리; Excel 추가기능; 이동] – [분석도구]의 단계로 다음과 같이 진행된다.

① EXCEL 상단의 메뉴 중 가장 앞에 있는 [파일] 메뉴를 선택한다.

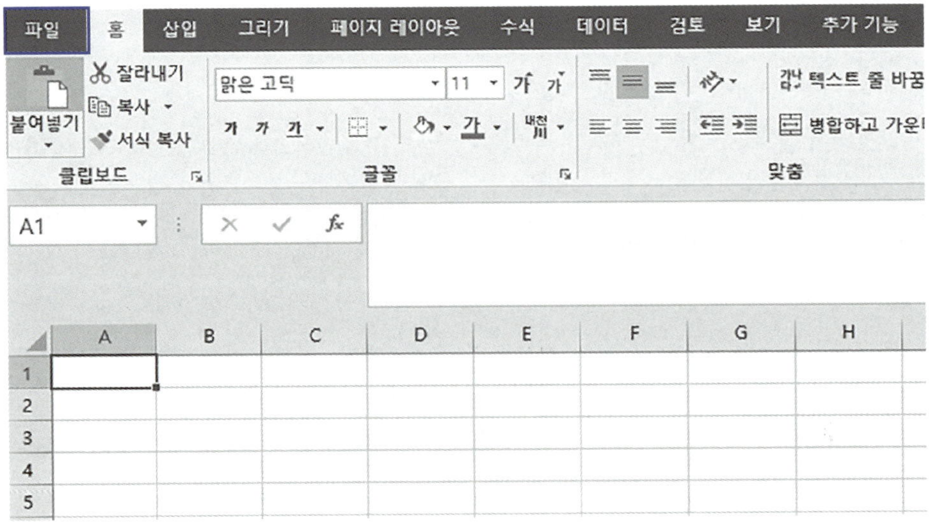

② 왼쪽 바에서 가장 하단에 있는 [옵션]을 클릭한다.

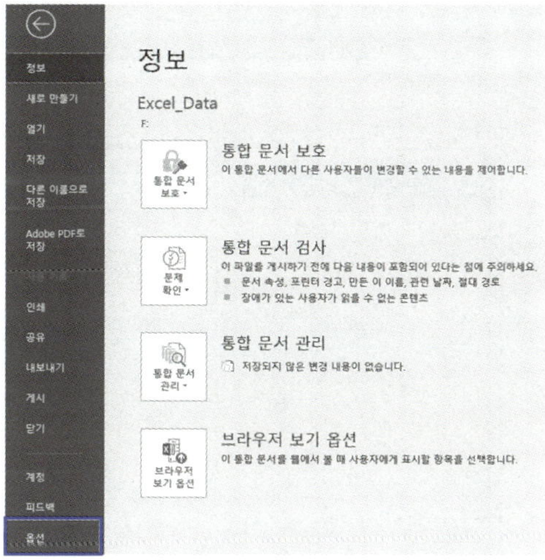

③ [Excel 옵션] 창이 뜨면, 왼쪽 바에서 [추가기능]을 선택한다. [추가기능] 창의 하단에 [관리(A)]라는 항목이 보이고, 드롭다운 목록을 펼쳐서 [Excel 추가 기능]을 선택하고, 우측의 [이동]을 클릭한다.

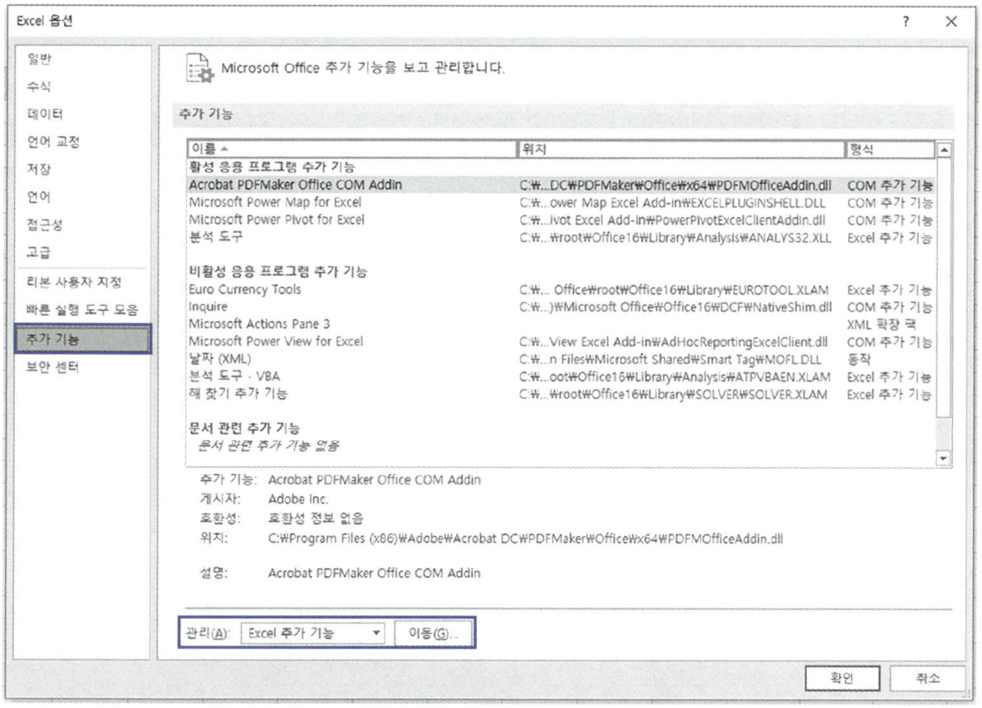

④ 그림 아래와 같이 [추가기능] 창이 나온다. 4개의 항목 중에서 [분석도구] 앞의 네모 박스를 체크하고 우측의 [확인]을 클릭한다.

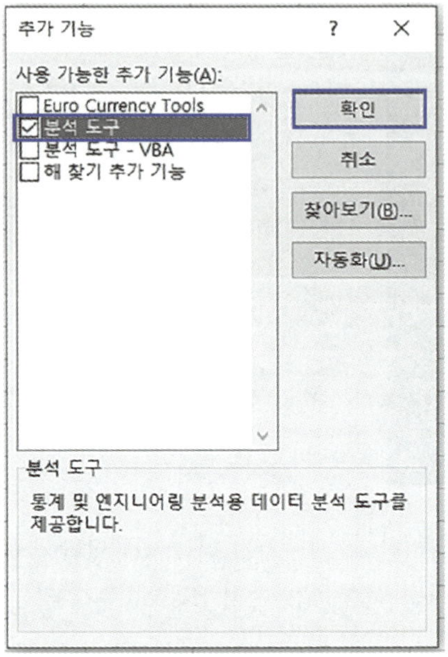

⑤ 이제 설치가 완료되었다. [데이터] 메뉴를 클릭하면 맨 우측에 [데이터 분석]이라는 항목이 생성된 것을 볼 수 있다.

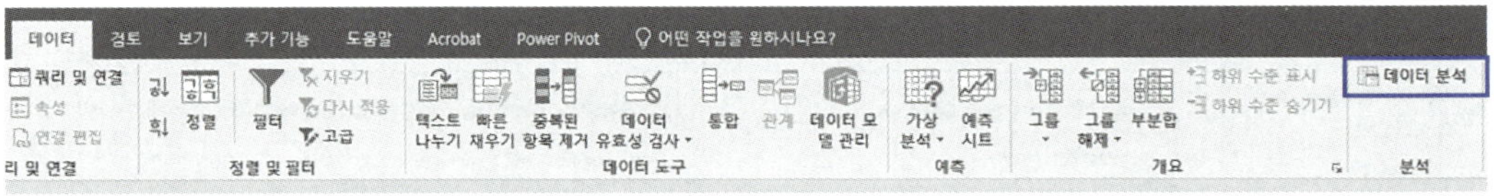

⑥ 이제 [데이터 분석]을 클릭하면 [통계 데이터 분석] 창이 열리고 아래와 같이 다양한 분석방법을 이용할 수 있다.

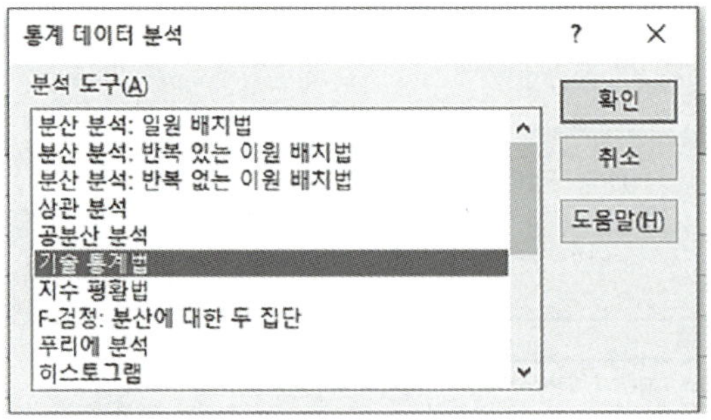

Chapter 02

자료의 시각화

01 질적변수의 시각화

예제 2-1

지역주민 600명의 취업상태를 조사한 결과를 이용한 막대그래프 작성

① 도수분포표 데이터를 다음과 같이 입력한다. 만약 원자료 형태의 데이터를 분석하는 경우, =COUNTIF(array, "정규직")과 같이 입력하여 각 항목에 대한 도수를 산출한다. 화면의 데이터를 마우스로 드래그(drag)하거나 키보드의 시프트(shift) 키와 방향키를 눌러 array를 채워넣을 수 있다.

	A	B
1	취업상태	도수
2	정규직	243
3	비정규직	98
4	휴직/실업	32
5	은퇴	76
6	학생	45
7	주부	83
8	기타	23

② 데이터의 범위를 선택한 후, [삽입] 메뉴에서 [차트] 안의 를 클릭하여 [2차원 세로 막대형]을 선택한다.

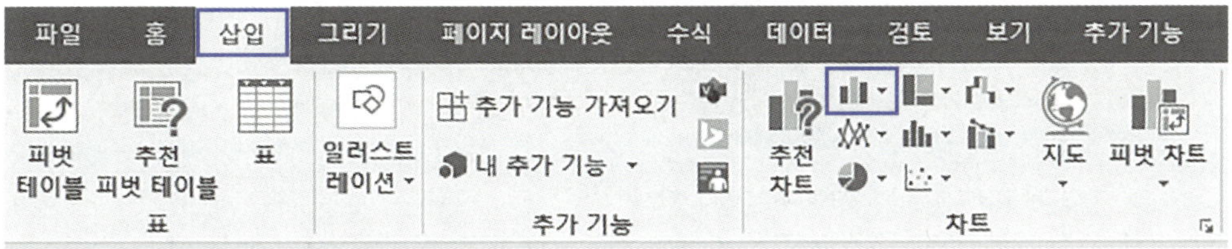

③ 그래프의 우측 상단의 '+' 기호를 선택하여 서식(축 변경, 축 제목, 눈금선 등)을 원하는 형태로 변경할 수 있다. 예컨대, 빈도를 표시하려면 [데이터 레이블]을 선택한다.

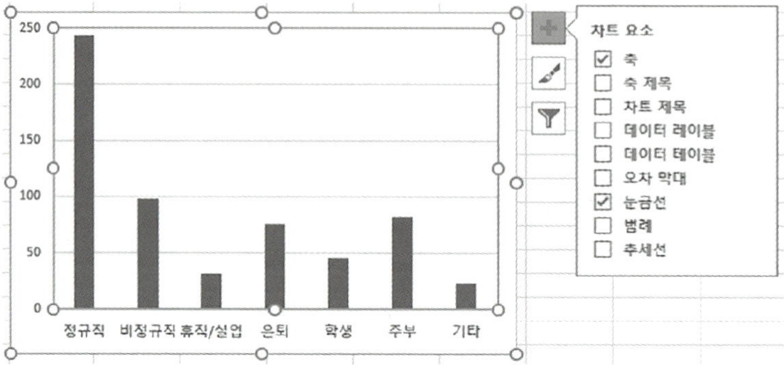

예제 2-2

취업상태 조사 결과를 바탕으로 파이차트 작성

① [예제 2-1]에서 입력된 데이터를 활용한다.

② 데이터의 범위를 선택한 후, [삽입] 메뉴에서 [차트] 안의 ◕ ▾ 를 클릭하여 [2차원 원형]을 선택한다.

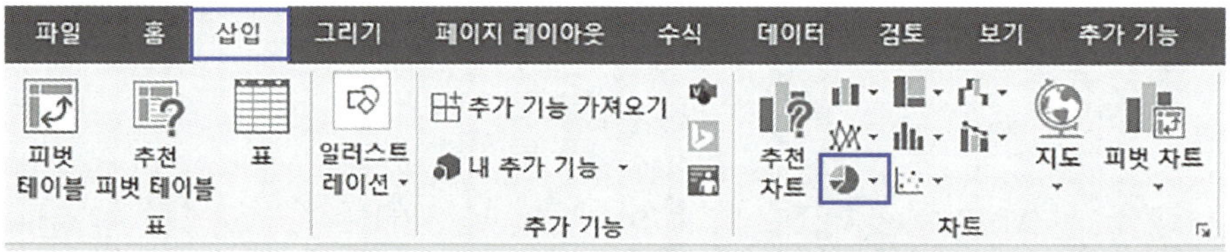

③ 막대그래프와 마찬가지로 그래프의 우측 상단의 '+' 기호를 선택하여 서식(차트제목, 데이터레이블, 범례)을 원하는 형태로 변경할 수 있다.

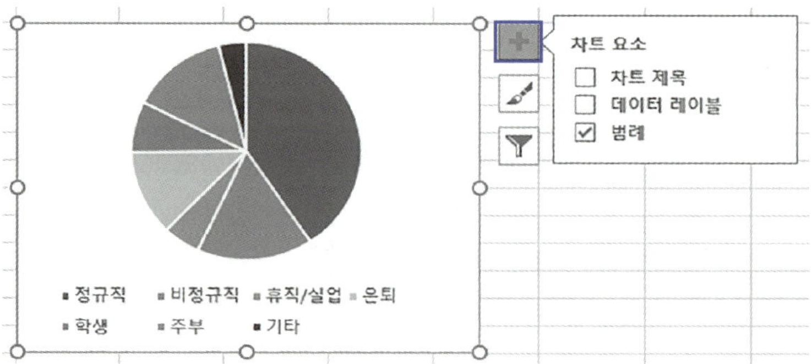

④ 아래와 같이 데이터를 상대도수로 변환하고, 범례 이동과 [데이터 레이블]을 선택하여 아래와 같은 그래프를 작성할 수 있다. 아래 함수에 B9이 아니라 B$9를 입력하면 자동완성(auto-completion)이 한층 편리하다(❓).

	A	B	C	D
1	취업상태	도수	상대도수	입력
2	정규직	243	0.41	=B2/B$9
3	비정규직	98	0.16	=B3/B$9
4	휴직/실업	32	0.05	=B4/B$9
5	은퇴	76	0.13	=B5/B$9
6	학생	45	0.08	=B6/B$9
7	주부	83	0.14	=B7/B$9
8	기타	23	0.04	=B8/B$9
9	계	600	1.00	=B9/B$9

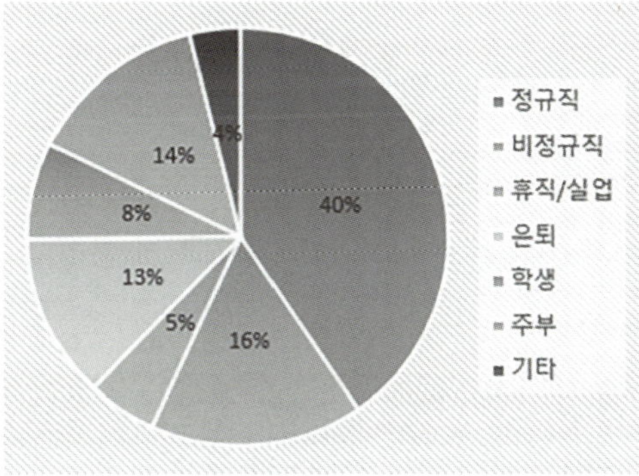

02 양적변수의 시각화

예제 2-3, 4

통계학을 수강하는 40명 학생의 중간고사 점수를 10점 단위 구간으로 도수분포표 및 히스토그램 작성

① 데이터를 다음과 같이 입력한다.

	A	B	C	D	E	F	G	H	I	J
1	통계학 점수									
2	71	71	73	74	76	77	77	78	79	79
3	36	53	57	62	63	65	68	69	69	70
4	86	88	88	88	89	90	92	92	93	98
5	79	80	80	81	81	91	82	83	83	85

② 계급구간 결정: =MIN(A1:J5)와 =MAX(A1:J5)를 활용하여 최소값 36과 최대값 98을 산출한 후, 10점 단위 계급구간으로 각 구간의 상한값을 입력한다.

7	통계량	함수입력	산출값		계급구간	상한값
8	최소값	=MIN($A$2:$J$5)	36		31-40	40
9	최대값	=MAX($A$2:$J$5)	98		41-50	50
10					51-60	60
11					61-70	70
12					71-80	80
13					81-90	90
14					91-100	100

③ [데이터] 메뉴의 가장 우측 [데이터 분석]을 클릭하면 [통계 데이터 분석] 대화상자가 나타난다. [히스토그램]을 선택한 후 [확인]을 클릭한다.

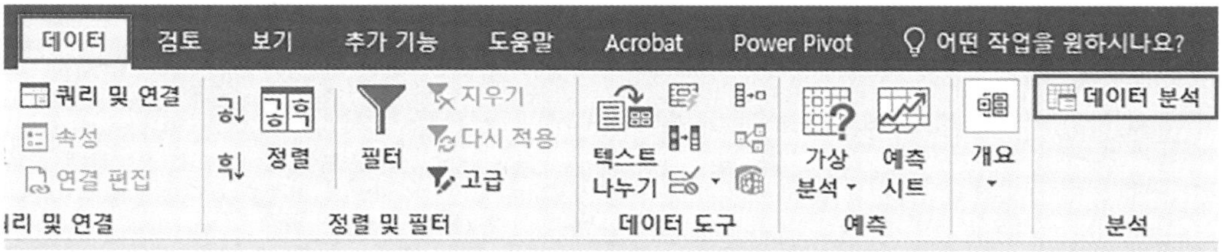

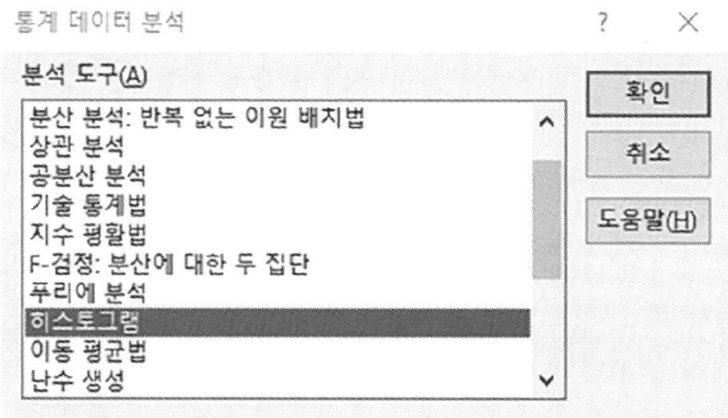

④ [히스토그램] 대화상자에서 데이터의 입력 범위, 계급구간(상한값), 그리고 출력 범위(출력할 위치)를 입력한다. 이때 해당 셀을 직접 입력하지 않고 영역을 마우스로 드래그하면 편리하다. 출력 옵션으로 [차트 출력]을 선택하면, 도수분포표와 함께 히스토그램이 출력된다.

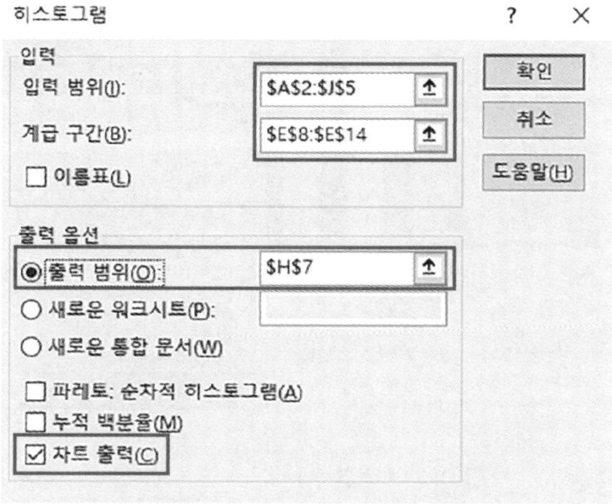

⑤ 출력 결과는 다음과 같다.

계급	빈도수
40	1
50	0
60	2
70	7
80	13
90	12
100	5
기타	0

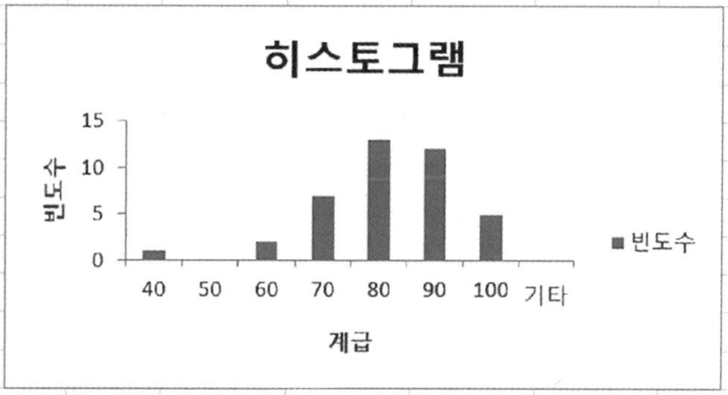

⑥ 그래프의 우측 상단의 '+' 기호를 선택하여 서식을 변경하고, 데이터의 '기타'를 삭제하는 등 원하는 형태의 그래프로 변경한다.

⑦ 특히, 막대그래프를 막대가 수평으로 서로 붙어 있는 히스토그램으로 변경해야 하므로, 막대를 클릭하여 우측 마우스 버튼을 누르고 가장 하단에 [데이터 계열 서식]을 선택하여 [간격 너비]를 0%로 변경한다.

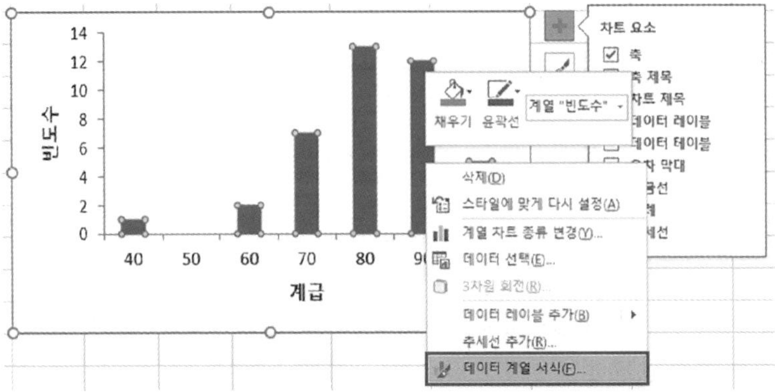

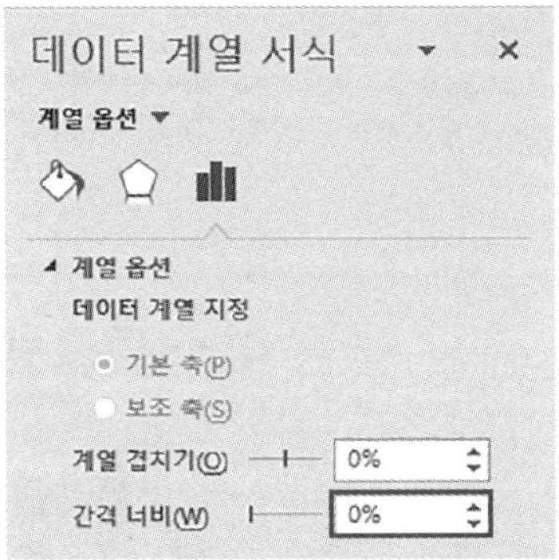

⑧ 출력된 그래프 결과는 다음과 같다.

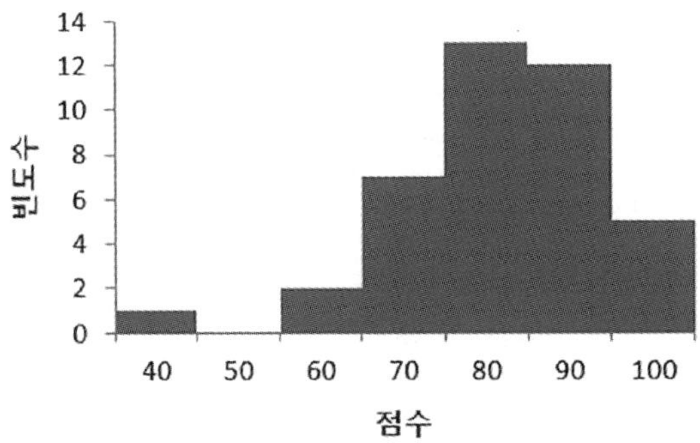

Chapter 03

자료의 수치 요약

01 중심경향의 측도

예제 3-3

학생들의 주당 인터넷 평균사용시간 자료(n=9)의 중심경향 대표값 산출

① 데이터를 다음과 같이 입력한다.

	A	B	C	D	E	F	G	H	I
1	학생들의 주당 인터넷 평균 사용시간								
2	0	5	10	3	14	7	0	9	25

② 평균을 구하기 위해, =AVERAGE(A2:I2)를 입력한다. 평균이 8.11인지 확인한다.
중앙값을 구하기 위해, =MEDIAN(A2:I2)를 입력한다. 중앙값이 7인지 확인한다.
최빈값을 구하기 위해, =MODE(A2:I2)를 입력한다. 최빈값이 0인지 확인한다.

5	통계량	함수입력	산출값
6	평균	=AVERAGE(A2:I2)	8.111111
7	중앙값	=MEDIAN(A2:I2)	7
8	최빈값	=MODE(A2:I2)	0

예제 3-5

학생들의 주당 인터넷 평균사용시간 자료($n=10$)를 이용하여 평균과 중앙값 산출. 또한 연구자의 착오로 37 대신 137을 입력한 경우 평균과 중앙값 산출

① 데이터를 다음과 같이 입력한다.

	A	B	C	D	E	F	G	H	I	J
1	학생들의 주당 인터넷 평균 사용시간									
2	0	5	10	3	14	7	0	9	25	37
3	0	5	10	3	14	7	0	9	25	137

② $n=10$의 원자료의 평균과 중앙값을 구하기 위해, =AVERAGE(A2:J2) 및 =MEDIAN(A2:J2)를 입력한다. 출력이 평균 11, 중앙값 8인지 확인한다.

통계량	함수입력	산출값
평균	=AVERAGE(A2:J2)	11
중앙값	=MEDIAN(A2:J2)	8

③ 착오로 37 대신 137을 입력한 경우, 평균과 중앙값을 구하기 위해, =AVERAGE(A3:J3) 및 =MEDIAN(A3:J3)을 입력한다. 출력이 평균 21, 중앙값 8인지 확인한다.

통계량	함수입력	산출값
평균	=AVERAGE(A3:J3)	21
중앙값	=MEDIAN(A3:J3)	8

02 위치의 측도

예제 3-6

학생들의 주당 인터넷 게임 사용시간 자료(n=10)를 이용하여 사분위수(Q_1, Q_2, Q_3) 산출

① [예제 3-5]에서 입력된 데이터를 활용한다.

② 사분위수는 =Quartile(array, k) 함수와 =Percentile(array, k) 함수 두 종류를 이용할 수 있으며, 데이터의 경계값을 포함하는지(INC), 제외하는지(EXC)에 따라 서로 다른 함수를 적용한다. 또한, INC와 EXC가 붙지 않은 이전 버전의 Quartile과 Percentile 함수도 사용할 수 있는데, 이들 함수는 경계값을 포함한다.

=PERCENTILE.INC(array, k) 또는 =QUARTILE.INC(array, k) 범위에서 k번째 백분위수(사분위수) 산출 (데이터의 경계값 포함)
=PERCENTILE.EXC(array, k) 또는 =QUARTILE.EXC(array, k) 범위에서 k번째 백분위수(사분위수) 산출 (데이터의 경계값 제외)

- k: Quartile 계열의 함수에서 k값은 Q1은 1, Q2는 2, Q3은 3을 입력하고, Percentile 계열의 함수에서 k값은 Q1은 0.25, Q2는 0.50, Q3은 0.75를 입력한다.

• 교재에서의 수 계산은 경계값이 제외된 산출값임을 주목하자.

③ Q1을 구하기 위해 Quartile 계열의 함수로 =QUARTILE(A2:J2, 1), =QUARTILE.INC(A2:J2, 1) 또는 =QUARTILE.EXC(A2:J2, 1)을 입력하고, Percentile 계열의 함수로는 =PERCENTILE(A2:J2, 0.25), =PERCENTILE.INC(A2:J2, 0.25) 또는 =PERCENTILE.EXC(A2:J2, 0.25)를 입력한다. Q2와 Q3도 동일한 방법으로 수행한다.

	Quartile	Quartile.INC	Quartile.EXC
Q1	=QUARTILE(A2:J2,1)	=QUARTILE.INC(A2:J2,1)	=QUARTILE.EXC(A2:J2,1)
Q2	=QUARTILE(A2:J2,2)	=QUARTILE.INC(A2:J2,2)	=QUARTILE.EXC(A2:J2,2)
Q3	=QUARTILE(A2:J2,3)	=QUARTILE.INC(A2:J2,3)	=QUARTILE.EXC(A2:J2,3)

	Percentile	Percentile.INC	Percentile.EXC
Q1	=PERCENTILE(A2:J2,0.25)	=PERCENTILE.INC(A2:J2,0.25)	=PERCENTILE.EXC(A2:J2,0.25)
Q2	=PERCENTILE(A2:J2,0.5)	=PERCENTILE.INC(A2:J2,0.5)	=PERCENTILE.EXC(A2:J2,0.5)
Q3	=PERCENTILE(A2:J2,0.75)	=PERCENTILE.INC(A2:J2,0.75)	=PERCENTILE.EXC(A2:J2,0.75)

④ 결과는 다음과 같다.

	Quartile	Quartile.INC	Quartile.EXC	Percentile	Percentile.INC	Percentile.EXC
Q1	3.5	3.5	2.25	3.5	3.5	2.25
Q2	8	8	8	8	8	8
Q3	13	13	16.75	13	13	16.75

03 산포의 측도

예제 3-9

학생들의 주당 인터넷 게임 사용시간 자료를 이용하여 범위와 사분위범위 산출. 또한 연구자의 착오로 37 대신 137을 입력한 경우의 범위와 사분위범위도 산출하여 비교

① [예제 3-5]에서 입력된 데이터를 활용한다.

② 변수의 범위를 구하기 위해 우선 MIN과 MAX 함수를 이용하여 최소값과 최대값을 찾는다. 최소값은 =MIN(A2:J2)와 =MIN(A3:J3)을 입력하고, 최대값은 =MAX(A2:J2)와 =MAX(A3:J3)을 입력하면, 0, 0, 37, 137이 각각 산출된다. 또한, 범위는 최대값−최소값으로 =C31−C30과

=E31−E30으로 구하면 37과 137이 각각 산출된다. 따라서 착오로 137로 기입한 경우, 범위는 100이나 커지므로 극단적인 이상점의 존재에 매우 민감함을 확인할 수 있다.

28		원자료		37대신 137 입력	
29	통계량	함수입력	산출값	함수입력	산출값
30	최소값	=MIN(A2:J2)	0	=MIN(A3:J3)	0
31	최대값	=MAX(A2:J2)	37	=MAX(A3:J3)	137
32	범위	=C31-C30	37	=E31-E30	137

③ 사분위범위는 Q3−Q1으로 [예제 3−6]에서 산출(경계값 제외)된 $Q_1=2.25$, $Q_3=16.75$를 이용하면 사분위범위는 $16.75-2.25=14.5$이고, 착오로 137로 기입한 경우에도 $16.75-2.25=14.5$로 변하지 않는다. 따라서 사분위범위는 극단적인 이상점의 존재에 상대적으로 민감하지 않음을 알 수 있다.

34		원자료		37대신 137 입력	
35	통계량	함수입력	산출값	함수입력	산출값
36	Q1	=QUARTILE.EXC(A2:J2,1)	2.25	=QUARTILE.EXC(A3:J3,1)	2.25
37	Q3	=QUARTILE.EXC(A2:J2,3)	16.75	=QUARTILE.EXC(A3:J3,3)	16.75
38	사분위범위	=C37-C36	14.5	=E37-E36	14.5

예제 3−11

표본의 분산과 표준편차 산출

① 데이터를 다음과 같이 입력한다.

	A	B	C	D	E	F
1	17	15	23	7	9	13

② VAR.S 함수와 STDEV.S 함수를 사용하여 변수의 표본분산과 표본표준편차를 각각 찾는다(VAR.P 함수와 STDEV.P 함수는 변수의 모분산과 모표준편차를 찾는 함수이다). 따라서 =VAR.S(A1:F1)와 =STDEV.S(A1:F1)을 입력한다. 수계산으로 얻은 33.20과 5.76과 동일한 값이 산출되었는지 확인하라.

3	통계량	함수입력	산출값
4	표본분산	=VAR.S(A1:F1)	33.20
5	표본표준편차	=STDEV.S(A1:F1)	5.76

04 자료의 수치 요약 함수 정리

1 직접 함수 입력

Excel은 자료의 수치를 요약하는 다양한 함수를 제공한다. 다음 표는 자주 사용되는 함수가 정리되어 있다.

구분	요약통계량	EXCEL 함수
중심경향(대표값)	평균	=AVERAGE(array)
	중앙값	=MEDIAN(array)
	최빈값	=MODE(array)
위치	최소값	=MIN(array)
	최대값	=MAX(array)
	사분위수	=QUARTILE(array, k)
	백분위수	=PERCENTILE(array, p)
산포도	범위	=MAX(array)−MIN(array)
	표본분산	=VAR.S(array)
	표본표준편차	=STDEV.S(array)
형태	왜도	=SKEW(array)
	첨도	=KURT(array)
연관성	공분산	=COVARIANCE.S(array1, array2)
	상관계수	=CORREL(array1, array2)

2 [데이터 분석] 옵션 사용

요약통계량을 구하는 또 다른 방법은 Excel의 [데이터 분석] 옵션을 사용하는 것이다. 이 옵션은 단일 명령을 사용하여 많은 통계량이 한 번에 제공된다. 계속하여 [예제 3-5]에서 입력된 데이터를 활용한다.

① 메뉴에서 [데이터] 〉 [데이터 분석] 〉 [기술통계법]을 선택하고 [확인]을 클릭한다.

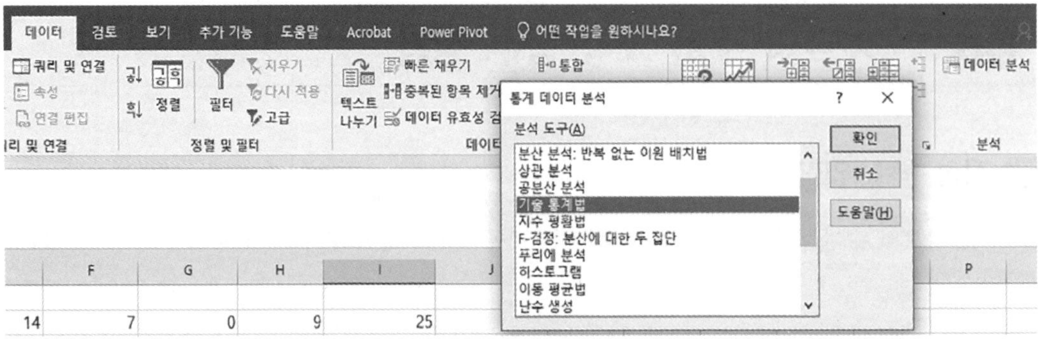

② [기술통계법] 대화상자에서 [입력범위] 옆에 있는 상자를 클릭한 다음, 데이터를 선택한다. [출력범위]를 선택하여 지정하고, [요약통계량] 옵션을 선택한다. 그다음 [확인]을 클릭한다.

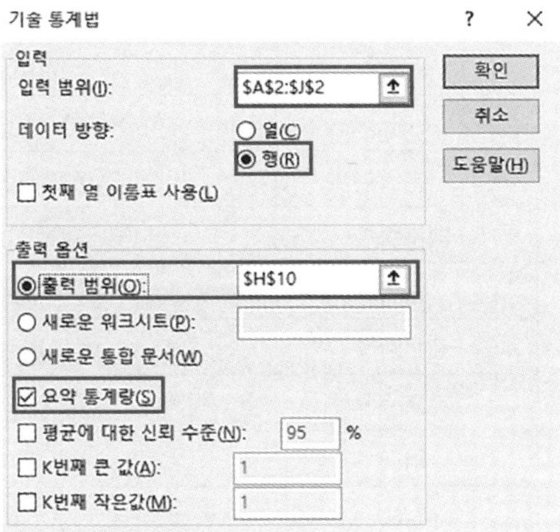

③ 산출된 결과는 다음과 같다. 중심경향, 위치, 산포도, 형태를 나타내는 요약통계량이 한 번에 산출되어 있음을 알 수 있다.

Row1	
평균	11
표준 오차	3.717824932
중앙값	8
최빈값	0
표준 편차	11.75679473
분산	138.2222222
첨도	1.720067901
왜도	1.443032262
범위	37
최소값	0
최대값	37
합	110
관측수	10

Chapter 04

자료의 연관성 측도

01 두 양적변수 사이의 관계

예제 4-1

3세트의 표본으로 공분산을 구하고 해석

① 데이터를 다음과 같이 입력한다.

	A	B	C
1			
2	Set	X	Y
3	1	1	10
4		4	15
5		7	23
6	2	1	23
7		4	15
8		7	10
9	3	1	15
10		4	23
11		7	10

② 우선 공분산을 산출하는 공식을 이용하기 위해 X, Y 각 변수의 표본평균을 구한다. =AVERAGE(B8:B10)과 =AVERAGE(C8:C10)을 입력하여, 산출된 평균이 4와 16임을 확인한다.

③ 평균을 이용하여 변수별 편차를 구하고, 편차의 제곱을 각 관측치 쌍별로 산출한다.

	A	B	C	D	E	F	G	H	I
1				X-Xbar		Y-Xbar		(X-Xbar)(Y-Ybar)	
2	Set	x	y	입력	산출값	입력	산출값	입력	산출값
3	1	1	10	=B3-B$12	-3	=C3-C$12	-6	=E3*G3	18
4		4	15	=B4-B$12	0	=C4-C$12	-1	=E4*G4	0
5		7	23	=B5-B$12	3	=C5-C$12	7	=E5*G5	21
6	2	1	23	=B6-B$12	-3	=C6-C$12	7	=E6*G6	-21
7		4	15	=B7-B$12	0	=C7-C$12	-1	=E7*G7	0
8		7	10	=B8-B$12	3	=C8-C$12	-6	=E8*G8	-18
9	3	1	15	=B9-B$12	-3	=C9-C$12	-1	=E9*G9	3
10		4	23	=B10-B$12	0	=C10-C$12	7	=E10*G10	0
11		7	10	=B11-B$12	3	=C11-C$12	-6	=E11*G11	-18
12	평균	4	16						
13									

④ 편차의 제곱합을 구하여 자유도($n-1$)로 나누어 공분산을 구한다. 물론, 간편하게 COVARIANCE.S 함수를 이용하여 표본공분산을 구할 수도 있다 (모집단의 공분산은 COVARIANCE.P 함수를 이용한다). 산출된 공분산이 각각 19.5, −19.5, −7.5인지 확인한다.

J	K	L	M
표본공분산(공식이용)		표본공분산(함수이용)	
함수입력	산출값	함수입력	산출값
=SUM(I3:I5)/(3-1)	19.5	=COVARIANCE.S(B3:B5,C3:C5)	19.5
=SUM(I6:I8)/(3-1)	-19.5	=COVARIANCE.S(B6:B8,C6:C8)	-19.5
=SUM(I9:I11)/(3-1)	-7.5	=COVARIANCE.S(B9:B11,C9:C11)	-7.5

예제 4-2

[예제 4-1]의 자료를 이용하여 상관계수 산출

① [예제 4-1]의 데이터를 이용하여 X, Y 각 변수의 표본표준편차를 구한다. =STDEV.S(B8:B10)과 =STDEV.S(C8:C10)을 입력하여, 산출된 표준편차가 3과 약 6.56임을 확인한다.

② 산출된 공분산을 각 변수의 표준편차로 나누어 상관계수를 산출한다. 상관계수 역시 CORREL 함수를 이용하면 편리하게 산출할 수 있다. 산출된 상관계수가 0.99, −0.99, −0.38인지 확인한다.

13	표준편차	3	6.55743852			
14						
15			표본공분산(공식이용)		표본공분산(함수이용)	
16	Set	표본공분산	함수입력	산출값	함수입력	산출값
17	1	19.5	=B17/(B$13*C$13)	0.9912	=CORREL(B3:B5, C3:C5)	0.9912
18	2	-19.5	=B18/(B$13*C$13)	-0.9912	=CORREL(B6:B8, C6:C8)	-0.9912
19	3	-7.5	=B19/(B$13*C$13)	-0.3812	=CORREL(B9:B11, C9:C11)	-0.3812

02 두 질적변수 사이의 관계

예제 4-4

(1) A와 B 지역에서 실시한 휴대폰 브랜드 S와 K에 대한 선호도 조사 결과의 분할표 정리

① 분할표를 다음과 같이 입력한다.

	A	B	C	D
1		S 브랜드	K 브랜드	계
2	지역 A	56	40	96
3	지역 B	50	54	104
4	합계	106	94	200

② 행 합계 기준 표준화는 각 지역 합을 기준으로 브랜드별 비율을 =B2/$D2와 같이 입력하여 다음과 같이 계산한다. 이때 분모를 $D로 열 고정하여 연산식을 자동완성하면 편리하다.

6		S 브랜드		K 브랜드		계	
7		입력	산출값	입력	산출값	입력	산출값
8	지역 A	=B2/$D2	0.58	=C2/$D2	0.42	=D2/$D2	1
9	지역 B	=B3/$D3	0.48	=C3/$D3	0.52	=D3/$D3	1

③ 열 합계 기준 표준화는 각 브랜드 합을 기준으로 지역별 비율을 =B2/B$4와 같이 입력하여 다음과 같이 계산한다. 이때 분모를 $4로 행 고정하여 연산식을 자동완성하면 편리하다.

11		S 브랜드		K 브랜드	
12		입력	산출값	입력	산출값
13	지역 A	=B2/B$4	0.53	=C2/C$4	0.43
14	지역 B	=B3/B$4	0.47	=C3/C$4	0.57
15	계	=B4/B$4	1	=C4/C$4	1

④ 전체 합계 기준 표준화는 전체 응답 200명을 기준으로 지역별 브랜드별 비율을 =B2/$D$4와 같이 입력하여 다음과 같이 계산한다. 이때 분모를 $D$4로 열과 행을 모두 고정하여 연산식을 자동완성하면 편리하다. 분할표를 만들 때 목적(열 고정, 행 고정, 행렬 고정)에 따라 $ 표식을 적절히 사용하면 자동완성을 편리하게 수행할 수 있다.

		S 브랜드		K 브랜드		계	
17		S 브랜드		K 브랜드		계	
18		입력	산출값	입력	산출값	입력	산출값
19	지역 A	=B2/$D$4	0.28	=C2/$D$4	0.20	=D2/$D$4	0.48
20	지역 B	=B3/$D$4	0.25	=C3/$D$4	0.27	=D3/$D$4	0.52
21	계	=B4/$D$4	0.53	=C4/$D$4	0.47	=D4/$D$4	1

(2) 이차원 막대그래프 작성

① 그래프로 작성하고자 하는 데이터의 범위를 선택한다.

	A	B	C
1		S 브랜드	K 브랜드
2	지역 A	56	40
3	지역 B	50	54

② 묶은막대그래프를 작성하기 위해 [삽입] 메뉴에서 [차트] 안의 를 클릭하여 [2차원 세로 막대형]을 선택하면 다음 그래프가 생성된다.

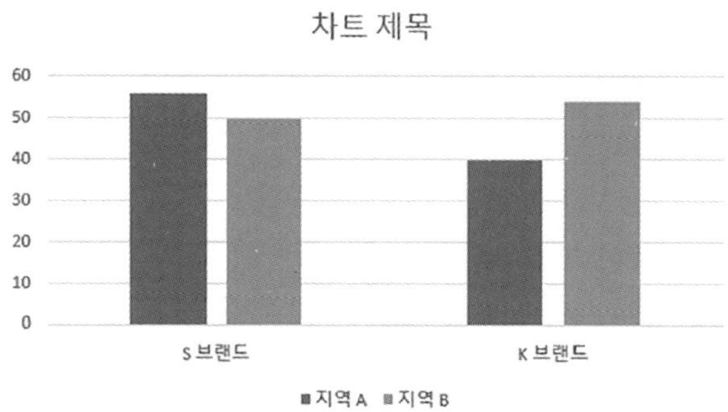

③ 생성된 그래프는 브랜드별 지역의 분포이다. 그런데 교재의 그래프는 지역별 브랜드 분포로서 데이터의 행열을 변경할 필요가 있다. 이때는 그래프 중앙 그림영역에 마우스를 위치하고 우측 마우스 버튼을 누르면 아래와 같이 스타일을 변경하는 창이 나온다.

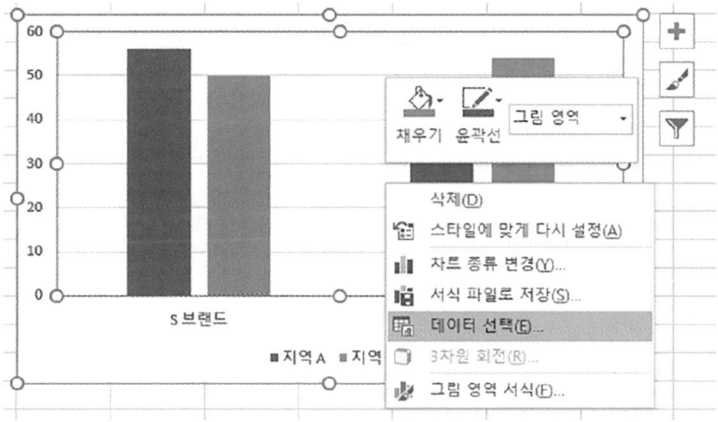

④ [데이터 선택]을 클릭하면 나오는 [데이터 원본 선택] 창에서 [행/열 전환]을 수행하고 [확인]을 클릭한다.

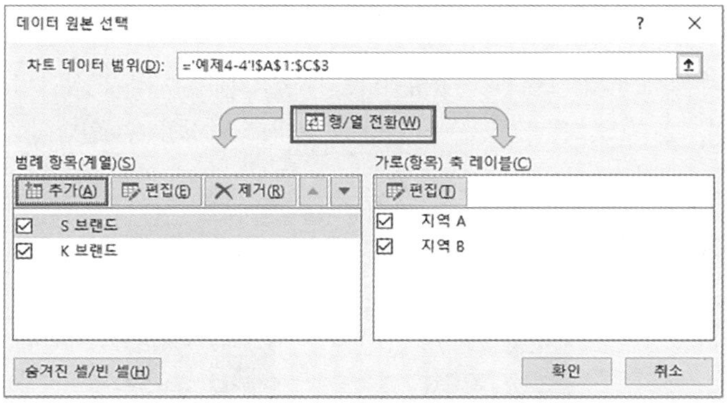

⑤ 또는 더 간단하게, 그림영역에서 우측 마우스 버튼을 누르면 나오는 명령문 중에서 [차트 종류 변경]을 선택하면 아래와 같은 창이 나온다. [묶은 세로 막대형] 그래프 두 개 중에서 우측 그래프를 선택하면 된다.

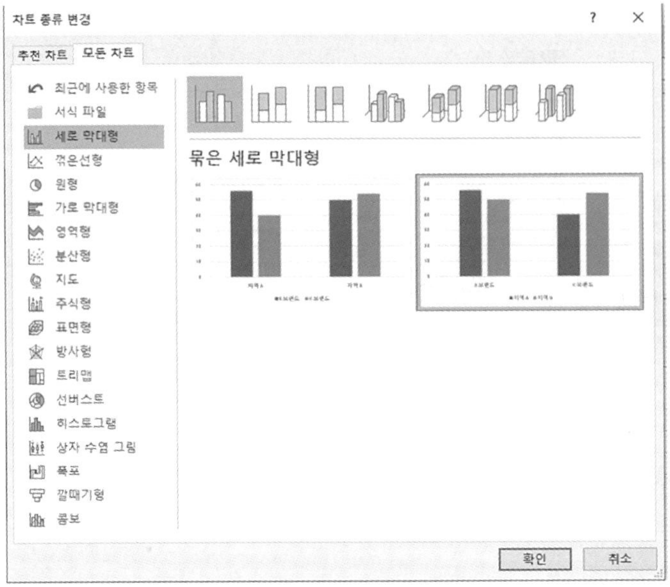

⑥ 이제 지역별 브랜드 분포의 그래프가 생성된다. 또한, 그래프의 우측 상단의 '+' 기호를 선택하여 서식(축 변경, 축 제목, 눈금선 등)을 원하는 형태로 변경할 수 있다.

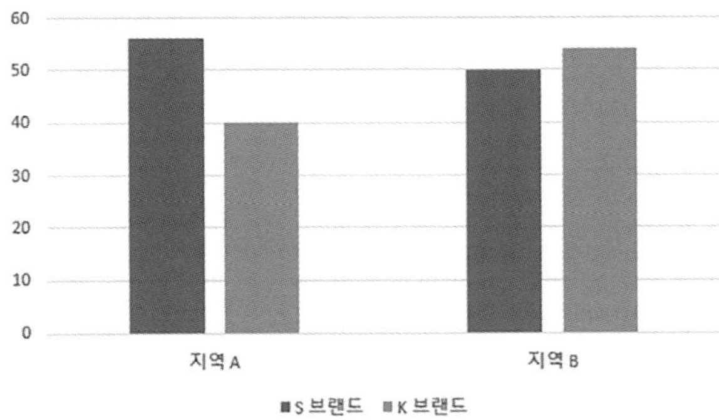

⑦ 누적막대그래프를 생성하기 위해서는 위의 [차트 종류 변경] 창에서 [누적 세로 막대형]을 선택하고, 지역별로 각 브랜드의 선호도를 비교하기 용이한 행 합계 기준 표준화 그래프는 [100% 기준 누적 세로 막대형]을 선택한다. 행/열 기준 두 그래프 대안이 제공되므로, 분석목표에 적절한 그래프를 선택하면 된다.

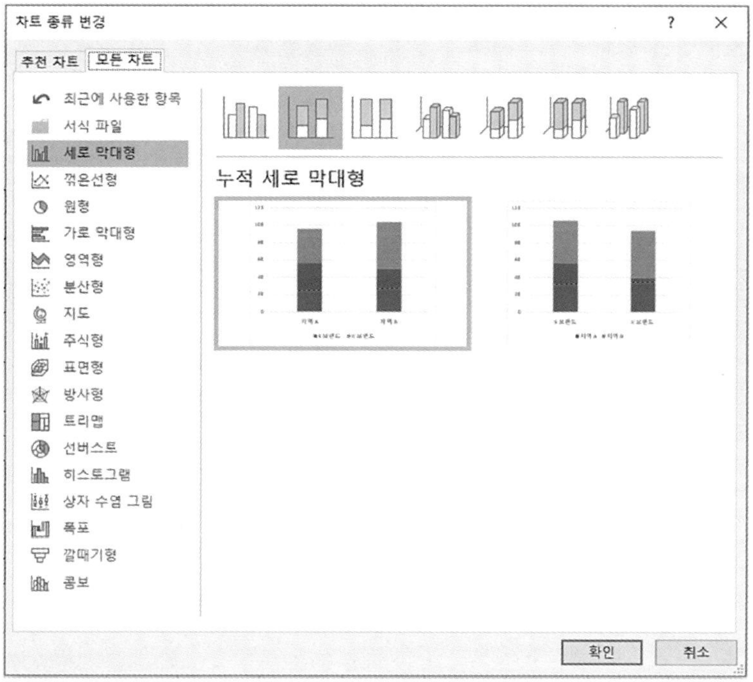
차트 종류 변경
추천 차트
모든 차트
최근에 사용한 항목
서식 파일
세로 막대형
꺾은선형
원형
가로 막대형
영역형
분산형
지도
주식형
표면형
방사형
트리맵
선버스트
히스토그램
상자 수염 그림
폭포
깔때기형
콤보
누적 세로 막대형
확인
취소

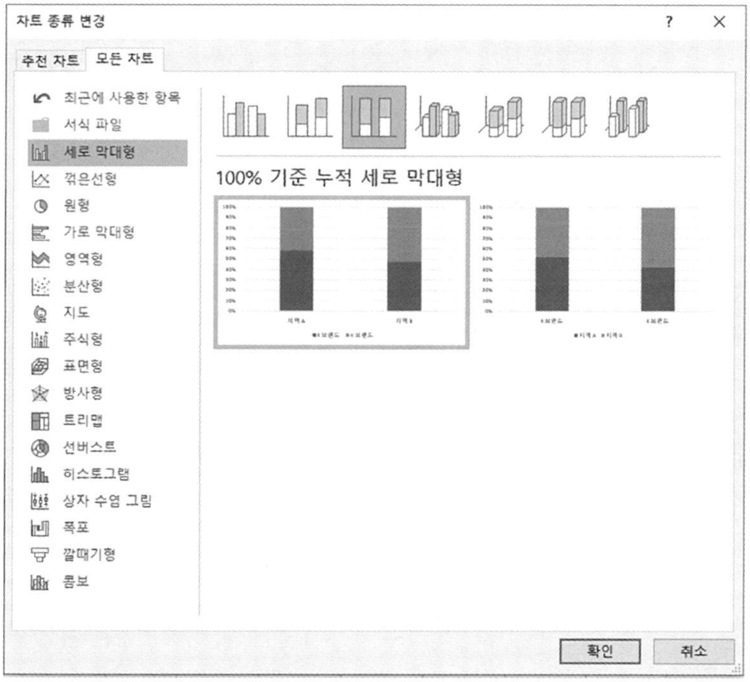
차트 종류 변경
추천 차트
모든 차트
최근에 사용한 항목
서식 파일
세로 막대형
꺾은선형
원형
가로 막대형
영역형
분산형
지도
주식형
표면형
방사형
트리맵
선버스트
히스토그램
상자 수염 그림
폭포
깔때기형
콤보
100% 기준 누적 세로 막대형
확인
취소

⑧ 그래프의 우측 상단의 '+' 기호를 선택하여 [데이터 레이블]을 추가한 두 유형의 누적막대그래프 결과는 다음과 같다.

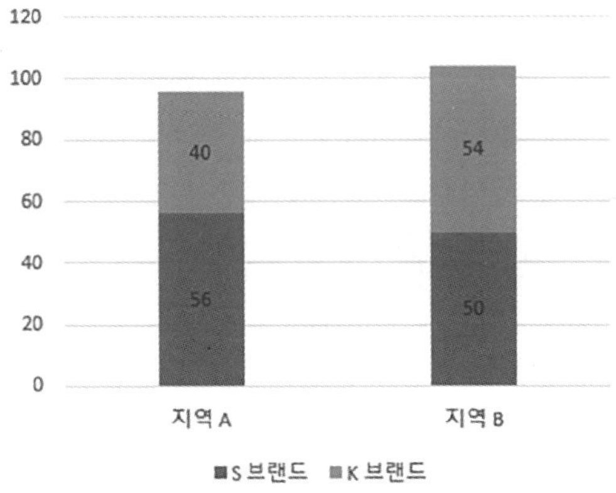

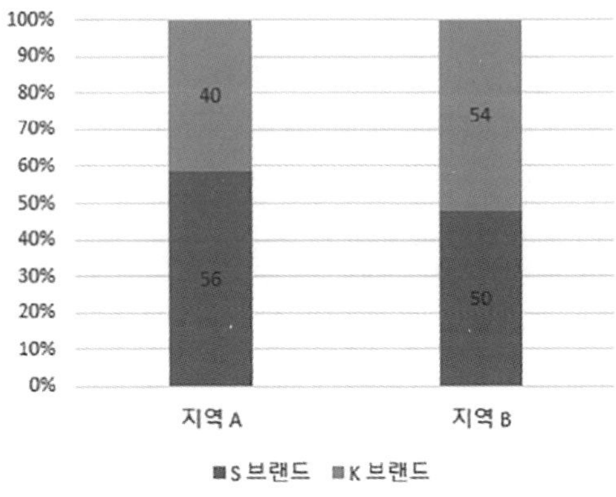

Chapter 05 확률이론

01 확률변수와 확률분포

예제 5-4

주사위 던지기의 이산확률분포를 나타내는 표와 그림 작성

① 변수 X에 1~6을 입력하고 각 값의 확률 (Px=x)에 =1/6을 모두 입력하여 다음의 확률분포표를 생성한다.

	A	B
1	x	P(X=x)
2	1	0.166667
3	2	0.166667
4	3	0.166667
5	4	0.166667
6	5	0.166667
7	6	0.166667

② 데이터의 범위를 선택한 후, [삽입] 메뉴에서 [차트] 안의 를 클릭하여 [2차원 세로 막대형]을 선택하면, 아래 그래프가 생성된다.

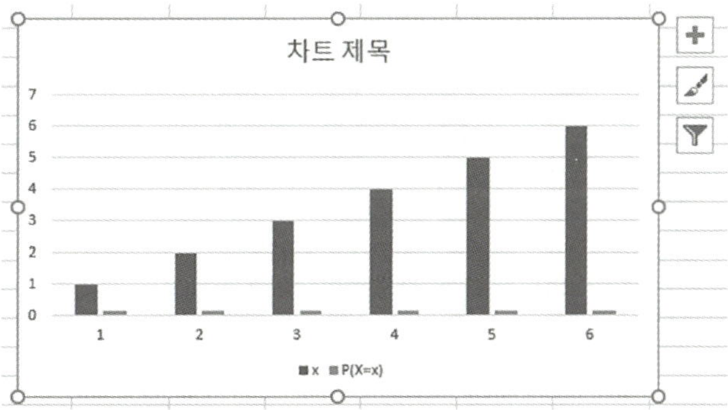

③ 그래프 중앙 그림영역에 마우스를 위치하고 우측 마우스 버튼을 누르면 나오는 새로운 창에서 [데이터 선택]을 클릭한다. 새로운 [데이터 원본 선택] 창에서 [범례 항목(계열)]에서 x를 제거한다.

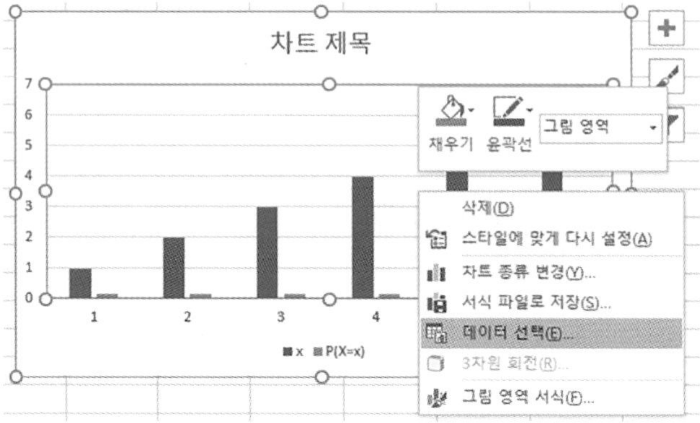

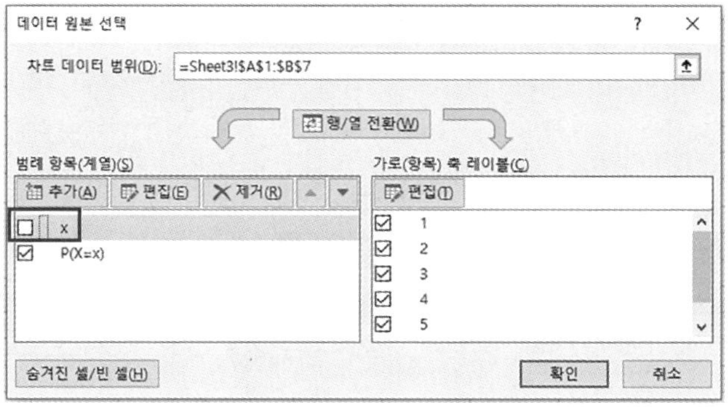

④ 그래프의 우측 상단의 '+' 기호를 선택하여 서식(축 변경, 축 제목, 눈금선 등)을 원하는 형태로 변경할 수 있다.

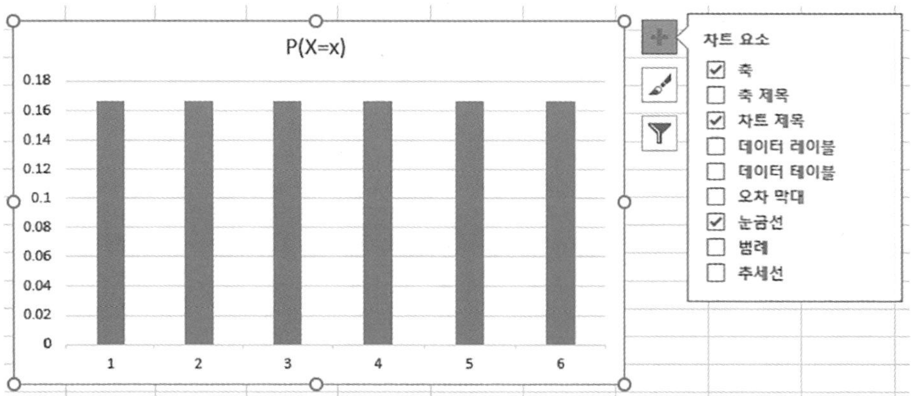

예제 5-5

이기면 10만 원을 상금으로 받을 수 있는 확률은 30분의 1이고, 반대로 지면 1만 원을 잃는 게임의 확률분포와 수익의 기대값과 분산 산출

① 변수 X에 이기면 받는 10과 지면 잃는 -1을 입력하고 각 값의 확률에 대응하는 =1/30과 =29/30를 입력하여 다음의 확률분포표를 생성한다.

	A	B
1		
2	x	P(X=x)
3	10	0.033333
4	-1	0.966667

② 기대값을 구하기 위해 A열과 B열을 곱하여 각 행의 $x_i \cdot P(X=x_i)$를 구하고, 산출된 값을 =SUM(D3:D4) 함수를 이용하여 합한다. 산출된 기대값이 -0.633인지 확인한다.

	A	B	C	D
1			x·P(X=x)	
2	x	P(X=x)	입력	산출값
3	10	0.033333	=A3*B3	0.333333
4	-1	0.966667	=A4*B4	-0.96667
5	계		=SUM(D3:D4)	-0.63333

④ 분산을 구하기 위해 우선 산출된 기대값을 이용하여 편차를 구하고(=A3-D$5), B열의 확률을 곱하여 각 행의 $(x_i-\mu)^2 \cdot P(X=x_i)$를 구한다. 그다음 =SUM(H3:H4) 함수를 이용하여 합하면 분산 3.90이 산출된다.

	A	B	C	D	E	F	G	H
1			x·P(X=x)		(x-mu)		(x-mu)^2·P(X=x)	
2	x	P(X=x)	입력	산출값	입력	산출값	입력	산출값
3	10	0.033333	=A3*B3	0.333333	=A3-D$5	10.63333	=F3^2*B3	3.768926
4	-1	0.966667	=A4*B4	-0.96667	=A4-D$5	-0.36667	=F4^2*B4	0.129963
5		계	=SUM(D3:D4)	-0.63333			=SUM(H3:H4)	3.898889

Chapter 06

이론적 확률분포

01 이산확률분포

Excel은 확률분포의 확률을 계산하는 다양한 함수를 제공한다. 다음 표는 널리 활용되고 있는 이항분포, 초기하분포, 포아송 분포를 따르는 이산확률변수 X에 대하여 확률질량함수 $P(X=x)$와 누적확률함수 $P(X \leq x)$를 산출하는 함수가 정리되어 있다. 각 함수의 마지막 인수에서 $P(X=x)$를 구하려면 FALSE를 입력하고, $P(X \leq x)$를 구하려면 TRUE를 입력함에 주목한다(FALSE/TRUE 대신 0/1을 각각 입력해도 된다).

분포	EXCEL 함수	
	P(X = x)	P(X ≤ x)
이항분포	=BINOM.DIST (x, n, p, FALSE)	=BINOM.DIST(x, n, p, TRUE)
초기하분포	=HYPGEOM.DIST(x, n, S, N, FALSE)	=HYPGEOM.DIST(x, n, S, N, TRUE)
포아송분포	=POISSON.DIST(x, μ, FALSE)	=POISSON.DIST(x, μ, TRUE)

예제 6-2

K대학교 학생들의 흡연율이 20%인 경우, K대학교 학생 가운데 임의로 10명을 뽑았을 때 이 중 3명의 학생이 흡연자일 확률

① 이항분포를 따르는 확률질량함수을 계산하는 =BINOM.DIST(x, n, p, FALSE)를 이용한다. 여기서 지정해야 할 인수 x는 성공횟수, n은 시행횟수, p는 성공확률이므로, x=3, n=10 그리고 p=0.2를 대응한다.

② 다음과 같이 =BINOM.DIST(3, 10, 0.2, FALSE)를 입력하여 산출된 값 0.20을 확인한다.

	A	B
1	x	P(X=x)
2		=BINOM.DIST(A3, 10, 0.2, FALSE)
3	3	0.2013

| 참조 | 혹시 확률을 구하기 위해 BINOM.DIST 등 함수명을 알고 있지 않은 경우에는 EXCEL 프로그램의 상단 메뉴바를 이용할 수도 있다.

① [수식] – [함수 더 보기] – [통계]를 선택하여, 적절한 함수(여기서는 BINOM.DIST)를 선택한다.

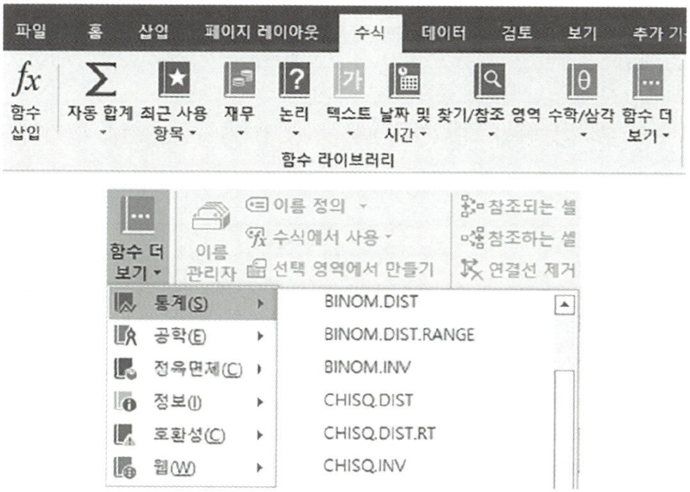

② 그림 아래와 같은 창이 나타난다. 4개의 인수에 대한 입력이 필요한데, 각 창을 클릭하면 하단에 인수에 대한 설명이 나와 편리하다. 인수 입력은 수치를 직접 입력해도 되고, 셀 위치를 지정할 수도 있다.

- Number_s: 시도한 횟수 중 성공한 횟수이다. 여기서는 3을 입력한다.
- Trials: 독립적인 시행횟수이다. 여기서는 10명이므로 10을 입력한다.
- Probability: 각 시행에서의 성공확률이다. 여기서는 흡연율 0.2를 입력한다.
- Cumulative: 확률질량함수는 FALSE(또는 0)을 입력하고, 누적확률함수는 TRUE(또는 1)을 입력한다. 여기서는 P(X = x)를 구하므로 FALSE를 입력한다.

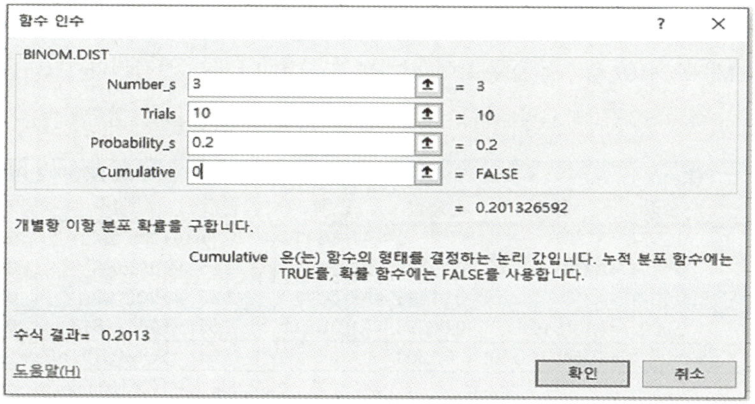

③ 모든 인수 값을 입력한 후 확인을 누르면 0.2013이 산출된다.

예제 6-3

5%의 불량률을 가진 PC 생산 공장에서 임의로 3대를 추출할 때 불량이 나오는 횟수를 X라고 하였을 때의 기대값과 표준편차

① 이항분포의 확률을 구하기 위해 =BINOM.DIST(x, 3, 0.05, FALSE)를 입력하여, x값 0~3에 대한 확률을 다음과 같이 각각 산출한다.

5		P(X=x)	
6	x	입력	산출값
7	0	=BINOM.DIST(A7, 3, 0.05, FALSE)	0.8574
8	1	=BINOM.DIST(A8, 3, 0.05, FALSE)	0.1354
9	2	=BINOM.DIST(A9, 3, 0.05, FALSE)	0.0071
10	3	=BINOM.DIST(A10, 3, 0.05, FALSE)	0.0001

② 기댓값 $\mu=\sum xP(x)$를 구하기 위해 A열과 B열을 곱하여(=A7*B7) 각 행의 x P(x)를 구하고, 산출된 값을 =SUM(D7:D10) 함수를 이용하여 열 방향으로 합한다. 산출된 기대값이 0.15인지 확인한다.

5		P(X=x)	x P(x)	
6	x	산출값	입력	산출값
7	0	0.8574	=A7*B7	0
8	1	0.1354	=A8*B8	0.13538
9	2	0.0071	=A9*B9	0.01425
10	3	0.0001	=A10*B10	0.00038
11	계		=SUM(D7:D10)	0.1500

③ 표준편차 $\sigma=\sqrt{\sum(x-\mu)^2P(x)}$을 구하기 위해 우선 산출된 기대값을 이용하여 행별로 편차를 구하고(=A7−D$11), 편차의 제곱을 B열의 확률과 곱하여 각 행의 $\sum(x-\mu)^2P(x)$를 구한다. 그다음 =SUM(H7:H10) 함수를 이용하여 합하면 분산 0.1425가 산출된다. 그다음은 분산의 제곱근 연산함수를 =SQRT(H11)와 같이 입력하여 표준편차 0.3775를 산출한다.

5		P(X=x)	x P(x)		x-E(x)		(X-E(X))^2 P(X)	
6	x	산출값	입력	산출값	입력	산출값	입력	산출값
7	0	0.8574	=A7*B7	0	=A7-D$11	-0.15	=F7^2*B7	0.019291
8	1	0.1354	=A8*B8	0.13538	=A8-D$11	0.85	=F8^2*B8	0.097808
9	2	0.0071	=A9*B9	0.01425	=A9-D$11	1.85	=F9^2*B9	0.024385
10	3	0.0001	=A10*B10	0.00038	=A10-D$11	2.85	=F10^2*B10	0.001015
11	계		=SUM(D7:D10)	0.1500			=SUM(H7:H10)	0.1425
12							=SQRT(H11)	0.3775

예제 6-4

교모하게 조작되어 앞면이 나올 확률이 0.4인 동전을 다섯 번 던져 두 번 앞면이 나올 확률

① 이항분포의 확률을 구하기 위한 함수 BINOM.DIST(x, n, p, FALSE)에서 지정해야 할 인수로서 성공횟수 x는 2, 시행횟수 n은 5, 성공확률 p는 0.4를 입력한다.

② 다음과 같은 함수식 =BINOM.DIST(A23, 5, 0.4, FALSE)를 입력하여 산출된 값 0.3456을 확인한다.

21	x	P(X=x)
22		=BINOM.DIST(A23, 5, 0.4, FALSE)
23	2	0.3456

예제 6-5

30명 정원의 소형 항공기 노선의 예약부도율이 10%인 경우, 예약 고객 중 무작위로 선택한 4명 중 3명만 탑승할 확률

① 이항분포의 확률을 구하기 위한 함수 BINOM.DIST(x, n, p, FALSE)에서 지정해야 할 인수로서 성공횟수 x는 3, 시행횟수 n은 4, 성공확률 p는 1−0.1=0.9를 입력한다.

② 다음과 같은 함수식 =BINOM.DIST(A27, 4, 0.9, FALSE)를 입력하여 산출된 값 0.2916을 확인한다.

25	x	P(X=x)
26		=BINOM.DIST(A27, 4, 0.9, FALSE)
27	3	0.2916

예제 6-6

사지선다형 시험에서 무작위로 답을 선택하는 경우, 20개의 문제에서 최소 2개 이상 정답을 선택할 확률

① $P(X \geq x)$의 이항분포의 확률을 쉽게 구하기 위해 $1-P(X<x)$의 확률을 산출한다. 이산확률분포에서 $P(X<2)$는 $P(X \leq 1)$과 같으므로 누적확률함수 BINOM.DIST(x, n, p, TRUE)을 이용한다. 지정해야 할 인수로서 성공횟수 x는 1, 시행횟수 n은 20, 성공확률 p는 0.25를 입력한다.

② 다음과 같은 함수식 =1−BINOM.DIST(A31, 20, 0.25, TRUE)를 입력하여 산출된 값 0.2916을 확인한다.

29	x	P(X≥x)
30		=1-BINOM.DIST(A31, 20, 0.25, TRUE)
31	1	0.9757

예제 6-7

빨간공 6개, 파란공 4개가 담긴 주머니로부터 한 번에 3개의 공을 꺼냈을 때, 이 중 파란공이 2개일 확률

① 비복원추출 문제이므로 초기하분포의 확률을 구하기 위한 함수 HYPGEOM.DIST(x, n, S, N, Cumulative)를 이용한다. 여기서 x는 표본의 성공횟수, n은 표본크기, S는 모집단의 성공횟수, N은 모집단의 크기이다. 마지막 인수는 이항분포에서와 마찬가지로, 누적확률함수 P(X ≤ x)를 구하려면 TRUE를 입력하고, 확률질량함수 P(X = x)를 구하려면 FALSE를 입력한다.

② 따라서 표본의 성공횟수 x는 2, 표본크기 n은 5, 모집단의 성공횟수는 4, 모집단 크기는 10, 그리고 마지막 인수는 FALSE를 지정하여, 함수식 =HYPGEOM.DIST(J3, 3, 4, 10, FALSE)를 입력하고 산출된 값 0.30을 확인한다.

J	K
x	**P(X=x)**
	=HYPGEOM.DIST(J3, 3, 4, 10, FALSE)
2	0.30

예제 6-8

어느 콜센터에서는 평균적으로 1명의 상담원이 5분당 4회의 전화를 받는다고 가정하고, (1) 1분 동안 전화를 받는 횟수 X의 확률분포의 표와 그림 작성 및 (2) 1분 동안 세 통 이상의 전화를 받을 확률 산출

(1) 확률분포표와 그림

① POISSON.DIST 함수를 사용하여 포아송 확률을 계산한다. =POISSON.DIST(x, μ, Cumulative)를 입력하는데, 여기서 x는 특정 구간의 성공횟수, μ는 이 구간의 평균이다. 함수의 마지막 인수의 경우, 누적확률함수 $P(X \leq x)$를 구하려면 TRUE를 입력하고 확률질량함수 $P(X=x)$를 구하려면 FALSE를 입력한다.

② 문제에서 상담원은 5분에 4회 전화를 받으므로 분당 평균 0.8회이다. 따라서 EXCEL에서는 =POISSON.DIST(O3, 0.8, FALSE)을 입력하여 아래와 같이 확률질량함수를 산출할 수 있다. 물론 x값은 무한할 수 있지만, X=7에서 산출된 확률 POISSON.DIST(7, 0.8, FALSE)은 0.000019로 0에 가까워지며, x가 증가할수록 거의 0이 된다(❷).

O	P	Q
	P(X=x)	
x	입력	산출값
0	=POISSON.DIST(O3, 0.8, FALSE)	0.4493
1	=POISSON.DIST(O4, 0.8, FALSE)	0.3595
2	=POISSON.DIST(O5, 0.8, FALSE)	0.1438
3	=POISSON.DIST(O6, 0.8, FALSE)	0.0383
4	=POISSON.DIST(O7, 0.8, FALSE)	0.0077
5	=POISSON.DIST(O8, 0.8, FALSE)	0.0012
6	=POISSON.DIST(O9, 0.8, FALSE)	0.0002
7	=POISSON.DIST(O10, 0.8, FALSE)	0.000019

③ 데이터의 범위를 선택한 후, [삽입] 메뉴에서 [차트] 안의 를 클릭하여 [2차원 세로 막대형] 을 선택하면, 아래 그래프가 생성된다.

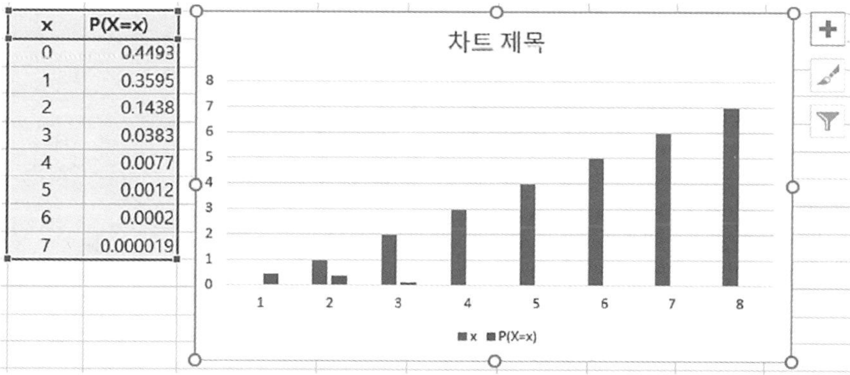

④ 그래프 중앙 그림영역에 마우스를 위치하고 우측 마우스 버튼을 누르면 나오는 새로운 창에서 [데이터 선택]을 클릭한다.

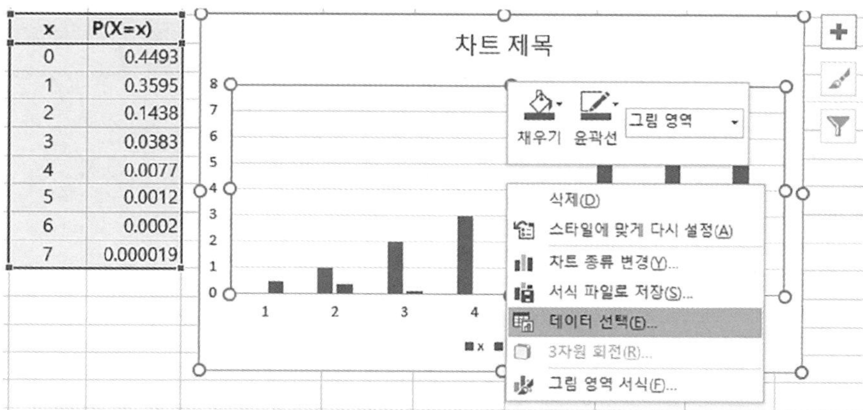

⑤ 새로운 [데이터 원본 선택] 창에서 [범례 항목(계열)]에서 x를 제거하고, 창의 우측 [가로(항목) 축 레이블]을 x값 0~7의 영역으로 수정한다.

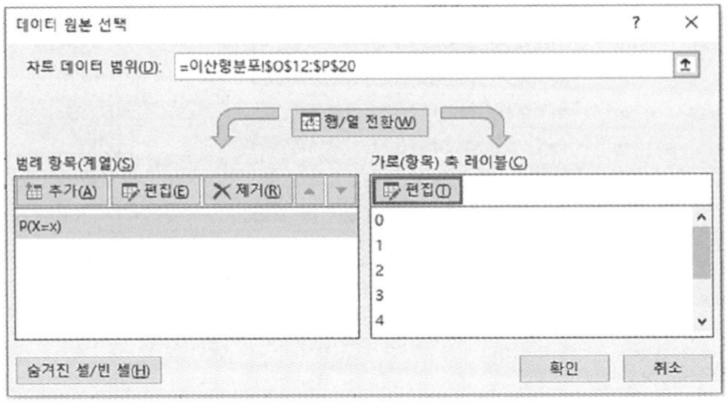

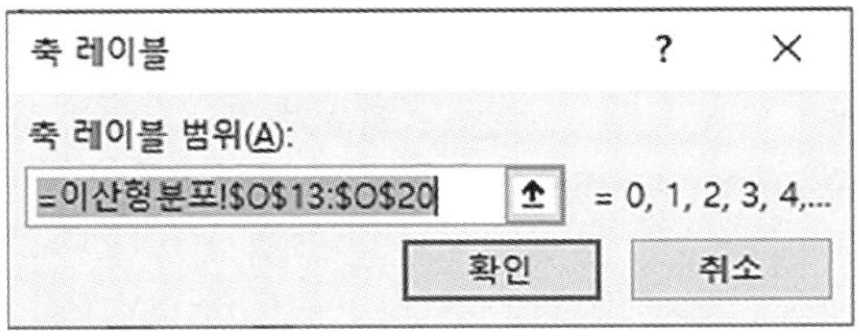

⑥ x값을 제거한 후 y축의 눈금을 간결하게 수정하고자 하면, 세로 축 위에 마우스를 위치하고 우측 버튼을 누르고 [축 서식]을 선택하여 원하는 형태로 변경할 수 있다. 기본 단위를 0.05에서 0.1로 변경하고, 표시형식을 0.0000에서 0.0으로 변경하였다.

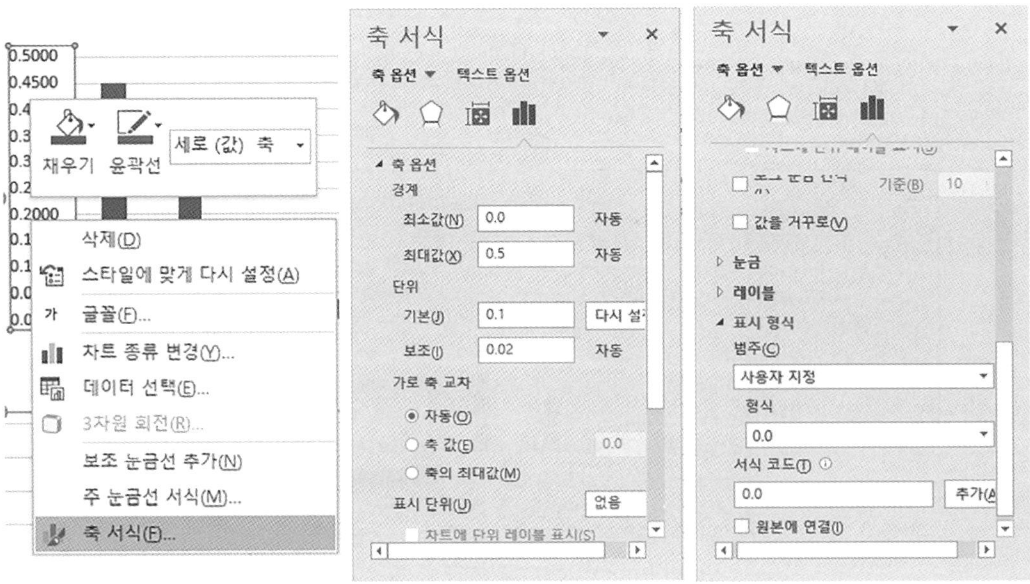

⑦ 축 서식을 변경하고 그래프의 우측 상단의 '+' 기호를 선택하여 범례를 제거한 결과, 다음의 그래프가 생성된다.

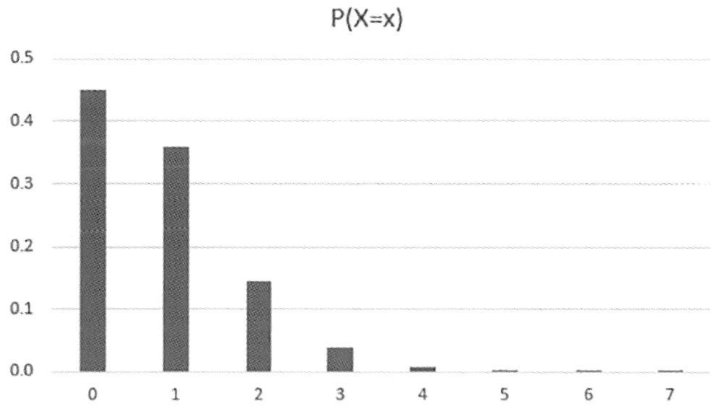

(2) 1분 동안 3회 이상 전화를 받을 확률

① $P(X \geq 3)$의 확률을 쉽게 구하기 위해 $1-P(X<3)$의 확률을 산출한다. 이산확률분포에서 $P(X<3)$는 $P(X \leq 2)$와 같으므로 누적확률함수 POISSON.DIST(2, 0.8, TRUE)를 이용한다.

② 다음과 같은 함수식 =1-POISSON.DIST(S3, 0.8, TRUE)를 입력하여 산출된 값 0.0474를 확인한다.

S	T
x	**P(X≥x)**
	=1-POISSON.DIST(S3, 0.8, TRUE)
2	0.0474

02 연속확률분포

예제 6-10

표준정규분포의 확률 계산 연습

(1) $P(-1.23 \le Z \le 0)$ (2) $P(1.23 \le Z \le 2.23)$

(3) $P(Z \le 1.23)$ (4) $P(-1.96 \le Z \le 1.96)$

① 정규분포의 확률을 구하기 위해서는 일반적으로 NORM.DIST 함수를 이용하며, =NORM.DIST(x, μ, σ, TRUE)와 같이 입력한다. 여기서 x는 평가할 값, μ는 분포의 평균, σ는 분포의 표준편차이고, 마지막 인수에 TRUE를 입력하면 누적확률함수 $P(X \le x)$를 산출한다.

- 마지막 인수에 FALSE를 입력하면 정규분포의 x에서의 높이를 산출하지만, 연속확률분포에서 $P(X=x)=0$이므로 의미가 없다.
- 정규분포의 특별한 경우인 표준정규분포의 확률 계산을 위해서는 NORM.S.DIST 함수에서 평균 0과 표준편차 1을 입력할 수도 있고, 보다 간단한 표준정규분포 함수인 NORM.S.DIST(x, TRUE)를 이용하여 간략히 입력할 수도 있다. 여기에서는 NORM.S.DIST를 이용해 본다.

② a와 b 사이 구간의 확률 $P(a \le Z \le b)$는 누적확률 $P(Z \le b) - P(Z \le a)$에 의해 산출할 수 있다. 예컨대, (1)번 문제와 같이 $P(-1.23 \le Z \le 0)$은 $P(Z \le 0) - P(Z \le -1.23)$으로 산출한다.

③ 4개 문제에 대한 확률은 다음과 같이 산출된다.

	A	B	C
1		입력	산출값
2	(1)	=NORM.S.DIST(0, TRUE)-NORM.S.DIST(-1.23, TRUE)	0.3907
3	(2)	=NORM.S.DIST(2.23, TRUE)-NORM.S.DIST(1.23, TRUE)	0.0965
4	(3)	=NORM.S.DIST(1.23, TRUE)	0.8907
5	(4)	=NORM.S.DIST(1.96, TRUE)-NORM.S.DIST(-1.96, TRUE)	0.9500

예제 6-11

대학생들의 용돈이 월평균 40만 원, 표준편차 5만 원인 정규분포를 따른다고 알려져 있을 때, (1) 용돈이 32.5만 원에서 47.5만 원 사이일 확률과 (2) 용돈이 48만 원 이상일 확률 산출

① 정규분포의 누적확률함수 $P(X \le x)$를 산출하는 =NORM.DIST(x, μ, σ, TRUE) 함수를 이용하

며, 평균 μ는 40(만 원), 표준편차 σ는 5(만 원)를 입력한다.

② (1) $P(32.5 < X < 47.5)$는 $P(X \le 47.5) - P(X \le 32.5)$이므로 두 함수의 차인 =NORM.DIST(47.5, 40, 5, TRUE) − NORM.DIST(32.5, 40, 5, TRUE)를 입력하여, 0.8664가 산출되었는지 확인한다.

또한, (2) $P(X \ge 48)$은 $1 - P(X \le 48)$이므로 =1 − NORM.DIST(48, 40, 5, TRUE)를 입력하여 0.0548이 산출되었는지 확인한다.

	입력	산출값
(1)	=NORM.DIST(47.5, 40, 5, TRUE) - NORM.DIST(32.5, 40, 5, TRUE)	0.8664
(2)	=1 - NORM.DIST(48, 40, 5, TRUE)	0.0548

예제 6-12

정규분포의 (1) 오른쪽 곡선 아래 면적이 5%인 경우, (2) 왼쪽 곡선 아래 면적이 10%인 경우, (3) 양쪽 끝 곡선 아래 면적을 합쳐 10%인 경우에 대응하는 Z 값 산출

① 정규분포의 역함수는 일반적으로 NORM.INV 함수를 이용하지만, 평균 0, 표준편차 1인 표준정규분포의 역함수는 NORM.S.INV 함수를 간편하게 이용할 수 있다. NORM.INV(p, μ, σ) 또는 NORM.S.INV(p)에서 p는 누적확률을 입력하며, μ와 σ는 분포의 평균과 표준편차를 각각 입력한다.

② 따라서 (1) $P(Z > Z_0) = 0.05$인 Z_0 값을 구하기 위해서는 $1 - P(Z > Z_0) = P(Z < Z_0) = 0.95$를 활용하여 =NORM.INV(0.95, 0, 1) 또는 =NORM.S.INV(0.95)를 입력하여 Z_0 값 1.645를 찾는다. 마찬가지로 (2) $P(Z < Z_0) = 0.10$인 Z_0 값은 =NORM.INV(0.10, 0, 1) 또는 =NORM.S.INV(0.10)을 입력하여 Z_0 값 -1.28을 찾는다.

마지막 (3)은 양쪽이 합쳐 10%가 되어야 하므로, 좌우대칭으로 각각 5%씩 나누어 =NORM.S.INV(0.05)와 =NORM.S.INV(0.95)를 각각 입력하여 -1.645와 1.645를 찾는다.

	입력(1)	입력(2)	산출값
(1)	=NORM.INV(0.95, 0, 1)	=NORM.S.INV(0.95)	1.6449
(2)	=NORM.INV(0.10, 0, 1)	=NORM.S.INV(0.10)	-1.2816
(3)	=NORM.INV(0.05, 0, 1)	=NORM.S.INV(0.05)	-1.6449
	=NORM.INV(0.95, 0, 1)	=NORM.S.INV(0.95)	1.6449

예제 6-13

신용카드 주식회사에서 전체 회원의 자료를 분석한 결과 계좌당 매출액은 평균 150만 원, 표준편차는 50만 원인 정규분포를 따르는 경우, VIP 고객의 기준이 매출액 상위 15%라고 할 때 그 기준이 될 연간 매출액 산출

① 매출액 상위 15%는 누적확률 0.85에 해당하므로, 정규분포의 역함수 NORM.INV(p, μ, σ)를 이용하여 =NORM.INV(0.85, 150, 50)을 입력한다. VIP 고객의 기준으로 상위 15%의 매출액은 약 202만 원으로 확인된다.

② 또 다른 방법은 표준정규분포 확률을 역으로 이용하여 경계가 되는 $Z_{0.85}$를 구하고, 이를 다시 원래의 값으로 환산하는 것이다. 이때는 =NORM.S.INV(0.85)를 입력하여 $Z_{0.85}$ 값 1.04를 얻고, 이를 다시 평균 150과 표준편차 50을 이용하여 $X = 150 + 1.04 \cdot 50$로 변환하여 기준 연간매출액 약 202만 원을 산출한다.

17		입력	산출값
18	(1)	=NORM.INV(0.85, 150, 50)	201.82
19	(2)	=NORM.S.INV(0.85)	1.04
20		=150+C19*50	201.82

Chapter 07

표집분포와 추정

01 평균의 신뢰구간 추정

예제 7-2

정규분포의 경험법칙에 따라 (1) 평균의 표집분포에서 $\bar{x}\pm 1\sigma_{\bar{x}}$의 신뢰구간들 가운데 68%가, (2) $\bar{x}\pm 2\sigma_{\bar{x}}$의 신뢰구간들 가운데 95%, 그리고 (3) $\bar{x}\pm 3\sigma_{\bar{x}}$의 신뢰구간들 가운데 99.7%가 모평균 μ를 포함힘을 확인

① 확률밀도함수를 통해 다음과 같이 확인할 수 있다.

(1) $P(Z_{0.16} \le \frac{\bar{X}-\mu}{\sigma/\sqrt{n}} \le Z_{0.84}) = 1-0.32 = 0.68$이므로 =NORM.S.INV(0.16)과 =NORM.S.INV(0.84)를 각각 입력하면, $Z_{0.16}$과 $Z_{0.84}$가 약 -1과 1임을 확인할 수 있다. 마찬가지로 (2) $P(Z_{0.025} \le \frac{\bar{X}-\mu}{\sigma/\sqrt{n}} \le Z_{0.975}) = 1-0.05 = 0.95$이므로 =NORM.S.INV(0.025)와 =NORM.S.INV(0.975)를 각각 입력하면, $Z_{0.025}$과 $Z_{0.975}$가 약 -2와 2임을 확인할 수 있으며, (3) $P(Z_{0.0015} \le \frac{\bar{X}-\mu}{\sigma/\sqrt{n}} \le Z_{0.9985}) = 1-0.003 = 0.997$이므로 =NORM.S.INV(0.0015)와 =NORM.S.INV(0.9985)를 통해 $Z_{0.0015}$와 $Z_{0.9985}$가 약 -3과 3임을 확인할 수 있다.

② EXCEL에서 입력한 함수 및 산출값은 다음과 같다.

	하한값		상한값	
	입력	산출값	입력	산출값
(1) 68%	=NORM.S.INV(0.16)	-0.99	=NORM.S.INV(0.84)	0.9945
(2) 95%	=NORM.S.INV(0.025)	-1.96	=NORM.S.INV(0.975)	1.9600
(3) 99.7%	=NORM.S.INV(0.0015)	-2.97	=NORM.S.INV(0.9985)	2.9677

예제 7-3

MBA 프로그램에 지원한 임의표본 20명 GMAT 점수에 대한 모평균 μ의 90% 신뢰구간

① 데이터를 다음과 같이 입력한다.

	A	B	C	D	E
1	530	450	600	570	360
2	550	640	490	460	550
3	480	440	530	470	560
4	500	430	640	420	530

② AVERAGE 함수와 STDEV.S 함수를 사용하여 변수의 표본평균과 표본표준편차를 각각 찾는다. 표본평균은 $\overline{X}=510$이고 표본표준편차는 $s=73.77$인지 확인한다.

6	통계량	입력	산출값
7	표본평균	=AVERAGE(A1:E4)	510
8	표본표준편차	=STDEV.S(A1:E4)	73.77

③ 문제에서 모표준편차 σ가 주어지지 않았으므로 t분포를 사용하며, 이때 자유도는 $n-1=20-1=19$이다. 따라서 90% 신뢰구간을 구하기 위해서는 $t_{0.05}$와 $t_{0.95}$를 찾아야 한다. EXCEL 함수 =T.INV (0.05, 19)와 =T.INV(0.95, 19)를 입력하여 자유도가 19일 때 $t_{0.05}$와 $t_{0.95}$로 약 ± 1.729를 확인한다.

10	p	입력	산출값
11	0.05	=T.INV(A11, 19)	-1.729
12	0.95	=T.INV(A12, 19)	1.729

④ 신뢰구간 $\overline{X}+t_{\alpha/2}\frac{s}{\sqrt{n}}<\mu<\overline{X}+t_{1-\alpha/2}\frac{s}{\sqrt{n}}$의 하한과 상한을 찾기 위해 =C$7+C$11*C$8/SQRT(20)와 =C$7+C$12*C$8/SQRT(20)을 각각 입력하여 481.48과 538.52를 확인한다. 결론적으로 주어진 표본에 기초하여 GMAT 점수 (481.48, 538.52)의 신뢰구간이 모평균을 포함한다고 90% 확신할 수 있다.

14	신뢰구간	입력	산출값
15	하한	=C$7+C$11*C$8/SQRT(20)	481.48
16	상한	=C$7+C$12*C$8/SQRT(20)	538.52

| 참조 1 | 신뢰구간을 구하기 위한 보다 간편한 함수로 CONFIDENCE.NORM과 CONFIDENCE.T가 있는데, 이 함수들은 오차한계를 산출하는 함수이다. [예제 7-3]의 90% 신뢰구간을 구하기 위해 CONFIDENCE.T를 이용해 본다.

① [수식] - [함수 더 보기] - [통계]를 선택하여, 적절한 함수(여기서는 CONFIDENCE.T)를 선택한다.

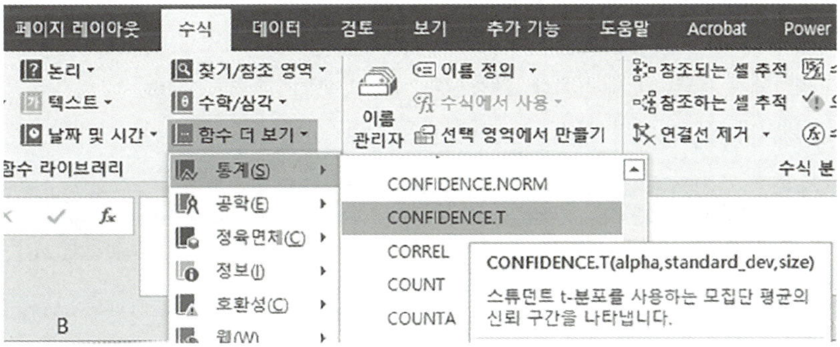

② 그림 아래와 같은 창이 나타나고, 3개의 인수에 대해 입력해야 한다. 인수 입력은 수치를 직접 입력해도 되고, 셀 위치를 지정할 수도 있다. 인수의 의미는 다음과 같다.

- Alpha: 유의수준을 의미하며, 90% 신뢰구간일 경우 Alpha=1-0.90=0.1이다.
- Standard_dev: 표본표준편차를 직접 입력 또는 셀(여기서는 C8)을 지정한다.
- Size: 표본의 크기이며, 여기서는 20이다.

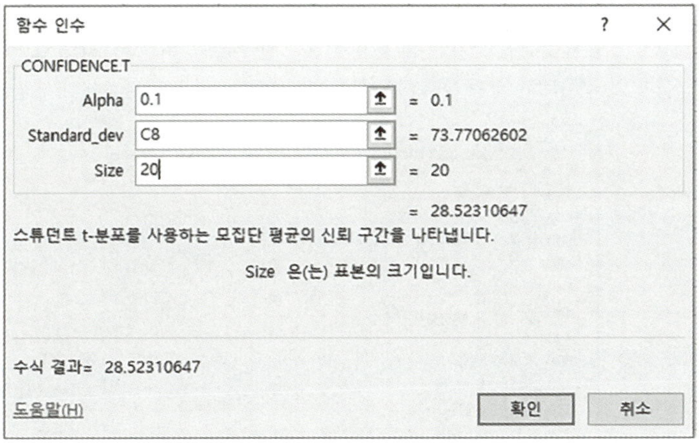

③ 모든 인수 값을 입력한 후 확인을 누르면 28.5231이 산출된다. 이 값은 오차한계로서 평균으로부터의 간격을 나타내므로, 신뢰구간의 하한과 상한을 구하기 위해 표본평균으로부터 가감해야 한다. CONFIDENCE.T 함수를 이용하여 산출된 하한과 상한값도 481.48과 538.52로서 앞의

결과와 동일함을 확인한다.

19	신뢰구간	입력	산출값
20	오차범위	=CONFIDENCE.T(0.1,C8,20)	28.52
21	하한	=C$7-C$20	481.48
22	상한	=C$7+C$20	538.52

▌참조 2▌ 신뢰구간을 구하기 위해 가장 간편한 방법은 Excel의 [데이터 분석] 옵션을 사용하는 것이다. 계속하여 [예제 7-3]의 데이터를 활용한다.

① 메뉴에서 [데이터] 〉 [데이터 분석] 〉 [기술통계법]을 선택하고 [확인]을 클릭한다.

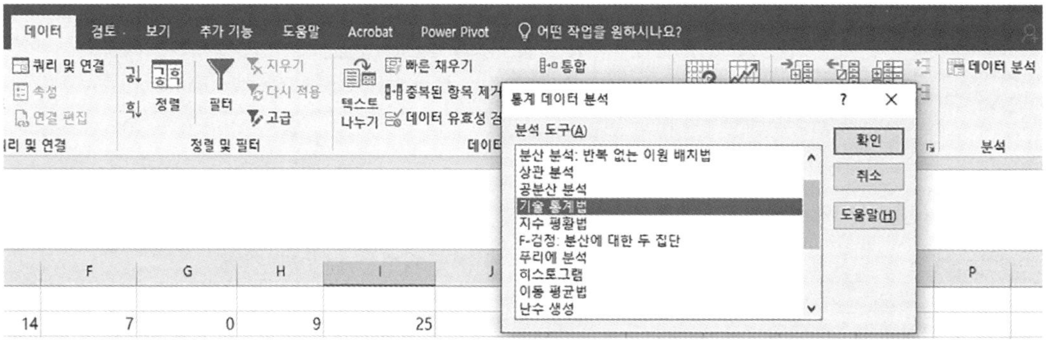

② [기술통계법] 대화상자에서 [입력범위] 옆에 있는 상자를 클릭한 다음, 데이터를 선택한다(이때 데이터는 행 또는 열로 입력되어 있어야 한다). 또한, [출력범위]를 선택하여 지정하고, [요약통계량]과 [평균에 대한 신뢰수준] 옵션을 선택하고, 신뢰수준을 90%로 설정한다(기본적으로 신뢰수준은 95%로 설정되어 있다). 그다음 [확인]을 클릭한다.

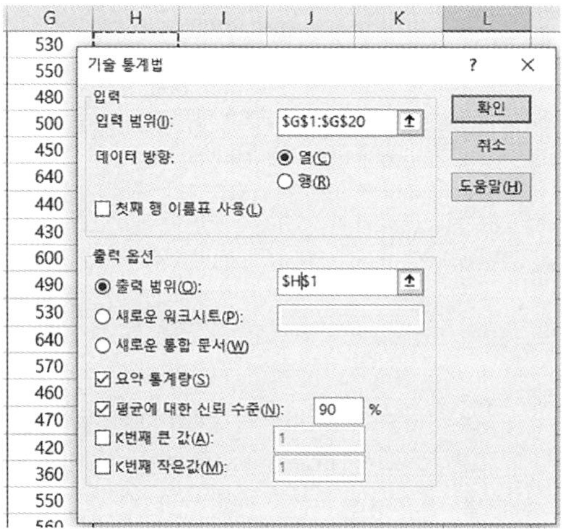

③ 산출된 결과표에는 중심경향, 위치, 산포도, 형태를 나타내는 요약통계량과 함께 신뢰수준(90%) 라고 표시된 오차한계 28.52가 산출되어 있음을 알 수 있다.

H	I
Column1	
평균	510
표준 오차	16.49561345
중앙값	515
최빈값	530
표준 편차	73.77062602
분산	5442.105263
첨도	-0.316547984
왜도	0.031463515
범위	280
최소값	360
최대값	640
합	10200
관측수	20
신뢰 수준(90.0%)	28.52310647

02 비율의 신뢰구간 추정

예제 7-4

영업점 판매 내역 중 75건을 임의로 표본추출하여 조사했더니 24건이 현금구매. 현금구매 비율의 95% 신뢰구간 산출

① 먼저 표본비율과 표본표준편차를 계산하기 위해 =24/75과 =SQRT(C25*(1−C25))를 입력한다. 표본비율 p는 0.32이고 표본표준편차는 s는 0.4665인지 확인한다.

24	통계량	입력	산출값
25	표본비율	=24/75	0.32
26	표본표준편차	=SQRT(C25*(1-C25))	0.4664762

② 95% 신뢰구간을 구하기 위해서는 $Z_{0.025}$와 $Z_{0.975}$를 찾아야 한다. 두 값이 대칭이므로 EXCEL 함수 =NORM.S.INV(0.975)를 입력하여 ±1.96을 확인한다.

28	p	입력	산출값
29	0.975	=NORM.S.INV(A29)	1.96

③ 신뢰구간의 하한과 상한 $p \pm z\sqrt{\frac{p(1-p)}{n}}$을 찾기 위해 =C$25±C$29*C$26/SQRT(75)을 각각 입력하여 0.21과 0.43을 확인한다. 결론적으로 (0.21, 0.43) 구간이 현금구매 모비율을 포함한다고 95% 확신할 수 있다.

31	신뢰구간	입력	산출값
32	하한	=C$25-C$29*C$26/SQRT(75)	0.21
33	상한	=C$25+C$29*C$26/SQRT(75)	0.43

03 분산의 신뢰구간 추정

예제 7-5

F 제약회사에서 새롭게 개발한 치료제의 효능 안전성을 위하여 임상시험 대상 환자 10명의 효능을 측정한 결과, 분산이 3.4로 산출된 경우 모분산 σ^2에 대한 95% 신뢰구간

① 우선 분산에 대한 신뢰구간을 추정하기 위해서는 검정통계량이 χ^2분포를 따르고 있음을 알고 있어야 한다. 또한, 문제에서 표본분산은 3.4로 주어져 있고, 대상 환자가 10명이므로 자유도는 $n-1=9$이다.

② 95% 신뢰구간을 구하기 위해서는 자유도 9인 χ^2 분포의 누적확률 0.025와 0.975에 해당하는 $\chi_{9,0.025}$와 $\chi^2_{9,0.975}$를 찾아야 한다. χ^2분포는 비대칭이므로 EXCEL 함수 =CHISQ.INV(0.025, 9)와 =CHISQ.INV(0.975, 9)를 각각 입력하여 2.70과 19.02를 산출한다.

38	p	입력	산출값
39	0.025	=CHISQ.INV(A39, 9)	2.70
40	0.975	=CHISQ.INV(A40, 9)	19.02

③ 산출된 값들을 모분산에 대한 $100(1-\alpha)\%$ 신뢰구간 추정 공식 $\frac{(n-1)s^2}{\chi^2_{1-\alpha/2,n-1}} < \sigma^2 < \frac{(n-1)s^2}{\chi^2_{\alpha/2,n-1}}$에 대입하면, 효능 분산의 95% 신뢰구간의 하한과 상한은 1.61과 11.33으로 각각 산출된다. 결론적으로 (1.61, 11.33) 구간이 효능의 모분산을 포함한다고 95% 신뢰수준에서 확신할 수 있다.

42	신뢰구간	입력	산출값
43	하한	=9*3.4/C40	1.61
44	상한	=9*3.4/C39	11.33

Chapter 08

단일집단 가설검정

01 가설검정의 기본 이해

예제 8-2

MBA 프로그램 지원자들의 GMAT 점수가 작년 평균인 500점과 다른지 확인하기 위해 무작위로 20명의 표본을 추출하여 점수를 분석. 20명 표본의 평균 513, 표준편차 73.77로 산출되었는데, 유의수준 10%($\alpha = 0.1$)에서 신뢰구간 산출 및 가설검정 수행

① 우선 주어진 정보인, 표본크기(n), 표본의 평균 513과 표준편차, 유의수준 및 귀무가설에서 설정된 평균 500을 입력한다.

	A	B
1	주어진 정보	
2	표본크기	20
3	표본평균	513
4	표본표준편차	73.77
5	유의수준	0.1
6	귀무가설 평균	500

② 올해 MBA 지원자들의 GMAT 점수 평균(μ)의 90% 신뢰구간을 구하기 위해서는 모분산(σ^2)을 알지 못하고 표본크기가 20으로 작은 경우이므로 t분포를 사용하며, 이때 자유도는 n−1=20−1=19이다. 따라서 자유도가 19인 임계값 $t_{0.05}$와 $t_{0.95}$를 EXCEL 함수 =T.INV.2T(α, df) 또는 =T.INV(α/2, df)와 =T.INV(1−α/2, df)를 이용하여 찾는다. 하한과 상한값 각각 =T.INV(B5/2, B2−1)와 =T.INV(1−B5/2, B2−1)를 입력하여 산출된 값 약 -1.729와 1.729를 확인한다.

8		산출값	입력
9	임계값		
10	하한	-1.729132812	=T.INV(B5/2, B2-1)
11	상한	1.729132812	=T.INV(1-B5/2, B2-1)

③ 90% 신뢰구간의 하한 $\overline{X}+t_{\alpha/2}\frac{s}{\sqrt{n}}$과 상한 $\overline{X}+t_{1-\alpha/2}\frac{s}{\sqrt{n}}$을 찾기 위해 =B$3+B10*B$4/SQRT(B$2)와 =B$3+B11*B$4/SQRT(B$2)를 각각 입력하여 484.48과 541.52를 확인한다.

12	신뢰구간		
13	하한	484.4771356	=B$3+B10*B$4/SQRT(B$2)
14	상한	541.5228644	=B$3+B11*B$4/SQRT(B$2)

④ 지난해 MBA 지원자들의 GMAT 평균인 500점과 다른지 가설검정하기 위해 귀무가설 H_0: $\mu=500$과 대립가설 H_a: $\mu\neq500$를 설정하고, 검정통계량 $t_0=\frac{\overline{X}-\mu_0}{S/\sqrt{n}}$를 =(B3−B6)/(B4/SQRT(B2))를 입력하여 0.79를 산출한다.

⑤ 유의성을 검정하기 위한 기각역 방법으로 ②에서 산출한 임계값에 의한 기각역 $|t_{19}|\geq1.729$와 검정통계량 0.79를 비교하기 위해 우측 기각역에 대해 =IF(B17>B11, "기각", "기각못함")을 입력하여 "기각못함"을 확인한다.

16		산출값	입력
17	검정통계량	0.78809499	=(B3-B6)/(B4/SQRT(B2))
18	귀무가설 기각여부	기각못함	=IF(B17>B11,"기각","기각못함")

⑥ 또한, 유의확률(p−value) 방법으로 $P(|t_{19}|\geq0.79)$를 산출하여 유의수준과 비교하기 위해 함수 2*(1−T.DIST(ABS(x), df, cumulative)) 또는 T.DIST.2T(x, df)를 이용한다. 구체적으로 =2*(1−T.DIST(ABS(B17), B2−1, TRUE)) 또는 =T.DIST.2T(B17, B2−1)를 입력하여 유의확률 0.44를 확인하고, =IF(B20<B5, "기각", "기각못함")을 입력하여 유의확률이 유의수준 0.1보다 크므로 귀무가설을 기각하지 못함을 확인한다.

19	p-value	0.440363463	=2*(1-T.DIST(ABS(B17), B2-1, TRUE))
20		0.440363463	=T.DIST.2T(B17, B2-1)
21	귀무가설 기각여부	기각못함	=IF(B20<B5,"기각","기각못함")

02 단일 모비율에 관한 가설검정

예제 8-3

B 대학교 학생들의 비율이 전국 대학생들의 비율과 같은지 검정하기 위해 100명을 무작위 표본추출한 결과, 하숙생은 35명임. B 대학교 학생들의 하숙 비율이 전국의 비율 27%와 다르다고 할 수 있는지 가설검정 수행

① 가설 H_0: $\pi=0.27$, H_a: $\pi\neq0.27$를 검정하기 위해 주어진 정보인, 표본크기(n), 표본의 하숙생 수 35명과 유의수준 및 귀무가설에서 설정된 비율 0.27을 입력한다.

	A	B
1	주어진 정보	
2	표본크기	100
3	하숙생 수	35
4	유의수준	0.05
5	귀무가설 비율	0.27

② 표본의 하숙 비율을 구하는 공식 =B3/B2를 입력하여 0.35를 확인한다.

③ 검정통계량 $Z_0=\dfrac{p-\pi_0}{\sqrt{\dfrac{\pi_0(1-\pi_0)}{n}}}=\dfrac{0.35-0.27}{\sqrt{\dfrac{0.27\times0.73}{100}}}$ 를 구하기 위해

=(B8–B5)/SQRT(B5*(1–B5)/B2)를 입력하여 산출값 1.80을 확인한다.

7		산출값	입력
8	표본비율	0.35	=B3/B2
9	검정통계량	1.801966342	=(B8-B5)/SQRT(B5*(1-B5)/B2)

④ 기각역 방법으로 유의성을 검정하기 위해 EXCEL 함수 NORM.S.INV(α/2)와 NORM.S.INV(1–α/2)를 이용하여 임계값 하한과 상한을 각각 구하고, 기각역 $|Z|\geq1.96$과 검정통계량 1.80을 비교하기 위해 우측 기각역에 대해 =IF(B9>B12, "기각", "기각못함")을 입력하여 "기각못함"을 확인한다(정규분포의 역함수 NORM.INV를 이용하는 경우 NORM.INV(0.975, 0, 1)과 같이 평균과 표준편차에 0과 1을 각각 입력하면 동일한 결과가 산출된다).

10	(1) 임계값		
11	하한	-1.959963985	=NORM.S.INV(B$4/2)
12	상한	1.959963985	=NORM.S.INV(1-B$4/2)
13	귀무가설 기각여부	기각못함	=IF(B9>B12,"기각","기각못함")

⑤ 유의확률 방법으로 $P(|Z| > 1.8)$를 산출하기 위해 EXCEL 함수 NORM.S.DIST(x. cumulative)를 이용한다. 우선 상단의 유의확률인 $P(Z > 1.8)$=1−NORM.S.DIST(B9, TRUE)를 구한 후, 양측검정이므로 2를 곱하여 유의확률 $2 \times P(Z > 1.8)=0.0716$을 확인한다.

그 다음 산출된 유의확률과 유의수준을 비교하기 위해 =IF(B14<B4, "기각", "기각못함")을 입력하여 귀무가설을 기각하지 못함을 확인한다.

14	(2) p-value	0.071550701	=2*(1-NORM.S.DIST(ABS(B9), TRUE))
15	귀무가설 기각여부	기각못함	=IF(B14<B4,"기각","기각못함")

03 단일 모분산에 대한 가설검정

예제 8-4

소비자단체에서 무작위 표본 30개를 수집하여 분석한 결과, 표본분산이 1.7mg^{2}로 산출됨. C 담배의 니코틴 함유량 분산이 1.2mg^{2}와 다르다고 할 수 있는지 가설 검정 수행

① 가설 $H_0: \sigma^2 = 1.2$, $H_a: \sigma^2 \neq 1.2$를 검정하기 위해 주어진 정보인, 표본크기(n), 표본분산, 유의수준 및 귀무가설에서 설정된 분산 1.2를 입력한다.

	A	B
1	주어진 정보	
2	표본크기	30
3	표본분산	1.7
4	유의수준	0.05
5	귀무가설 분산	1.2

② 검정통계량 $\chi_0^2 = \dfrac{(n-1)s^2}{\sigma_0^2} = \dfrac{(30-1) \times 1.7}{1.2}$을 구하기 위해 =(B2−1)*B3/B5를 입력하여 산출값 41.08을 확인한다.

7		산출값	입력
8	검정통계량	41.08333333	=(B2-1)*B3/B5

③ 기각역 방법으로 유의성을 검정하기 위해 EXCEL 함수 CHISQ.INV(α/2, df) CHISQ.INV(1−α/2, df)를 이용하여 임계값 하한과 상한을 각각 구한다. 카이제곱 분포는 대칭이 아니므로 CHISQ.INV(0.025, 29)와 CHISQ.INV(0.975, 29)는 16.05와 45.72를 산출하며, 따라서 기각역은 $\chi^2 < 16.05$ 또는 $\chi^2 > 45.72$이다. 기각역과 검정통계량 41.08을 비교하기 위해 우측 기각역에 대해 =IF(B8>B11, "기각", "기각못함")을 입력하여 "기각못함"을 확인한다.

9	(1) 임계값		
10	하한	16.0470717	=CHISQ.INV(B$4/2, B2-1)
11	상한	45.7222858	=CHISQ.INV(1-B$4/2, B2-1)
12	귀무가설 기각여부	기각못함	=IF(B8>B11,"기각","기각못함")

④ 유의확률 방법으로는 EXCEL 함수 CHISQ.DIST(x, df, cumulative)를 이용한다. 우선 상단의 $P(\chi^2 > 41.08)$을 산출하기 위해 =1−CHISQ.DIST(B8, B2−1, TRUE)를 구한 후, 양측검정이므로 2를 곱하여 유의확률 $2 \times P(\chi^2 > 41.08)$=0.1354를 확인한다. 그 다음 산출된 유의확률과 유의수준을 비교하기 위해 =IF(B13<B4, "기각", "기각못함")을 입력하여 귀무가설을 기각하지 못함을 확인한다.

13	(2) p-value	0.135442251	=2*(1-CHISQ.DIST(B8, B2-1, TRUE))
14	귀무가설 기각여부	기각못함	=IF(B13<B4,"기각","기각못함")

Chapter 09

두 집단 가설검정

01 두 모평균 가설검정

예제 9-1

경영학의 전통적 콘텐츠보다 게임형 콘텐츠를 이용한 교육이 성과가 큰지 확인하고자 두 유형의 콘텐츠를 사용하는 수업 학생들의 향상 점수를 각각 평가함. 전통적 콘텐츠보다 게임형 콘텐츠를 이용한 교육이 성과가 더 크다고 할 수 있는지 등분산과 이분산을 가정하여 각각 가설검정 수행

- 전통적: $n_1 = 30$, 표본평균 0, 표본표준편차 5
- 게임형: $n_2 = 30$, 표본평균 5, 표본표준편차 4

(1) 등분산 가정

① 전통적 콘텐츠보다 게임형 콘텐츠를 이용한 교육이 성과가 더 크다고 할 수 있는지 검정하기 위한 가설은 $H_0: \mu_1 \geq \mu_2$, $H_a: \mu_1 < \mu_2$이므로 단측가설(왼쪽꼬리)이다. 우선 주어진 정보인 각 표본의 표본크기, 평균과 표준편차, 유의수준 및 귀무가설에서 설정된 평균 차이 0을 입력한다.

	A	B	C
1	주어진 정보	전통적	게임형
2	표본크기	30	30
3	표본평균	0	5
4	표본표준편차	5	4
5	유의수준	0.05	
6	귀무가설 평균차이	0	

② 등분산을 가정하여 통합분산인 $S_p^2 = \dfrac{(n_1-1)s_1^2 + (n_2-1)s_2^2}{n_1+n_2-2}$을 산출하기 위해 =((B2−1)*B4^2+(C2−1)*C4^2)/(B2+C2−2)을 입력하여 20.5가 산출되는지 확인한다.

③ 산출된 통합분산을 활용한 검정통계량 $t_0 = \dfrac{(\overline{X_1} - \overline{X_2})}{\sqrt{\dfrac{s_p^2}{n_1} + \dfrac{s_p^2}{n_2}}}$ 을 구하기 위해

=(B3−C3)/SQRT($B$9*(1/B2+1/C2))을 입력하여 -4.28을 산출한다.

④ 유의성 검정은 단측검정이므로 =T.INV(B5, B2+C2−2)을 입력하여 임계값 $t_{0.05,58} = -1.672$를 산출한 다음, 검정통계량 $t_0 = -4.28$와 비교하여 귀무가설을 기각한다. 또한, 유의확률 $P(t_{58} \le -4.28)$을 구하기 위해 =T.DIST(B10, B2+C2−2, TRUE)를 입력하여 0.000036을 산출한 후, 유의수준 0.05와 비교하여 귀무가설을 기각한다.

8	등분산 가정	산출값	입력
9	통합분산	20.5	=((B2-1)*B4^2+(C2-1)*C4^2)/(B2+C2-2)
10	검정통계량	-4.27699461	=(B3-C3)/SQRT($B$9*(1/B2+1/C2))
11	임계값(하한)	-1.67155276	=T.INV(B5, B2+C2-2)
12	귀무가설 기각여부	기각	=IF(B10<B11,"기각","기각못함")
13	p-value	3.58314E-05	=T.DIST(B10, B2+C2-2, TRUE)
14	귀무가설 기각여부	기각	=IF(B13<B5,"기각","기각못함")

(2) 이분산 가정

① 단측가설 $H_0 : \mu_1 \ge \mu_2$, $H_a : \mu_1 < \mu_2$ 및 주어진 정보는 등분산의 경우와 같다.

② 이분산의 경우에는 자유도를 $\nu = \dfrac{\left(\dfrac{s_1^2}{n_1} + \dfrac{s_2^2}{n_2}\right)^2}{\dfrac{\left(\dfrac{s_1^2}{n_1}\right)^2}{n_1 - 1} + \dfrac{\left(\dfrac{s_2^2}{n_2}\right)^2}{n_2 - 1}}$ 로 보정해야 한다. 다소 수식이 복잡하므로 분자와 분모를 각각 계산한 후 분수를 산출하여 보정자유도가 55.33임을 확인한다.

③ 검정통계량 $t_0 = \dfrac{\overline{X_1} - \overline{X_2}}{\sqrt{\dfrac{s_1^2}{n_1} + \dfrac{s_2^2}{n_2}}}$ 공식을 활용하여 =(B3−C3)/SQRT(B4^2/B2+C4^2/C2)을 입력하면 -4.28이 산출된다.

④ 유의성 검정은 단측검정이므로 =T.INV(B5, B19)를 입력하여 임계값 $t_{0.05,55.33} = -1.673$을 산출한 다음, 검정통계량 $t_0 = -4.28$와 비교하여 귀무가설을 기각한다. 또한, 유의확률 $P(t_{55.33} \le -4.28)$을 구하기 위해 =T.DIST(B20, B19, TRUE)를 입력하여 0.000038을 산출한 후, 유의수준 0.05와 비교하여 귀무가설을 기각한다.

16	이분산 가정	산출값	입력
17	보정자유도(분자)	1.867777778	=(B4^2/B2+C4^2/C2)^2
18	보정자유도(분모)	0.033754789	=(B4^2/B2)^2/(B2-1)+(C4^2/C2)^2/(C2-1)
19	보정자유도	55.33371169	=B17/B18
20	검정통계량	-4.27699461	=(B3-C3)/SQRT(B4^2/B2+C4^2/C2)
21	임계값(하한)	-1.67303397	=T.INV(B5, B19)
22	귀무가설 기각여부	기각	=IF(B20<B21,"기각","기각못함")
23	p-value	3.80551E-05	=T.DIST(B20, B19, TRUE)
24	귀무가설 기각여부	기각	=IF(B23<B5,"기각","기각못함")

❙참조❙ EXCEL은 독립적인 표본들의 원자료를 이용하여 두 모평균간 차이를 가설검정 하길 원하는 경우 [데이터 분석] 도구를 활용하여 쉽게 분석할 수 있다. [데이터] 메뉴에서 [데이터 분석]을 선택한 후, 모분산의 가정에 따라 다음의 세 옵션 중 한 방법을 선택하면 된다.

- 모분산을 아는 경우: [z-검정: 평균에 대한 두집단]
- 모분산을 알지 못하지만 동등한 경우: [t-검정: 등분산 가정 두집단]
- 모분산을 알지 못하고 동등하지 않은 경우: [t-검정: 이분산 가정 두집단]

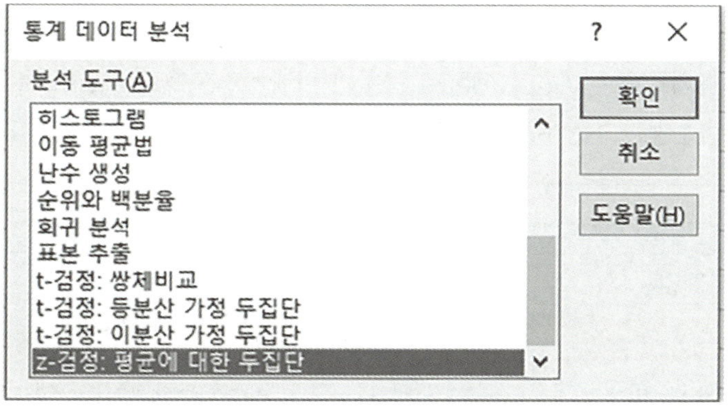

예제 9-2

새로운 교육프로그램을 개발한 이후 평가한 점수가 프로그램 적용 이전의 점수와 차이가 있는지 알아보기 위하여 수강생의 데이터를 이전과 이후 각각 정규화(normalization)한 데이터를 활용하여 평가점수가 프로그램 적용 전후에 차이가 있는지 유의수준 0.05에서 가설검정 수행

(1) 15명의 이전과 이후의 정규화 점수 차이(d)의 분포가 평균 $\bar{d}=-0.995$, 표준편차 $S_d=1.575$인

경우

① 프로그램 적용 전후에 점수의 차이가 있는지 분석하기 위해서는 쌍체표본을 고려해야 한다. 우선 개인별 점수의 차이를 각각 산출한 후, 차이를 단일 모집단 가설검정과 동일한 방식으로 수행한다. 따라서 가설은 $H_0 : \mu_d = 0$, $H_a : \mu_d \neq 0$로 표현된다.

② 우선 주어진 정보인, 표본크기(n), 표본의 차이의 평균과 표준편차, 유의수준 및 귀무가설에서 설정된 평균 0을 입력한다.

	A	B
1	주어진 정보	
2	표본크기	15
3	표본평균	-0.995
4	표본표준편차	1.575
5	유의수준	0.05
6	귀무가설 평균	0

③ 검정통계량 $t_0 = \dfrac{\bar{d} - \mu_d}{S_d / \sqrt{n}}$는 =(B3−B6)/(B4/SQRT(B2))를 입력하여 −2.45를 산출한다.

④ 유의성 검정은 양측검정이므로 =T.INV(B5/2, B2−1)와 =T.INV(1−B5/2, B2−1)를 각각 입력하여 임계값 $|t_{14,0.025}| = 2.145$를 산출한 다음, 검정통계량 $t_0 = -2.45$와 비교하여 귀무가설을 기각한다. 또한, 유의확률 $P(|t_{14}| \geq 2.45)$를 구하기 위해 =2*(T.DIST(B9, B2−1, TRUE))를 입력하여 0.0282을 산출한 후, 유의수준 0.05와 비교하여 귀무가설을 기각한다.

8		산출값	입력
9	검정통계량	-2.44674186	=(B3-B6)/(B4/SQRT(B2))
10	(1) 임계값		
11	하한	-2.144786688	=T.INV(B5/2, B2-1)
12	상한	2.144786688	=T.INV(1-B5/2, B2-1)
13	귀무가설 기각여부	기각	=IF(B9<B11,"기각","기각못함")
14	(2) p-value	0.028220144	=2*(T.DIST(B9, B2-1, TRUE))
15	귀무가설 기각여부	기각	=IF(B14<B5,"기각","기각못함")

(2) 8명의 이전과 이후 정규화 점수가 다음과 같은 경우

Before	After
−1.43233	1.00369
−1.43952	1.62507
−0.87813	−0.07925

2.04618	0.47962
−0.06234	1.20517
0.83785	1.33710
0.60482	2.55502
1.64802	1.22170

① 데이터를 다음과 같이 입력한다.

	A	B
1	Before	After
2	-1.43233	1.00369
3	-1.43952	1.62507
4	-0.87813	-0.07925
5	2.04618	0.47962
6	-0.06234	1.20517
7	0.83785	1.33710
8	0.60482	2.55502
9	1.64802	1.22170

② [데이터] 메뉴의 [데이터 분석]에서 [t−검정: 쌍체비교]를 선택하고 [확인]을 클릭한다.

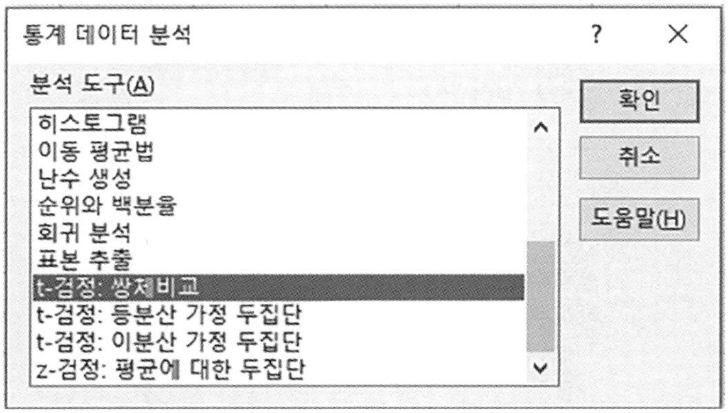

③ 변수의 입력 범위는 각각 A1부터 A9까지, B1부터 B9까지 입력하고, 첫 행에 변수명이 있으므로 이름표에 체크한다. 유의수준은 0.05로 설정하고, 출력은 적절한 위치(예컨대, D1)에 출력되도록 옵션을 선택한다.

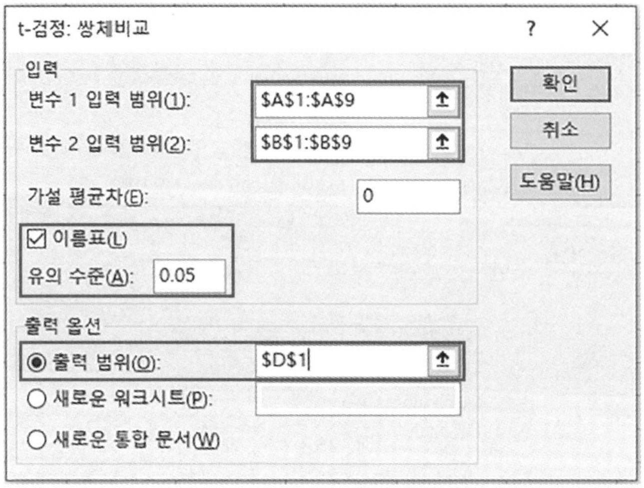

④ 프로그램 적용 이전 점수와 이후 점수의 차이는 -1.003으로 프로그램 적용 후 정규화 점수가 1점 이상 증가하였고, 산출된 검정통계량 t 값은 -1.86이다. 유의수준 $\alpha = 0.05$에서 단측검정일 때의 기각치는 1.89이고 양측검정일 때의 기각치는 2.36으로서 절대값 기준으로 모두 계산된 t 값보다 크다. 계산된 t 값이 기각역에 있지 않으므로 귀무가설을 기각하지 못한다. 유의확률(p-value) 역시 단측검정은 0.0523, 양측검정은 0.1046으로 두 검정 모두 유의수준 0.05보다 크므로 귀무가설을 기각할 수 없다.

D	E	F
t-검정: 쌍체 비교		
	Before	After
평균	0.165569	1.168515
분산	1.807158	0.603156
관측수	8	8
피어슨 상관 계수	0.045177	
가설 평균차	0	
자유도	7	
t 통계량	-1.86404	
P(T<=t) 단측 검정	0.052295	
t 기각치 단측 검정	1.894579	
P(T<=t) 양측 검정	0.104589	
t 기각치 양측 검정	2.364624	

02 두 모비율 가설검정

예제 9-3

A 제조업체가 새로운 포장지를 도입할 예정임. 두 슈퍼마켓에서 1주일간 각 제품을 판매하기로 하여 다음과 같은 결과를 얻은 경우, 경영진은 밝은 파스텔색의 디자인을 사용해야 하는지 아니면 저비용의 단순한 백색 디자인을 사용해야 하는지 가설검정 수행

- 포장디자인1(파스텔색): $n_1 = 904,\ X_1 = 180$
- 포장디자인2(백색): $n_2 = 1038,\ X_2 = 155$

(1) 디자인1이 디자인2보다 더 많이 판매되는지 가설검정

① 가설을 $H_0 : \pi_1 \le \pi_2,\ H_a : \pi_1 > \pi_2$로 설정하고, 우선 주어진 정보를 다음과 같이 정리한다.

	A	B	C
1	주어진 정보	파스텔	화이트
2	표본크기	904	1038
3	판매량	180	155
4	유의수준	0.05	
5	귀무가설 평균차이	0	

② 검정통계량을 구하기 위해 각 디자인의 판매비율 $p_1 = \dfrac{x_1}{n_1}$, $p_2 = \dfrac{x_2}{n_2}$와 통합비율 $\bar{p} = \dfrac{x_1 + x_2}{n_1 + n_2}$을 =B3/B2, =C3/C2, =(B3+C3)/(B2+C2)를 각각 입력하여 0.20, 0.15, 0.17을 산출한다.

③ 검정통계량 $Z_0 = \dfrac{(p_1 - p_2)}{\sqrt{\bar{p}(1-\bar{p})\left(\dfrac{1}{n_1} + \dfrac{1}{n_2}\right)}}$은 =(B8−B9)/SQRT(B10*(1−B10)*(1/B2+1/C2))을 입력하여 2.90을 산출한다.

④ 유의성 검정은 단측검정(오른쪽꼬리)이므로 =NORM.S.INV(1−B4)를 입력하여 임계값 $Z_{0.95} =$ 1.645를 산출한 다음, 검정통계량 $Z_0 = 2.90$과 비교하여 귀무가설을 기각한다. 또한, 유의확률 $p(Z \ge 2.90)$을 구하기 위해 =1−NORM.S.DIST(B11, TRUE)를 입력하여 0.0019를 산출한 후, 유의수준 0.05와 비교하여 귀무가설을 기각한다.

7		산출값	입력
8	p1	0.1991	=B3/B2
9	p2	0.1493	=C3/C2
10	통합비율	0.1725	=(B3+C3)/(B2+C2)
11	검정통계량	2.8968	=(B8-B9)/SQRT(B10*(1-B10)*(1/B2+1/C2))
12	임계값(상한)	1.644853627	=NORM.S.INV(1-B4)
13	귀무가설 기각여부	기각	=IF(B11>B12,"기각","기각못함")
14	p-value	0.001885	=1-NORM.S.DIST(B11, TRUE)
15	귀무가설 기각여부	기각	=IF(B14<B4,"기각","기각못함")

(2) 디자인1(밝은색)의 추가 비용 때문에 디자인1의 제품이 디자인2의 제품보다 3% 이상 더 판매되어야 선택될 수 있다고 가정하는 경우 가설검정

① 가설을 $H_0 : \pi_1 - \pi_2 \leq 0.03$, $H_a : \pi_1 - \pi_2 > 0.03$으로 설정한다.

② (1)에서 입력한 정보 및 각 디자인의 판매비율 $p_1 = \frac{x_1}{n_1}$, $p_2 = \frac{x_2}{n_2}$와 통합비율 $\bar{p} = \frac{x_1 + x_2}{n_1 + n_2}$을 활용하여 검정통계량 $Z_0 = \frac{(p_1 - p_2) - 0.03}{\sqrt{\frac{p_1(1-p_1)}{n_1} + \frac{p_2(1-p_2)}{n_2}}}$ 을 계산한다.

=(B8−B9−0.03)/SQRT(B10*(1−B10)*(1/B2+1/C2))을 입력하면 1.15가 산출된다.

③ 유의성 검정은 단측검정(오른쪽꼬리)이므로 =NORM.S.INV(1−B4)를 입력하여 임계값 $Z_{0.95} = 1.645$를 산출한 다음, 검정통계량 $Z_0 = 1.15$와 비교하면 귀무가설을 기각하지 못한다. 또한, 유의확률 $p(Z \geq 1.15)$을 구하기 위해 =1−NORM.S.DIST(B18, TRUE)를 입력하여 0.1248을 산출한 후, 유의수준 0.05와 비교하면 역시 귀무가설을 기각할 수 없다.

17		산출값	입력
18	검정통계량	1.151357477	=(B8-B9-0.03)/SQRT(B10*(1-B10)*(1/B2+1/C2))
19	임계값(상한)	1.644853627	=NORM.S.INV(1-B4)
20	귀무가설 기각여부	기각못함	=IF(B18>B19,"기각","기각못함")
21	p-value	0.1247926	=1-NORM.S.DIST(B18, TRUE)
22	귀무가설 기각여부	기각못함	=IF(B21<B4,"기각","기각못함")

03 두 모분산 가설검정

예제 9-4

표본 크기가 각각 16과 21인 두 집단의 분산을 비교하기 위해 유의수준 0.05에서 가설검정을 수행하는 경우 (1) 우측검정인 경우와 (2) 양측검정인 경우의 임계치와 기각역을 각각 산출

① 우선 주어진 정보인 표본크기와 유의수준, 즉 $n_1 = 16$, $n_2 = 21$, $\alpha = 0.05$를 입력한다.

	A	B
1	주어진 정보	
2	표본크기1	16
3	표본크기2	21
4	유의수준	0.05

② 우측검정의 경우, 임계값은 $F_{df1, df2, 1-\alpha} = F_{15,20,0.95}$이므로 =F.INV(1−B$4, B2−1, B3−1)을 입력하여 산출된 값 2.2를 확인한다. $P(F_{15,20} > 2.2) = 0.05$이므로 기각역은 $F > 2.2$이다.

③ 양측검정의 경우, 임계값의 하한과 상한은 각각 $F_{15,20,0.025}$, $F_{15,20,0.975}$이므로 =F.INV(B$4/2, B2−1, B3−1)와 =F.INV(1−B$4/2, B2−1, B3−1)를 입력하여 산출된 값 0.36과 2.57을 확인한다. 따라서 기각역은 $F < 0.36$ 또는 $F > 2.57$이다.

6		산출값	입력
7	(1) 우측검정 임계값		
8	상한	2.20327429	p
9	(2) 양측검정 임계값		
10	하한	0.362857612	=F.INV(B$4/2, B2-1, B3-1)
11	상한	2.573096141	=F.INV(1-B$4/2, B2-1, B3-1)

예제 9-5

용기에 액체를 채우는 두 기계의 품질을 비교하기 위해 각 기계를 사용하여 1리터 용기에 주입된 액체량을 기록한 결과 다음과 같은 결과가 산출된 경우, 기계2가 기계1보다 액체 투입량의 일관성에서 더 우월하다고 유의수준은 5%에서 추론할 수 있는지 가설검정 수행

$$n_1 = n_2 = 25,\ S_1^{\ 2} = 0.6333,\ S_2^{\ 2} = 0.4528$$

① 가설을 $H_0 : \frac{\sigma_1^2}{\sigma_2^2} \le 1$, $H_a : \frac{\sigma_1^2}{\sigma_2^2} > 1$로 설정하고, 주어진 정보인 표본크기, 표본분산 및 유의수준을 다음과 같이 정리한다.

	A	B
1	주어진 정보	
2	표본크기1	25
3	표본크기2	25
4	표본분산1	0.6333
5	표본분산2	0.4528
6	유의수준	0.05

② 검정통계량 $F_0 = \frac{s_1^2}{s_2^2} = \frac{0.6333}{0.4528}$을 산출하기 위해 =B4/B5를 입력하여 1.40을 산출한다.

③ 유의성 검정은 단측검정(오른쪽꼬리)이므로 $F_{\nu_1, \nu_2, 1-\alpha}$를 구하기 위해 =F.INV(1–B$6, B2–1, B3–1)를 입력하여 임계값 1.98을 산출한 다음, 검정통계량 $F_0 = 1.40$과 비교하여 귀무가설을 기각하지 못한다. 또한, 유의확률 $P(F_{24,24} \ge F_0)$를 구하기 위해 =F.DIST.RT(B9, B2–1, B3–1)를 입력하여 0.2086을 산출한 후 유의수준 0.05와 비교하는 경우 역시 귀무가설을 기각할 수 없다.

8		산출값	입력
9	검정통계량	1.398630742	=B4/B5
10	임계값(상한)	1.983759568	=F.INV(1-B$6, B2-1, B3-1)
11	귀무가설 기각여부	기각못함	=IF(B9>B10,"기각","기각못함")
12	p-value	0.208567988	=F.DIST.RT(B9, B2-1, B3-1)
13	귀무가설 기각여부	기각못함	=IF(B12<B6,"기각","기각못함")

예제 9-6

프로그램을 실시 중인 고등학교의 성적분포가 정규분포한다는 가정 하에 1학년에서 7명, 2학년에서 9명을 임의로 뽑아 각각의 성적의 분산을 조사한 결과 1학년 분산 9.0, 2학년의 분산 19.8인 경우, 1학년 학생 성적의 차이가 2학년이 되면 더 커지는지 5% 유의수준에서 가설검정 수행

① 가설을 $H_0 : \frac{\sigma_2^2}{\sigma_1^2} \le 1$, $H_a : \frac{\sigma_2^2}{\sigma_1^2} > 1$로 설정하고, 주어진 정보인 표본크기, 표본분산 및 유의수준을 다음과 같이 정리한다. 가설에서 우측꼬리검정을 위해 1, 2학년의 순서를 변경하였음에 주목하자.

	A	B
1	주어진 정보	
2	표본크기1	7
3	표본크기2	9
4	표본분산1	9.0
5	표본분산2	19.8
6	유의수준	0.05

② 검정통계량 $F_0 = \frac{S_2^2}{S_1^2} = \frac{19.8}{9.0}$을 산출하기 위해 =B5/B6를 입력하여 2.20을 산출한다.

③ 유의성 검정은 단측검정(오른쪽꼬리)이므로 $F_{\nu_1, \nu_2, 1-\alpha}$를 구하기 위해 =F.INV(1−B$6, B3−1, B2−1)를 입력하여 임계값 4.15를 산출한 다음, 검정통계량 $F_0 = 2.20$과 비교하여 귀무가설을 기각하지 못한다. 또한, 유의확률 $P(F_{8,6} \geq F_0)$를 구하기 위해 =F.DIST.RT(B9, B3−1, B2−1)를 입력하여 0.1762를 산출한 후 유의수준 0.05와 비교하는 경우 역시 귀무가설을 기각할 수 없다.

8		산출값	입력
9	검정통계량	2.20	=B5/B4
10	임계값(상한)	4.146804162	=F.INV(1-B$6, B3-1, B2-1)
11	귀무가설 기각여부	기각못함	=IF(B9>B10,"기각","기각못함")
12	p-value	0.176193495	=F.DIST.RT(B9, B3-1, B2-1)
13	귀무가설 기각여부	기각못함	=IF(B12<B6,"기각","기각못함")

04 등분산 검정 이후 모평균 비교

예제 9-7

브로커를 통해 뮤추얼펀드를 구매하는 것이 직접 구매하는 것보다 더 좋은 투자성과를 얻을 수 있는지 유의수준은 0.05에서 가설검정 수행(기각역 방법 활용)

- 브로커: $n_1 = 50$, 표본평균 6.63, 표본분산 37.49
- 직접: $n_2 = 50$, 표본평균 3.72, 표본분산 43.34

[단계1] 분산의 동질성 검정

① 가설을 $H_0: \frac{\sigma_2^2}{\sigma_1^2} \le 1$, $H_a: \frac{\sigma_2^2}{\sigma_1^2} > 1$로 설정하고, 주어진 정보인 표본크기, 표본분산 및 유의수준을 다음과 같이 정리한다. 가설에서 우측꼬리검정을 위해 1, 2의 순서를 변경하였음에 주목하자.

	A	B	C
1	주어진 정보	브로커(1)	직접(2)
2	표본크기	50	50
3	표본평균	6.63	3.72
4	표본분산	37.49	43.34
5	유의수준	0.05	

② 검정통계량 $F_0 = \frac{S_2^2}{S_1^2} = \frac{43.34}{37.49}$를 산출하기 위해 =C4/B4를 입력하여 1.16을 산출한다.

③ 유의성 검정은 단측검정(오른쪽꼬리)이므로 $F_{\nu_1, \nu_2, 1-\alpha}$를 구하기 위해 =F.INV(1−B$5, C2−1, B2−1)을 입력하여 임계값 1.61을 산출한 다음, 검정통계량 $F_0 = 1.16$과 비교하여 귀무가설을 기각하지 못함을 확인한다. 결론적으로 등분산을 채택한다.

7		산출값	입력
8	검정통계량	1.16	=C4/B4
9	임계값(상한)	1.607289463	=F.INV(1-B$5, C2-1, B2-1)
10	귀무가설 기각여부	기각못함	=IF(B8>B9,"기각","기각못함")

[단계2] 등분산 가정하에 모평균 차이 검정

① 뮤추얼펀드를 브로커를 통해 구매하는 것이 직접 구매하는 것보다 투자성과가 더 좋다고 할 수 있는지 검정하기 위한 가설은 단측가설(오른쪽꼬리)로 $H_0: \mu_1 \le \mu_2$, $H_a: \mu_1 > \mu_2$와 같이 설정한다.

② 등분산을 가정하여 통합분산인 $S_p^2 = \frac{(n_1-1)s_1^2 + (n_2-1)s_2^2}{n_1+n_2-2}$을 산출하기 위해 =((B2−1)*B4+(C2−1)*C4)/(B2+C2−2)를 입력하여 40.42를 확인한다.

③ 산출된 통합분산을 활용한 검정통계량 $t_0 = \frac{\overline{x_1} - \overline{x_2}}{\sqrt{s_p^2(\frac{1}{n_1} + \frac{1}{n_2})}}$을 구하기 위해 =(B3−C3)/SQRT($B$13*(1/B2+1/C2))을 입력하여 2.29를 산출한다.

④ 유의성 검정은 단측검정이므로 임계값 $t_{n_1+n_2-2, 1-\alpha} = t_{98, 0.95}$를 구하기 위해 =T.INV(1−B5,

B2+C2−2)를 입력하여 1.67을 산출한 다음, 검정통계량 $t_0 = 2.29$와 비교하여 귀무가설을 기각한다. 즉, 브로커를 통한 구매의 투자성과가 직접구매보다 좋다고 결론 내린다.

12	등분산 가정	산출값	입력
13	통합분산	40.415	=((B2-1)*B4+(C2-1)*C4)/(B2+C2-2)
14	검정통계량	2.288714925	=(B3-C3)/SQRT($B$13*(1/B2+1/C2))
15	임계값(상한)	1.660551217	=T.INV(1-B5, B2+C2-2)
16	귀무가설 기각여부	기각	=IF(B13>B15,"기각","기각못함")

예제 9-8

가족경영기업에서 새로운 CEO로 기업대표의 자녀가 될 때와 외부 전문경영인을 영입할 때 경영성과(영업이익률)가 다른지 유의수준은 0.05에서 가설검정 수행(유의확률 방법 활용)

- 자녀: $n_1 = 42$ 표본평균 −.10 표본분산 3.79
- 전문경영인: $n_2 = 98$ 표본평균 1.24 표본분산 8.03

[단계1] 분산의 동질성 검정

① 가설을 $H_0 : \dfrac{\sigma_2^2}{\sigma_1^2} \leq 1$, $H_a : \dfrac{\sigma_2^2}{\sigma_1^2} > 1$로 설정하고, 주어진 정보인 표본크기, 표본분산 및 유의수준을 다음과 같이 정리한다. 가설에서 우측꼬리검정을 위해 1, 2의 순서를 변경하였음에 주목하자.

	A	B	C
1	주어진 정보	자녀(1)	전문경영인(2)
2	표본크기	42	98
3	표본평균	-0.1	1.24
4	표본분산	3.79	8.03
5	유의수준	0.05	

② 검정통계량 $F_0 = \dfrac{S_2^2}{S_1^2} = \dfrac{8.03}{3.79}$를 산출하기 위해 =C4/B4를 입력하여 2.12를 산출한다.

③ 유의성 검정은 유의확률 $P(F_{97,41} \geq F_0)$를 구하기 위해 =F.DIST.RT(B8, C2−1, B2−1)를 입력하여 0.0041을 산출한 후 유의수준 0.05와 비교하여 귀무가설을 기각한다.

7		산출값	입력
8	검정통계량	2.12	=C4/B4
9	p-value	0.004098379	=F.DIST.RT(B8, C2-1, B2-1)
10	귀무가설 기각여부	기각	=IF(B9<B5,"기각","기각못함")

[단계2] 이분산 가정하에 모평균 차이 검정

① 두 모평균의 차이를 검정하기 위한 가설로 $H_0 : \mu_1 - \mu_2 = 0$, $H_a : \mu_1 - \mu_2 \neq 0$를 설정한다.

② 이분산의 경우에는 자유도를 $\nu = \dfrac{\left(\dfrac{s_1^2}{n_1} + \dfrac{s_2^2}{n_2}\right)^2}{\dfrac{\left(\dfrac{s_1^2}{n_1}\right)^2}{n_1 - 1} + \dfrac{\left(\dfrac{s_2^2}{n_2}\right)^2}{n_2 - 1}}$ 로 보정해야 한다. 다소 수식이 복잡하므로 분자와 분모를 각각 계산한 후 분수를 산출하여 보정자유도가 110.69임을 확인한다.

③ 검정통계량 $t_0 = \dfrac{\overline{x_1} - \overline{x_2}}{\sqrt{\dfrac{s_1^2}{n_1} + \dfrac{s_2^2}{n_2}}}$ 공식을 활용하여 =(B3–C3)/SQRT(B4/B2+C4/C2)을 입력하면 -3.23이 산출된다.

④ 유의성 검정은 유의확률 $P(|t_{110.69}| \leq -3.23)$을 구하기 위해 =2*T.DIST(B16, B15, TRUE)를 입력하여 산출된 0.0016과 유의수준 0.05를 비교하여 귀무가설을 기각한다. 결론적으로 새로운 CEO로 기업대표의 자녀가 될 때와 외부 전문경영인을 영입할 때 경영성과(영업이익률)가 다르다고 판단한다.

12	이분산 가정	산출값	입력
13	보정자유도(분자)	0.029644875	=(B4/B2+C4/C2)^2
14	보정자유도(분모)	0.000267824	=(B4/B2)^2/(B2-1)+(C4/C2)^2/(C2-1)
15	보정자유도	110.6879913	=B13/B14
16	검정통계량	-3.229366927	=(B3-C3)/SQRT(B4/B2+C4/C2)
17	p-value	0.001636005	=2*T.DIST(B16, B15, TRUE)
18	귀무가설 기각여부	기각	=IF(B17<B5,"기각","기각못함")

Chapter 10

분산분석

01 일원분산분석의 가설검정

예제 10-2

한 생산공장의 3개 작업라인 A, B, C의 라인별 생산량에 차이가 있는지 판단하기 위해 라인별로 측정한 5일의 생산량을 근거로 분산분석 수행

A라인	B라인	C라인
24	26	28
26	24	30
22	28	28
28	33	31
20	29	28

① 우선 독립적인 3라인의 모평균을 비교하기 위한 가설을 다음과 같이 설정한다.

- $H_0 : \mu_A = \mu_B = \mu_C$ (세 그룹의 모평균은 모두 같다)
- $H_\alpha : \mu_i = \mu_j \text{ for } any\ i,j$ (세 그룹의 모평균이 모두 같지는 않다. 적어도 한 그룹의 모평균은 같지 않다.)

② 측정한 생산량 자료를 다음과 같이 입력한다.

	A	B	C
1	A	B	C
2	24	26	28
3	26	24	30
4	22	28	28
5	28	33	31
6	20	29	28

③ EXCEL의 상단 메뉴에서 [데이터] 〉 [데이터 분석]을 선택하여 [통계 데이터 분석] 창이 나오면 [분산 분석: 일원배치법]을 선택하고 확인을 클릭한다.

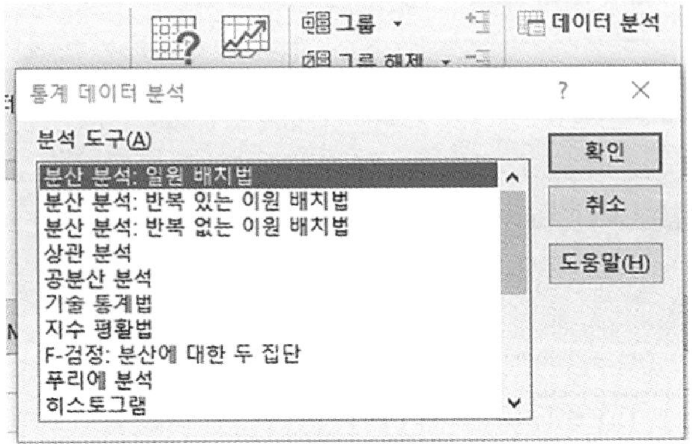

④ [분산 분석: 일원배치법] 대화상자에서 입력 범위에 데이터가 위치한 셀 A1부터 셀 C6까지를 선택하고, 데이터의 방향을 "열"로 선택하고, 첫 행에 변수명이 있으므로 [첫째 행 이름표 사용] 앞에 있는 박스를 체크한다. 유의수준 0.05와 출력 위치(여기에서는 데이터 하단 A8)를 설정한 후 확인을 클릭한다.

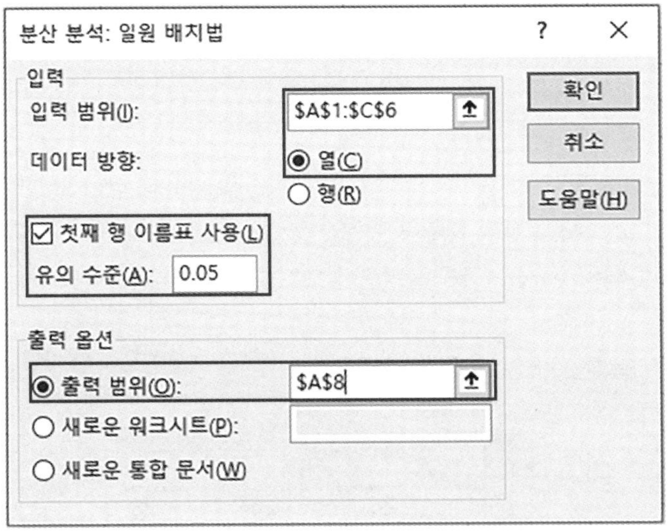

⑤ EXCEL은 분석결과로 라인별 요약통계량과 분산분석표를 제공한다. 검정통계량 $F_0 = 4.47$을 확인할 수 있으며, $F_{2,12}$ 분포에 근거한 기각역의 임계값 3.89와 검정통계량의 유의확률 0.035 또한 확인할 수 있다.

8	분산 분석: 일원 배치법						
9							
10	요약표						
11	인자의 수준	관측수	합	평균	분산		
12	A	5	120	24	10		
13	B	5	140	28	11.5		
14	C	5	145	29	2		
15							
16							
17	분산 분석						
18	변동의 요인	제곱합	자유도	제곱 평균	F 비	P-값	F 기각치
19	처리	70	2	35	4.468085	0.035457	3.885294
20	잔차	94	12	7.833333			
21							
22	계	164	14				

⑥ 검정통계량 4.47이 기각역 $F > F_{2,12,0.95} = 3.89$에 포함되고, 유의확률 0.035가 유의수준 0.05보다 작으므로 귀무가설을 기각한다. 따라서 작업라인(A, B, C)별 생산량이 모두 같지는 않다고 결론을 내린다.

Chapter 11

카이제곱분석

01 독립성 검정

예제 11-2

백신 접종에 따라서 감염률이 달라지는지, 즉 백신 접종과 감염이 독립인지 유의수준 5%에서 가설검정 수행

감염 \ 접종	무	1회	2회	계
감염	24	9	13	46
비감염	289	100	565	954
계	313	109	578	1000

① 가설을 H_0 : 백신 접종과 감염 여부는 서로 독립이다(관련성이 없다), H_a : 독립이 아니다 (또는 H_o : $\pi_{ij}=\pi_i \times \pi_j$, H_a : $\pi_{ij} \neq \pi_i \times \pi_j$)로 설정하고 데이터를 다음과 같이 입력한다.

	A	B	C	D	E
1	관찰값	무	1회	2회	계
2	감염	24	9	13	46
3	비감염	289	100	565	954
4	계	313	109	578	1000

② 검정통계량을 산출하기 위해 우선 귀무가설(독립성)에 근거한 기댓값 $E_{ij}=\frac{R_iC_j}{n}$을 셀별로 산출한다. 예컨대, $E_{11}=\frac{R_1C_1}{n}=\frac{46\times 313}{1000}$을 산출하기 위해 =B$4*$E2/$E$4을 입력하면, 14.40이 산출된다. 셀별로 입력한 수식과 결과는 다음과 같다.

기대값	무	1회	2회
감염	=B$4*$E2/$E$4	=C$4*$E2/$E$4	=D$4*$E2/$E$4
비감염	=B$4*$E3/$E$4	=C$4*$E3/$E$4	=D$4*$E3/$E$4

6	기대값	무	1회	2회
7	감염	14.40	5.01	26.59
8	비감염	298.60	103.99	551.41

③ 검정통계량 $\chi^2 = \sum_i \sum_j \frac{(O_{ij} - E_{ij})^2}{E_{ij}}$은 셀별로 계산된 $\frac{(24-14.4)^2}{14.4}$, … $\frac{(565-551.4)^2}{551.4}$를 합하여 산출되므로, =(B2−B7)^2/B7 등과 같이 각 셀에 입력한다.

기대값	무	1회	2회
감염	=(B2-B7)^2/B7	=(C2-C7)^2/C7	=(D2-D7)^2/D7
비감염	=(B3-B8)^2/B8	=(C3-C8)^2/C8	=(D3-D8)^2/D8

10	기대값	무	1회	2회
11	감염	6.40	3.17	6.94
12	비감염	0.31	0.15	0.33

④ 검정통계량 $\chi^2_0 = 6.40 + 3.17 + \ldots + 0.33$은 =SUM(B11:D12)을 입력하면 17.31로 산출된다.

⑤ 유의성 검정을 위해 임계값(상한)은 =CHISQ.INV.RT(0.05, 2)을 입력하여 $\chi^2_{0.05,2}$=5.99을 구하고, 유의확률은 =CHISQ.DIST.RT(B15, 2)를 입력하여 $p(\chi^2_2 \ge 17.31) = 0.000174$를 산출한다. 산출된 검정통계량 $\chi^2_0 = 17.31 > 5.99$ 이므로 귀무가설을 기각한다(유의확률에 의해서도 유의수준 0.05보다 작으므로 귀무가설을 기각한다). 즉, 백신접종 상태와 전염병 감염여부는 관련성이 있다고 결론 내린다.

14		산출값	입력
15	검정통계량	17.31	=SUM(B11:D12)
16	(1) 임계값 상한	5.991464547	=CHISQ.INV.RT(0.05, 2)
17	귀무가설 기각여부	기각	=IF(B15>B16,"기각","기각못함")
18	(2) p-value	0.000173995	=CHISQ.DIST.RT(B15, 2)
19	귀무가설 기각여부	기각	=IF(B18<0.05,"기각","기각못함")

02 동질성 검정

예제 11-3

유명한 패스트푸드 스토어에 내장한 전체 고객들의 성별을 브랜드(M, B, C)별로 조사한 결과를 이용하여 브랜드별로 성별 분포에 차이가 있는지 유의수준 5%에서 검정 수행

	남성	여성	계
M 브랜드	200	250	450
B 브랜드	200	170	370
C 브랜드	140	150	290

① 가설을 H_0: 브랜드별 성별비율이 같다, H_a: 브랜드별 성별비율이 모두 같지는 않다고 설정하고, 데이터를 다음과 같이 입력한다.

	A	B	C	D
1		남성	여성	계
2	M	200	250	450
3	B	200	170	370
4	C	140	150	290

② 검정통계량을 산출하기 위해 우선 귀무가설(동질성) $\pi_{i1} = \pi_{i2} = \frac{1}{2}$에 근거한 기대값을 셀별로 산출한다. 구체적으로 $E_{11} = R_1 \times (\frac{1}{2}) = \frac{450}{2} = 225$, …, $E_{32} = R_3 \times (\frac{1}{2}) = \frac{290}{2} = 145$를 산출해야 하므로, =$D2/2와 같이 입력하여 225의 기댓값을 산출한다. 셀별로 입력한 수식과 산출된 결과는 다음과 같다.

	남성	여성
M	=$D2/2	=$D2/2
B	=$D3/2	=$D3/2
C	=$D4/2	=$D4/2

6		남성	여성
7	M	225	225
8	B	185	185
9	C	145	145

③ 검정통계량 $\chi^2 = \sum_i \sum_j \frac{(O_{ij} - E_{ij})^2}{E_{ij}}$은 셀별로 계산된 $\frac{(200-225)^2}{225}$, …, $\frac{(150-145)^2}{145}$를 합하

여 산출되므로, =(B2−B7)^2/B7 등과 같이 각 셀에 입력한다.

	남성	여성
M	=(B2-B7)^2/B7	=(C2-C7)^2/C7
B	=(B3-B8)^2/B8	=(C3-C8)^2/C8
C	=(B4-B9)^2/B9	=(C4-C9)^2/C9

11		남성	여성
12	M	2.78	2.78
13	B	1.22	1.22
14	C	0.17	0.17

④ 검정통계량 $\chi_0^2 = 2.78 + 2.78 + \ldots + 0.17 = 8.33$은 =SUM(B12:C14)를 입력하면 8.33으로 산출된다.

⑤ 유의성 검정을 위해 임계값(상한)은 =CHISQ.INV.RT(0.05, 3)을 입력하여 $\chi_{0.05,3}^2$=7.815을 구하고, 유의확률은 =CHISQ.DIST.RT(B17, 3)을 입력하여 $p(\chi_3^2 \geq 8.33) = 0.0396$을 산출한다. 산출된 검정통계량 $\chi_0^2 = 8.33 > 7.815$이므로 귀무가설을 기각한다(유의확률에 의해서도 유의수준 0.05보다 작으므로 귀무가설을 기각한다). 즉, 패스트푸드 브랜드별 내장고객의 성별 확률분포가 모두 같지는 않다고 결론 내린다.

16		산출값	입력
17	검정통계량	8.33	=SUM(B12:C14)
18	(1) 임계값 상한	7.814728	=CHISQ.INV.RT(0.05, 3)
19	귀무가설 기각여부	기각	=IF(B17>B18,"기각","기각못함")
20	(2) p-value	0.039612	=CHISQ.DIST.RT(B17, 3)
21	귀무가설 기각여부	기각	=IF(B20<0.05,"기각","기각못함")

03 적합성 검정

예제 11-4

M&M 초콜릿의 관찰된 색상 비율이 공식적인 색상분포 {브라운 13%, 빨강 13%, 파랑 24%, 오렌지 20%, 녹색 16%, 노랑 14%}와 같은지 유의수준 5%에서 검정 수행 (관찰된 색상 분포는 {브라운 38개, 빨강 30개, 파랑 44개, 오렌지 52개, 녹색 30개, 노랑 26개}임)

① 가설을 다음과 같이 설정하고, 주어진 데이터를 입력한다.

$H_0 : \pi_1 = .13,\ \pi_2 = .13,\ \pi_3 = .24,\ \pi_4 = .20,\ \pi_5 = .16,\ \pi_6 = .14$
H_a : 적어도 한 색상은 π_j와 다르다.

	A	B	C
1	색상	Pi_i	Oi
2	브라운	0.13	38
3	빨강	0.13	30
4	파랑	0.24	44
5	오렌지	0.20	52
6	녹색	0.16	30
7	노랑	0.14	26
8	계	1	220

② 검정통계량을 산출하기 위해 귀무가설의 분포에 근거한 기대값 $E_i = n \times \pi_i$를 산출한다. 구체적으로 $E_1 = 220 \times 0.13 = 28.6$, ...를 산출하기 위해 =C$8*B2 등을 입력한다.

③ 검정통계량 $\chi^2 = \sum_{i=1}^{k} \frac{(O_i - E_i)^2}{E_i}$은 셀별로 계산된 $\frac{(38-28.6)^2}{28.6}$ 등을 구하여 합산하는데, 셀별 다음의 수식을 입력하여 7.60을 산출한다.

Ei	(Oi-Ei)	(Oi-Ei)2/Ei
=C$8*B2	=C2-D2	=E2^2/D2
=C$8*B3	=C3-D3	=E3^2/D3
=C$8*B4	=C4-D4	=E4^2/D4
=C$8*B5	=C5-D5	=E5^2/D5
=C$8*B6	=C6-D6	=E6^2/D6
=C$8*B7	=C7-D7	=E7^2/D7
		=SUM(F2:F7)

	A	B	C	D	E	F
1	색상	Pi_i	Oi	Ei	(Oi-Ei)	(Oi-Ei)^2/Ei
2	브라운	0.13	38	28.6	9.4	3.08951049
3	빨강	0.13	30	28.6	1.4	0.06853147
4	파랑	0.24	44	52.8	-8.8	1.46666667
5	오렌지	0.20	52	44	8	1.45454545
6	녹색	0.16	30	35.2	-5.2	0.76818182
7	노랑	0.14	26	30.8	-4.8	0.74805195
8	계	1	220			7.59548785

④ 유의성 검정을 위해 임계값(상한)은 =CHISQ.INV.RT(0.05, 5)를 입력하여 $\chi^2_{0.05,5}$=11.07을 구하

고, 유의확률은 =CHISQ.DIST.RT(F8, 5)를 입력하여 $p(\chi_5^2 \geq 7.60) = 0.18$을 산출한다. 산출된 검정통계량 $\chi_0^2 = 7.60 < 11.07$이므로 귀무가설을 기각하지 못한다(유의확률에 의해서도 유의수준 0.05보다 크므로 귀무가설을 기각하지 못한다). 즉, 표본 박스의 색상별 빈도 분포가 공식적인 색상 비율인 {브 13%, 빨 13%, 파 24%, 오 20%, 녹 16%, 노 14%}와 다르다고 할만한 충분한 근거가 없다고 결론 내린다.

Chapter 12

상관분석과 단순회귀분석

01 상관분석

예제 12-1

학생들의 수리능력과 언어능력의 상관성을 파악하기 위해 12명의 학생을 대상으로 수집한 수학과 영어 점수에 기초하여 영어점수와 수학점수가 5% 유의수준에서 통계적으로 유의한 상관관계가 있는지 검정 수행

번호	영어점수	수학점수
1	94	79
2	64	62
3	56	40
4	69	82
5	55	45
6	53	50
7	66	82
8	83	76
9	75	45
10	89	95
11	74	66
12	50	46

① 우선 데이터를 다음과 같이 입력한다.

	A	B	C
1	ID	English	Math
2	1	94	79
3	2	64	62
4	3	56	40
5	4	69	82
6	5	55	45
7	6	53	50
8	7	66	82
9	8	83	76
10	9	75	45
11	10	89	95
12	11	74	66
13	12	50	46

② 두 변수의 선형관계를 파악하기 위해 산점도를 작성하여 상관관계를 확인한다. 두 점수의 데이터를 선택한 후, [삽입] 메뉴의 [분산형] 산점도 아이콘을 클릭하면, 아래와 같은 그래프가 작성되고, 양의 선형관계를 확인할 수 있다.

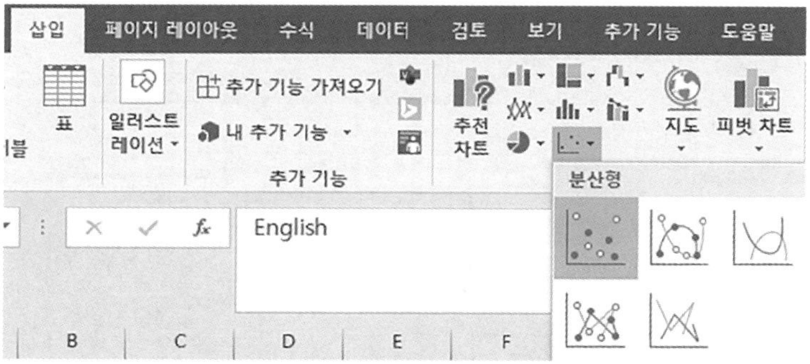

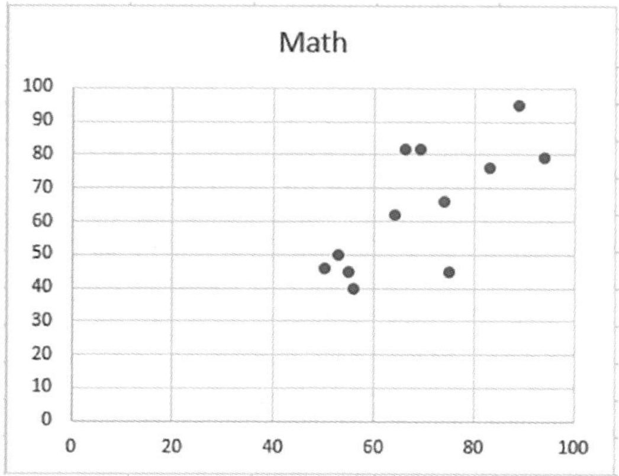

③ 공분산과 상관계수를 EXCEL 함수를 이용하여 산출하기 위해 공분산은 =COVARIANCE.S(B$2:B$13, C$2:C$13), 상관계수는 =CORREL(B$2:B$13, C$2:C$13)을 입력하여 196.26과 0.73을 각각 산출한다.

15		산출값	입력
16	공분산	196.2727273	=COVARIANCE.S(B$2:B$13, C$2:C$13)
17	상관계수	0.730226141	=CORREL(B$2:B$13, C$2:C$13)

④ 또한, 데이터분석 도구를 활용하여 EXCEL 상단 메뉴에서 [데이터] 〉 [데이터 분석]을 선택하여 [통계 데이터 분석] 창이 나오면 [상관 분석]을 선택하고 확인을 클릭한 후, 데이터의 범위, 출력 범위 등을 설정하여 상관계수를 산출할 수도 있다.

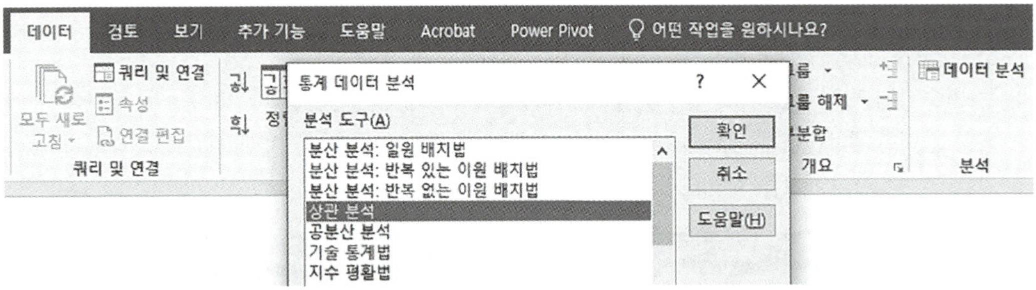

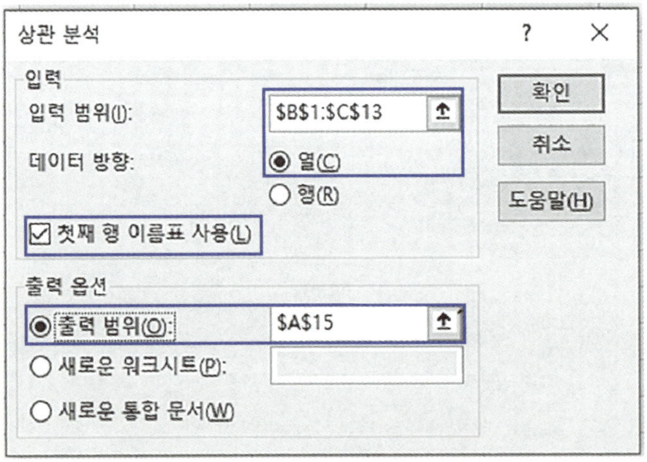

19		English	Math
20	English	1	
21	Math	0.730226	1

⑤ 상관계수에 대한 가설검정을 수행하기 위해 우선 가설을 $H_0 : \rho_{xy} = 0$, $H_a : \rho_{xy} \neq 0$와 같이 설정하고, 검정통계량을 계산한다. $t_0 = \dfrac{r}{\sqrt{\dfrac{1-r^2}{n-2}}} = \dfrac{0.73}{\sqrt{\dfrac{1-0.73^2}{12-2}}}$ 을 계산하기 위해 EXCEL 수식 =B21/SQRT((1−B21^2)/(12−2))을 입력하면 3.38이 산출됨을 확인한다.

⑥ 유의성 검정을 위해 임계값(상한)은 =T.INV.2T(0.05, 10)을 입력하여 $|t| > t_{0.975,10} = 2.23$을 구하고, 유의확률은 =T.DIST.2T(B24, 12−2)을 입력하여 $p(|t_{10}| > 3.38) = 0.007$을 산출한다. 산출된 검정통계량 $t_0 = 3.38 > 2.23$이므로 귀무가설을 기각한다(유의확률에 의해서도 유의수준 0.05보다 작으므로 귀무가설을 기각한다). 즉, 영어점수와 수학점수는 통계적으로 유의한 상관성이 있다고 결론 내린다.

23		산출값	입력
24	검정통계량	3.379916796	=B21/SQRT((1-B21^2)/(12-2))
25	임계값 상한	2.228138852	=T.INV.2T(0.05, 10)
26	귀무가설 기각여부	기각	=IF(B24>B25,"기각","기각못함")
27	p-value	0.007003589	=T.DIST.2T(B24, 12-2)
28	귀무가설 기각여부	기각	=IF(B27<0.05,"기각","기각못함")

예제 12-2

30명 근로자의 연령(age), 교육연수(grade), 경력연수(tenure), 주당 근로시간(wks_work), 로그임금(ln_wage) 자료에 기초하여 모든 변수의 상관계수 산출

id	age	grade	tenure	wks_work	ln_wage
1	30	18	0.75	48	1.57
2	19	12	0.42	17	1.85
3	24	11	0.92	47	1.44
…	…	…	…	…	…
28	39	9	2.83	60	1.30
29	21	13	0.17	47	1.45
30	41	12	2.08	35	0.97

① work.csv 파일을 열어서 입력된 데이터를 확인한다.

	A	B	C	D	E	F
1	id	age	grade	tenure	wks_work	ln_wage
2	1	30	18	0.75	48	1.571236
3	2	19	12	0.416667	17	1.846228
4	3	24	11	0.916667	47	1.443116
5	4	31	14	1.666667	84	1.648107
6	5	36	11	17.33333	77	2.303389
7	6	22	12	0.833333	5	0.874755
8	7	22	12	1.916667	55	1.709188
9	8	24	12	0.333333	40	0.20704
10	9	24	14	0.333333	45	2.003179
11	10	31	12	0.166667	9	1.682148

② 데이터분석 도구를 활용하여 EXCEL 상단 메뉴에서 [데이터] 〉 [데이터 분석]을 선택하여 [통계 데이터 분석] 창이 나오면 [상관 분석]을 선택하고 확인을 클릭한다.

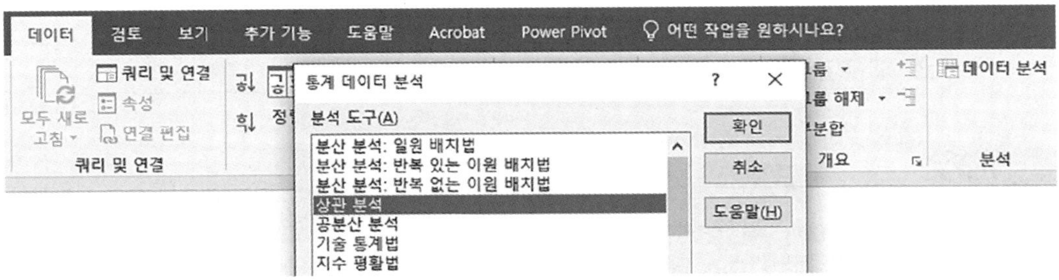

③ 데이터의 범위를 age~ln_wage로 설정하고, 첫 행에 변수명이 있음을 고려하고, 적절한 출력범위를 설정한 후 [확인]을 클릭하면 아래와 같은 상관계수 표가 산출된다.

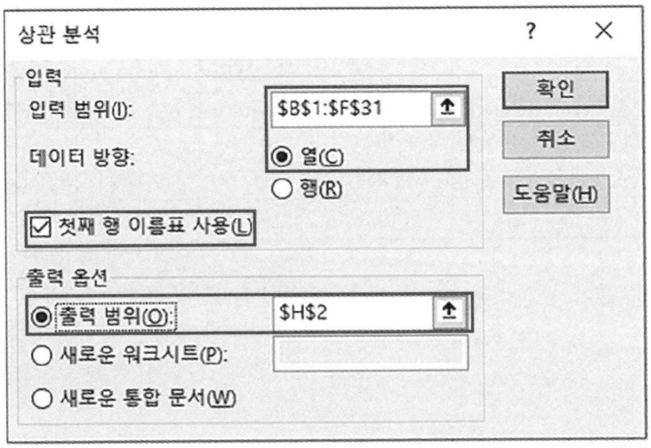

	age	grade	tenure	wks_work	ln_wage
age	1				
grade	0.099332	1			
tenure	0.394827	0.083342	1		
wks_work	0.529898	0.21178	0.395525	1	
ln_wage	0.226221	0.456102	0.465379	0.498507	1

02 단순선형회귀분석

예제 12-3

출생시 아버지의 연령이 낮을수록 아동의 지능지수가 높다는 가설을 검정하기 위해 수집한 15명 어린이의 자료에 기초하여 산점도, 회귀모형 추정, 그리고 모형의 유의성 검정 수행

번호	아버지 연령(X)	지능지수(Y)
1	26	110
2	27	115
3	25	120
4	27	118
5	23	110
:	:	:
:	:	:

① iq.csv 데이터를 열어서 입력된 데이터를 확인한다.

	A	B	C
1	id	father's age	IQ
2	1	26	110
3	2	27	115
4	3	25	120
5	4	27	118
6	5	23	110
7	6	34	108
8	7	29	105
9	8	25	104
10	9	28	98
11	10	33	100
12	11	27	99
13	12	32	101
14	13	35	89
15	14	33	93
16	15	31	90

② 두 변수의 선형관계를 파악하기 위해 산점도를 작성하여 상관관계를 확인한다. 아버지의 연령(X)과 아동의 지능지수(Y) 데이터를 선택한 후, [삽입] 메뉴의 [분산형] 산점도 아이콘을 클릭하면, 아래와 같은 그래프가 작성되고, 음의 선형관계를 확인할 수 있다. 단, 축서식의 최소값을 아버지의 연령은 20, IQ는 80으로 변경하여 데이터가 치우치지 않은 균형 잡힌 산점도를 작성할 수 있다.

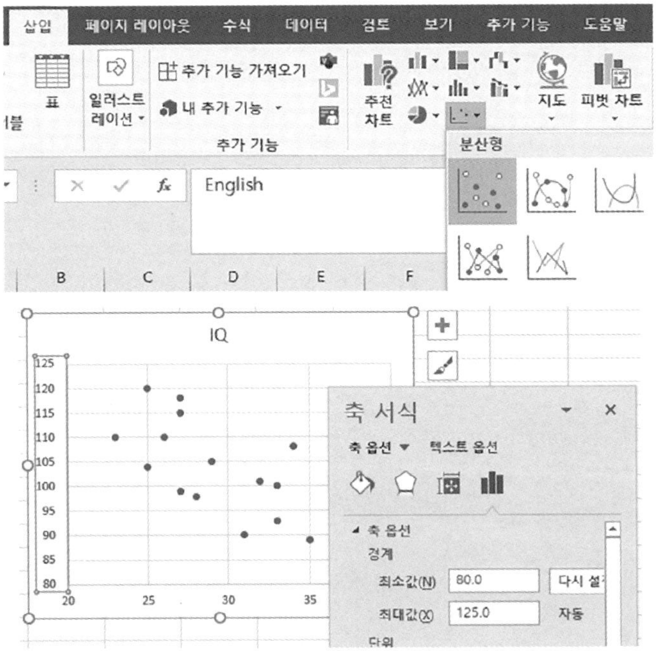

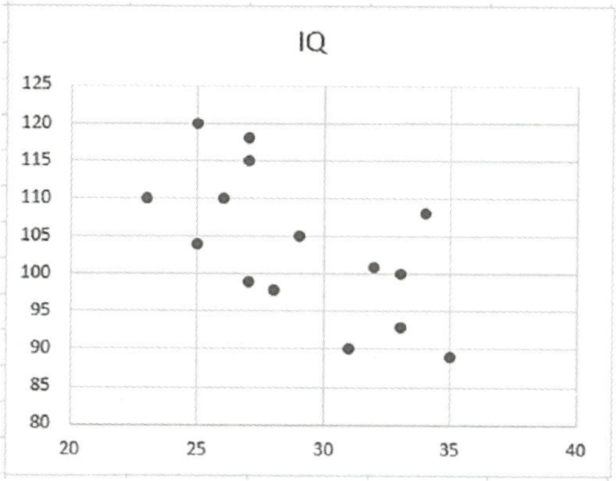

③ 데이터분석 도구를 활용하여 EXCEL 상단 메뉴에서 [데이터] 〉 [데이터 분석]을 선택하여 [통계 데이터 분석] 창이 나오면 [회귀 분석]을 선택하고 확인을 클릭한다.

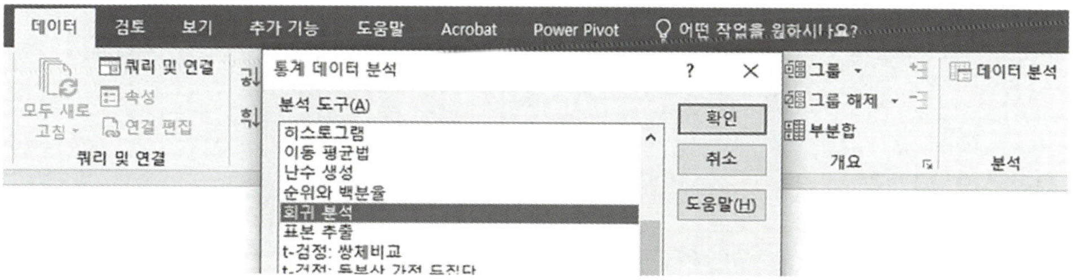

④ 데이터의 범위를 설정하고, 첫 행에 변수명이 있음을 고려하고, 적절한 출력범위를 설정한 후 [확인]을 클릭하면 아래와 같은 [요약 출력] 표가 산출된다.

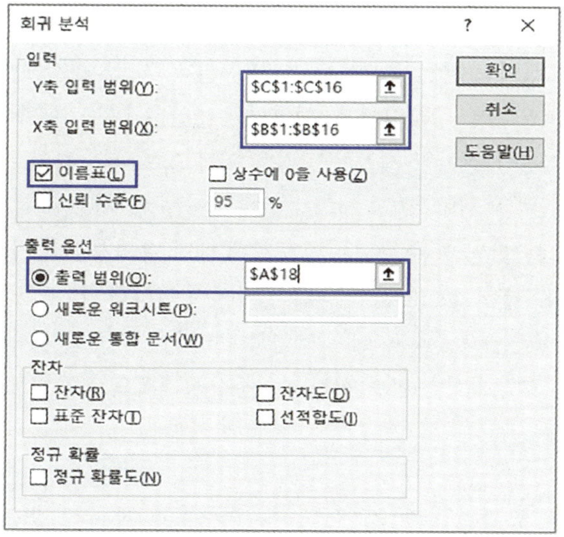

행	A	B	C	D	E	F	G	H	I
18	요약 출력								
19									
20	회귀분석 통계량								
21	다중 상관계수	0.634406746							
22	결정계수	0.402471919							
23	조정된 결정계수	0.35650822							
24	표준 오차	7.700205914							
25	관측수	15							
26									
27	분산 분석								
28		자유도	제곱합	제곱 평균	F 비	유의한 F			
29	회귀	1	519.1888	519.1888	8.7563	0.011076			
30	잔차	13	770.8112	59.29317					
31	계	14	1290						
32									
33		계수	표준 오차	t 통계량	P-값	하위 95%	상위 95%	하위 95.0%	상위 95.0%
34	Y 절편	151.1989796	16.07386	9.406513	3.64E-07	116.4735	185.9244	116.4735	185.9244
35	father's age	-1.62755102	0.550015	-2.9591	0.011076	-2.81579	-0.43932	-2.81579	-0.43932

회귀분석의 결과는 회귀분석 통계량, 분산분석, 추정된 회귀모형의 세 부분으로 출력되며, 위 출력에서 주목해야 할 점은 다음과 같다.

(1) 회귀분석 통계량

- 결정계수는 0.402이다. 공분산 중 설명된 분산의 비중은 40.2%로 그리 높은 편은 아니다. 결정계수의 크기가 높고 낮음은 절대적으로 판단할 수 없으나, 대개 0.6 이상이면 높은 편으로 본다. 그러나 사회과학 자료 분석에서 결정계수가 0.1에도 못 미치는 경우도 많다.

(2) 분산분석

- 분산에는 총분산, 독립변수에 기인한 분산(회귀) 그리고 잔차분산(잔차)이 있으며, 회귀분산(회귀) + 잔차분산(잔차) = 총분산이다. 여기서 총분산은 1290, 회귀 519.19, 잔차 770.81이다. F 통계량은 회귀와 잔차의 제곱합 각각을 자유도로 나눈 값인 제곱평균의 비로 계산한 값이다. 여기서 F 비는 519.18/59.29의 값으로 8.87으로 확인된다.
- EXCEL이 출력한 분산분석표는 회귀분석 모형에 대한 유의성을 검정한다. 이때 마지막 열의 "유의한 F"는 유의확률(p-value)을 의미한다. 자유도(df)가 (1, 13)인 F 분포를 기준으로 F 비 8.87의 유의확률은 0.011이다. 이는 당연히 유의수준 0.05보다 작다. 그러므로 모든 모회귀계수가 0이라는 귀무가설을 95% 신뢰수준에서 통계적으로 유의하게 기각할 수 있다.

(3) 추정된 회귀모형

- 추정된 회귀모형은 Y 절편 계수 151.20과 father's age 계수 -1.63을 이용하여 추정된 회귀

직선 $\hat{Y}_i = 151.20 - 1.63X_i$를 확인한다. 즉, 아동의 IQ = 151.20 − 1.63 * 아버지의 연령이므로, 이 회귀식에 의하면 아버지의 연령이 1 증가함에 따라 자녀의 지능지수는 1.63씩 감소하는 것을 알 수 있다.

- 회귀계수가 표본을 넘어 모집단에 일반화될 수 있는지 판단하기 위해서는 유의확률("P-값")을 확인해야 한다.
- 분석 결과, $t=2.96$이고 $df=13$이며 유의확률(p-value)은 0.011을 얻었다. 그러므로 모회귀계수가 0이라는 귀무가설은 95% 신뢰수준에서 통계적으로 유의하게 기각될 수 있다.

Chapter 13

다중회귀분석

01 다중회귀분석의 개념적 이해

예제 13-3

근로자들의 임금을 연령(age), 교육연수(grade), 경력연수(tenure), 주당 근로시간(wks_work)으로 설명하는 다중회귀분석 수행

id	age	grade	tenure	wks_work	ln_wage
1	30	18	0.75	48	1.57
2	19	12	0.42	17	1.85
3	24	11	0.92	47	1.44
…	…	…	…	…	…
28	39	9	2.83	60	1.30
29	21	13	0.17	47	1.45
30	41	12	2.08	35	0.97

① work.csv 파일을 열어서 입력된 데이터를 확인한다.

	A	B	C	D	E	F
1	id	age	grade	tenure	wks_work	ln_wage
2	1	30	18	0.75	48	1.571236
3	2	19	12	0.416667	17	1.846228
4	3	24	11	0.916667	47	1.443116
5	4	31	14	1.666667	84	1.648107
6	5	36	11	17.33333	77	2.303389
7	6	22	12	0.833333	5	0.874755
8	7	22	12	1.916667	55	1.709188
9	8	24	12	0.333333	40	0.20704
10	9	24	14	0.333333	45	2.003179
11	10	31	12	0.166667	9	1.682148

② 데이터분석 도구를 활용하여 EXCEL 상단 메뉴에서 [데이터] 〉 [데이터 분석]을 선택하여 [통계 데이터 분석] 창이 나오면 [회귀 분석]을 선택하고 확인을 클릭한다.

③ 데이터의 범위를 설정하고, 첫 행에 변수명이 있음을 고려하고, 적절한 출력범위를 설정한 후 [확인]을 클릭하면 아래와 같은 [요약 출력] 표가 산출된다.

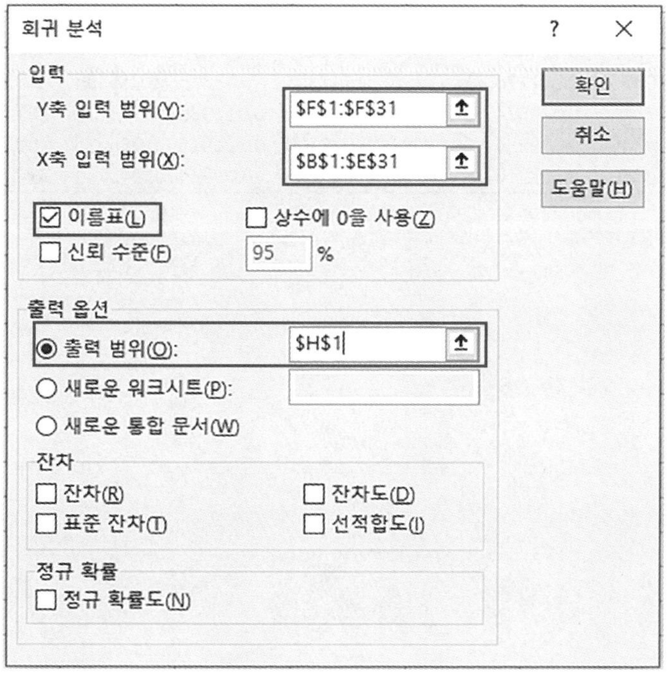

요약 출력

회귀분석 통계량	
다중 상관계	0.689228
결정계수	0.475036
조정된 결정	0.391042
표준 오차	0.37841
관측수	30

분산 분석

	자유도	제곱합	제곱 평균	F 비	유의한 F
회귀	4	3.239386	0.809847	5.655574	0.002202
잔차	25	3.57986	0.143194		
계	29	6.819246			

	계수	표준 오차	t 통계량	P-값	하위 95%	상위 95%	하위 95.0%	상위 95.0%
Y 절편	0.538783	0.474448	1.1356	0.266894	-0.43836	1.515927	-0.43836	1.515927
age	-0.00982	0.012726	-0.77196	0.447373	-0.03603	0.016385	-0.03603	0.016385
grade	0.073101	0.029674	2.463461	0.020992	0.011986	0.134215	0.011986	0.134215
tenure	0.043455	0.020286	2.142099	0.042114	0.001675	0.085235	0.001675	0.085235
wks_work	0.006507	0.003276	1.986153	0.058084	-0.00024	0.013254	-0.00024	0.013254

Appendix

부 록

부록 1. 이항분포: 확률분포표

$$P(X=x) = {}_nC_x \cdot p^x \cdot (1-p)^{n-x} = \frac{n!}{(n-x)!x!} \cdot p^x \cdot (1-p)^{n-x}$$

n	x	0.1	0.2	0.3	0.4	0.5	0.6	0.7	0.8	0.9
2	0	0.8100	0.6400	0.4900	0.3600	0.2500	0.1600	0.0900	0.0400	0.0100
2	1	0.1800	0.3200	0.4200	0.4800	0.5000	0.4800	0.4200	0.3200	0.1800
2	2	0.0100	0.0400	0.0900	0.1600	0.2500	0.3600	0.4900	0.6400	0.8100
3	0	0.7290	0.5120	0.3430	0.2160	0.1250	0.0640	0.0270	0.0080	0.0010
3	1	0.2430	0.3840	0.4410	0.4320	0.3750	0.2880	0.1890	0.0960	0.0270
3	2	0.0270	0.0960	0.1890	0.2880	0.3750	0.4320	0.4410	0.3840	0.2430
3	3	0.0010	0.0080	0.0270	0.0640	0.1250	0.2160	0.3430	0.5120	0.7290
4	0	0.6561	0.4096	0.2401	0.1296	0.0625	0.0256	0.0081	0.0016	0.0001
4	1	0.2916	0.4096	0.4116	0.3456	0.2500	0.1536	0.0756	0.0256	0.0036
4	2	0.0486	0.1536	0.2646	0.3456	0.3750	0.3456	0.2646	0.1536	0.0486
4	3	0.0036	0.0256	0.0756	0.1536	0.2500	0.3456	0.4116	0.4096	0.2916
4	4	0.0001	0.0016	0.0081	0.0256	0.0625	0.1296	0.2401	0.4096	0.6561
5	0	0.5905	0.3277	0.1681	0.0778	0.0313	0.0102	0.0024	0.0003	0.0000
5	1	0.3281	0.4096	0.3602	0.2592	0.1563	0.0768	0.0284	0.0064	0.0005
5	2	0.0729	0.2048	0.3087	0.3456	0.3125	0.2304	0.1323	0.0512	0.0081
5	3	0.0081	0.0512	0.1323	0.2304	0.3125	0.3456	0.3087	0.2048	0.0729
5	4	0.0005	0.0064	0.0284	0.0768	0.1563	0.2592	0.3602	0.4096	0.3281
5	5	0.0000	0.0003	0.0024	0.0102	0.0313	0.0778	0.1681	0.3277	0.5905
6	0	0.5314	0.2621	0.1176	0.0467	0.0156	0.0041	0.0007	0.0001	0.0000
6	1	0.3543	0.3932	0.3025	0.1866	0.0938	0.0369	0.0102	0.0015	0.0001
6	2	0.0984	0.2458	0.3241	0.3110	0.2344	0.1382	0.0595	0.0154	0.0012
6	3	0.0146	0.0819	0.1852	0.2765	0.3125	0.2765	0.1852	0.0819	0.0146
6	4	0.0012	0.0154	0.0595	0.1382	0.2344	0.3110	0.3241	0.2458	0.0984
6	5	0.0001	0.0015	0.0102	0.0369	0.0938	0.1866	0.3025	0.3932	0.3543
6	6	0.0000	0.0001	0.0007	0.0041	0.0156	0.0467	0.1176	0.2621	0.5314
7	0	0.4783	0.2097	0.0824	0.0280	0.0078	0.0016	0.0002	0.0000	0.0000
7	1	0.3720	0.3670	0.2471	0.1306	0.0547	0.0172	0.0036	0.0004	0.0000
7	2	0.1240	0.2753	0.3177	0.2613	0.1641	0.0774	0.0250	0.0043	0.0002
7	3	0.0230	0.1147	0.2269	0.2903	0.2734	0.1935	0.0972	0.0287	0.0026
7	4	0.0026	0.0287	0.0972	0.1935	0.2734	0.2903	0.2269	0.1147	0.0230
7	5	0.0002	0.0043	0.0250	0.0774	0.1641	0.2613	0.3177	0.2753	0.1240
7	6	0.0000	0.0004	0.0036	0.0172	0.0547	0.1306	0.2471	0.3670	0.3720
7	7	0.0000	0.0000	0.0002	0.0016	0.0078	0.0280	0.0824	0.2097	0.4783
8	0	0.4305	0.1678	0.0576	0.0168	0.0039	0.0007	0.0001	0.0000	0.0000
8	1	0.3826	0.3355	0.1977	0.0896	0.0313	0.0079	0.0012	0.0001	0.0000
8	2	0.1488	0.2936	0.2965	0.2090	0.1094	0.0413	0.0100	0.0011	0.0000
8	3	0.0331	0.1468	0.2541	0.2787	0.2188	0.1239	0.0467	0.0092	0.0004
8	4	0.0046	0.0459	0.1361	0.2322	0.2734	0.2322	0.1361	0.0459	0.0046
8	5	0.0004	0.0092	0.0467	0.1239	0.2188	0.2787	0.2541	0.1468	0.0331
8	6	0.0000	0.0011	0.0100	0.0413	0.1094	0.2090	0.2965	0.2936	0.1488
8	7	0.0000	0.0001	0.0012	0.0079	0.0313	0.0896	0.1977	0.3355	0.3826
8	8	0.0000	0.0000	0.0001	0.0007	0.0039	0.0168	0.0576	0.1678	0.4305

부록 2. 포아송분포: 확률분포표

$$P(X=x)=\frac{\lambda^x e^{-\lambda}}{x!}$$

x	0.1	0.2	0.3	0.4	0.5	0.6	0.7	0.8	0.9	1.0
0	0.9048	0.8187	0.7408	0.6703	0.6065	0.5488	0.4966	0.4493	0.4066	0.3679
1	0.0905	0.1637	0.2222	0.2681	0.3033	0.3293	0.3476	0.3595	0.3659	0.3679
2	0.0045	0.0164	0.0333	0.0536	0.0758	0.0988	0.1217	0.1438	0.1647	0.1839
3	0.0002	0.0011	0.0033	0.0072	0.0126	0.0198	0.0284	0.0383	0.0494	0.0613
4	0.0000	0.0001	0.0003	0.0007	0.0016	0.0030	0.0050	0.0077	0.0111	0.0153
5	0.0000	0.0000	0.0000	0.0001	0.0002	0.0004	0.0007	0.0012	0.0020	0.0031
6	0.0000	0.0000	0.0000	0.0000	0.0000	0.0000	0.0001	0.0002	0.0003	0.0005
7	0.0000	0.0000	0.0000	0.0000	0.0000	0.0000	0.0000	0.0000	0.0000	0.0001

x	1.1	1.2	1.3	1.4	1.5	1.6	1.7	1.8	1.9	2.0
0	0.3329	0.3012	0.2725	0.2466	0.2231	0.2019	0.1827	0.1653	0.1496	0.1353
1	0.3662	0.3614	0.3543	0.3452	0.3347	0.3230	0.3106	0.2975	0.2842	0.2707
2	0.2014	0.2169	0.2303	0.2417	0.2510	0.2584	0.2640	0.2678	0.2700	0.2707
3	0.0738	0.0867	0.0998	0.1128	0.1255	0.1378	0.1496	0.1607	0.1710	0.1804
4	0.0203	0.0260	0.0324	0.0395	0.0471	0.0551	0.0636	0.0723	0.0812	0.0902
5	0.0045	0.0062	0.0084	0.0111	0.0141	0.0176	0.0216	0.0260	0.0309	0.0361
6	0.0008	0.0012	0.0018	0.0026	0.0035	0.0047	0.0061	0.0078	0.0098	0.0120
7	0.0001	0.0002	0.0003	0.0005	0.0008	0.0011	0.0015	0.0020	0.0027	0.0034
8	0.0000	0.0000	0.0001	0.0001	0.0001	0.0002	0.0003	0.0005	0.0006	0.0009
9	0.0000	0.0000	0.0000	0.0000	0.0000	0.0000	0.0001	0.0001	0.0001	0.0002

x	2.1	2.2	2.3	2.4	2.5	2.6	2.7	2.8	2.9	3.0
0	0.1225	0.1108	0.1003	0.0907	0.0821	0.0743	0.0672	0.0608	0.0550	0.0498
1	0.2572	0.2438	0.2306	0.2177	0.2052	0.1931	0.1815	0.1703	0.1596	0.1494
2	0.2700	0.2681	0.2652	0.2613	0.2565	0.2510	0.2450	0.2384	0.2314	0.2240
3	0.1890	0.1966	0.2033	0.2090	0.2138	0.2176	0.2205	0.2225	0.2237	0.2240
4	0.0992	0.1082	0.1169	0.1254	0.1336	0.1414	0.1488	0.1557	0.1622	0.1680
5	0.0417	0.0476	0.0538	0.0602	0.0668	0.0735	0.0804	0.0872	0.0940	0.1008
6	0.0146	0.0174	0.0206	0.0241	0.0278	0.0319	0.0362	0.0407	0.0455	0.0504
7	0.0044	0.0055	0.0068	0.0083	0.0099	0.0118	0.0139	0.0163	0.0188	0.0216
8	0.0011	0.0015	0.0019	0.0025	0.0031	0.0038	0.0047	0.0057	0.0068	0.0081
9	0.0003	0.0004	0.0005	0.0007	0.0009	0.0011	0.0014	0.0018	0.0022	0.0027
10	0.0001	0.0001	0.0001	0.0002	0.0002	0.0003	0.0004	0.0005	0.0006	0.0008
11	0.0000	0.0000	0.0000	0.0000	0.0000	0.0001	0.0001	0.0001	0.0002	0.0002
12	0.0000	0.0000	0.0000	0.0000	0.0000	0.0000	0.0000	0.0000	0.0000	0.0001

부록 3. Z 분포: 확률분포표

$$f(z)=\frac{1}{\sqrt{2\pi}}e^{-\frac{1}{2}z^2}$$

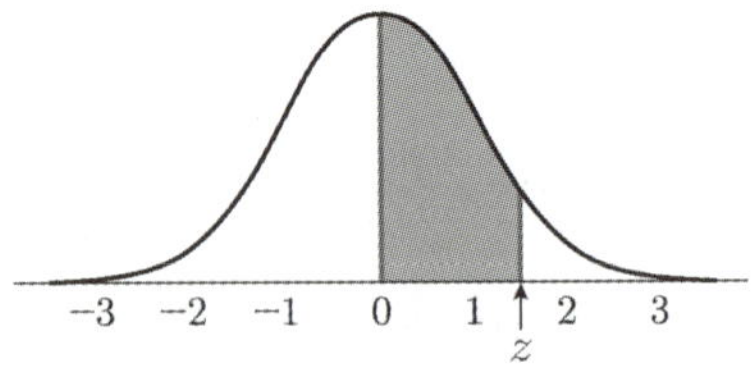

z	0	0.01	0.02	0.03	0.04	0.05	0.06	0.07	0.08	0.09
0.0	0.000	0.004	0.008	0.012	0.016	0.020	0.024	0.028	0.032	0.036
0.1	0.040	0.044	0.048	0.052	0.056	0.060	0.064	0.067	0.071	0.075
0.2	0.079	0.083	0.087	0.091	0.095	0.099	0.103	0.106	0.110	0.114
0.3	0.118	0.122	0.126	0.129	0.133	0.137	0.141	0.144	0.148	0.152
0.4	0.155	0.159	0.163	0.166	0.170	0.174	0.177	0.181	0.184	0.188
0.5	0.191	0.195	0.198	0.202	0.205	0.209	0.212	0.216	0.219	0.222
0.6	0.226	0.229	0.232	0.236	0.239	0.242	0.245	0.249	0.252	0.255
0.7	0.258	0.261	0.264	0.267	0.270	0.273	0.276	0.279	0.282	0.285
0.8	0.288	0.291	0.294	0.297	0.300	0.302	0.305	0.308	0.311	0.313
0.9	0.316	0.319	0.321	0.324	0.326	0.329	0.331	0.334	0.336	0.339
1.0	0.341	0.344	0.346	0.348	0.351	0.353	0.355	0.358	0.360	0.362
1.1	0.364	0.367	0.369	0.371	0.373	0.375	0.377	0.379	0.381	0.383
1.2	0.385	0.387	0.389	0.391	0.393	0.394	0.396	0.398	0.400	0.401
1.3	0.403	0.405	0.407	0.408	0.410	0.411	0.413	0.415	0.416	0.418
1.4	0.419	0.421	0.422	0.424	0.425	0.426	0.428	0.429	0.431	0.432
1.5	0.433	0.434	0.436	0.437	0.438	0.439	0.441	0.442	0.443	0.444
1.6	0.445	0.446	0.447	0.448	0.449	0.451	0.452	0.453	0.454	0.454
1.7	0.455	0.456	0.457	0.458	0.459	0.460	0.461	0.462	0.462	0.463
1.8	0.464	0.465	0.466	0.466	0.467	0.468	0.469	0.469	0.470	0.471
1.9	0.471	0.472	0.473	0.473	0.474	0.474	0.475	0.476	0.476	0.477
2.0	0.477	0.478	0.478	0.479	0.479	0.480	0.480	0.481	0.481	0.482
2.1	0.482	0.483	0.483	0.483	0.484	0.484	0.485	0.485	0.485	0.486
2.2	0.486	0.486	0.487	0.487	0.487	0.488	0.488	0.488	0.489	0.489
2.3	0.489	0.490	0.490	0.490	0.490	0.491	0.491	0.491	0.491	0.492
2.4	0.492	0.492	0.492	0.492	0.493	0.493	0.493	0.493	0.493	0.494
2.5	0.494	0.494	0.494	0.494	0.494	0.495	0.495	0.495	0.495	0.495
2.6	0.495	0.495	0.496	0.496	0.496	0.496	0.496	0.496	0.496	0.496
2.7	0.497	0.497	0.497	0.497	0.497	0.497	0.497	0.497	0.497	0.497
2.8	0.497	0.498	0.498	0.498	0.498	0.498	0.498	0.498	0.498	0.498
2.9	0.498	0.498	0.498	0.498	0.498	0.498	0.498	0.499	0.499	0.499
3.0	0.499	0.499	0.499	0.499	0.499	0.499	0.499	0.499	0.499	0.499

부록 4. Z 분포: z 값 찾기

$F(z)$	0.000	0.001	0.002	0.003	0.004	0.005	0.006	0.007	0.008	0.009
0.50	0.000	0.003	0.005	0.008	0.010	0.013	0.015	0.018	0.020	0.023
0.51	0.025	0.028	0.030	0.033	0.035	0.038	0.040	0.043	0.045	0.048
0.52	0.050	0.053	0.055	0.058	0.060	0.063	0.065	0.068	0.070	0.073
0.53	0.075	0.078	0.080	0.083	0.085	0.088	0.090	0.093	0.095	0.098
0.54	0.100	0.103	0.105	0.108	0.111	0.113	0.116	0.118	0.121	0.123
0.55	0.126	0.128	0.131	0.133	0.136	0.138	0.141	0.143	0.146	0.148
0.56	0.151	0.154	0.156	0.159	0.161	0.164	0.166	0.169	0.171	0.174
0.57	0.176	0.179	0.181	0.184	0.187	0.189	0.192	0.194	0.197	0.199
0.58	0.202	0.204	0.207	0.210	0.212	0.215	0.217	0.220	0.222	0.225
0.59	0.228	0.230	0.233	0.235	0.238	0.240	0.243	0.246	0.248	0.251
0.60	0.253	0.256	0.259	0.261	0.264	0.266	0.269	0.272	0.274	0.277
0.61	0.279	0.282	0.285	0.287	0.290	0.292	0.295	0.298	0.300	0.303
0.62	0.305	0.308	0.311	0.313	0.316	0.319	0.321	0.324	0.327	0.329
0.63	0.332	0.335	0.337	0.340	0.342	0.345	0.348	0.350	0.353	0.356
0.64	0.358	0.361	0.364	0.366	0.369	0.372	0.375	0.377	0.380	0.383
0.65	0.385	0.388	0.391	0.393	0.396	0.399	0.402	0.404	0.407	0.410
0.66	0.412	0.415	0.418	0.421	0.423	0.426	0.429	0.432	0.434	0.437
0.67	0.440	0.443	0.445	0.448	0.451	0.454	0.457	0.459	0.462	0.465
0.68	0.468	0.470	0.473	0.476	0.479	0.482	0.485	0.487	0.490	0.493
0.69	0.496	0.499	0.502	0.504	0.507	0.510	0.513	0.516	0.519	0.522
0.70	0.524	0.527	0.530	0.533	0.536	0.539	0.542	0.545	0.548	0.550
0.71	0.553	0.556	0.559	0.562	0.565	0.568	0.571	0.574	0.577	0.580
0.72	0.583	0.586	0.589	0.592	0.595	0.598	0.601	0.604	0.607	0.610
0.73	0.613	0.616	0.619	0.622	0.625	0.628	0.631	0.634	0.637	0.640
0.74	0.643	0.646	0.650	0.653	0.656	0.659	0.662	0.665	0.668	0.671
0.75	0.674	0.678	0.681	0.684	0.687	0.690	0.693	0.697	0.700	0.703
0.76	0.706	0.710	0.713	0.716	0.719	0.722	0.726	0.729	0.732	0.736
0.77	0.739	0.742	0.745	0.749	0.752	0.755	0.759	0.762	0.765	0.769
0.78	0.772	0.776	0.779	0.782	0.786	0.789	0.793	0.796	0.800	0.803
0.79	0.806	0.810	0.813	0.817	0.820	0.824	0.827	0.831	0.834	0.838
0.80	0.842	0.845	0.849	0.852	0.856	0.860	0.863	0.867	0.871	0.874
0.81	0.878	0.882	0.885	0.889	0.893	0.896	0.900	0.904	0.908	0.912
0.82	0.915	0.919	0.923	0.927	0.931	0.935	0.938	0.942	0.946	0.950
0.83	0.954	0.958	0.962	0.966	0.970	0.974	0.978	0.982	0.986	0.990
0.84	0.994	0.999	1.003	1.007	1.011	1.015	1.019	1.024	1.028	1.032
0.85	1.036	1.041	1.045	1.049	1.054	1.058	1.063	1.067	1.071	1.076
0.86	1.080	1.085	1.089	1.094	1.098	1.103	1.108	1.112	1.117	1.122
0.87	1.126	1.131	1.136	1.141	1.146	1.150	1.155	1.160	1.165	1.170
0.88	1.175	1.180	1.185	1.190	1.195	1.200	1.206	1.211	1.216	1.221
0.89	1.227	1.232	1.237	1.243	1.248	1.254	1.259	1.265	1.270	1.276
0.90	1.282	1.287	1.293	1.299	1.305	1.311	1.317	1.323	1.329	1.335
0.91	1.341	1.347	1.353	1.359	1.366	1.372	1.379	1.385	1.392	1.398
0.92	1.405	1.412	1.419	1.426	1.433	1.440	1.447	1.454	1.461	1.468
0.93	1.476	1.483	1.491	1.499	1.506	1.514	1.522	1.530	1.538	1.546
0.94	1.555	1.563	1.572	1.580	1.589	1.598	1.607	1.616	1.626	1.635
0.95	1.645	1.655	1.665	1.675	1.685	1.695	1.706	1.717	1.728	1.739
0.96	1.751	1.762	1.774	1.787	1.799	1.812	1.825	1.838	1.852	1.866
0.97	1.881	1.896	1.911	1.927	1.943	1.960	1.977	1.995	2.014	2.034
0.98	2.054	2.075	2.097	2.120	2.144	2.170	2.197	2.226	2.257	2.290
0.99	2.326	2.366	2.409	2.457	2.512	2.576	2.652	2.748	2.878	3.090

부록 5. t 분포: t 값 찾기

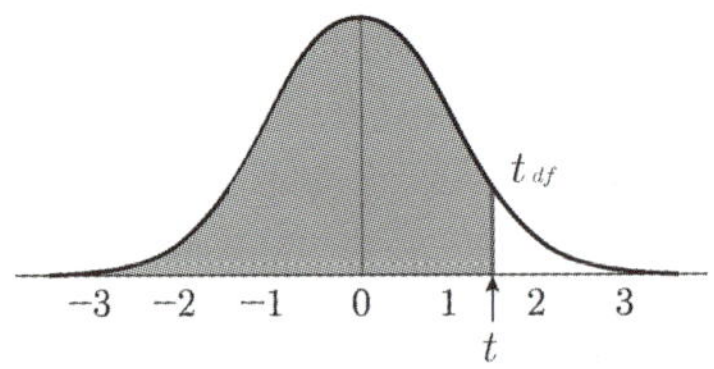

df	0.55	0.60	0.65	0.70	0.75	0.80	0.85	0.90	0.95	0.975	0.99	0.995
1	0.16	0.32	0.51	0.73	1.00	1.38	1.96	3.08	6.31	12.71	31.82	63.66
2	0.14	0.29	0.44	0.62	0.82	1.06	1.39	1.89	2.92	4.30	6.96	9.92
3	0.14	0.28	0.42	0.58	0.76	0.98	1.25	1.64	2.35	3.18	4.54	5.84
4	0.13	0.27	0.41	0.57	0.74	0.94	1.19	1.53	2.13	2.78	3.75	4.60
5	0.13	0.27	0.41	0.56	0.73	0.92	1.16	1.48	2.02	2.57	3.36	4.03
6	0.13	0.26	0.40	0.55	0.72	0.91	1.13	1.44	1.94	2.45	3.14	3.71
7	0.13	0.26	0.40	0.55	0.71	0.90	1.12	1.41	1.89	2.36	3.00	3.50
8	0.13	0.26	0.40	0.55	0.71	0.89	1.11	1.40	1.86	2.31	2.90	3.36
9	0.13	0.26	0.40	0.54	0.70	0.88	1.10	1.38	1.83	2.26	2.82	3.25
10	0.13	0.26	0.40	0.54	0.70	0.88	1.09	1.37	1.81	2.23	2.76	3.17
11	0.13	0.26	0.40	0.54	0.70	0.88	1.09	1.36	1.80	2.20	2.72	3.11
12	0.13	0.26	0.39	0.54	0.70	0.87	1.08	1.36	1.78	2.18	2.68	3.05
13	0.13	0.26	0.39	0.54	0.69	0.87	1.08	1.35	1.77	2.16	2.65	3.01
14	0.13	0.26	0.39	0.54	0.69	0.87	1.08	1.35	1.76	2.14	2.62	2.98
15	0.13	0.26	0.39	0.54	0.69	0.87	1.07	1.34	1.75	2.13	2.60	2.95
16	0.13	0.26	0.39	0.54	0.69	0.86	1.07	1.34	1.75	2.12	2.58	2.92
17	0.13	0.26	0.39	0.53	0.69	0.86	1.07	1.33	1.74	2.11	2.57	2.90
18	0.13	0.26	0.39	0.53	0.69	0.86	1.07	1.33	1.73	2.10	2.55	2.88
19	0.13	0.26	0.39	0.53	0.69	0.86	1.07	1.33	1.73	2.09	2.54	2.86
20	0.13	0.26	0.39	0.53	0.69	0.86	1.06	1.33	1.72	2.09	2.53	2.85
21	0.13	0.26	0.39	0.53	0.69	0.86	1.06	1.32	1.72	2.08	2.52	2.83
22	0.13	0.26	0.39	0.53	0.69	0.86	1.06	1.32	1.72	2.07	2.51	2.82
23	0.13	0.26	0.39	0.53	0.69	0.86	1.06	1.32	1.71	2.07	2.50	2.81
24	0.13	0.26	0.39	0.53	0.68	0.86	1.06	1.32	1.71	2.06	2.49	2.80
25	0.13	0.26	0.39	0.53	0.68	0.86	1.06	1.32	1.71	2.06	2.49	2.79
26	0.13	0.26	0.39	0.53	0.68	0.86	1.06	1.31	1.71	2.06	2.48	2.78
27	0.13	0.26	0.39	0.53	0.68	0.86	1.06	1.31	1.70	2.05	2.47	2.77
28	0.13	0.26	0.39	0.53	0.68	0.85	1.06	1.31	1.70	2.05	2.47	2.76
29	0.13	0.26	0.39	0.53	0.68	0.85	1.06	1.31	1.70	2.05	2.46	2.76
30	0.13	0.26	0.39	0.53	0.68	0.85	1.05	1.31	1.70	2.04	2.46	2.75
40	0.13	0.26	0.39	0.53	0.68	0.85	1.05	1.30	1.68	2.02	2.42	2.70
50	0.13	0.25	0.39	0.53	0.68	0.85	1.05	1.30	1.68	2.01	2.40	2.68
60	0.13	0.25	0.39	0.53	0.68	0.85	1.05	1.30	1.67	2.00	2.39	2.66
70	0.13	0.25	0.39	0.53	0.68	0.85	1.04	1.29	1.67	1.99	2.38	2.65
80	0.13	0.25	0.39	0.53	0.68	0.85	1.04	1.29	1.66	1.99	2.37	2.64
90	0.13	0.25	0.39	0.53	0.68	0.85	1.04	1.29	1.66	1.99	2.37	2.63
100	0.13	0.25	0.39	0.53	0.68	0.85	1.04	1.29	1.66	1.98	2.36	2.63
200	0.13	0.25	0.39	0.53	0.68	0.84	1.04	1.29	1.65	1.97	2.35	2.60
300	0.13	0.25	0.39	0.52	0.68	0.84	1.04	1.28	1.65	1.97	2.34	2.59
400	0.13	0.25	0.39	0.52	0.68	0.84	1.04	1.28	1.65	1.97	2.34	2.59
500	0.13	0.25	0.39	0.52	0.67	0.84	1.04	1.28	1.65	1.96	2.33	2.59

부록 6. χ^2 분포: χ^2 값 찾기

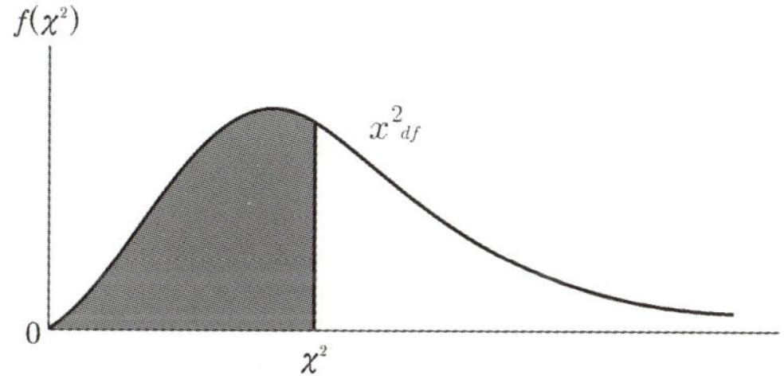

df	0.005	0.01	0.025	0.05	0.1	0.9	0.95	0.975	0.99	0.995
1	0.00	0.00	0.00	0.00	0.02	2.71	3.84	5.02	6.63	7.88
2	0.01	0.02	0.05	0.10	0.21	4.61	5.99	7.38	9.21	10.60
3	0.07	0.11	0.22	0.35	0.58	6.25	7.81	9.35	11.34	12.84
4	0.21	0.30	0.48	0.71	1.06	7.78	9.49	11.14	13.28	14.86
5	0.41	0.55	0.83	1.15	1.61	9.24	11.07	12.83	15.09	16.75
6	0.68	0.87	1.24	1.64	2.20	10.64	12.59	14.45	16.81	18.55
7	0.99	1.24	1.69	2.17	2.83	12.02	14.07	16.01	18.48	20.28
8	1.34	1.65	2.18	2.73	3.49	13.36	15.51	17.53	20.09	21.95
9	1.73	2.09	2.70	3.33	4.17	14.68	16.92	19.02	21.67	23.59
10	2.16	2.56	3.25	3.94	4.87	15.99	18.31	20.48	23.21	25.19
11	2.60	3.05	3.82	4.57	5.58	17.28	19.68	21.92	24.72	26.76
12	3.07	3.57	4.40	5.23	6.30	18.55	21.03	23.34	26.22	28.30
13	3.57	4.11	5.01	5.89	7.04	19.81	22.36	24.74	27.69	29.82
14	4.07	4.66	5.63	6.57	7.79	21.06	23.68	26.12	29.14	31.32
15	4.60	5.23	6.26	7.26	8.55	22.31	25.00	27.49	30.58	32.80
16	5.14	5.81	6.91	7.96	9.31	23.54	26.30	28.85	32.00	34.27
17	5.70	6.41	7.56	8.67	10.09	24.77	27.59	30.19	33.41	35.72
18	6.26	7.01	8.23	9.39	10.86	25.99	28.87	31.53	34.81	37.16
19	6.84	7.63	8.91	10.12	11.65	27.20	30.14	32.85	36.19	38.58
20	7.43	8.26	9.59	10.85	12.44	28.41	31.41	34.17	37.57	40.00
21	8.03	8.90	10.28	11.59	13.24	29.62	32.67	35.48	38.93	41.40
22	8.64	9.54	10.98	12.34	14.04	30.81	33.92	36.78	40.29	42.80
23	9.26	10.20	11.69	13.09	14.85	32.01	35.17	38.08	41.64	44.18
24	9.89	10.86	12.40	13.85	15.66	33.20	36.42	39.36	42.98	45.56
25	10.52	11.52	13.12	14.61	16.47	34.38	37.65	40.65	44.31	46.93
26	11.16	12.20	13.84	15.38	17.29	35.56	38.89	41.92	45.64	48.29
27	11.81	12.88	14.57	16.15	18.11	36.74	40.11	43.19	46.96	49.64
28	12.46	13.56	15.31	16.93	18.94	37.92	41.34	44.46	48.28	50.99
29	13.12	14.26	16.05	17.71	19.77	39.09	42.56	45.72	49.59	52.34
30	13.79	14.95	16.79	18.49	20.60	40.26	43.77	46.98	50.89	53.67
40	20.71	22.16	24.43	26.51	29.05	51.81	55.76	59.34	63.69	66.77
50	27.99	29.71	32.36	34.76	37.69	63.17	67.50	71.42	76.15	79.49
60	35.53	37.48	40.48	43.19	46.46	74.40	79.08	83.30	88.38	91.95
70	43.28	45.44	48.76	51.74	55.33	85.53	90.53	95.02	100.43	104.21
80	51.17	53.54	57.15	60.39	64.28	96.58	101.88	106.63	112.33	116.32
90	59.20	61.75	65.65	69.13	73.29	107.57	113.15	118.14	124.12	128.30
100	67.33	70.06	74.22	77.93	82.36	118.50	124.34	129.56	135.81	140.17

부록 7. F 분포: F 값 찾기

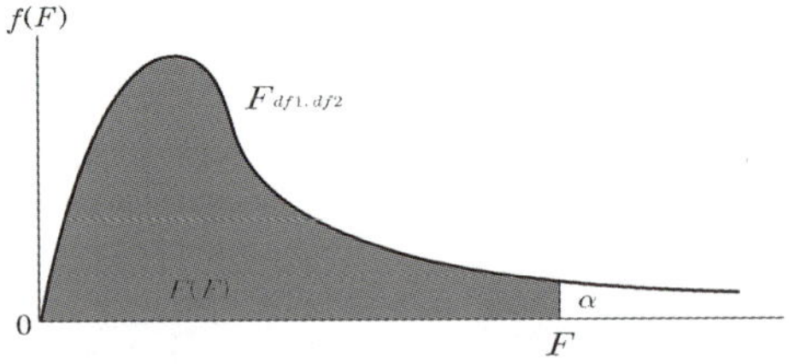

df2 \ df1	1	2	3	4	5	6	7	8	9	10	20	30
$F(F)=0.9$ $(\alpha=0.1)$												
1	39.86	49.50	53.59	55.83	57.24	58.20	58.91	59.44	59.86	60.19	61.74	62.26
2	8.53	9.00	9.16	9.24	9.29	9.33	9.35	9.37	9.38	9.39	9.44	9.46
3	5.54	5.46	5.39	5.34	5.31	5.28	5.27	5.25	5.24	5.23	5.18	5.17
4	4.54	4.32	4.19	4.11	4.05	4.01	3.98	3.95	3.94	3.92	3.84	3.82
5	4.06	3.78	3.62	3.52	3.45	3.40	3.37	3.34	3.32	3.30	3.21	3.17
6	3.78	3.46	3.29	3.18	3.11	3.05	3.01	2.98	2.96	2.94	2.84	2.80
7	3.59	3.26	3.07	2.96	2.88	2.83	2.78	2.75	2.72	2.70	2.59	2.56
8	3.46	3.11	2.92	2.81	2.73	2.67	2.62	2.59	2.56	2.54	2.42	2.38
9	3.36	3.01	2.81	2.69	2.61	2.55	2.51	2.47	2.44	2.42	2.30	2.25
10	3.29	2.92	2.73	2.61	2.52	2.46	2.41	2.38	2.35	2.32	2.20	2.16
20	2.97	2.59	2.38	2.25	2.16	2.09	2.04	2.00	1.96	1.94	1.79	1.74
30	2.88	2.49	2.28	2.14	2.05	1.98	1.93	1.88	1.85	1.82	1.67	1.61
$F(F)=0.95$ $(\alpha=0.05)$												
1	161.45	199.50	215.71	224.58	230.16	233.99	236.77	238.88	240.54	241.88	248.01	250.10
2	18.51	19.00	19.16	19.25	19.30	19.33	19.35	19.37	19.38	19.40	19.45	19.46
3	10.13	9.55	9.28	9.12	9.01	8.94	8.89	8.85	8.81	8.79	8.66	8.62
4	7.71	6.94	6.59	6.39	6.26	6.16	6.09	6.04	6.00	5.96	5.80	5.75
5	6.61	5.79	5.41	5.19	5.05	4.95	4.88	4.82	4.77	4.74	4.56	4.50
6	5.99	5.14	4.76	4.53	4.39	4.28	4.21	4.15	4.10	4.06	3.87	3.81
7	5.59	4.74	4.35	4.12	3.97	3.87	3.79	3.73	3.68	3.64	3.44	3.38
8	5.32	4.46	4.07	3.84	3.69	3.58	3.50	3.44	3.39	3.35	3.15	3.08
9	5.12	4.26	3.86	3.63	3.48	3.37	3.29	3.23	3.18	3.14	2.94	2.86
10	4.96	4.10	3.71	3.48	3.33	3.22	3.14	3.07	3.02	2.98	2.77	2.70
20	4.35	3.49	3.10	2.87	2.71	2.60	2.51	2.45	2.39	2.35	2.12	2.04
30	4.17	3.32	2.92	2.69	2.53	2.42	2.33	2.27	2.21	2.16	1.93	1.84
$F(F)=0.99$ $(\alpha=0.01)$												
1	4052.18	4999.50	5403.35	5624.58	5763.65	5858.99	5928.36	5981.07	6022.47	6055.85	6208.73	6260.65
2	98.50	99.00	99.17	99.25	99.30	99.33	99.36	99.37	99.39	99.40	99.45	99.47
3	34.12	30.82	29.46	28.71	28.24	27.91	27.67	27.49	27.35	27.23	26.69	26.50
4	21.20	18.00	16.69	15.98	15.52	15.21	14.98	14.80	14.66	14.55	14.02	13.84
5	16.26	13.27	12.06	11.39	10.97	10.67	10.46	10.29	10.16	10.05	9.55	9.38
6	13.75	10.92	9.78	9.15	8.75	8.47	8.26	8.10	7.98	7.87	7.40	7.23
7	12.25	9.55	8.45	7.85	7.46	7.19	6.99	6.84	6.72	6.62	6.16	5.99
8	11.26	8.65	7.59	7.01	6.63	6.37	6.18	6.03	5.91	5.81	5.36	5.20
9	10.56	8.02	6.99	6.42	6.06	5.80	5.61	5.47	5.35	5.26	4.81	4.65
10	10.04	7.56	6.55	5.99	5.64	5.39	5.20	5.06	4.94	4.85	4.41	4.25
20	8.10	5.85	4.94	4.43	4.10	3.87	3.70	3.56	3.46	3.37	2.94	2.78
30	7.56	5.39	4.51	4.02	3.70	3.47	3.30	3.17	3.07	2.98	2.55	2.39

찾아보기

ㅈ

ㅍ

ㅎ

기타